Arbeit und Leben im Umbruch
Schriftenreihe zur subjektorientierten Soziologie der Arbeit und der Arbeitsgesellschaft, Band 18
herausgegeben von G. Günter Voß

Autonomie und Aneignung in der Arbeit

Arbeit und Leben im Umbruch

Schriftenreihe zur subjektorientierten Soziologie der Arbeit und der Arbeitsgesellschaft

herausgegeben von G. Günter Voß

gefördert von ISIFO Institut für sozialwissenschaftliche Information und Forschung e.V., München

Themenfeld der Schriftenreihe ist die gesellschaftliche Arbeit und der Wandel der nach wie vor durch sie geprägten modernen Sozialverhältnisse. Gemeint ist damit nicht nur die Erwerbsarbeit; Thema sind vielmehr auch alle anderen im weiteren Sinne als Arbeit zu verstehenden Tätigkeiten (Haus-, Familien-, Eigen- und Bürgerarbeit, Alltagsorganisation usw.) und deren technisch-organisatorische Rahmenbedingungen.

Gemeinsame Perspektive der Beiträge ist eine an der tätigen Person theoretisch und/oder empirisch ansetzende, dabei aber soziale Strukturen berücksichtigende und auf deren Analyse abzielende Subjektorientierte Soziologie. Konzeptioneller Fluchtpunkt ist ein soziologisches Verständnis von Subjektivität und dabei insbesondere von Arbeitskraft bzw. der Arbeitsperson.

Wichtiges Spezialthema (das der Reihe den Namen gibt) ist der soziale und individuelle Zusammenhang von erwerbsförmiger Arbeit und privatem Leben. Historischer Hintergrund dafür ist eine Entwicklung, mit der sich die bisher für moderne Gesellschaften typische strikte Trennung dieser beiden Sphären aufzulösen beginnt.

Das Theoriekonzept der Alltäglichen Lebensführung nimmt derartige Fragen in den Blick und ist damit für manche Beiträge der Reihe eine orientierende Perspektive, sie deckt aber keineswegs den potentiellen Themenrahmen ab. Die Reihe ist vielmehr offen für vielfältige Einzelfragen, so z.B. für den gesellschaftlichen Wandel von Arbeitskraft und Beruflichkeit. Möglich sind auch Themen, die Umbrüche in Erwerbsarbeit und Betrieb betreffen (sofern dies weiterreichende gesellschaftliche Aspekte berührt) oder auf den Wandel privaten Lebens abzielen (sofern dies die erwerbsgerichtete bzw. betriebliche Arbeit tangiert).

Michael Frey

Autonomie und Aneignung in der Arbeit

Eine soziologische Untersuchung zur Vermarktlichung und Subjektivierung von Arbeit

Rainer Hampp Verlag
München und Mering 2009

Reihen-herausgeber: G. Günter Voß
Technische Universität Chemnitz
Industrie- und Techniksoziologie
09127 Chemnitz, 0371-531/4388
guenter.voss@phil.tu-chemnitz.de

www.arbeitenundleben.de

Bibliografische Information der Deutschen Nationalbibliothek

Die Deutsche Nationalbibliothek verzeichnet diese Publikation in der Deutschen Nationalbibliografie; detaillierte bibliografische Daten sind im Internet über http://dnb.d-nb.de abrufbar.

ISBN 978-3-86618-407-7 (print)
ISBN 978-3-86618-507-4 (e-book)
Arbeit und Leben im Umbruch: ISSN 1617-0407
DOI 10.1688/9783866185074
1. Auflage 2009
Zugl.: Dissertation, Humboldt-Universität zu Berlin, Philosophische Fakultät III, 2009

Liebe Leserinnen und Leser!
Wir wollen Ihnen ein gutes Buch liefern. Wenn Sie aus irgendwelchen Gründen nicht zufrieden sind, wenden Sie sich bitte an uns.

Inhaltsverzeichnis

Vorwort

Die vorliegende Arbeit ist die überarbeitete Fassung meiner Dissertation, die ich im Mai 2008 an der Philosophischen Fakultät III der Humboldt-Universität zu Berlin eingereicht und im Januar 2009 dort verteidigt habe. Sie entstand auf Basis meiner Mitarbeit in dem von der Hans-Böckler-Stiftung geförderten Forschungsprojekt „Vermarktlichung und Subjektivierung der Arbeit? Neue Arbeitspolitik und betriebliche Geschlechterverhältnisse“, welches unter der Leitung von Hildegard Maria Nickel und Hasko Hüning am Institut für Sozialwissenschaften der Humboldt-Universität zu Berlin durchgeführt wurde. Für die Veröffentlichung habe ich die Dissertation gestrafft und leicht umgestellt. An einigen Stellen wurde die Argumentation geschärft und zum Teil ergänzt. Die Darstellung des betrieblichen Untersuchungsfeldes Deutsche Bahn AG wurde aktualisiert und damit der – wie so häufig äußerst rasant verlaufenden – zwischenzeitlichen Entwicklung dort angepasst.

Danken für die erfahrene Unterstützung möchte ich folgenden Personen: Zuallererst der wissenschaftlichen Betreuerin und Erstgutachterin meiner Dissertation, Prof. Dr. Hildegard Maria Nickel (Institut für Sozialwissenschaften der Humboldt-Universität zu Berlin). Sie hat den Werdegang der Arbeit von den Anfängen bis zur Veröffentlichung konstruktiv und kritisch begleitet. Insbesondere in dem von ihr geleiteten Promotions- und Habilitationscolloquium am Lehrbereich „Soziologie der Arbeit und Geschlechterverhältnisse“ habe ich wertvolle Hinweise für den Fortgang der Arbeit erhalten. In diesem Zusammenhang danke ich ausdrücklich auch allen anderen TeilnehmerInnen des Colloquiums.

Des Weiteren ist Prof. Dr. Klaus Dörre (Institut für Soziologie der Friedrich-Schiller-Universität Jena) für die Zweitbegutachtung zu danken. Von seinen kritisch-konstruktiven Hinweisen konnte die vorliegende Veröffentlichung sehr profitieren. Ebenfalls danke ich Prof. Dr. Karin Lohr, PD Dr. Christine Hannemann und Cordula Kiank (allesamt Institut für Sozialwissenschaften der Humboldt-Universität zu Berlin) für ihre Bereitschaft, Mitglied der Promotionskommission zu sein.

Dank ist auch allen betrieblichen und gewerkschaftlichen Gesprächs- und InterviewpartnerInnen geschuldet, die im Rahmen des genannten Forschungsprojekts zur Verfügung standen. Ohne deren Gesprächsbereitschaft und -geduld wäre nicht nur die Projektpublikation, sondern auch diese Arbeit nicht zustande gekommen. Dies gilt auch für die zahlreichen Gespräche und Diskussionen mit Hildegard Maria Nickel und Hasko Hüning, deren Anregungen mit in diese Arbeit flossen und denen ich dafür ausdrücklich und herzlich danke.

Schließlich möchte ich mich bei Prof. Dr. G. Günter Voß (Institut für Soziologie der Technischen Universität Chemnitz) für die Möglichkeit bedanken, in der von ihm herausgegebenen Schriftenreihe veröffentlichen zu können.

Berlin, im August 2009 *Michael Frey*

I Ausgangspunkt und Fragestellung

In der Arbeits- und Industriesoziologie werden die derzeitigen Veränderungen in der Arbeit unter den Stichworten „Vermarktlichung" und „Subjektivierung von Arbeit" diskutiert. Damit werden unterschiedliche Prozesse bezeichnet. Der Begriff der Vermarktlichung bezieht sich auf die zunehmende Ausrichtung aller Unternehmensabläufe nach Marktprinzipien. Dies gilt sowohl für die Organisation und Steuerung der Unternehmensstrukturen als auch der Arbeit. Der Begriff der Subjektivierung bezieht sich auf zweierlei: Zum einen auf einen erweiterten Zugriff der Unternehmen auf das Arbeitsvermögen der Beschäftigten, zum anderen auf einen veränderten Bezug der Arbeitenden zu ihrer Arbeit selbst. In der Debatte wird deshalb auch von einer „doppelten Subjektivierung" von Arbeit gesprochen (Kleemann/Matuschek/Voß 2002; Nickel/Hüning/Frey 2008).

Hinsichtlich der angeführten Veränderungen und ihrer Charakterisierung als Vermarktlichung und Subjektivierung besteht in der Debatte weitgehend Einigkeit. Was allerdings strittig und offen ist, sind folgende Punkte:

- die *Reichweite* der genannten Entwicklungen (betreffen sie nur bestimmte Branchen und Beschäftigtengruppen oder handelt es sich um verallgemeinerbare Prozesse?);
- die *Triebkräfte* der einzelnen Entwicklungen (sind sie allein Ausdruck einer überbordenden Ökonomisierung, die auch auf die Subjekte überschlägt oder lassen sich auch andere Kräfte und Faktoren ausmachen?);
- der *Zusammenhang* zwischen den verschiedenen Entwicklungen (verlaufen die Prozesse der Vermarktlichung und Subjektivierung parallel und gleichgerichtet? Ergänzen und verstärken sie sich somit gegenseitig, oder kommt es auch zu ungleichzeitigen oder gar gegenläufigen Entwicklungen?);
- die *Ebenen* der genannten Entwicklungen (findet Vermarktlichung vor allem auf der Ebene betrieblicher Strukturen und Prozesse statt und Subjektivierung vor allem auf der Ebene der Subjekte? Oder kommt es auf beiden Ebenen zu beiden Entwicklungen, die dann in welchem Verhältnis zueinander stehen?);
- die *Gestaltungschancen* der Entwicklungen (existieren Chancen für arbeitspolitische Regulierungsansätze oder handelt es sich um quasi naturwüchsige Prozesse?);
- die *Folgen* insbesondere für die arbeitenden Individuen (eröffnen sich neue Chancen der Autonomie, Selbstentfaltung und Teilhabe in der Ar-

beit oder kommt es im Gegenteil zu neuen Restriktionen, Belastungen und Zumutungen?).

Vor allem an diesen letzten Aspekt der Debatte knüpft die vorliegende Untersuchung an. Ihr geht es dabei um zwei zusammenhängende Punkte, der bisher in diesem Zusammenhang erst wenig diskutiert wurden: die Frage nach der *Autonomie in der Arbeit* unter den Bedingungen der Vermarktlichung und Subjektivierung sowie die Frage nach der subjektiven *Aneignung* dabei. Insbesondere die Frage der Autonomie in der Arbeit war in der Arbeits- und Industriesoziologie lange Zeit ein zentraler Topos sowohl der empirischen Forschung als auch der Theoriebildung. In der gegenwärtigen Debatte ist diesbezüglich allerdings ein auffälliges Schweigen zu konstatieren. Fast scheint es, als ob die Frage nach der Autonomie in der Arbeit angesichts der skizzierten Prozesse der Vermarktlichung und Subjektivierung entweder ganz aus der Mode gekommen oder aber stillschweigend bereits dahingehend beantwortet ist, dass die Chancen dafür als relativ gering erachtet werden.

Demgegenüber will die vorliegende Arbeit an dieser Frage erstens bewusst fest- und sie zweitens auch offen halten, um ihre Antwort aus der empirischen Analyse zu gewinnen. Dabei geht es auch um die Beantwortung der Frage, inwieweit trotz der skizzierten Prozesse der Vermarktlichung und Subjektivierung von Arbeit Chancen einer subjektiven Aneignung der damit verbundenen neuen Arbeitsanforderungen bestehen, um auf dieser Grundlage Autonomiepotenziale in der Arbeit verwirklichen zu können. Die Frage der Autonomie in der Arbeit wird so ergänzt um die Frage der *Aneignung in der Arbeit*. Diese Frage stand bislang weniger in der Tradition arbeits- und industriesoziologischer Forschung und Theoriebildung. Sie wurde – und wird gegenwärtig wieder verstärkt – vor allem in sozial- und subjekttheoretischen Zusammenhängen diskutiert (z.B. Becker-Schmidt 1983; Leu 1989; Jaeggi 2005; Bröckling 2007). Zwar spielt der Begriff der Aneignung im Marxschen Verständnis von Arbeit und ihrem Zusammenhang mit der Gesellschaft eine zentrale Rolle.[1] Aber obwohl die Marxsche Theorie lange Zeit ein wichtiger Bezugspunkt für die bundesdeutsche Arbeits- und Industriesoziologie war, wurde der Aneignungskategorie in empirischer Hinsicht kaum ein analytischer Stellenwert eingeräumt. Angesichts der gegenwärtigen Debatte um die Subjektivierung von Arbeit ist es Zeit, dies zu ändern. Denn wenn es zutrifft, dass gegenwärtig eine „Rückkehr des Subjekts" (Sauer 2005a: 179) in die Arbeit zu konstatieren ist, dann ist es angebracht, sowohl das Verhältnis von Subjekt und Arbeit als auch die Frage nach der Autonomie in der Arbeit aus der Perspektive der Aneignung zu beleuchten.[2]

Autonomie in der Arbeit wird dabei als *Kontrolle über die wesentlichen betrieblichen Rahmenbedingungen der Arbeit* gefasst. Der Kategorie der Aneignung kommt hierbei eine zentrale Rolle als Indikator- und Vermittlungsinstanz zu. Sie

---

[1] Siehe dazu die Ausführungen in Kapitel II, Abschnitt 3.1.

[2] Sauer (2007) hat dazu in arbeitspolitischer Hinsicht bereits einige Hinweise gegeben.

wird als *subjektive Äußerung eines Anspruchs nach Kontrolle in der Arbeit* verstanden und kann damit als eine wichtige subjektbezogene Voraussetzung für Autonomie in der Arbeit gelten. Dabei steht sie im engen und interdependenten Zusammenhang mit den strukturellen und betrieblichen Rahmenbedingungen der Arbeit.

Die Kontrolle und Aneignung der betrieblichen Rahmenbedingungen von Arbeit geht über die unmittelbar ausgeübte Tätigkeit hinaus. Dazu zählen neben zentralen Dimensionen der Arbeitsbedingungen (z.B. Arbeitsorganisation, Arbeitzeit und Entgelt) auch die Arbeitsplatz- und Beschäftigungssicherheit, die Stellung auf dem internen Arbeitsmarkt sowie – ein Aspekt, der in traditionellen arbeits- und industriesoziologischen Untersuchungen oftmals nur wenig Beachtung fand – der Zusammenhang und die Vereinbarkeit von Arbeit und Leben (oder genauer: von betrieblichen und außerbetrieblichen Anforderungen).

1 Einschränkung oder Chancen für Autonomie und Aneignung in der Arbeit durch Vermarktlichung und Subjektivierung?

Die Frage nach der Autonomie und Aneignung in der Arbeit ist auch deshalb wichtig, weil nach häufiger Einschätzung gerade im Prozess der Vermarktlichung von Arbeit die diesbezüglichen Chancen eher gering veranschlagt werden. Durch zunehmende Ökonomisierung der gesamten Unternehmensabläufe kommt es demnach zu einem verstärkten Druck auf die Arbeit, der mögliche Spielräume für Autonomie und Aneignung in der Arbeit schrumpfen lässt. Zwar werden durchaus widersprüchliche Entwicklungstendenzen gesehen. So etwa diejenige, dass sich durch die vermehrte Vorgabe von bloßen Zielen statt direkten Anweisungen („management by objectives") durchaus auch neue Handlungs- und Autonomiespielräume in der Arbeit eröffnen können. Diese seien aber allenfalls als „Zonen kontrollierter Autonomie" (Dörre 2002) zu verstehen. Denn mit der alles dominierenden Ökonomisierung sowie dem neuen Primat der „Marktökonomie" im Betrieb (im Unterschied zur lange Zeit vorherrschenden „Produktionsökonomie") gerieten solche Spielräume ins alleinige Fahrwasser der Unternehmensinteressen und seien für die Beschäftigten mit zunehmenden Belastungen und Restriktionen zu erkaufen.[3]

Der gleichzeitig von statten gehende Prozess der Subjektivierung von Arbeit scheint dem auf dem ersten Blick entgegen zu laufen. Schließlich bedeutet er, dass sich die abhängig Beschäftigten nun mehr als ganze Subjekte in die Arbeit einbringen können, was neben möglicher Selbstentfaltung eigentlich auch erweiterte Autonomiespielräume impliziert. Allerdings wird auch hier in der Debatte ein anderer Akzent gesetzt: Betont wird der betrieblicherseits erweiterte Zugriff

[3] So z.B. mit Termindruck, Arbeitsverdichtung, überlangen Arbeitszeiten und „Arbeit ohne Ende", vermehrter Zuhause-Arbeit etc. (vgl. Plath 2000; Glißmann/Peters 2001; Pickshaus/Schmitthenner/Urban 2001; Kratzer 2003; Pröll/Gude 2003; Sauer 2005a; Wagner 2005).

auf das Arbeitsvermögen der Beschäftigten, was letztendlich zu einer umfassenden Vereinnahmung durch die Unternehmen führe (Moldaschl/Voß 2002). Dabei können zwar bislang missachtete Subjektqualitäten der Arbeitenden neu in der betrieblichen Wirklichkeit zur Geltung gebracht werden. Aber dies sei letztlich nur Ausdruck der vollständigen und damit „totalitären" Vereinnahmung der Beschäftigten durch die betrieblichen Interessen. Mit individueller Autonomie und Selbstentfaltung in der Arbeit habe dies daher nur wenig tun.

Demgegenüber wird in vorliegender Arbeit die *Chance* einer *erweiterten Autonomie* und *Aneignung in der Arbeit* nicht nur trotz, sondern möglicherweise sogar gerade wegen der Vermarktlichung und Subjektivierung von Arbeit grundsätzlich für möglich gehalten. Diese Annahme speist sich zum einen aus der theoretischen Überlegung, dass Unternehmen, falls sie auf die subjektiven Potenziale ihrer Beschäftigten tatsächlich Zugriff haben wollen, dies nur mit und nicht gegen die Beschäftigten erreichen können. Mithin sind also Anreize und Angebote nötig, die den Beschäftigten und ihren unterschiedlichen Interessen zumindest entgegenkommen, wenn nicht gar entsprechen müssen (Berger 1995; Kratzer 2003). Zum anderen wird davon ausgegangen, dass durch den Prozess der Vermarktlichung auch Aneignungs- und Autonomiespielräume in der Arbeit neu eröffnet werden, indem tradierte hierarchisch-bürokratische Strukturen und Barrieren transformiert, wenn nicht gar beseitigt werden (Sauer/Döhl 1997). Allerdings sind diese neuen Aneignungs- und Autonomiespielräume ein *umkämpftes* Feld. Dies gilt zum einen für die unterschiedlichen Interessen von Unternehmen und Beschäftigten. Dies gilt zum anderen aber auch für die Gruppe der Beschäftigten selbst. Deren Interessen, vor allem aber auch deren Chancen für eine erweiterte Aneignung und Autonomie in der Arbeit fallen sehr unterschiedlich aus. Sie variieren nach betrieblicher Position und Funktion, nach individueller Qualifikation, sowie nach Alter, Geschlecht und Lebensweise. Insbesondere die letzten Faktoren hängen stark mit außerbetrieblichen Reproduktionsanforderungen zusammen. Sie sind damit auch Ausdruck der gesellschaftlichen Organisation von Reproduktionsarbeit, die nach wie vor sehr ungleich zwischen den Geschlechtern verteilt ist. Die unterschiedlichen Aneignungs- und Autonomiechancen in der Erwerbsarbeit spiegeln auch diesen Zusammenhang wider.

Vor diesem Hintergrund fragt die vorliegende Arbeit zum einen nach den *strukturellen Chancen für Autonomie in der Arbeit*: Welche unternehmensbezogenen Prozesse begünstigen oder ermöglichen die Realisierung von Autonomie in der Arbeit? Welche betrieblichen Prozesse und Faktoren stehen dem entgegen? Oder mit anderen Worten: Welche betrieblichen Potenziale und Restriktionen für Autonomie in der Arbeit lassen sich ausmachen? Zum anderen wird nach den *subjektiven Aneignungsweisen und -strategien* der Beschäftigten gefragt: Welche Aneignungschancen werden von den Arbeitenden wahrgenommen und in Form von Kontroll-, und damit auch Autonomieansprüchen realisiert? Wie korrespondiert dies mit sozialstrukturellen Faktoren wie Qualifikation, Position im Betrieb, Alter, Geschlecht und Lebensweise? Welche Rolle spielen dabei subjektive Erwerbsorientierungen und -bezüge? Welche Bedeutung haben dabei betriebliche Bedingungen wie z.B. Arbeitsplatz- und Beschäftigungssicherheit oder Anerkennung?

2 Subjekte als Bezugspunkt der Betrachtung

Mit diesen Fragen wird auf eine Leerstelle in der gegenwärtigen Debatte eingegangen, die ihren Schwerpunkt bislang vornehmlich auf *struktureller* Ebene hat. Die Prozesse der Vermarktlichung und Subjektivierung werden dabei vor allem als neue betriebliche Rationalisierungsstrategien verstanden, in deren Folge es zu veränderten Anforderungen und Zumutungen gegenüber den Beschäftigten kommt. Dementsprechend werden die arbeitenden Subjekte primär aus einer Perspektive wahrgenommen, die sich für ihre spezifischen Anpassungsleistungen interessiert. Die Rolle der Arbeitenden als *aktiv Aneignende* und *Handelnde* – und damit auch als *AkteurInnen* der betrieblich-sozialen Verhältnisse – bleibt demgegenüber unterbelichtet. Damit geraten aber auch ihre jeweils spezifischen Handlungsstrategien, Relevanzsetzungen sowie Arbeits- und Lebensorientierungen aus dem Blick.

Demgegenüber wird hier eine *subjektorientierte Zugangsweise* stark gemacht. Dies speist sich aus zwei theoretischen Annahmen über den Charakter der Subjektivierung und Vermarktlichung von Arbeit: Erstens wird Subjektivierung von Arbeit als ein *doppelter Prozess* verstanden, der sowohl betrieblich induzierte Momente (in Form eines erweiterten Zugriffs auf das menschliche Arbeitsvermögen) als auch subjektinduzierte Momente (in Form erweiterter Sinnansprüche und Erwartungen der Arbeitenden an ihre Tätigkeit) enthält. Zweitens wird diese „doppelte Subjektivierung" in einem *komplementären* und zugleich *widersprüchlichen Verhältnis* zum Prozess der Vermarktlichung gesehen. Der Begriff der Vermarktlichung beschreibt dabei vor allem Prozesse auf der betrieblichen Strukturebene, während der Begriff der Subjektivierung Prozesse auf der subjektiven Ebene der Beschäftigten sowie auf der Ebene der Betriebs- und Arbeitsstrukturen bezeichnet. Mit der Komplementarität dieser Prozesse werden keine eindeutigen und linearen Kausalitäten unterstellt, sondern eine (jeweils empirisch zu spezifizierende) Form der wechselseitigen und widersprüchlichen Korrespondenz und Beeinflussung von betrieblicher Struktur- und Subjektebene.

Die Subjekte können als *Schnittstelle* und *Kristallisationspunkt* dieser unterschiedlichen und teils widersprüchlichen Prozesse und Momente verstanden werden. Mit ihrer Fokussierung lassen sich auch Aufschlüsse über die Prozesse der Vermarktlichung und Subjektivierung von Arbeit gewinnen. Zentraler Ansatz dafür ist die Frage nach den Chancen individueller Autonomie und Aneignung in der Arbeit. Diese Frage ergibt sich auch unmittelbar aus dem doppelten Charakter der Subjektivierung von Arbeit: Wird diese tatsächlich als gleichermaßen betrieblich wie individuell induzierter Prozess verstanden, dann ist auch nach dem spezifischen Anteil der Subjekte zu fragen. Dies aber beinhaltet die

Frage nach den inhärenten Autonomie- und Aneignungspotenzialen des doppelten Subjektivierungsprozesses insgesamt ebenso wie die Frage nach den individuellen Autonomie- und Aneignungschancen der Beschäftigten sowie den daraus resultierenden Handlungsstrategien.[4]

Mit der Beantwortung dieser Fragen soll ein Beitrag zur gegenwärtigen Debatte innerhalb der Arbeits- und Industriesoziologie über die Vermarktlichung und Subjektivierung von Arbeit geleistet werden. Dies geschieht in Form einer *qualitativen* und *explorativen* Studie, die die skizzierten Fragen *theoriegeleitet* und *empirisch* untersucht.[5] Ein Schwerpunkt dabei liegt in der theoretisch-kritischen Diskussion von Begriffen und Positionen. Empirisch wird auf Material aus einen Forschungsprojekt zurückgegriffen, an dessen Konzeption und Bearbeitung der Autor beteiligt war.[6] Dieses Forschungsprojekt bezog sich ebenfalls auf die gegenwärtige Debatte, fokussierte dabei aber vor allem die Frage nach den betrieblichen Bedingungen für die Entfaltung und Nutzung von Subjektpotenzialen sowie den Chancen arbeits- und geschlechterpolitischer Gestaltung durch die betrieblichen AkteurInnen. Exemplarisches Untersuchungsfeld dafür war die Deutsche Bahn AG.

Die hier im Mittelpunkt stehende Frage nach den Chancen für individuelle Autonomie und Aneignung in der Arbeit spielte in dem Forschungsprojekt allenfalls am Rande eine Rolle. Mit der Bearbeitung dieser Frage soll, neben den bereits genannten Punkten, nicht zuletzt auch versucht werden, zwei gegenwärtig in Vergessenheit geratene Kategorien der Arbeits- und Industriesoziologie wieder stärker ins Bewusstsein zu holen: Autonomie und Aneignung.

3 Aufbau der Arbeit

Zur Bearbeitung der genannten Fragen erfolgt zunächst eine kritische Begriffsdiskussion (Kap. II). Sie bezieht sich auf vier für die Untersuchung bedeutsame Kategorien: Vermarktlichung, Subjektivierung, Autonomie und Aneignung. Den Kategorien der Autonomie und Aneignung kommt im weiteren Verlauf die Funktion einer Analysekategorie zu. Sie werden deshalb im anschließenden Kapitel empirisch konzeptionalisiert (Kap. III). Dies geschieht zum einen anhand

[4] Die für diese Fragen auch wichtige Perspektive der arbeits- und geschlechterpolitischen Gestaltung wird in dieser Arbeit allenfalls angedeutet, nicht aber eigenständig untersucht. Siehe dazu die entsprechenden Befunde in Nickel/Hüning/Frey (2008).

[5] Zum methodischen Ansatz und Forschungsdesign dieser Arbeit siehe Kapitel VI.

[6] Das Forschungsprojekt trug den Titel „Vermarktlichung und Subjektivierung der Arbeit? Neue Arbeitspolitik und betriebliche Geschlechterverhältnisse" und wurde am Institut für Sozialwissenschaften der Humboldt-Universität zu Berlin unter der Leitung von Prof. Dr. Hildegard Maria Nickel und Dipl. Pol. Hasko Hüning (FU Berlin) durchgeführt. Gefördert wurde es von der Hans-Böckler-Stiftung und die Laufzeit ging von 1/2005 bis 11/2006. Weitere Projektbeteiligte waren neben den bereits genannten Almut Kirschbaum als wiss. Mitarbeiterin sowie Susanne Braun und Cordula Kiank als stud. Mitarbeiterinnen. Die Projektergebnisse sind veröffentlicht in Nickel/Hüning/Frey (2008).

der Unterscheidung von *Handlungsautonomie* und *Verhandlungsautonomie* als zwei verschiedenen Dimensionen von Autonomie in der Arbeit. Dies geschieht zum anderen mittels der Differenzierung von drei Aneignungsebenen in der Arbeit: *sinnlich-erfahrende, mental-symbolische* und *praktisch-handelnde Aneignung.*

Sodann werden das Untersuchungsfeld Deutsche Bahn AG, die dort untersuchten Betriebsfälle sowie das interviewte Sample beschrieben (Kap. IV). Nach Schilderung der methodischen Vorgehensweise (Kap. V) werden die auf dieser Basis gewonnenen empirischen Befunde vorgestellt (Kap. VI). Anschließend wird ein Resümee und Fazit gezogen (Kap. VII). Im darauf folgenden Kapitel VIII werden daraus Konsequenzen für eine konzeptionelle Weiterentwicklung des Autonomiebegriffs erwogen. Abschließend wird die analytische Tragfähigkeit des Aneignungsbegriffs für die vorliegende Untersuchung kritisch reflektiert (Kap. IX).

II Vermarktlichung, Subjektivierung, Autonomie, Aneignung – Eine kritische Diskussion von Begriffen und Positionen

In diesem Kapitel werden die für die Untersuchung zentralen Begriffe theoretisch diskutiert. Dabei werden ihr jeweiliger Gehalt für die hier verfolgte Fragestellung überprüft und damit verbundene Positionierungen geklärt. Hinsichtlich der Begriffe „Vermarktlichung" und „Subjektivierung" kann auf die im erwähnten Forschungsprojekt bereits erfolgte Explikation und Definition zurückgegriffen werden (siehe Nickel/Hüning/Frey 2008). Die Ausführungen dazu sind deshalb nur knapp. Die Begriffe „Autonomie" und „Aneignung" werden dagegen ausführlicher behandelt. Insbesondere der Aneignungsbegriff findet in der aktuellen Debatte zum Wandel von Arbeit nur wenig Beachtung.

Neben der Klärung von Begriffen und Positionen geht es auch um die Beleuchtung ihres Verhältnisses zueinander. Zudem werden bisherige Verkürzungen und Leerstellen benannt, zu deren Behebung die vorliegende Arbeit beitragen will. Die theoretische Diskussion geht dabei zum Teil über das empirisch einlösbare Maß hinaus. Sie markiert dennoch die hierbei eingenommene Erkenntnisperspektive und bietet Ansatzpunkte für die empirische Konzeptionalisierung der Untersuchung in Kapitel III.

1 Vermarktlichung und Subjektivierung von Arbeit

Die Begriffe Vermarktlichung und Subjektivierung von Arbeit wurden bereits in der Einleitung kurz umrissen. Wichtig für die hier verfolgte Fragestellung ist, dass mit ihnen jeweils unterschiedliche *Ebenen* und *Prozesse* ins Visier genommen werden. Der Begriff der Vermarktlichung fokussiert zum einen Veränderungen auf der Ebene der *Unternehmensorganisation* und *Unternehmenssteuerung*. Diese beziehen sich auf die zunehmende Marktorientierung des Unternehmensaufbaus sowie die vermehrte Marktsteuerung der Unternehmensabläufe.[7] Zum anderen wird der Begriff auf die Ebene der *Arbeits-* und *Beschäftigungsbedingungen* sowie der *Arbeitsorganisation* bezogen. Dies zielt auf Veränderungen in bisher gültigen Standards der Arbeitsbedingungen und Formen der Beschäftigung sowie der bisher üblichen Organisation von Arbeit. So werden etwa die Arbeits- und Beschäftigungsbedingungen in zentralen Dimensio-

[7] Empirisch zeigt sich dies in der Unternehmensgliederung nach Produkt- oder Kundengruppen sowie in der Steuerung der Unternehmensabläufe nach marktbezogenen Kennziffern und Vorgaben (dies schließt auch die internen Arbeitsabläufe und -beziehungen mit ein). Organisatorischer Ausdruck dafür sind z.B. Profit-Center. Interne Benchmarks sind ein Beispiel für die marktliche Wettbewerbs- und Konkurrenzlogik innerhalb des Unternehmens selbst. Für weitere empirische Beispiele siehe Sauer/Döhl (1997).

nen zunehmend marktbezogen differenziert: Entgelt wird erfolgs- und leistungsbezogen variabilisiert, Arbeitszeit und Personaleinsatz werden auftragsbezogen flexibilisiert. Zugleich kommt es zu neuen Arbeitsformen, in denen ein erhöhtes Maß an Selbststeuerung und Selbstorganisation gefordert wird (z.B. Projekt- und Gruppenarbeit).

Das Gemeinsame dieser Veränderungen ist, dass durch sie die Organisation und Steuerung von Unternehmen und Arbeit stärker nach *Marktprinzipen* ausgerichtet wird. Dies wird in der einschlägigen Literatur als „Vermarktlichung" (Sauer/Döhl 1997) oder auch als „Marktsteuerung" (Wagner 2005; Lehndorff/Voss-Dahm 2006) bezeichnet. Die damit bezeichneten Prozesse sind vor allem auf der betrieblichen *Strukturebene* anzusiedeln.

Demgegenüber fokussiert der Begriff der Subjektivierung vor allem Prozesse, die auf der individuellen *Subjektebene* zu verorten sind. Gemeint ist damit zum einen ein *erweiterter Zugriff auf das Arbeitsvermögen* der Beschäftigten: Unternehmen erwarten von ihren Beschäftigten nicht mehr nur fachlich-funktionale Fähigkeiten, sondern auch sog. „extrafunktionale" Qualifikationen. Dazu zählen z.B. auch sozial-kommunikative oder kreative Kompetenzen.[8] Dies aber sind Fähigkeiten, die unmittelbar dem Status der Beschäftigten als *Subjekte* entspringen. In der Literatur wird das auch als die „Rückkehr des Subjekts" in die betriebliche Organisation von Arbeit bezeichnet (Moldaschl 2002a; Sauer 2005a). Zum anderen ist damit ein *veränderter Bezug der Arbeitenden zu ihrer Arbeit* gemeint. Dies speist sich aus der empirischen Beobachtung, dass Arbeitende die eigene Arbeitstätigkeit (auch und gerade im „Normalfall" der weisungsabhängigen Beschäftigung) immer weniger nur instrumentell oder gar gleichgültig betrachten, sondern zunehmend mit normativen Werten und lebensweltlichen Ansprüchen (z.B. Selbstverwirklichung, Spaß, Herausforderung), aber auch mit Partizipation und Anerkennung in Verbindung bringen.[9] Beide Aspekte der Subjektivierung von Arbeit ereignen sich gleichzeitig. Sie überlagern und beeinflussen sich gegenseitig. Deshalb wird in der Literatur auch von einer „doppelten Subjektivierung" von Arbeit gesprochen (Kleemann/Matuschek/Voß 2002; Nickel/Hüning/Frey 2008).[10]

Diesem Verständnis schließt sich die vorliegende Arbeit an. Dabei werden im Anschluss an das genannte Forschungsprojekt die beiden Aspekte der Subjekti-

---

[8] Dazu gehören Empathie, Teamfähigkeit, Spontaneität, Phantasie, Elan, Überzeugungskraft etc. (vgl. Kratzer 2003).

[9] Vgl. dazu vor allem Baethge 1991; Holtgrewe u.a. 2000; Kratzer 2003; Pongratz/Voß 2003; Sauer 2005a; Peters/Sauer 2006.

[10] Auch Krömmelbein (2004) verwendet den Begriff der „doppelten Subjektivierung". Er zielt hier unter dem Aspekt der beruflichen Sozialisation auf die als „Sozialisationsparadox" bezeichnete Widersprüchlichkeit im gegenwärtigen Verhältnis von Subjekt und Arbeit: Einerseits wird Arbeit verstärkt als Selbstverwirklichung wahrgenommen, anderseits unterliegt sie zunehmend ökonomischen Fremdgesetzen. Kleemann (2005) schlägt hingegen den Begriff der „dualen Subjektivierung" vor. Der damit implizierte Doppelprozess entspricht dem hier skizzierten Prozess der „doppelten Subjektivierung".

vierung von Arbeit begrifflich differenziert: Der erweiterte Zugriff auf das Arbeitsvermögen der Beschäftigten geht von den Betrieben und Unternehmen aus und wird deshalb als „*betriebsinduzierte Subjektivierung*“ bezeichnet. Die erweiterten Ansprüche der Beschäftigten an ihre Arbeit gehen von den Subjekten aus und werden deshalb als „*subjektinduzierte Subjektivierung*“ bezeichnet.

Mit dieser begrifflichen Differenzierung sind zugleich die beiden entscheidenden Triebkräfte der Subjektivierung von Arbeit benannt. Beide Quellen sind miteinander verbunden und stehen – so die These – in einem *komplementären*, zugleich aber auch *spannungsreichen* und *widersprüchlichen* Verhältnis zueinander. Einerseits befördern sich betriebsinduzierte und subjektinduzierte Subjektivierung von Arbeit gegenseitig. Andererseits gibt es aber auch Gründe für die Annahme, dass die betriebsinduzierte Subjektivierung der subjektinduzierten Subjektivierung Grenzen setzt. Diese Grenzen resultieren aus einer einseitigen Verfolgung betriebsökonomischer Kalküle und sind letztlich Ausdruck der strukturellen Machtasymmetrie zwischen Kapital und Arbeit. Persönliche Werte und Orientierungen, die vor allem einer subjektindizierten Subjektivierung entsprechen, drohen dagegen an den Rand gedrängt zu werden. Empirisch zeigt sich dies z.B. im Spannungsverhältnis zwischen konkret-stofflicher Kundenorientierung der Beschäftigten und abstrakt-ökonomischer Marktorientierung der Unternehmen (vgl. Sauer 2002, 2003; Pohlmann u.a. 2003).[11]

Ein nicht unwesentlicher Teil des Spannungsverhältnisses zwischen betriebsinduzierter und subjektinduzierter Subjektivierung ergibt sich aus der *Dynamik betrieblicher Vermarktlichung*. Dies in zweierlei Hinsicht: Zum einen forciert die zunehmende Ökonomisierung sowie der daraus resultierende Effizienzdruck betriebliche Rationalisierungsstrategien, die auf einen erweiterten Zugriff auf das menschliche Arbeitsvermögen zielen. Den Beschäftigten werden dabei vermehrt vormals dem betrieblichen Management vorbehaltene Steuerungsaufgaben übertragen. Zudem wird ihre Eigenverantwortlichkeit und Selbstorganisationsfähigkeit „angerufen“ und in die Pflicht genommen. Dies fordert auch die subjektiven Kompetenzen der Arbeitenden. Die Grenzen zwischen betrieblicher *Nutzung* und *Vernutzung* der lebendigen Subjektpotenziale sind dabei aber oftmals fließend.

Zum anderen konfrontieren marktorientierte Organisations- und Steuerungsformen von Arbeit die Beschäftigten unmittelbarer mit *Marktkontingenz*. Die prinzipielle Unbestimmtheit und damit auch Unvorhersehbarkeit von Marktprozessen wird immer weniger von vor- und nachgelagerten Betriebsinstanzen abgefangen. Sie soll und muss zunehmend von den Beschäftigten selbst bewältigt werden (z.B. im direkten Kundenkontakt). Auch dies fordert die Subjektqualitäten der Arbeitenden (z.B. hinsichtlich sozialkommunikativer Fähigkeiten). Zugleich werden allerdings die dazu betrieblicherseits erforderlichen Ressour-

---

[11] Dies kann auch als Spannungsverhältnis zwischen Gebrauchswertorientierung der Beschäftigten und Tauschwertorientierung der Unternehmen verstanden werden.

cen (vor allem Personal und Qualifizierung) vielerorts aus Kostengründen gekürzt. Dies führt nicht selten zu einer *strukturellen Überforderung* der den Marktkontingenzen unmittelbarer ausgesetzten Beschäftigten.

Deutlich wird aus dieser Beschreibung, dass auch die Prozesse der Vermarktlichung und Subjektivierung von Arbeit in einem spannungsreichen und widersprüchlichen Verhältnis zueinander stehen. Die angeführten Widersprüche verweisen insgesamt darauf, dass auf beiden Seiten der Subjektivierung (den betrieblichen Strukturen und den arbeitenden Subjekten) unterschiedliche Subjektivierungschancen und -potenziale gegeben sein können. Diese Unterschiede lassen sich nicht vorab aus linear unterstellten Kausalitätszusammenhängen ableiten, sondern sind empirisch auszuloten. Dabei ist davon auszugehen, dass auch die unterschiedliche Ausstattung der Beschäftigten mit sozialstrukturellen Merkmalen (z.B. Qualifikation, Position, Alter, Geschlecht, Lebensweise) und individuellen Handlungsressourcen zur Entstehung von unterschiedlichen Subjektivierungschancen beitragen kann. Auch unterschiedliche Arbeits- und Erwerbsorientierungen können dabei eine Rolle spielen.

Insgesamt liegt den bisherigen Ausführungen die These zugrunde, dass sich die Subjektivität der Beschäftigten nicht auf betriebliche oder ökonomische Vorgaben beschränken lässt, sondern „eigensinnig“ über die betrieblichen Bedingungen und Anforderungen hinausweist. Dabei kommt Formen des eigenständigen und selbstorganisierten Handelns ebenso Bedeutung zu wie Formen des reklamierenden und „widerständigen“ Handelns.[12] Selbstorganisation und Eigenverantwortlichkeit stellen aus dieser Perspektive – im Unterschied etwa zur These des Arbeitskraftunternehmers (Voß/Pongratz 1998) – nicht schon per se, und auch nicht ausschließlich ein den betrieblichen Interessen und Vorgaben entsprechendes Rationalisierungshandeln dar. Vielmehr können sie auch als Formen der *subjektiven Aneignung* von betrieblichen Anforderungen und Rahmenbedingungen verstanden werden.[13] Hier liegt ein emanzipatorisches Potenzial, das durch flankierende Ansätze zur erweiterten Partizipation und Mitbestimmung der Beschäftigten an den betrieblichen Entscheidungsprozessen arbeitspolitisch gestaltet und vorangetrieben werden kann. Dies allerdings wäre eine Aufgabe für die betriebliche und gewerkschaftliche Interessenvertretung, die hier nicht weiter zur Debatte steht.

Aus der Perspektive dieser These stellen sich auch die *zentralen Fragen* dieser Arbeit:

- Welche strukturellen Autonomie- und Aneignungspotentiale beinhalten die Prozesse der Vermarktlichung und Subjektivierung von Arbeit?

[12] Reklamierendes Handeln lässt sich in Anlehnung an Kleemann/Matuschek/Voß (2002) auch als „reklamierende Subjektivierung“ begreifen. Eigenständiges Handeln entspricht dann der „strukturierenden Subjektivierung“. Eigensinniges oder widerständiges Handeln lässt sich hingegen in der Typologie von Kleemann/Matuschek/Voß (2002) nicht verorten.

[13] Zum Begriff der Aneignung siehe Abschnitt 3 dieses Kapitels.

- Welche Wechselwirkungen lassen sich zwischen Vermarktlichung und Subjektivierung ausmachen? Überwiegen dabei die Spannungsmomente und Widersprüche, oder gibt es auch positive Beeinflussungen gegenseitig?
- Gibt es auch Spannungen zwischen Vermarktlichung und Subjektivierung einerseits, den darin enthaltenen Autonomie- und Aneignungspotenzialen andererseits?
- Welche individuellen Autonomie- und Aneignungschancen werden von den Subjekten realisiert? Wie hängt dies zum einen mit betrieblichen Bedingungen und Ressourcen, zum anderen mit der individuellen Position und Qualifikation, dem Alter und Geschlecht sowie der jeweiligen Lebensweise zusammen?
- Last but not least: Welche Chancen und Strategien besitzen die Subjekte, sich relevante betriebliche Rahmenbedingungen ihrer Arbeit sowie ihres Lebens außerhalb der Arbeit anzueignen?

Mit diesen Fragen sind zugleich wichtige *Leerstellen* in der gegenwärtigen Debatte benannt. Den Begriffen der Autonomie und Aneignung in der Arbeit kommt bei der Beantwortung dieser Fragen eine Schlüsselrolle zu. Beide Kategorien werden in der bisherigen Debatte zur Vermarktlichung und Subjektivierung von Arbeit allerdings nur wenig berücksichtigt. Gleiches gilt für den zuletzt angesprochenen Punkt: das Verhältnis von Arbeit und Leben. Ein Großteil der Beiträge fokussiert die betriebliche Ebene, ohne den außerbetrieblichen Lebensbereich zu berücksichtigen. Der integrale Strukturzusammenhang von betrieblicher und außerbetrieblicher Lebenssphäre wird so einseitig aufgelöst. Das steht im Widerspruch zur Wahrnehmung und Alltagspraxis der Beschäftigten selbst. Dies gilt vor dem Hintergrund einer ungleichen Arbeitsteilung zwischen den Geschlechtern insbesondere für Frauen (Becker-Schmidt u.a. 1983). Zur Untersuchung und Einschätzung von Autonomie- und Aneignungschancen in der Erwerbsarbeit ist deshalb auch das Verhältnis von Arbeit und Leben (bzw. von betrieblichen und außerbetrieblichen Anforderungen) zu berücksichtigten. In dieser Arbeit ist es eine Untersuchungsdimension. Dabei interessiert vor allem auch die subjektive Wahrnehmung dieses Verhältnisses durch die Beschäftigten selbst.

Zunächst aber werden in den folgenden beiden Abschnitten die Begriffe der Autonomie und Aneignung behandelt. Ihnen kommt sowohl der Status einer Analysekategorie als auch eines normativen Bezugspunktes zu. Dies wird im Folgenden erläutert.

2 Autonomie in der Arbeit

In diesem Abschnitt wird der Autonomiebegriff geklärt. Dazu wird zunächst ein kurzer Problemaufriss zur gegenwärtigen Einschätzung des Autonomiebegriffs in der Arbeits- und Industriesoziologie gegeben (2.1). Sodann erfolgt nach einer kurzen Begriffsbestimmung ein kursorischer Überblick zur bisherigen Verwendung des Begriffs im Diskurs der bundesdeutschen Arbeits- und Industriesoziologie (2.2). Danach werden verschiedene Bedeutungen von Autonomie in der Arbeit erörtert (2.3) sowie das Verhältnis von Autonomie und Kontrolle in der Arbeit beleuchtet (2.4). Auf dieser Basis werden anschließend verschiedene Dimensionen von Autonomie in der Arbeit differenziert (2.5).

Bei all diesen Punkten zeigt sich eine enge Verbindung von Autonomie und Kontrolle in der Arbeit. Diese Verbindungen werden expliziert und hinsichtlich ihrer Bedeutung für die vorliegende Untersuchung kritisch diskutiert. Dabei werden wichtige Differenzierungen im Kontrollverständnis von Arbeitssoziologie und Arbeitspsychologie (als den beiden hier relevanten Bezugsdisziplinen) deutlich (2.6 + 2.7). Es zeigt sich, dass die Frage der Handlungsmittel und -ressourcen ein zentraler Punkt bei der Untersuchung von individuellen Autonomie- und Aneignungschancen in der Arbeit ist (2.8 + 2.9). Auf dieser Basis wird Autonomie in der Arbeit als *Kontrolle über die wesentlichen* (hier vor allem *betrieblichen*) *Rahmenbedingungen der eigenen Tätigkeit* definiert. Dies wird anschließend auch auf den Zusammenhang von Arbeit und Leben bezogen (2.10). Abschließend werden einige Konsequenzen für eine konzeptionelle Weiterentwicklung des Autonomiebegriffs benannt (2.11).

Maßgebliche theoretische Bezugspunkte für die Erörterung sind zum einen die labour process theory (vgl. als Überblicke Hildebrandt/Seltz 1987; Knights 1990), zum anderen die darauf aufbauende Differenzierung von „Handlungsautonomie“ und „Verhandlungsautonomie“ als zwei Dimensionen der Autonomie in der Arbeit (Moldaschl 2001).

2.1 Autonomie in der Arbeit – ein problematisch gewordener Begriff

Das Verhältnis von Autonomie und Heteronomie ist ein zentraler Topos der Arbeits- und Industriesoziologie. Dabei war insbesondere der Autonomiebegriff lange Zeit *normativer* Bezugspunkt einer sich kritisch verstehenden Arbeits- und Industriesoziologie. Die Kritik richtete sich vor allem auf die restriktiven Arbeitsbedingungen des Taylorismus mit ihren negativen Folgen für die arbeitenden Subjekte.

Diese Kritik wird in der Disziplin nach wie vor nicht in Frage gestellt. Was aber angezweifelt wird, ist zweierlei: Zum einen die Angemessenheit der noch immer starken Fixierung auf das paradigmatische Feld taylorisierter Arbeit schlechthin, der *Produktionsarbeit* in den *männlich segregierten Kernsektoren* der *Indust-*

rie.[14] Zum anderen wird grundsätzlicher die *Tragfähigkeit* der verwendeten *Begriffe* und *Analysekriterien* für gegenwärtige Problemstellungen bezweifelt (z.B. Deutschmann 2001; Moldaschl 2001; Kratzer 2003). Da diese hauptsächlich anhand taylorisierter Produktionsarbeit entwickelt wurden, seien sie nicht ohne weiters übertragbar für die Analyse von anderen Arbeitsbereichen und -arten (z.B. Dienstleistungsarbeit) sowie von neuen Arbeitsformen (z.B. Projektarbeit oder Gruppenarbeit). Gerade bei solchen Arbeitsformen sind, im Unterschied zur taylorisierten Arbeit, die Handlungs- und Gestaltungsspielräume in der Arbeit oft relativ groß. Wird dies aber als zentraler Indikator für Autonomie in der Arbeit genommen – wie das beim traditionellen Autonomiebegriff der Fall ist – dann bedeute dies, dass die gegenwärtig sich breiter durchsetzenden neuen Arbeitformen (mit hoher Selbstorganisation und Eigenverantwortung) in hohen Maßen selbstbestimmt wären. Das Gegenteil aber scheint häufig der Fall zu sein. So wird z.B. über hohen Arbeits- und Termindruck, Zeitknappheit, „Arbeit ohne Ende", aber auch Beschäftigungsunsicherheit gerade in neuen Arbeitsformen geklagt.[15] Dies alles aber sind Merkmale eher für *Fremd-* denn für *Selbstbestimmung.*

Wenn aber stark selbstorganisierte und eigenverantwortliche Arbeitsformen (wie z.B. Projektarbeit) als heteronom und belastend erlebt werden, dann führt das traditionelle Verständnis von Autonomie hier wenig weiter. Denn damit kann zwar anhand von Kriterien wie z.B. Qualifikation oder Handlungsspielraum auf den *formalen* Autonomiegrad in der Arbeit geschlossen werden.[16] Inwieweit dies aber mit Restriktionen oder Belastungen verbunden ist, geht daraus noch nicht hervor. Der überkommene Autonomiebegriff sagt nichts aus über den „Preis der Autonomie" (Moldaschl 2001). Damit aber ist ein Problem angesprochen, dass für die hier verfolgte Frage nach den individuellen Autonomie- und Aneignungschancen in der Arbeit unter den Bedingungen der Vermarktlichung und Subjektivierung von Belang ist. Denn im Zuge dieser Prozesse nimmt sowohl die betriebliche Anforderung nach Selbstorganisation und Eigenverantwortung der Beschäftigten zu, als auch deren individueller Anspruch nach erweiterten Handlungs- und Entscheidungsmöglichkeiten in der Arbeit. Beides wäre aus einer Perspektive der Humanisierung von Arbeit sowie der erweiterten Partizipation in Arbeit und Betrieb grundsätzlich zu begrüßen. Wenn nun aber erweiterte Autonomiechancen in neuen Arbeitsformen sich zugleich mit Phänomenen der Fremdbestimmung und Belastung paaren, dann muss diese Einschätzung in ihrer Eindeutigkeit überprüft werden. Dies nicht allein aus normativen, sondern auch aus *theoretischen* Gründen: Denn die ihr zugrunde liegende Prämisse, wo-

---

[14] Genauer betrachtet, handelt es sich dabei um ein differenziertes Feld, dessen einzelne Teilbereiche sehr unterschiedliche Grade der Taylorisierung aufweisen. So ist z.B. der Maschinenbau in dieser Hinsicht kaum mit der Automobilindustrie zu vergleichen.

[15] Vgl. etwa Moldaschl 1998; Pickshaus/Schmitthenner/Urban 2001; Glißmann 2002; Moldaschl/Voß 2002b; Schultheis u.a. 2005.

[16] Im Sinne von Selbstständigkeit in der Arbeitsausführung.

nach ein Mehr an Autonomie automatisch auch zu weniger Fremdbestimmung und Belastung führt, wäre so nicht mehr umstandslos aufrecht zu halten.

Notwendig ist somit die Hinterfragung und mögliche *Neufassung* des Autonomiebegriffs, um dem sich verändernden Verhältnissen in der Arbeit im Zuge von Vermarktlichung und Subjektivierung gerecht zu werden. Nur so lässt sich den daraus entstehenden Autonomiechancen, aber auch den diesbezüglichen Restriktionen, auf die Spur zu kommen. Ein Ansatz, der eine Neufassung des Autonomiebegriffs in der Arbeit versucht, ist das Konzept der „widersprüchlichen Arbeitsanforderungen“ von Moldaschl (1991; 2001; 2005c). Im Zusammenhang mit diesem Konzept unterscheidet Moldaschl (1991; 2001) zwei zentrale Dimensionen von Autonomie in der Arbeit: „Handlungsautonomie“ und „Verhandlungsautonomie“. Auf diese Differenzierung wird hier vor allem zurückgegriffen, um die strukturellen Autonomiepotenziale im Prozess der Vermarktlichung und Subjektivierung von Arbeit zu untersuchen.[17] Bevor die Differenzierung von Autonomiedimensionen in der Arbeit näher erörtert wird, erfolgen im nächsten Abschnitt noch eine allgemeine Begriffsbestimmung von „Autonomie“ sowie ein kursorischer Überblick zur bisherigen Verwendung des Begriffs im Diskurs der bundesdeutschen Arbeits- und Industriesoziologie.

2.2 Autonomie im arbeits- und industriesoziologischen Diskurs der Bundesrepublik

Autonomie bedeutet wörtlich übersetzt „Selbstbestimmung“, „Selbstgesetzgebung“ oder „Eigengesetzlichkeit“ (vgl. Pohlmann 1971). Der Begriff findet Verwendung in unterschiedlichen disziplinären Bezügen (z.B. juristisch, philosophisch, psychologisch, politisch, soziologisch) und kann dort jeweils auf verschiedene Ebenen bezogen werden (z.B. personal, organisational, sozial). Nach Hillmann (2007: 65) wird Autonomie in der Soziologie häufig als Gegenbegriff zu Anpassung verstanden. Damit aber werde letztlich nur die strukturelle Tatsache umschrieben, dass soziale Rollen und Normen den Individuen neben Verhaltensanweisungen immer auch mehr oder weniger starke Eigenleistungen (z.B. Deutungen und Entscheidungen) abverlangen.[18] Zudem verweist der Begriff in sozialkritischer Perspektive auf das Ziel einer emanzipierten Gesellschaft, in der die Individuen in freier und bewusster Auseinandersetzung mit den sozialen Verhältnissen sich autonom entfalten können.

In diesem Sinne findet der Begriff oftmals auch Verwendung in der Arbeits- und Industriesoziologie. Er dient hier als Gegenbegriff zur Heteronomie in der Arbeit, so wie sie sich vor allem mit tayloristischen Prinzipien der Arbeitsgestaltung verbindet. Als Kriterien für Autonomie in der Arbeit gelten dann oftmals vermehrte Partizipationsmöglichkeiten, erweiterte Handlungs- und Entscheidungsspielräume sowie erhöhte Qualifikationsanforderungen.

---

[17] Zum Begriff der strukturellen Autonomiepotenziale siehe Punkt 2.5 dieses Abschnitts.

[18] Implizit ist dies ein Verweis auf die kritische Rollentheorie in der Fassung von Krappmann (1972) und Habermas (1973).

Rückblickend lassen sich in der bundesdeutschen Arbeits- und Industriesoziologie grob *drei Phasen* der Thematisierung von Autonomie in der Arbeit umreißen:

- In den 1950er und 1960er Jahren dominierte eine stark *technikorientierte* Sicht von Autonomie. Technik wurde als „objektive" und unabhängige Variable verstanden, die die Entwicklung des Produktions- und Arbeitsprozesses bestimmt. Arbeit und Arbeitsbedingungen wurden so zur „abhängigen" Variable von Technik. Im Gegensatz zu späteren Einschätzungen herrschte dabei eine ausgesprochen *technikoptimistische* Sichtweise vor: Inspiriert insbesondere von den Arbeiten Blauners (1964) und Touraines (1955, 1966) wurde die fortschreitende Automatisierung der Industriearbeit als Chance zur Emanzipation der Arbeitenden von den Fesseln einer entmündigenden Maschinerie verstanden. Aus dieser Perspektive treten die Arbeitenden durch Automatisierung aus dem unmittelbaren Produktionsprozess heraus und werden vom bloßen „Anhängsel" zum eigentlichen „Führer" der Maschine. Mit zunehmender Automatisierung – so die Erwartung – sollte es quasi von selbst auch zur Autonomie der Arbeitenden und zur Zurückdrängung von Heteronomie in der Arbeit kommen.[19]
- In der darauf folgenden Phase herrschte eine ganz andere Sichtweise vor. Im Zuge der sog. „Marx-Renaissance" der westdeutschen Industriesoziologie wurde in den 1970er Jahren stärker *politökonomisch* und *gesellschaftstheoretisch* argumentiert. Technik wurde nun nicht mehr als „unabhängige" und quasi „objektive" Variable verstanden, sondern als Instrument in den Händen des „Kapitals" (resp. des Managements als dessen „Agenten") zur stärkeren Ausbeutung und damit auch Unterdrückung der Arbeitenden. Dementsprechend war die Einschätzung, dass die lebendige Arbeitskraft durch die fortschreitende Automatisierung nicht befreit, sondern stärker der kapitalistischen Ausbeutung unterworfen werde. Folge sei eine zunehmende Dequalifizierung, Entwertung, Entmündigung, kurz: Heteronomie der menschlichen Arbeit. Autonomie in der Arbeit erschien so nur *jenseits* der kapitalistischen Arbeits- und Gesellschaftsorganisation möglich.[20]

---

[19] Diese Erwartung wurde bereits damals in der sog. „Automationsdebatte" kontrovers diskutiert (vgl. Beckenbach 1991: 66ff). Bezugspunkt für eine kritische Sichtweise war u.a. die skeptische Einschätzung Pollocks (1956) über die sozialen Folgen der Automatisierung. Empirisch wurden die verschiedenen Thesen zur Automation von Kern/Schumann (1970) untersucht. Das Ergebnis war eine deutliche Polarisierung hinsichtlich der Chancen und Risiken der Automation entlang des Qualifikations- und Technisierungsgrades der untersuchten Arbeitsbereiche.

[20] Denn die beschriebenen Folgen waren „lediglich" Ausdruck der immanenten Logik der Kapitalakkumulation. Diese Einschätzung wurde unter dem damals einflussreichen Theorem der „reellen Subsumtion" von Arbeit verhandelt (als Überblicke vgl. Schmiede 1980; Bergmann 1989 sowie Schumm 1989).

- In den 1980er Jahren kam es wiederum zur Kritik dieser politökonomischen Sichtweise. Im Zuge der *„Labour Process Debate“* wurde vor allem die Möglichkeit einer allumfassenden Kontrolle durch Management und Kapital angezweifelt (vgl. Lappe 1986; Hildebrandt/Seltz 1987). Ebenso wurde die Vorstellung eines homogenen und lediglich als „Kapitalagent“ fungierenden Managements in Frage gestellt. Stattdessen richtete sich die Aufmerksamkeit auf die Potenziale an *Widerständigkeit* und *Gegenmacht* in der Arbeit. Als Quelle dafür galt vor allem der für jede noch so restriktive Arbeit unumgängliche „Überschuss“ an Eigensinn und Subjektivität der Beschäftigten.[21] Betont wurde auch die *informelle* soziale Realität in den Betrieben, die es überhaupt erst ermögliche, jenseits der formalen Strukturen und Regeln den Produktions- und Arbeitsprozess in Gang zu halten (Weltz 1988). Wolf (1999: 81) spricht daher von der „notwendigen Selbsttätigkeit der Arbeitenden“.[22] Diese „Selbsttätigkeit“ enthalte als integraler Bestandteil selbst der fremdbestimmten und tayloristischen Lohnarbeit immer auch Potenziale des *Eigensinns* und der *Widerständigkeit*.[23] Im Ergebnis dieser Kritik kam es zu einer arbeitspolitischen Perspektive, die Chancen zur Veränderung oder gar Überwindung des Taylorismus auch *diesseits* kapitalistischer Strukturen ausmachte.[24] Ansatzpunkt dafür war die auch bei fremdbestimmter und restriktiver Lohnarbeit unabdingbare „Eigensinnigkeit“ und „Selbsttätigkeit“ der Subjekte. Beide gelten aus dieser Perspektive als Quelle von Widerständigkeit in der Arbeit.

Seit ca. Mitte/Ende der 1990er Jahre lässt sich nun eine *neue* Phase des arbeits- und industriesoziologischen Diskurses über Autonomie ausmachen. Sie kennzeichnet sich durch eine *paradoxe* Situation: Einerseits wird eine „neue Autonomie“ in der Arbeit konstatiert (Glißmann/Peters 2001; Moldaschl 2001). Sie wurde nicht von den Arbeitenden erkämpft, sondern die Impulse dafür werden vor allem beim Management und den Betrieben sowie den dort sich verändernden Arbeitsanforderungen gesehen. Andererseits werden bei den Beschäftigten vor allem negative Folgen dieser „neuen Autonomie“ ausgemacht. Vormalige Erwartungen über die positiven Wirkungen einer erweiterten Autonomie in der Arbeit haben sich demnach nicht bewahrheitet. Dabei wird insgesamt betont,

[21] Wichtige Erkenntnisse dafür lieferte die Kritik an der Instrumentalismus-These von Goldthorpe u.a. (1968). Vgl. dazu Knapp (1981) sowie Schumann u.a. (1982).

[22] Er definiert das als ein „Arbeitshandeln, das nicht abgedeckt ist von den offiziellen betrieblichen (...) Vorgaben“. Dies sei zum einen der Fall bei lückenhafter Aufgabendefinition. Selbsttätigkeit bekomme dann die Funktion der *Kompensation*. Zum anderen aber könne Selbsttätigkeit „unmittelbar ‚subversiv'“ (ebd.) sein und die Form eines den betrieblichen Vorgaben *widersprechenden* Handelns annehmen.

[23] Dies ist nach Wolf (1999) dann der Fall, wenn betriebliche Vorgaben der eigenen Arbeitsökonomie und den eigenen Reproduktionsinteressen sowie den eigenen sozialen, fachlichen und subjektiven Arbeitsinteressen und -bezügen zuwiderlaufen.

[24] Einen prominenten empirischen Beleg dafür gaben Kern/Schumann (1984).

dass das bisherige Autonomieverständnis den veränderten Arbeitsbedingungen und neuen Arbeitsformen nicht mehr gerecht werde.[25] Dies gelte nicht nur in empirischer, sondern gerade auch in theoretischer Hinsicht. So kritisiert etwa Moldaschl (2001), dass die Voraussetzungen und Maßstäbe für Autonomie in der Arbeit meist implizit bleiben und theoretisch nur eine untergeordnete Rolle spielen. Dies gelte z.B. gerade hinsichtlich der sozialen und politischen Voraussetzungen für Autonomie in der Arbeit. Zudem werden umgekehrt oftmals verkürzt allein positive und monokausale Auswirkungen von Autonomie in der Arbeit unterstellt. Es werde z.B. erwartet, dass erweiterte Autonomie in der Arbeit automatisch auch zu mehr Persönlichkeitsentwicklung und Selbstentfaltung führt oder zur Demokratisierung der Gesellschaft beiträgt.[26] Mit den gegenwärtigen betrieblichen Rationalisierungsstrategien, die auf mehr Selbstorganisation und Eigeninitiative der Arbeitenden zielen, sei dies allerdings in Frage zu stellen und gerieten auch die bislang implizit unterstellten Prämissen von Autonomie unter Druck. Häufig komme es zu unerwarteten und widersprüchlichen Folgen, die Moldaschl (2003: 572) zusammenfassend unter anderen wie folgt zuspitzt:

- *Zwang durch Entgrenzung* (erweiterte betriebliche Zugriffe auf das Arbeitsvermögen üben einen Sog aus, die gesamte Lebensführung in den Dienst von Arbeit und Betrieb zu stellen);
- *Gefährdung durch Entlastung* (traditionelle Strategien des Belastungsabbaus werden selbst zu Risikofaktoren für neue Belastungen);
- *Vereinzelung durch Kooperation* (die betriebliche Nutzung von Gruppen- und Projektarbeit schlägt unter den Bedingungen der Vermarktlichung von der Förderung von Kooperation zur Erzeugung von Konkurrenz über).

2.3 Bedeutungen von Autonomie in der Arbeit

Angesichts dieser paradoxen Folgen der „neuen Autonomie“ in der Arbeit – die von den Beschäftigten selbst teils als befreiend, teils als belastend und bedrohlich empfunden werden – schlägt Peters (2001) vor, drei verschiedene Bedeutungen von Autonomie zu unterscheiden:

- Autonomie als Gegenbegriff zur Heteronomie;
- Autonomie als Urteils- und Zurechnungsfähigkeit des Individuums;
- Autonomie als Selbstorganisation von Prozessen und Systemen.

Peters (2001) stellt nun die These auf, das sich mit den gegenwärtigen betrieblichen Restrukturierungen das Verhältnis dieser drei Bedeutungen von Autonomie

25 Vgl. dazu auch aus arbeitswissenschaftlicher Sicht Sichler (2006).

26 Aus der Unterstellung solcher Zusammenhänge speisten sich eine Vielzahl mittlerweile „klassisch“ zu nennender industriesoziologischer Studien (so z.B. Pirker u.a.1955; Popitz/Bahrdt u.a.1957; Kern/Schumann 1970).

zueinander verändert und das vor allem die letztgenannte Bedeutung an Gewicht gewinnt. Die betrieblichen Rationalisierungsstrategien machen demnach eine Bedeutung von Autonomie stark, die auf die Eigendynamik der *Rahmenbedingungen* zielt, die die Arbeitenden in ihrem Verhalten bestimmen. Diese Rahmenbedingungen sind nach Peters (2001) die Gesetze der Kapitalverwertung, des Marktes und der Konkurrenz. Sie verselbstständigen sich im Gefolge der neuen betrieblichen Rationalisierungsstrategien als vermeintliche Sachgesetzlichkeiten gegenüber den Arbeitenden. Sie werden somit „autonom" in der dritten von Peters (2001) differenzierten und systemtheoretisch gefassten Bedeutung von Autonomie: als *verselbstständigte systemische Eigengesetzlichkeit* (des Marktes, der Konkurrenz und der Kapitalakkumulation).

Mit der Autonomie der betrieblichen Rahmenbedingungen von Arbeit verbinden sich für die abhängig Beschäftigten neue Freiheiten und Chancen (z.B. durch Wegfall von Hierarchien und Vorschriften), aber auch neue Zwänge und Zumutungen (z.B. Termin- und Kostenvorgaben, Markterfordernisse, Leistungsdruck). Trotz vermehrter Selbstorganisation in der Arbeit kommt es auch zu Fremdbestimmung und Heteronomie. Diese ist Folge einer anderen und bislang von der Arbeits- und Industriesoziologie wenig beachteten Bedeutung von Autonomie: der systemischen Autonomie von Markt- und Unternehmensprozessen. Deshalb greifen auch bisherige Kriterien und Konzepte zur Erfassung und Bewertung von Autonomie nicht mehr richtig. Sie wurden vor allem in Bezug auf die erste und zweite Bedeutung von Autonomie konzipiert. Sie zielen z.B. auf die Erweiterung von individuellen Handlungsspielräumen als Gegenteil von Heteronomie in Arbeit. Die neuen betrieblichen Managementkonzepte aber bewegen sich nach Peters (2001) *jenseits* dieser Logik. Sie orientieren sich am *Leitbild des Unternehmers* als Handlungsmodell auch für a*bhängig Beschäftigte*. Sie zielen nicht darauf, die Handlungsspielräume der Beschäftigten zu vergrößern oder zu verkleinern. Vielmehr geht es darum, die Beschäftigten – analog zur Figur des Unternehmers – mit den *ökonomischen Rahmenbedingungen* ihres eigenen Handelns selbst zu konfrontieren. Damit aber wandelt sich für die Beschäftigten die Form ihrer Abhängigkeit: Nicht mehr hauptsächlich die Weisungen und Anordnungen von Vorgesetzen bestimmen ihr Handeln, sondern (wie beim Unternehmer) vor allem die Sachgesetze und Notwendigkeiten des Marktes und der Kapitalverwertung.

Allerdings werden die Beschäftigten dadurch nicht zu tatsächlichen UnternehmerInnen. Vielmehr werden sie von Peters (2001) als *„unselbstständige Selbstständige*" charakterisiert. Dies zielt auf zwei entscheidende Punkte:

- Neue betriebliche Managementkonzepte konfrontieren durch Abbau von Hierarchien weisungsabhängige Beschäftigte verstärkt mit den ökonomischen Rahmenbedingungen des Unternehmens. Die bislang vom Management ausgeübte Kontroll- und damit letztlich auch Pufferfunktion wird reduziert und die Erfordernisse des Marktes und der Kapitalverwertung werden vermehrt zu unmittelbaren Rahmenbedingungen für das Handeln der Beschäftigten. Dies zielt gewissermaßen auf die Seite der „Selbstständigkeit" der abhängig Beschäftigten.

- Diese „Selbstständigkeit" aber bleibt eingebunden in Unselbstständigkeit. Nach wie vor sind die Beschäftigten abhängig und bewegen sich in betrieblichen Herrschaftszusammenhängen, die aber ihre Form verändert haben. Nicht mehr direkte Anweisung und Kontrolle, sondern „indirekte Steuerung" (Peters/Sauer 2005) durch die Definition von betrieblich-ökonomischen Rahmenbedingungen für das selbstständige Handeln der Beschäftigten. Management und Unternehmensleitung zeigen sich so nicht mehr vorrangig in formalen Hierarchien, direkten Anweisungen und unmittelbaren Kontrollen, sondern vor allem als Bestimmende und Arrangeure von Rahmenbedingungen für das Handeln von Beschäftigten.

Was ist nun der *Ertrag* dieser Überlegungen? Er lässt sich mit Blick auf die hier verfolgte Fragestellung in folgenden Punkten zusammenfassen und bilanzieren:

- Peters (2001) verdeutlicht, dass der Begriff der Autonomie unterschiedliche Bedeutungen hat, und dass, wenn von Autonomie in der Arbeit die Rede ist, oft sehr Unterschiedliches gemeint sein kann. Daraus folgt zum einen, die jeweiligen Bezugspunkte und *-ebenen* für Autonomie in der Arbeit offen zu legen. Daraus folgt zum anderen, zu berücksichtigten, welche *Akteure* mit welchen *Interessenpositionen* über Autonomie in der Arbeit sprechen. So benutzt etwa das Management eines Unternehmens für sein Reden und Urteilen über Autonomie in der Arbeit andere Bezugspunkte und -ebenen als der Betriebsrat oder die Beschäftigten.
- Peters (2001) weist zudem darauf hin, dass es zu *Gegenläufigkeiten* zwischen den verschiedenen Bedeutungen und Bezugspunkten von Autonomie in der Arbeit kommen kann. So kann etwa die systembezogene Autonomie der ökonomischen Prozesse zunehmen, während die personenbezogene Autonomie abnimmt.
- Peters (2001) macht auf einen *Formwandel betrieblicher Herrschaft* aufmerksam. Der Abbau von Hierarchie und Kontrolle konfrontiert die abhängig Beschäftigten zwar unmittelbarer mit den ökonomischen Rahmenbedingungen des Unternehmens. Durch Strategien „indirekter Steuerung" aber werden diese Rahmenbedingungen in einer Weise definiert und arrangiert, die sich dem Einfluss und der Gestaltung der Beschäftigten entzieht, es ihnen zugleich aber auch erschwert, das betriebliche Management dafür verantwortlich zu machen.[27] Nach Peters (2001) treten Unternehmensleitung und Management selbst zunehmend als Rahmenbedingungen für das selbstständige Handeln der Beschäftigten in Erscheinung.

[27] Vgl. zum grundsätzlichen Charakter von „indirekter Steuerung" als neuer Form betrieblicher Herrschaft Peters/Sauer (2006).

- Damit verweist Peters (2001) auf einen *Wandel* von *Kriterien* und *Bezugspunkten* für die *Beurteilung* von Autonomie in der Arbeit. Deutlich wird dies am Unterschied zwischen *Spielräumen* und *Rahmenbedingungen* des Handelns:

  Handlungsspielräume sind das Resultat einer Autorität. Sie werden von ihr gewährt und bestimmen sich durch von ihr festgesetzte Grenzen. Im fordistischen Betrieb sind diese Autoritäten das Management und die Unternehmensleitung. Sie gewähren den weisungsgebundenen Beschäftigten mal mehr oder weniger große Handlungsspielräume (meist in Abhängigkeit von Qualifikation und Position), die sich durch vorab festgelegte Grenzen auszeichnen.

  Rahmenbedingungen des Handelns weisen darüber hinaus. Sie werden weniger von Personen vorgegeben und variieren nicht nach unterschiedlich festgesetzten Grenzen. Sie entsprechen vielmehr den *unpersönlichen* Gesetzmäßigkeiten und Notwendigkeiten von Dingen und Systemen. Solch ein unpersönliches System ist z.B. der Markt. Die Erfordernisse des Marktes stellen für UnternehmerInnen die Rahmenbedingungen des Handelns dar. Sie werden weniger von Personen als von ökonomischen Gesetzen bestimmt. Die Frage des Spielraums stellt sich dabei nicht in dieser Form. Vielmehr geht es um Bedingungen, die entweder bewältigt oder nicht bewältigt werden. Die Art und Weise ist dabei sekundär. Die betrieblichen Strategien der „indirekten Steuerung" zielen nun darauf, die ökonomischen Rahmenbedingungen, wie sie bislang nur für Unternehmensleitung und Management gegolten haben, unmittelbar auch auf die abhängig Beschäftigten zu übertragen (Peters/Sauer 2005). Es geht dabei nicht darum, größere Handlungsspielräume zu schaffen, sondern Beschäftigte vermehrt mit den ökonomischen Rahmenbedingungen des Handelns zu konfrontieren. Für die Arbeits- und Industriesoziologie aber ist ein traditionelles Kriterium zur Beurteilung von Autonomie in der Arbeit die Größe des jeweils gewährten Handlungs- und Entscheidungsspielraums. Wie die Beschreibung zeigt, läuft dieses Kriterium angesichts der neuen betrieblichen Managementkonzepte zunehmend ins Leere. Denn zugespitzt formuliert, überlässt das Management mit der Strategie der „indirekten Steuerung" den Beschäftigten jedweden Handlungsspielraum, um die geschäftlichen Erfordernisse und betrieblichen Rahmenbedingungen des Unternehmens zu bewältigen. Dies wirft dann aber die Frage nach *neuen Kriterien* und *Bezugspunkten* zur *Beurteilung* von Autonomie in der Arbeit auf.

- Peters (2001) gibt darauf zwei Hinweise. Zum einen auf die gestiegene Bedeutung von *betrieblich-ökonomischen Rahmenbedingungen* für das Handeln der Beschäftigten. Zum anderen ein Hinweis, der bei Peters (2001) eher implizit bleibt. Dies ist die Frage nach der *Handlungsmacht* und den *Handlungsressourcen*. Denn die betrieblich-ökonomischen Rahmenbedingungen für das weitgehend selbstständige Handeln der Beschäftigten werden nicht von diesen selbst definiert, sondern vom Management und der Unternehmensleitung. Damit aber bleiben den Beschäftigten jene Grundlagen des Handelns entzogen, die wichtig sind für das Treffen selbstbestimmter Entscheidungen. Dazu zählt neben den betrieblichen Rahmenbedingungen auch die Festlegung von eigenen Zielen in der Arbeit – unabhängig von betrieblichen Vorgaben. Damit sind zugleich Kriterien zur Untersuchung und Beurteilung von strukturellen Autonomiepotenzialen und individuellen Autonomiechancen in der Arbeit gegeben.[28] Die Frage nach den Partizipationsmöglichkeiten bei der Festlegung von betrieblichen Rahmenbedingungen, Ressourcen und Zielen ist hierbei ein wichtiger Punkt. Dies verweist insgesamt auf die Frage nach den Machtgrundlagen und -ressourcen für das Entscheiden und Handeln im Betrieb.

- Die Frage nach der realen Handlungsmacht verweist auf einen *Schwachpunkt* in Peters (2001) Argumentation. Sie bleibt zum Teil der *idealtypischen* Perspektive der neuen Managementkonzepte verbunden. So wird etwa davon ausgegangen, dass die bislang weisungsgebundenen Beschäftigten durch die neuen betrieblichen Rationalisierungsstrategien tatsächlich in vollem Maße zu „unselbstständigen Selbstständigen“ werden. Dies wäre allerdings entlang unterschiedlicher Arbeitsbereiche und -bedingungen sowie unterschiedlicher Unternehmenssituationen erst noch genauer zu prüfen. Gleiches gilt für die Folgen dieser „neuen Selbstständigkeit“ in der Arbeit. Dabei können durchaus auch bewährte Analysekriterien der Arbeits- und Industriesoziologie zum Zuge kommen. Denn die Tatsache, dass die neuen Managementkonzepte eine Bedeutung von Autonomie stark machen, die auf die Eigengesetzlichkeit von betriebsökonomischen Prozessen und Bedingungen zielt, bedeutet nicht, dass dies zugleich auch die Bezugspunkte für die Arbeits- und Industriesoziologie sind. Vielmehr ist diese gerade gefordert, eigene und davon unabhängige Kriterien und Bezugspunkte zu entwickeln. Hierfür gibt Sauer (2007: 212) mit dem Hinweis auf die „Erfordernisse und Bedürfnisse der Reproduktion von Arbeitskraft und die autonomen Ansprüche der Arbeitssubjekte an die Gestaltung ihrer Arbeit und ihres Lebens“ wichtige Anhaltspunkte. Dies schließt dann z.B. auch die Ansprüche der Arbeitenden auf die *Aneignung* und *Kontrolle* der *betrieblichen Rahmenbedingungen* für die Gestaltung des eigenen *Arbeits*- und *Lebenszusammenhang* mit ein (vgl. dazu auch Nickel/Hüning/Frey 2008).
- Dies verweist auf einen weiteren Punkt, der bei Peters (2001) zu kurz kommt. Dies ist der Aspekt der *Verkehrung* und *Verdinglichung* von sozialen Verhältnissen (vgl. Honneth 2005). Das Management forciert eine systemische Autonomie der betrieblich-ökonomischen Prozesse und ge-

[28] Sie werden später bei der Differenzierung von Autonomiedimensionen sowie im empirischen Teil wieder aufgegriffen.

> währt den Beschäftigten weitgehende Handlungsspielräume bei der Bewältigung derselben. Aufgrund der oftmals gleichzeitigen Verknappung von dazu erforderlichen Mitteln und Ressourcen (z.B. Personal, Zeit, Qualifikation) kommt es nicht selten zur Überforderung. Die personenbezogene Autonomie in der Arbeit geht so zurück und die Beschäftigten werden zu Getriebenen der verselbstständigen Prozesse. Es kommt hier zu einer Verdinglichung und Verkehrung von sozialen Verhältnissen und Prozessen gegenüber den Beschäftigten. Davon ist zum Teil auch das Management betroffen (Dörre 2002). Allerdings sind Handlungs- und Definitionsmacht in diesem Prozess – wie gezeigt - sehr unterschiedlichen verteilt. Auch dies gilt es hierbei zu berücksichtigen.

Insgesamt lässt sich festhalten, dass Peters (2001) mit der Differenzierung unterschiedlicher Bedeutungsebenen für Autonomie in der Arbeit ein hilfreiches Analyseinstrument zur Verfügung stellt. Allerdings verbleibt es im Wesentlichen auf der semantisch-diskursiven Ebene. Konkrete Handlungsdimensionen oder -inhalte zur Untersuchung von Autonomie in der Arbeit sind damit noch nicht benannt. Gleiches gilt für Bezugspunkte und Kriterien der Untersuchung. Hinsichtlich des ersten Punkts hilft die Differenzierung von unterschiedlichen Autonomiedimensionen in der Arbeit durch Moldaschl (2001) weiter. Mit ihrer Hilfe lassen sich die von Peters (2001) auf der semantisch-diskursiven Ebene festgestellten Verschiebungen in den autonomiebezogenen Bedeutungsinhalten auch auf der Ebene konkreter betrieblicher Prozesse und Handlungsbedingungen untersuchen. Hinsichtlich des zweiten Punkts lassen sich aus der obigen Bilanzierung erste Anhaltspunkte für Kriterien zur Untersuchung von Autonomiechancen in der Arbeit finden: Jenseits einer ökonomisch-systemischen Logik sind dies für weisungsabhängig Beschäftigte z.B.:

- die *Reproduktionsinteressen* der Arbeitenden einschließlich des Anspruchs an eine souveräne Gestaltung des Zusammenhangs von Arbeit und Leben,
- die *Chancen der Beteiligung* an Entscheidungen im Betrieb;
- die *Verfügung über Handlungsmittel* und *-ressourcen* (betriebliche und individuelle);
- die Verteilung der *Definitions-* und *Handlungsmacht* im Betrieb;
- die Interessen nach *subjektiver Entfaltung* in der Arbeit.

Anhand solcher Bezugspunkte und Kriterien können entlang unterschiedlicher Dimensionen die handlungsbezogenen Folgen der von Peters (2001) unterschiedenen Autonomiebedeutungen untersucht werden. Bevor die verschiedenen Autonomiedimensionen näher erläutert werden, ist zunächst ein theoretischer Rekurs auf das Verhältnis von Autonomie und Kontrolle erforderlich.

2.4 Das Verhältnis von Autonomie und Kontrolle in der Arbeit

Autonomie galt lange Zeit nicht nur als normativer Bezugspunkt, sondern auch als zentraler Indikator für die *Kontrollchancen* in der Arbeit. Aus kontrolltheoretischer Perspektive wird mit dem Verhältnis von Autonomie und Heteronomie in der Arbeit *das* zentrale Problem des kapitalistischen Arbeitsprozesses angesprochen: die Transformation des unbestimmten Arbeitsvermögens in bestimmte Arbeitsleistung. Eine tayloristische (und damit auch heteronome) Arbeitsgestaltung kann als Versuch des betrieblichen Managements verstanden werden, dieses Transformationsproblem durch Trennung von Planung und Ausführung, detaillierte Aufgabenzergliederung sowie direkte Anweisung und Kontrolle der Arbeitsausführung so gering wie möglich zu halten (Braverman 1977). Dieser *Ausweitung* der Managementkontrolle entspricht auf Seiten der Arbeitenden die *Enteignung* von Erfahrungs-, und damit auch von Handlungswissen. Im Laufe der historischen und technischen Entwicklung kam es zum mehrmaligen Wandel der dominierenden Kontrollformen im kapitalistischen Produktions- und Arbeitprozess (Edwards 1981). Als Grundtendenz lässt sich dabei der Wandel von personeller zu struktureller Kontrolle ausmachen. Gemeinsam aber ist all diesen Kontrollformen, das es sich um *externale* Kontrolle handelt, die den Arbeitenden äußerlich bleibt. Externale Kontrolle – und damit Heteronomie – kann gleichsam als Signet des Taylorismus gelten und stand damit auch im Zentrum der Kritik einer aufklärenden Arbeits- und Industriesoziologie (sowie einer human orientierten Arbeitswissenschaft). Dementsprechend war eine möglichst weitgehende *internale* Kontrolle der Arbeitenden (im Sinne einer Ausübung von Eigen- oder auch „Arbeiterkontrolle" über die Arbeitsbedingungen im Unterschied zur Managementkontrolle) normativer Bezugspunkt für ein weniger fremdbestimmtes Gegenbild zur tayloristischen Arbeitsgestaltung.

Hier zeigt sich eine wichtige Verbindung zur gegenwärtigen Debatte: Nach Einschätzung zentraler Beiträge vollzieht sich gegenwärtig ein Wandel von externer zu internalisierter Kontrolle im Arbeitsprozess. So gehen etwa Pongratz/Voß (2000: 231) davon aus, dass neue Strategien betrieblicher Arbeitskraftnutzung vor allem hinauslaufen auf eine „aktive Selbst-Steuerung und Selbst-Überwachung der eigenen Arbeit im Sinne allgemeiner Unternehmenserfordernisse (…) bei nur noch rudimentären betrieblichen Handlungsvorgaben". Pongratz/Voß interpretieren dies als Verlagerung der Kontrolle vom Management zu den Beschäftigten, oder anders ausgedrückt, als Wandel von *Fremd-* zu *Selbstkontrolle.* Für die beiden Autoren ist dieser Wandel in erster Linie Ausdruck einer gleichermaßen effizienten wie effektiven Kontrollstrategie des Managements, die die unweigerlichen Kontrolllücken der bisherigen Strategien schließt und zugleich den damit verbundenen Aufwand minimiert. Kontrolltheoretisch formuliert, wird das Transformationsproblem kapitalistischer Lohnarbeit vom Management auf die Beschäftigten verlagert. Dementsprechend sprechen Voß/Pongratz (1998: 137ff) auch von einer Externalisierung betrieblicher Kontrolle auf die Beschäftigten, die komplementär von ihnen als neue Anforderung an eine erweiterte Selbstkontrolle internalisiert werden *muss*. Selbstkontrolle ist demnach kein Ausweis für Emanzipation in der Arbeit, sondern bedeutet im Gegenteil „Herrschaft, die die Betreffenden (...) über sich selbst ausüben, um dadurch Ziele zu erreichen, die sie im Sinne des Betriebes oft überhaupt erst einmal für ihre Situation definieren müssen" (ebd.: 151). Betriebliche Herrschaft nutzt so die „Selbst-Beherrschung" der Beschäftigten für ihre ökonomischen Zwecke und verwandelt sich in eine noch perfektere Managementstrategie, die die heteronomen Verhältnisse im Betrieb eher noch zuspitzt.

Diese Einschätzung (wie die These des „Arbeitskraftunternehmers" überhaupt) ist als funktionalistisch kritisiert worden (vgl. dazu als Überblick Matuschek u.a. 2004). Haupteinwand ist, dass der „Eigensinn", der an die Person und damit an die Subjektivität der Arbeitenden gebunden ist, sich nicht auf betriebsökonomische Kalküle reduzieren lasse, sondern immer ein „überschießendes" und sich nicht vereinnahmen lassendes Potenzial aufweise.[29] Matuschek u.a. (2004) haben deshalb der im Konzept des „Arbeitskraftunternehmers" eher auf die betrieblichen Strategien zielenden Analysedimension der „Selbst-Kontrolle" die subjektorientierte Dimension der „Eigen-Kontrolle" hinzufügt, um genau dies konzeptionell zu verdeutlichen und entsprechend analysieren zu können.[30] Diese subjektorientierte Ergänzung des „Arbeitskraftunternehmer"-Konzepts ist ein wichtiger Anknüpfungspunkt für die Frage des „Eigensinns" der arbeitenden Subjekte.

Für die Frage des Verhältnisses von Autonomie und Heteronomie kann bereits jetzt festgehalten werden, dass das, was vor allem arbeitspsychologische Konzepte anstreben, um den internalen Kontrollgrad in der Arbeit zu erhöhen, nämlich ein Mehr an Selbstständigkeit bei der Aufgabenbewältigung (z.B. im Rahmen sog. „vollständiger Tätigkeiten"), nach der These des „Arbeitskraftunternehmers" bereits eingetreten ist. Dies geht hier allerdings nicht mit erweiterten Freiheits- und geringeren Belastungsgraden einher, sondern im Gegenteil mit höherem Druck und gestiegenen Belastungen. Ursache dafür sind nach Voß/Pongratz (1998) veränderte Organisations- und Managementkonzepte, die nicht mehr auf direkte Anweisung und Kontrolle setzen, sondern sich auf die Vorgabe von Zielen und die Steuerung von Rahmenbedingungen beschränken („indirekte Steuerung" oder „Kontextsteuerung"). In Verein mit veränderten Arbeitsbezügen der Beschäftigten („intrinsische Motivation") und gestiegenem Druck in der Arbeit (Termin-, Kosten- und Gewinnvorgaben, Arbeitsplatzunsicherheit) führe dies letztlich zu einer „Entgrenzung" von Arbeit, die sich vor

---

[29] Pongratz/Voß (2004) haben auf die Kritik reagiert und betont, dass sie zwischen „Arbeitskrafttypus" und „Subjekttypus" differenzieren und die These des „Arbeitskraftunternehmers" sich vor allem auf ersteren beziehe.

[30] Matuschek u.a. (2004) verfahren analog bei den anderen beiden Analysedimension von Arbeitskraft: der Dimension der „Selbst-Ökonomisierung" wird die „Eigen-Ökonomisierung" hinzugesellt, und die Dimension der „Selbst-Rationalisierung" wird ergänzt um „Eigen-Rationalisierung".

allem in zeitlicher, räumlicher und sachlicher Hinsicht zeige. „Arbeiten ohne Ende", Arbeit mit nach Hause nehmen und relativ rasch wechselnde Arbeitsaufgaben (z.B. durch Projekte) seien so zumindest für bestimmte (und vor allem oftmals mit Leitbildcharakter versehene) Beschäftigungssegmente nahezu die Regel. Dabei zeichnen sich gerade solche Tätigkeiten oftmals durch hohe Freiheitsgrade in der Arbeitsausführung sowie ein hohes Qualifikationsniveau aus.

Offensichtlich gelingt es den betroffenen Beschäftigten nicht, trotz der von Seiten des Betriebes zugestandenen, oftmals sogar eingeforderten Selbstorganisation sowie ihrer häufig recht hohen Formalqualifikation, alle Aspekte ihres Arbeits- und Beschäftigungsverhältnisses gleichermaßen unter Kontrolle zu bringen. Hier zeigt sich, dass dem Kontrollbegriff eine zentrale Bedeutung zukommt, und dass diese Bedeutung hinsichtlich verschiedener Aspekte und Ebenen ein und desselben Arbeitsverhältnis anscheinend sehr unterschiedlich ausfallen kann.[31] Insbesondere die Aspekte der betrieblichen Rahmenbedingungen und Zielvorgaben für die eigene Arbeit weisen dabei Kontrolldefizite seitens der Beschäftigten auf. Dies steht im Gegensatz zur oftmals hohen Kontrollchance bei der unmittelbaren Aufgabenausführung innerhalb bereits vorgegebener Ziele und Rahmenbedingungen. Dies wird im folgenden Unterpunkt anhand einer Definition von Kontrolle kurz ausgeführt.

2.4.1 Kontrolle als Beherrschung von Unbestimmtheit

Machttheoretisch gesehen geht es bei Kontrolle um das Ausmaß der Beherrschung von *Unbestimmtheit* (oder, mit Crozier/Friedberg gesprochen, um die Beherrschung von „relevanten Unsicherheitszonen"). Sie leitet sich her aus der beschränkten Planbarkeit von Arbeitsprozessen sowie der grundsätzlichen Unbestimmtheit des Arbeitsvertrages. Daraus entsteht im kapitalistischen Arbeitsprozess überhaupt erst das Kontrollproblem, für das der Taylorismus nur eine, wenngleich lange Zeit dominierende Lösung darstellt.[32] Sie besteht kontrolltheoretisch darin, den Arbeitenden durch Trennung von Kopf und Hand sowie extreme Arbeitszerlegung eine möglichst geringe Unbestimmtheitszone zuzuweisen. Nach Moldaschl (2001: 144) kennzeichnen Handlungsanforderungen „die einem Arbeitenden formell zugewiesene Unbestimmtheitszone". Diese Bestimmung impliziert, dass die durch Arbeitszerlegung und Fremdkontrolle minimierte Unbestimmtheit im tayloristischen Arbeitsprozess nur geringe Handlungsanforderungen stellt, während die mit hoher Unbestimmtheit und Eigenkontrolle

[31] Kontrolle spielt auch im Konzept der „Regulationserfordernisse" eine wichtige Rolle, mit dem die Handlungsregulationstheorie Arbeitsanforderungen analysiert (vgl. Volpert u.a. 1983).

[32] Fox (1974) unterscheidet zwei grundsätzliche Strategien zur Lösung des Transformationsproblems, die er als „low trust" und „high trust" beschreibt. Die „Misstrauensstrategie" kennzeichnet sich danach durch hohe Arbeitszerlegung, vorgeschriebene Arbeitsabläufe, strikte Kontrolle und rigide Fehlersanktion und entspricht damit der tayloristischen Arbeitsgestaltung. Die „Vertrauensstrategie" zeichnet sich durch genau umgekehrte Merkmale aus und findet sich empirisch vor allem in qualifizierten Angestelltenverhältnissen wieder.

einhergehende Selbstorganisation, wie sie im Rahmen neuer Arbeitsformen typisch ist (z.B. Projekt- oder Gruppenarbeit), hohe Handlungsanforderungen enthält. Einer Konstellation aus hohen Handlungsanforderungen sowie hoher Selbstorganisation und Eigenkontrolle wird aus arbeitswissenschaftlicher Perspektive ein hohes Autonomiepotenzial unterstellt. Hier zeigt sich deutlich der (unterstellte) Zusammenhang von Autonomie und Kontrolle.[33]

Allerdings zeigen sich gegenwärtig gerade bei neuen Arbeitsformen empirische Phänomene, die mit dem dabei unterstellten Kausalzusammenhang nicht mehr kompatibel sind (hohe Selbstorganisation gleich hohe Autonomie und Eigenkontrolle sowie weniger Belastung). So klagen etwa gerade Angestellte in qualifizierten Beschäftigungssegmenten über zunehmende Belastungen vor allem psychischer Art.[34] Die Ursachen dafür werden vor allem im gestiegenen Arbeitsdruck durch äußere Vorgaben (z.B. Termine oder Kosten- und Gewinnmargen) sowie in den dadurch häufig „entgrenzten" Arbeitszeiten und -aufgaben gesehen (vgl. Fergen/Pickshaus 2001; Glißmann 2001). Offensichtlich kommt es in qualifizierten Arbeitsverhältnissen gegenwärtig zu erheblichen Spannungen zwischen den möglichen Freiheitsgraden in der unmittelbaren Arbeitsausführung und den diese Freiheiten umgebenden Rahmenbedingungen und Zielvorgaben im Unternehmen. Diese Rahmenbedingungen und Zielvorgaben können anscheinend von den Beschäftigten nicht im gleichen Maße beeinflusst und gestaltet, und damit auch kontrolliert werden wie ihre unmittelbare Arbeitsausführung. Dies verweist auf *asymmetrische Kontrollchancen* der Beschäftigten, ihre Arbeitsbedingungen auf unterschiedlichen Ebenen des Arbeitsverhältnisses beeinflussen und gestalten zu können.[35] Entscheidend dabei ist, dass diese verschiedenen Ebenen des Arbeitsverhältnisses bei der konkreten Aufgabenbewältigung zusammenwirken und so eventuelle Diskrepanzen zwischen den jeweiligen Kontrollchancen die Aufgabenerfüllung erschweren können. Dies kann sich z.B. auch in den bereits oben angedeuteten Belastungssymptomen (vor allem psychischer Art) äußern.

2.5 Dimensionen von Autonomie in der Arbeit

Für die Frage nach dem Verhältnis von Autonomie und Heteronomie implizieren asymmetrische Kontrollchancen unterschiedliche Autonomiepotenziale auf verschiedenen Ebenen des Arbeitsverhältnisses. Um diese unterschiedlichen Po-

---

[33] Aus arbeitswissenschaftlicher Perspektive zählen zu diesem Zusammenhang auch die Aspekte der Qualifikation und der Belastung. Hohen Handlungsanforderungen, hoher Qualifikation sowie damit einhergehend hoher Eigenkontrolle wird insgesamt ein geringes Belastungspotenzial unterstellt.

[34] Für empirische Hinweise siehe Plath 2000; Bollinger 2001; Färber 2001; Lenhardt 2001; Reusch 2001; Pröll/Gude 2003; Gerlmaier 2006.

[35] Machttheoretisch formuliert handelt es sich dabei um unterschiedliche Grade von Unbestimmtheit auf den verschiedenen Ebenen des Arbeitsverhältnisses. Während Freiheitsgrade in der unmittelbaren Arbeitsausführung mit hohen Unbestimmtheitspotenzialen einhergehen, implizieren z.B. vorgegebene Arbeitsziele oder -zeiten eine geringe Unbestimmtheit.

tenziale untersuchen zu können, ist es erforderlich, unterschiedliche Dimensionen der Autonomie in der Arbeit zu unterscheiden. Dazu kann auf Moldaschl (2001) zurückgegriffen werden, der in Anlehnung an die angloamerikanische „labour process debate" zwei Autonomiedimensionen unterscheidet: „Handlungsautonomie" und „Verhandlungsautonomie".

- *Handlungsautonomie* bezieht sich auf Entscheidungsfreiheiten in der unmittelbaren Arbeitsausführung und macht sich fest an Kriterien wie Selbstbestimmung und Selbstorganisation, eigenständige Zieldefinition und Zeiteinteilung etc.
- *Verhandlungsautonomie* bezieht sich auf den Einfluss, den Beschäftigte sowohl individuell als auch kollektiv auf die Gestaltung der betrieblichen Arbeits- und Beschäftigungsbedingungen nehmen können (z.B. Entgelt, Arbeitszeitregulierung, Personalbemessung etc.).

Handlungs- und Verhandlungsautonomie beziehen sich unmittelbar auf das Arbeitsverhältnis und stellen damit zwei *arbeitsbezogene* Autonomiedimensionen dar (vgl. Abb. 1 auf der nächsten Seite). Daneben unterscheidet Moldaschl (2001) auch zwei *subjektbezogene* Autonomiedimensionen: „Handlungs- und Urteilsfähigkeit" sowie „Autonomiedeutung und -bedürfnis" (dto.). Die Dimension der *Handlungs-* und *Urteilsfähigkeit* bezieht sich auf die „Autonomiekompetenz" einer Person und macht sich fest an Kriterien, die ein selbstbestimmtes Handeln ermöglichen (z.B. kritisches Reflexionsvermögen, Selbstbewusstsein etc). Die Dimension der *Autonomiedeutung* und *-bedürfnis* zielt auf die subjektive Wahrnehmung und Bewertung von Autonomie und beinhaltet Merkmale wie Freiheitsliebe, Zugehörigkeitsbedürfnis, Risikobereitschaft oder Sicherheitsbedürfnis als Kriterien.

Abb.1: Arbeits- und subjektbezogene Dimensionen von Autonomie in der Arbeit

Arbeit	**Handlungsautonomie** *Selbstbestimmung in der Arbeit:* – eigene Ziele und Teilziele bestimmen – eigene Zeiteinteilung treffen – Belastungen vermeiden – soziale Kommunikation herstellen etc.	**Verhandlungsautonomie** *Einfluss auf Kontextbedingungen der Arbeit:* – Lohn-Leistungsrelation regulieren – Stellung auf internen Arbeitsmarkt beeinflussen – Arbeit und Leben vereinbaren können (Zeitsouveränität) etc.
Subjekt	**Handlungs- und Urteilsfähigkeit** *Anforderungen an selbstbestimmtes Handeln erfüllen können:* – Befehle und Spielregeln verstehen – Falsche Befehle erkennen und zurückweisen können – Soziale Kommunikation herstellen können – Empfänglichkeit für betriebliche Sinnangebote etc.	**Autonomiedeutung und -bedürfnis** *Subjektive Wahrnehmung und Bewertung von Autonomie:* – Freiheits- und Integrationsbedürfnisse („Wie autonom will ich sein?") – Risikobereitschaft und Sicherheitsbedürfnis – „Wirtschaftsgesinnung" – Prioritätensetzung Beruf / Privatleben (Familie) etc.

Quelle: Moldaschl 2001: 136 (sprachlich zum Teil leicht verändert)

Anhand dieser vier Dimensionen lässt sich das Verhältnis von Autonomie und Heteronomie differenziert entlang unterschiedlicher Ebenen des Arbeitsverhältnisses betrachten. Dabei werden strukturelle (das Arbeitsverhältnis betreffende) und subjektive (die Person betreffende) Dimensionen berücksichtigt. Allerdings erweisen sich für die hier verfolgte Fragestellung vor allem die beiden *arbeitsbezogenen* und *strukturellen* Autonomiedimensionen (Handlungs- und Verhandlungsautonomie) als unmittelbar anschlussfähig. Die Basis dafür liegt in ihrer kontrolltheoretischen Ausrichtung, die mithin ein zentraler Bezugspunkt auch der Arbeits- und Industriesoziologie ist. Für die beiden subjektbezogenen Autonomiedimensionen gilt dies nicht in gleicher Weise. Sie sind sehr stark arbeitspsychologisch ausgerichtet, so dass die Gefahr der Individualisierung von sozialen Zusammenhängen besteht (etwa im Sinne von „reinen" Persönlichkeitseigenschaften).[36] Deshalb wird in dieser Arbeit nicht auf sie zurückgegriffen. Stattdessen wird zur Untersuchung von subjektbezogenen Autonomiedimensionen der Begriff der *Aneignung* stark gemacht (siehe dazu Abschnitt 3 dieses Kapitels).

2.5.1 Kontrolle innerhalb der Autonomiedimensionen

Dem Begriff der Kontrolle kommt in den beiden arbeitsbezogenen (strukturellen) Autonomiedimensionen „Handlungsautonomie" und „Verhandlungsautonomie" eine zentrale Bedeutung zu. So ist bereits die Differenzierung der beiden Dimensionen unmittelbar abgeleitet aus der kontrolltheoretischen Unterscheidung zwischen „job control" und „workers control". Dies ist eine im Rahmen der labour process theory erfolgte Unterscheidung, wobei „job control" sich auf Kontrolle *in* der Arbeit, „workers control" auf Kontrolle *über* die *betrieblichen Rahmenbedingungen* der Arbeit bezieht (Moldaschl 2001).

- *„Job control"* wird in arbeitspsychologischen Anätzen auch als „Handlungsspielraum" (Hacker 1986) oder „Entscheidungs- und Dispositionsspielraum" (Ulich 1996) bezeichnet. Konkrete Arbeitsaufgaben lassen sich aus dieser Perspektive auf einem Kontinuum zwischen den beiden idealtypischen Polen „Autonomie" und „Heteronomie" verorten.[37] Die nähere Beschreibung und Abstufung dieses Kontinuums erfolgt dann – je nach inhaltlicher Akzentuierung – anhand unterschiedlicher Begrifflichkeiten (z.B. „Freiheitsgrade", „Tätigkeitsspielraum", „Handlungsspielraum"; „Dispositionsspielraum"; „Partialisierung").[38] Speziell diese Terminologie floss in nicht wenige arbeits- und industriesoziologische Studien mit ein, so dass sie auch aus dieser Perspektive erprobt wurde. Autonomie in der Arbeit wurde hier meist als „Autonomie am Arbeitsplatz" gefasst und als eine Arbeitsbedingung unter anderen verstanden. Dafür wurde dann häufig der Begriff des „Dispositionsspielraums" benutzt (z.B. Kern/Schumann 1970 u. 1986 sowie im Rahmen vieler HdA-Forschungen).

---

[36] Besonders deutlich wird dies bei der Autonomiedimension der „Handlungs- und Urteilsfähigkeit", die aus arbeitspsychologischer Sicht auch als eine „innere" oder „wesensmäßige" Persönlichkeitseigenschaft aufgefasst werden kann.

[37] Volpert (1987: 19f) spricht hier differenzierter von der „Potenz zur Autonomie" und dem „Zwang zur Heteronomie".

[38] Zur Erläuterung dieser arbeitspsychologischen Differenzierungen, die allesamt in der Tradition der Handlungsregulationstheorie stehen, siehe Volpert (1987).

- Demgegenüber fand *„workers control“* sowohl in arbeitspsychologischen als auch in arbeitssoziologischen Ansätzen nur wenig Beachtung. Die Frage der Kontrolle über die wesentlichen Rahmenbedingungen der Arbeit schien vielen Forschungsansätzen als außerhalb der eigenen Zugriffsmöglichkeiten zu liegen. Deshalb wurde sie entweder gar nicht erst gestellt oder aber stieß im Falle möglicher Annäherungen auf Restriktionen seitens des betrieblichen Untersuchungsfeldes.[39]

Auch in den beiden subjektbezogenen Autonomiedimensionen spielt der Kontrollbegriff eine wichtige Rolle. Obwohl sie in obiger Konzeption in dieser Arbeit nicht weiter verfolgt werden, soll dies kurz erläutert werden, da sich daran gut der Unterschied zwischen arbeitspsychologischen und arbeitssoziologischen Kontrollbegriff verdeutlichen lässt.

Anders als bei den beiden arbeitsbezogenen Autonomiedimensionen wird bei ihrer Differenzierung nicht auf akteursorientierte und machttheoretische Ansätze (wie die labour process theory) zurückgegriffen, sondern vor allem auf individualistische Ansätze. Diese stehen zudem in einer deutlich arbeitspsychologischen Traditionslinie und erweisen sich auch von daher nur schwer anschlussfähig für arbeitssoziologische Perspektiven. So werden in der Dimension der „Handlungs- und Urteilsfähigkeit“ Kontrolle und Autonomie vor allem als Persönlichkeitseigenschaft verstanden. Die Fähigkeit zum selbstbestimmten Handeln und Urteilen wird zur persönlichen Grundlage und Bedingung genommen zur Nutzung von Handlungsspielräumen in der Arbeit (etwa im Sinne einer rein personalen „Autonomiekompetenz“). Nach den sozialen Voraussetzungen dieser Fähigkeit wird dagegen nicht gefragt. Dies zumindest legen die in obiger Abbildung aufgeführten Kriterien für Handlungs- und Urteilsfähigkeit nahe, die allesamt als individuelle Persönlichkeitseigenschaften verstanden werden können.

Die subjektbezogene Autonomiedimension der „Autonomiedeutung“ schließlich nimmt direkten Bezug zum (sozial-)psychologischen Kontrollbegriff. Im Unterschied zum soziologischen Kontrollbegriff wird Kontrolle hier unmittelbar als persönliche *Kontrollüberzeugung* verstanden – und damit reduziert auf eine Art Einstellung. Dafür stehen Konzepte wie der „locus of control“ (Rotter 1966). Es unterscheidet zwischen einer „internalen“ und „externalen Kontrollorientie rung“.[40] Hier wird deutlich, dass der soziologische und der psychologische Kon-

[39] Davon zeugen nicht zuletzt die Spannungen zwischen ArbeitsforscherInnen und Unternehmen im Rahmen der HdA-Forschungen (vgl. Kern 1979; Didicher 1981; Peter u.a. 1982; Kreikebaum/Herbert 1988).

[40] Eine „internale Kontrollorientierung“ zu haben bedeutet, soziale und berufliche Ereignisse als Resultat des eigenen Handelns wahrzunehmen und sich nicht als Objekt fremder Einflüsse zu verstehen. Bei einer „externalen Kontrollorientierung“ ist genau dies der Fall. (Rotter als Begründer dieses Konzepts unterscheidet zudem noch eine „fatalistische Kontrollüberzeugung“).

trollbegriff nicht umstandslos aufeinander zu beziehen sind.[41] Um hier weiterzukommen, bedarf es einer weiteren Differenzierung des Kontrollbegriffs.

2.6 Differenzierung des Kontrollbegriffs (I): Fremdkontrolle und Selbstkontrolle; management control und workers control

Beim Vergleich des arbeitspsychologischen Kontrollbegriffs mit demjenigen, wie er in der jüngsten arbeitssoziologischen Diskussion – z.B. bei Voß/Pongratz (1998) – verwendet wird, fällt auf, dass beide sehr unterschiedlich benutzt und interpretiert werden. Die arbeitspsychologischen Ansätze gehen davon aus, dass mangelnde Kontrollchancen bei der Bewältigung von Arbeitsaufgaben der entscheidende Faktor für die Entstehung von Belastung sind (als Folge von Fremdbestimmung). Das Ausmaß der Kontrollchancen hängt neben den strukturellen Arbeitsbedingungen (Stichwort Handlungsspielraum) auch von einer persönlichen, sog. „internalen Kontrollorientierung" ab. Dies ist im Prinzip eine andere Formulierung für den in der jüngsten arbeitssoziologischen Debatte vielfach gebrauchten Begriff der „Selbstkontrolle". Allerdings ist aus der Beschreibung deutlich geworden, dass dieser Begriff hier positiv benutzt wird im Sinne einer Förderung von Selbstbestimmung und persönlicher Autonomie. Zugespitzt formuliert wird Selbstkontrolle in den arbeitspsychologischen Ansätzen als Form der *„Ermächtigung"* und *Emanzipation* des Subjekts verstanden. Demgegenüber verstehen etwa Voß/Pongratz (1998) als maßgebliche Initiatoren der jüngeren arbeitssoziologischen Diskussion in der Bundesrepublik den im Rahmen ihrer These von „Arbeitskraftunternehmer" verwendeten Begriff der „Selbst-Kontrolle" als Form der *Unterwerfung* des Subjekts unter die Zwecke von Betrieb und Kapital. Offensichtlich wird hier ein und derselbe Vorgang (die Verinnerlichung von Kontrolle) sehr unterschiedlich interpretiert. Wie kommt es zu diesen gegensätzlichen Einschätzungen?

Zum einen wird das Phänomen der Kontrolle aus unterschiedlichen *Perspektiven* betrachtet. Die arbeitspsychologischen Ansätze beziehen den Kontrollbegriff stärker auf das Individuum und befassen sich von daher eher auf der *individuellen* Ebene mit dem Phänomen der Kontrolle. Im Mittelpunkt steht die aktive, handelnde und damit auch kontrollierende Seite des Subjekts. Dabei wird davon ausgegangen, dass es auch zu *Kontrollgewinnen* der Beschäftigten kommen kann. Demgegenüber betonen die neueren arbeitssoziologischen Ansätze eher die passiv-rezeptive Seite des Subjekts. Sie befassen sich vor allem auf *struktureller* Ebene mit Kontrolle und betonen stärker die *Kontrollverluste* der Beschäftigten. In der Sprache der labour process theory lassen sich diese unterschiedli-

[41] Bereits Volpert (1987: 22) wies darauf hin, dass die deutsche Übersetzung des aus der us-amerikanischen (Sozial-)Psychologie stammenden Begriffs „control" mit „Kontrolle" nicht unproblematisch ist. Einen Vorschlag zur Vermittlung haben allerdings Hoff/Lempert/Lappe (1991) vorgelegt. Ihr „interaktiver Ansatz" versucht zwischen Person und Umwelt zu vermitteln, so dass Kontrolle zum einen als Merkmal der Person, zum anderen als Merkmal der sozialen Umwelt (z.B. der Arbeitssituation) verstanden wird.

chen Perspektiven von Arbeitspsychologie und Arbeitssoziologie mit den Begriffen „workers control" (Arbeiterkontrolle) und „management control" (Managementkontrolle) charakterisieren:

- „*Arbeiterkontrolle*" bezeichnet in einer Formulierung von Moldaschl (1991: 54) „die in der Beherrschung von Unbestimmtheitszonen wurzelnde Macht der Beschäftigten, sich einer unbeschränkten Managementkontrolle zu widersetzen und selbst Einfluss auf ihre Arbeits- und Beschäftigungsbedingungen auszuüben". Diese Macht, und damit auch Arbeiterkontrolle, setzt sich aus kontrolltheoretischer Sicht aus einer individuellen und einer kollektiven Komponente zusammen, und geht damit über die rein individuelle Sicht der Arbeitspsychologie hinaus.

  Individuelle Arbeiterkontrolle speist sich aus der Verfolgung individueller Reproduktionsinteressen der abhängig Beschäftigten und zeigt sich z.B. in Form informeller Leistungsbegrenzung oder Zeitgewinnung. Hier wird deutlich, dass der Kontrollbegriff eng mit dem *Interessenbegriff* verknüpft ist. Dabei geht es grundsätzlich um Wahrung der Reproduktionsinteressen der Ware Arbeitskraft. Die daraus resultierenden Handlungsstrategien können als Ausdruck der Eigensinnigkeit und „Sperrigkeit" des Subjekts gelten und durchaus auch als Formen individueller Widerständigkeit im kapitalistischen Arbeitsprozess betrachtet werden.

  Kollektive Arbeiterkontrolle ergibt sich aus solidarischen Formen dieser individuellen Widerständigkeit in der Arbeit. Dementsprechend geht es hier um Wahrung der kollektiven Reproduktionsinteressen der abhängig Beschäftigten. Historisch haben sich dazu nach langen sozialen und politischen Kämpfen institutionalisierte Formen der kollektiven und repräsentativen Interessenvertretung herausgebildet (Gewerkschaften und Betriebsräte).

- „*Managementkontrolle*" bezeichnet demgegenüber die Strategien der Betriebe und der Vorgesetzen, die Unbestimmtheit des kapitalistischen Arbeitsvertrages entsprechend ihren Interessen zu beherrschen (z.B. durch höhere Leistungsabforderungen und Schließung arbeitsprozesslicher „Poren"). Sie kann auf personellen und strukturellen Formen beruhen, wobei sich im historischen Verlauf eine Verlagerung hin zu letzteren feststellen lässt (Edwards 1981). Diese strukturellen Formen der Managementkontrolle (wie Managementkontrolle überhaupt) standen lange Zeit im Mittelpunkt einer an Marx orientierten und insbesondere von Braverman (1977) inspirierten Arbeits- und Industriesoziologie.[42]

[42] Diese Forschungsperspektive verband sich auf Seiten der Betriebe mit der Einführung neuer elektronischer Technologien in den Produktions- und Verwaltungsprozess („systemische Rationalisierung") und erreichte ihren Höhepunkt gegen Mitte/Ende der 1980er Jahre (vgl. als Überblick Dörr/Hildebrandt/Seltz 1984 sowie im Detail etwa Dörr 1991; Hildebrandt/Seltz 1989; Manske 1991). Neben diesen kontrolltheoretisch akzentuierten Untersuchungen gab es

Auch in der neueren Diskussion zeigt sich diese Fokussierung auf strukturelle Managementkontrolle. Dies ist insoweit erkenntnisfördernd, als dabei ein erneuter *Formwandel* von Managementkontrolle und betrieblicher Herrschaft deutlich gemacht werden konnte (von der direkten zur indirekten Steuerung). Allerdings kommen darüber in der aktuellen Debatte der Aspekt der Arbeiterkontrolle generell sowie insbesondere die Möglichkeit der individuellen Widerständigkeit zu kurz. In den Blick kommen so in erster Linie die *Kontrollverluste*, nicht aber die ebenso möglichen *Kontrollgewinne* der Beschäftigten.[43] Die skizzierten arbeitspsychologischen Ansätze setzen diesbezüglich mit Konzepten wie der „Kontrollorientierung“ (Rotter 1966) oder dem „Kontrollbewusstsein“ (Hoff 1982) andere Akzente. Grundsätzlich wird hier ein Rahmen abgesteckt, der sowohl nach Kontrollverlusten (im Sinne eines rein reaktiven Verhaltens) als auch Kontrollgewinnen (im Sinne eines aktiven Handelns) der Beschäftigten fragt.

2.6.1 Kontrolle als Aneignungs- und Konfliktkategorie

Neben unterschiedlichen Perspektiven tragen auch die Kategorien *Aneignung* und *Konflikt* zur Klärung der differierenden Einschätzungen von Arbeitspsychologie und Arbeitssoziologie bei: Die arbeitspsychologischen Ansätze gehen davon aus, dass Individuen äußerer Kontrolle (Fremdkontrolle) nicht passiv und hilflos ausgesetzt sind, sondern ein eigenes und aktives Kontrollhandeln entgegensetzen können. Dieses zielt auf die Ausschöpfung und Schaffung von Handlungs- (genauer: Kontroll-)spielräumen, und bezieht sich auf potenziell alle Dimensionen des Arbeits- und Produktionsprozesses. Es umfasst insbesondere die Aneignung von Produktions- und Erfahrungswissen sowie von Tricks, Kniffs und Strategien zur Beeinflussung der Arbeitsbedingungen entsprechend den eigenen Interessen. Diese Interessen ergeben sich aus den Reproduktionserfordernissen der „Ware“ Arbeitskraft sowie des individuellen Lebenszusammenhangs (z.B. PartnerInnenschaft, Sorgeverpflichtungen, soziales und politisches Engagement etc.).

Kontrolle wird so als ein *Aneignungs*- und *Konfliktbegriff* konzipiert, der auf einer strukturellen Interessendifferenz zwischen Betrieb und Beschäftigten (bzw. Kapital und Arbeit) beruht. Lappe (1988) schlägt für das aktive und eigenständige Kontrollhandeln der Arbeitenden den Begriff der „*Eigenkontrolle*“ vor.[44] Er grenzt es damit ab vom kollektiven Kontrollhandeln der Arbeitenden und verdeutlicht zugleich, dass Kontrolle im Arbeitsprozess sich nicht auf Fremd- und damit Managementkontrolle reduzieren lässt. Vielmehr stehen sich Managementkontrolle und Arbeiterkontrolle, Fremdkontrolle und Eigenkontrolle eigen-

auch eine ebenfalls an Marx anschließende subsumtionstheoretische Forschungsperspektive (vgl. Brandt u.a. 1978).

43 Dies erklärt den deutlich pessimistischen Tenor der gegenwärtigen Debatte.

44 Hier zeigt sich eine starke inhaltliche Verbindung zu Matuschek u.a. (2004) (s.o.), die auch in empirischer Hinsicht fruchtbar gemacht werden kann.

ständig gegenüber, so dass es zu Kontrollkonflikten sowie Auseinandersetzungen entlang der „frontier of control“ kommt.

Theoretisch lässt sich dies zum einen aus der *Unbestimmtheit des Arbeitsvertrages* herleiten, die eben nicht nur Ausgangspunkt für Managementkontrolle ist, sondern ebenso für das „eigensinnige“ und durchaus widerständige Kontrollhandeln der Arbeitenden. Zum anderen entspringt das Streben nach Eigenkontrolle der Arbeitsbedingungen den unmittelbaren *Reproduktionsinteressen* der „Ware“ Arbeitskraft. Sie lassen sich zurückführen auf das für die Funktion des kapitalistischen Produktionsprozess unabdingbare „Reproduktionsvermögen“ der Arbeitenden (vgl. Asendorf-Krings u.a. 1976). Ebenso wie ein „Arbeitsvermögen“ mit spezifischen Qualifikationen und Fähigkeiten für den Arbeitsprozess müssen Arbeitskräfte auch ein „Reproduktionsvermögen“ mit spezifischen Fähigkeiten ausbilden, um eben jenes Arbeitsvermögen überhaupt erst erzeugen, erhalten und auf dem Arbeitsmarkt verkaufen zu können.[45] Mit dem an einen erweiterten Arbeits- und Lebenszusammenhang ausgerichteten Begriff des Reproduktionsvermögens lassen sich die individuellen wie kollektiven Interessen und Orientierungen der abhängig Beschäftigten eigenständig analysieren. Die daraus sich ergebende Bestrebung nach Eigenkontrolle in der Arbeit bezieht Lappe (1988) insbesondere auf folgende Aspekte des Arbeitsverhältnisses:

- Qualifikation
- Belastung
- Arbeitszeit
- soziale Kommunikation
- Lohn-Leistungs-Relation
- interne und externe Arbeitsmarktposition.

Damit sind zugleich konkrete Analysedimensionen benannt, in denen das Ausmaß an Kontrolle sowie das Verhältnis von Autonomie und Heteronomie jeweils untersucht werden kann. Offen bleiben dabei allerdings folgende Punkte:

- wie der jeweilige *Maßstab* oder *Gradmesser* für das Ausmaß an Kontrolle und Autonomie aussehen kann;
- welche Rolle unterschiedliche *sozialstrukturelle Merkmale* wie Position, Qualifikation, Alter, Geschlecht und Lebensweise spielen;
- ob und inwiefern es zu *Differenzierungen* innerhalb der Beschäftigten in Bezug auf die Handlungs- und Kontrollchancen kommt;

---

[45] Die Organisation dieser Fähigkeiten – allen voran die Erzeugung und Aufzucht von Arbeitskraft – ist in der bürgerlich-kapitalistischen Gesellschaft hochgradig ungleich zwischen den Geschlechtern verteilt. Eine Auseinandersetzung mit der Rolle von Geschlecht fand in der englischen labour process debate statt (Knights 1986). In der deutschsprachigen Kontrolldebatte fehlt diese Auseinandersetzung weitgehend.

- was überhaupt die *Bedingungen* der Aneignung und Ausübung von (Eigen-)Kontrolle sind;
- wie es ausgehend von individueller Eigenkontrolle zu *kollektiver* Arbeiterkontrolle kommen kann;
- welche Bedeutung derjenige Teil des Zusammenhangs von Arbeit und Leben hat, der sich *nicht* unmittelbar auf den (instrumentellen) Verkauf und Erhalt des individuellen Arbeitsvermögens bezieht – also z.B. die Übernahme von Verantwortung und Sorgearbeit in Lebens- und Familiengemeinschaften (Erziehung von Kindern und Pflege von Eltern) oder die Ausübung von politischen und sozialen Tätigkeiten.[46]

2.7 Differenzierung des Kontrollbegriffs (II): Eigenkontrolle und Selbstkontrolle

Es lässt sich festhalten, dass der arbeitspsychologische Kontrollbegriff als eine Aneignungs- und Konfliktkategorie konzipiert ist und sich dabei auf den Zusammenhang von Arbeits- und Reproduktionsvermögen bezieht. Im „Kampf um Kontrolle" zwischen Kapital und Arbeit, Management und Beschäftigten wird eine Aneignung von Kontrolle durch die Arbeitenden prinzipiell für möglich gehalten. Dies kann auf individueller und kollektiver Ebene erfolgen und wird als Schritt zur Emanzipation des Subjekts in der Arbeit verstanden. Der Begriff der „Eigenkontrolle" soll genau dies zum Ausdruck bringen. Allerdings erfährt dieser Begriff eine instrumentalistische Verkürzung auf allein arbeitsmarktbezogene Aspekte des Lebenszusammenhangs von Individuen. Darüber hinausgehende und nicht unmittelbar erwerbsbezogene Aspekte bleiben dagegen ausgespart (vor allem Sorgearbeit und gesellschaftliches Engagement).

In der aktuellen arbeitssoziologischen Debatte wird die emanzipatorische Seite der Kontrolle kaum betont. Hier steht vielmehr der Aspekt des einseitigen und von vornherein überlegenen Macht- und Herrschaftshandelns durch das Management im Vordergrund. Selbst da, wo sich Fremdkontrolle in Selbstkontrolle wandelt, wird dies (z.B. bei Voß/Pongratz 1998) nicht als Aneignungsprozess verstanden, sondern im Gegenteil als eine Art „Überstülpung" oder Implantation von Fremd- und Managementherrschaft. Dementsprechend ändert sich auch die innere Qualität der Fremdkontrolle nicht wesentlich, außer dass sie sich nunmehr im Inneren des Individuums selbst befindet, also nicht mehr äußerlich ist. Voß/Pongratz (1998: 139f) sprechen hier von einer Verlagerung der betrieblichen Kontrollfunktion des Managements auf die Beschäftigten sowie einer komplementären Internalisierung durch diese. Äußere Fremdkontrolle wird so zu innerer „Selbstkontrolle", ohne dass deren heterogener Charakter dadurch verloren ginge.[47] Damit werden aber zugleich auch die fremden (hier vor allem

[46] Im Prinzip kann dazu der gesamte außerbetriebliche Lebensbereich gezählt werden.

[47] Theoriegeschichtlich zeigt diese Sichtweise Parallelen zum Strukturfunktionalismus Parsons, der im sozialisatorischen Vorgang der Internalisierung (hier vor allem von Werten) ei-

betriebsökonomischen) Interessen hinter der (vormals äußeren) Fremdkontrolle verinnerlicht, die sich das Subjekt nunmehr zu Eigen macht. Nicht aus Überzeugung, sondern aus einer Mischung äußerer Sachzwänge und Indoktrination.[48] Aus vormaligen „ArbeitnehmerInnen" werden so – nach Voß/Pongratz (1998) – „ArbeitskraftunternehmerInnen", die damit auch den Interessengegensatz von Kapital und Arbeit verinnerlichen und zugleich schmälern.

Welche Begründungen werden dafür angeführt? Stichwortartig zusammengefasst machen Voß/Pongratz (1998) dafür folgende Punkte verantwortlich:

- veränderte Organisations- und Managementkonzepte von Unternehmen;
- ein Formwandel von betrieblicher Herrschaft und Kontrolle;
- gewandelte Orientierungen der Beschäftigten.

Vor allem die ersten beiden Punkte stehen in einem engen Bedingungsverhältnis: Unternehmen verändern aufgrund gewandelter Marktanforderungen ihre Organisations- und Managementkonzepte. Dadurch wird ein Formwandel von betrieblicher Herrschaft ausgelöst, der auf die Internalisierung von Kontrolle zielt („Selbstkontrolle"). Dadurch kommt es nach Voß/Pongratz (1998) zum Verschmelzen des bis dato polaren und klar verortbaren Interessengegensatzes von Arbeit und Kapital innerhalb ein und derselben Person („Arbeitskraftunternehmer"). Gewandelte Orientierungen der Beschäftigten spielen dabei eine flankierende Rolle: Zunehmende berufsfachliche und arbeitsinhaltliche Bezüge sowie durchaus auch „unternehmerische" Orientierungen wie Verantwortungsbereitschaft tragen ihrerseits dazu bei, dass der Interessengegensatz zwischen Arbeit und Kapital in der subjektiven Wahrnehmung der Beschäftigten an Bedeutung verliere.[49]

2.8 Zum Verhältnis von Unbestimmtheit und Handlungsressourcen

Der entscheidende und diese Punkte miteinander verbindende Aspekt ist allerdings ein *Wandel von Unbestimmtheit*. Unbestimmtheit lässt sich – wie bereits erwähnt – kontrolltheoretisch als zentrale Machtressource von Akteuren verstehen. Dies gilt sowohl für individuelle Akteure (Beschäftigte und ManagerInnen) als auch kollektive Akteure (Unternehmen und Gewerkschaften/Betriebsräte). Die Beherrschung von (marktlicher) Unbestimmtheit ist nach institutionenöko-

---

nen wesentlichen Mechanismus zur Stabilisierung der sozialen Ordnung sah. An diesen Aspekt der *Reproduktion* von Herrschaft knüpft auch Foucault mit seiner Konzeption der „Disziplinarmacht" an (Stichwort „Selbstführung" und „Selbstkontrolle").

[48] So z.B. durch Termin- und Renditevorgaben zum einen, einer manipulativen Corporate Identity zum anderen.

[49] Zur Kritik dieser These vgl. Kuhlmann/Schumann (2000). Zudem berücksichtigen Voß/Pongratz (1998) nicht, dass das Schwinden oder auch Verändern des Interessengegensatzes in der subjektiven Wahrnehmung der Beschäftigten auch Ausdruck des historisch durch soziale und politische Auseinandersetzungen zwischen Arbeit und Kapital erreichten Stands materieller Teilhabe und Absicherung der Beschäftigten sein kann.

nomischer Lesart überhaupt erst ein Grund zur Etablierung von Unternehmen.[50] Gegenwärtig existiert allerdings eine Situation, in der sich der Unbestimmtheitsgrad von Märkten stark erhöht, ohne dass Unternehmen dies im Gegenzug mit einem höheren Grad an Organisation und Hierarchie ausgleichen.[51] Ganz im Gegenteil reduzieren Unternehmen angesichts der nicht mehr beherrschbar erscheinenden Marktkontingenz ihren Zentralisierungs- und Hierarchiegrad und geben die gestiegene Ungewissheit des Marktes unmittelbarer an ihre Beschäftigten weiter.[52] Diese sind nun gefordert, sie direkt und ohne genaue Anweisung zu bewältigen („indirekte Steuerung").[53]

Aus macht- und kontrolltheoretischer Perspektive müsste die Übertragung von Unbestimmtheit an die Beschäftigten mit einer Erhöhung von Kontrollchancen sowie darauf basierender Autonomie einhergehen. Zudem müsste aus Sicht der Handlungsregulationstheorie das Ausmaß an Belastung sinken und die Persönlichkeitsentwicklung voranschreiten. Empirisch ist eher das Gegenteil der Fall: Klagen über Belastungen (vor allem psychischer Art) und Deformationen der Persönlichkeit in der Arbeit nehmen zu. Wie ist dies zu erklären? Dazu bieten sich zwei Möglichkeiten an:

- Die Zuweisung von Unbestimmtheit *selbst* stellt eine Überforderung dar. Dies würde bedeuten, die kontrolltheoretische Prämisse aufzugeben und davon auszugehen, dass erweiterte Ungewissheitszonen eher mit einer Einschränkung von Handlungsfähigkeit und damit mit Kontrollverlust statt mit Kontrollgewinn einhergehen.
- Die *Mittel* und *Ressourcen* zur Bewältigung und Kontrolle von Unbestimmtheit sind entweder *nicht ausreichend* oder *nicht angemessen*. Dies würde bedeuten, an der kontrolltheoretischen Prämisse selbst zwar weiter festzuhalten, aber sie nicht als voraussetzungslos geltend zu betrachten. Vielmehr wäre die Erfüllung dieser Prämisse an das Vorhandensein be-

---

[50] Zu Recht weist Deutschmann (2002: 106) darauf hin, dass bereits Marx davon ausging, dass der kapitalistische Produktionsprozess nicht allein über den Markt, sondern auch über die hierarchische Organisation insbesondere der Fabrik koordiniert wird.

[51] Die Gründe dafür sind zum einen ökonomischer Art: Eine vormals stabile Massennachfrage ist gesättigt und hat sich dadurch stark ausdifferenziert und ist schnelllebiger geworden. Zum anderen sind es Effizienz- und Flexibilitätsgründe: Die Kontrollerfordernis des Taylorismus ist aufwändig und kostspielig, wenig flexibel und zudem von begrenzter Wirkung. Allerdings gibt es Ausnahmen: Sowohl in industriellen Handarbeitsbereichen als auch in bestimmten Dienstleistungsbereichen sind Tendenzen zur Standardisierung und direkten Kontrolle von Arbeitsprozessen feststellbar (Stichworte dafür sind „Re-Taylorisierung" und „Dienstleistungs-Taylorismus"). Vgl. Kurz (1998) und Lehndorff (2003).

[52] Dies wurde zunächst vor allem in der Betriebswirtschaftslehre unter dem Stichwort „Auflösung des Unternehmens" (Picot/Reichwald/Wigand 1996) diskutiert. Zur Kritik dieser These aus organisationssoziologischer Perspektive siehe Funder (2000). Zudem lassen sich auf über- und zwischenbetrieblicher sowie auf Konzernebene starke Tendenzen zur (Re-)Zentralisierung und Hierarchisierung feststellen (vgl. Moldaschl/Sauer 2000; Nickel/Hüning/Frey 2008).

[53] Dies ist der kontrollspezifische Effekt von Dezentralisierung und Hierarchieabbau.

stimmter Bedingungen und Voraussetzungen gebunden, die die Handlungsfähigkeit der Individuen betreffen. Diese können entweder materialer und organisationaler oder personaler Art sein.

In vorliegender Arbeit wird die zweite Erklärungsvariante als tragfähig erachtet, die beschriebenen Widersprüche und Paradoxien der neuen Autonomie in der Arbeit zu entschlüsseln. Der Blick auf die jeweils zur Verfügung stehenden *Handlungsmittel* und -*ressourcen* – betrieblicher wie individueller Art – ist dafür wesentlich. Als Arbeitsthese kann deshalb formuliert werden, dass ein erhöhtes Maß zugewiesener Unbestimmtheit dann überfordernd wirkt, wenn nicht ausreichend Mittel und Ressourcen zu ihrer Kontrolle zur Verfügung stehen. Bei der Betrachtung des Verhältnisses von Unbestimmtheit und Handlungsmitteln kann eine ressourcentheoretische und potenzialorientierte Perspektive eingenommen werden, wie sie von Moldaschl (2005b) entwickelt wurde.[54] Diese Perspektive geht von einem relationalen und kontextbezogenen Verständnis von Ressourcen aus.[55] Sie ist kompatibel mit dem Verständnis von Unbestimmtheit als zentraler Machtressource der Arbeitenden (Moldaschl 2001: 144). Der Fokus zur Analyse dieser Machtressource (und damit auch von Autonomie in der Arbeit) liegt dabei auf den jeweils zur Verfügung stehenden *individuellen* und *betrieblichen Handlungsmitteln* sowie den jeweiligen (betrieblichen) *Handlungskontexten*.

2.9 Überforderung durch Unbestimmtheit als Preis der „neuen Autonomie“ in der Arbeit? – Zur Ambivalenz von Autonomie

Moldaschl (2001) geht in seinen Erörterungen über „Herrschaft durch Autonomie“ im Vergleich zu seinen obigen Überlegungen einen Schritt weiter und stellt die kontrolltheoretische Prämisse der Unbestimmtheit als Machtressource selbst in Frage (ebd.: 137). Obgleich ihm hierbei nicht gefolgt wird, gibt er damit dennoch einen wichtigen Hinweis für das Verständnis des widersprüchlichen Verhältnisses von Autonomie und Heteronomie in neuen Arbeitsformen sowie der daraus möglicherweise resultierenden Überforderung. So stellt er fest, dass dort, „wo selbst regulierte Optimierung zur herrschenden Leistungsmaxime aufrückt, (…) das für die Arbeitskräfte auch den Zwang (impliziert), Unbestimmtheit zu reduzieren – das heißt, Ziele und Bedingungen permanent auszuhandeln“ (Moldaschl 2001: 137). Der Zwang zur Unbestimmtheitskontrolle durch permanente Aushandlung werde dann zur prekären Angelegenheit, wenn über die dazu erforderlichen Mittel und Verfahren woanders entschieden wird (z.B. in der Konzern- oder Unternehmenszentrale). Demgegenüber bewahren aus dieser Perspek-

---

[54] Moldaschl (2005b) schlägt eine *relationale* und *potenzialorientierte* Fassung des Ressourcenbegriffs vor und unterscheidet dazu mit Bezug auf die jeweilige Reproduktionslogik *drei Arten* von *Ressourcen*: 1. endliche und nicht erneuerbare Ressourcen; 2. erneuerbare Ressourcen sowie 3. generative Ressourcen. Diesen drei Ressourcenarten liegen auch unterschiedliche Nutzungslogiken zugrunde und werden in konflikttheoretischer Perspektive auch als unterschiedliche Handlungsvoraussetzungen verstanden.

[55] Vgl. als Überblick auch Moldaschl (2005a).

tive die genauen Anweisungen und Festlegungen des Taylorismus die Beschäftigten vor dem Druck zur ständigen Aushandlung durch ein minimales Maß an formell zugewiesener Unbestimmtheit. Der Preis dafür ist allerdings eine stark eingeschränkte Autonomie in der Arbeit. Aus dieser Perspektive wird die Einschätzung Peters (2001) nachvollziehbar, den Abbau tayloristischer Anweisung und Kontrolle nicht als Entlastung zu begreifen, sondern als Abbau von Entlastung. Dies meint konkret den Abbau von der Entlastung der Beschäftigten, Unbestimmtheit reduzieren und beherrschen zu müssen. Denn im Taylorismus ist dies noch das vorrangige Geschäft des betrieblichen Managements.

Die Verhältnisse haben sich offenbar für beide Seiten gewandelt. Gerade die für Management wie Beschäftigte gleichermaßen gestiegene (Markt-)Unbestimmtheit enthält allerdings nicht nur Risiken wie Überforderung und berufliche Unsicherheit, sondern auch die Chance zur *Re-Politisierung* der Arbeit (vgl. Lehndorff 2006). Allerdings sind die diesbezüglichen Handlungsressourcen sehr unterschiedlich zwischen Management und Beschäftigten verteilt. Hinzu kommt, dass sich gegenwärtig in den Unternehmen nicht nur ein zunehmendes Maß an marktvermittelter Unbestimmtheit feststellen lässt, sondern auch gewichtige Tendenzen zur *Rezentralisierung* (Funder 2000). Dies steht nicht im Widerspruch zur gestiegenen Unbestimmtheit durch Vermarktlichung. Ganz im Gegenteil deutet sich hier ein funktionales Verhältnis wechselseitiger Entsprechung und Ergänzung an: Marktanforderungen werden hierarchisch überformt und vermittelt, und auf diese Weise an die Beschäftigten im Unternehmen weitergeleitet. So werden z.B. Kosten-, Gewinn- und Renditeziele oftmals durch das zentrale (Konzern-)Management festgelegt und als vermeintlich sachlich-neutrale Marktanforderung an die einzelnen (Konzern-)Betriebe und ihre Beschäftigten weitergereicht. Diese haben dann weitgehende Autonomie zur Erreichung dieser zentral vorgegebenen Ziele. Dörre (2002) bezeichnet dies als „Zonen kontrollierter Autonomie“. Die dahinter stehende Restrukturierung auf der Unternehmens- und Konzernebene wurde an anderer Stelle als *„kapitalmarktorientierte Rezentralisierung“* charakterisiert (Nickel/Hüning/Frey 2008).

Von den Vorgaben der Zentrale ist das lokale betriebliche Management genauso betroffen wie die dortigen Beschäftigten. Damit sind für beide Gruppen Rahmenbedingungen ihrer Arbeit hierarchisch festgelegt, die sie selbst kaum beeinflussen können. Bei der Vermessung von Re-Politisierungschancen muss also neben der erhöhten Unbestimmtheit auch die zunehmende Rezentralisierung und „Vermachtung“ von Unternehmen ins Kalkül gezogen werden. Ebenso ist zu berücksichtigen, dass sich die generellen Risiken und Chancen der Unbestimmtheit asymmetrisch auf Management und Beschäftigte verteilen.[56]

---

[56] So finden sich z.B. existenzielle Bedrohungen durch langfristigen Arbeitsplatzverlust vor allem bei den operativ Beschäftigten wieder. Dies schränkt deren Handlungs- und Aushandlungsmacht nicht unerheblich ein.

Zusammengefasst fokussiert sich das Problem damit weniger auf die Frage der Unbestimmtheit, sondern auf die Frage der zu ihrer Beherrschung und Bewältigung zur Verfügung stehenden *Mittel* und *Ressourcen*. Über das Ausmaß dieser Ressourcen wird nicht so sehr im unmittelbaren Arbeitsprozess als auf übergeordneten betrieblichen Ebenen entschieden (z.B. Konzern- oder Unternehmenszentrale). Die Chancen zur Beeinflussung dieser Entscheidungen lassen sich in der Dimension der Verhandlungsautonomie (workers control) untersuchen. Die Frage der jeweils zur Verfügung stehenden Handlungsmittel und -ressourcen ist dabei ein zentraler Analysefokus.

Hinsichtlich des Verhältnisses dieser Mittel und Ressourcen in den Dimensionen der Handlungsautonomie (am unmittelbaren Arbeitsplatz) und der Verhandlungsautonomie (auf der Ebene der betrieblichen Rahmenbedingungen von Arbeit) formuliert Moldaschl (2001: 136) die These der *Entkopplung* und *Umkehrung*: „Handlungsautonomie wird erweitert, während Verhandlungsautonomie schrumpft". Er sieht darin in bestimmten Beschäftigungssegmenten das „Kennzeichen eines neuen Rationalisierungsmodus und neuer arbeitspolitischer Kräfteverhältnisse" (ebd.: 137).

Im Prinzip sind damit die *betrieblichen Rahmenbedingungen* von (potenzieller) Handlungsautonomie in der Arbeit zu untersuchen. Diese sind abhängig von den zur Verfügung stehenden Mitteln und Ressourcen (z.B. Personalstärke, Zeitvorgaben etc.). Die Festlegung bzw. Aushandlung dieser betrieblichen Rahmenbedingungen sind in der Dimension der Verhandlungsautonomie zu untersuchen. Die traditionell zentrale Instanz zur Bündelung von Verhandlungsautonomie der Beschäftigten und zur Beeinflussung der Arbeits- und Beschäftigungsbedingungen ist die institutionalisierte Interessenvertretung in Form von Gewerkschaften und Betriebsräten. Verhandlungsmacht lässt sich somit in einer *individuellen* und *kollektiven* Dimension untersuchen. Die vorliegende Arbeit konzentriert sich vor allem auf die individuelle Dimension.

2.10 Autonomie und der Zusammenhang von Arbeit und Leben

All die bislang angeführten Punkte, Aspekte und Kategorien beleuchten das Autonomieproblem *in* der Arbeit – wobei hier „Arbeit" stets Erwerbsarbeit in der Form abhängiger Beschäftigung (also durch Verkauf der menschlichen „Ware" Arbeitskraft) meinte. Diese Beschränkung auf Lohnarbeit impliziert zweierlei: Zum einen die Nichtberücksichtigung von jedweder unbezahlten, nicht über den Arbeitsmarkt erbrachten Arbeit.[57] Hier ist vor allem an das Problem der privaten Haus- und Sorgearbeit zu denken, die im Rahmen des bürgerlichen Geschlechtermodells einseitig Frauen zugewiesen wird und für die das Autonomieproblem von der Frauen- und feministischen Arbeitsforschung ausgiebig thematisiert

[57] Zudem wird auch selbstständige Erwerbsarbeit nicht berücksichtigt. Aber im Unterschied zu den beiden hier thematisierten Auslassungen kann diese als gesellschaftlich wenig strukturbestimmend gelten.

wurde.[58] Für die etablierte und männlich dominierte Arbeits- und Industriesoziologie war dies allerdings kein Thema. Nach wie vor kann Care als „black box" der Arbeitsforschung betrachtet werden (Jurczyk 2006; Nickel u.a. 2008).

Ebenfalls kein Thema war zum anderen insgesamt der Zusammenhang von betrieblicher und außerbetrieblicher Lebenssphäre resp. von Arbeit und Leben. Die bislang diskutierten Begriffe und Konzepte beziehen sich allesamt auf die Sphäre der Erwerbsarbeit. Autonomiekriterien wie z.B. Partizipation beziehen sich auf betriebliche Teilhabechancen und -rechte, die zudem betriebliche Belange wie z.B. Arbeitsbedingungen betreffen. Inwieweit hier auch außerbetriebliche Belange (wie z.B. Sorgeverpflichtungen) eingebracht werden können, ist dafür kein Thema. Zwar wurden insbesondere von den industriesoziologischen Studien in der Frühzeit der Bundesrepublik weit reichende Zusammenhänge zwischen betrieblicher und außerbetrieblicher Sphäre unterstellt. Diese bezogen sich aber immer nur auf eine Richtung – nämlich aus dem Betrieb in die Gesellschaft. Der Betrieb galt als zentraler und unmittelbar erfahrbarer Kristallisationspunkt des Antagonismus zwischen Kapital und Arbeit, dessen jeweilige Strukturform das Arbeiterbewusstsein entsprechend prägte und vermittelt darüber auch auf die Gesellschaft ausstrahlte.[59] Von umgekehrten Wirkungszusammenhängen oder Beeinflussungen war hingegen weniger Rede. Auch hier wiederum musste erst die feministische Arbeitsforschung auf den Plan treten, um mit grundlegenden Konzepten zu einer Perspektiverweitung beizutragen.[60] Als zentrales Resultat steht hier die Einsicht in die „doppelte Vergesellschaftung" der Arbeitskraft von Frauen im Bereich der marktvermittelten Erwerbsarbeit und im Bereich der privat organisierten Haus- und Sorgearbeit (Becker-Schmidt u.a. 1983). Die „doppelte Vergesellschaftung" ihrer Arbeitskraft bewirkt im Lebenszusammenhang von Frauen eine beständige Wechselwirkung und gegenseitige Beeinflussung zwischen betrieblichen und außerbetrieblichen Anforderungen. Dabei prägt jeder Lebensbereich den jeweils anderen, so dass sich in Wahrnehmung und Lebensalltag von Frauen ein integraler und wechselseitiger Wirkungs- und Lebenszusammenhang ergibt. Von diesem Wechselzusammenhang beider Lebens- und Arbeitsbereiche von Frauen abstrahiert allerdings deren jeweilige strukturelle Verfassung.[61]

Gleiches lässt sich von der etablierten Arbeits- und Industriesoziologie sagen. Erstmals im Gefolge der Wertewandel-These thematisierte Baethge (1991) unter dem einflussreichen Stichwort „Subjektivierung von Arbeit" eine Wirkung le-

---

58 Vgl. z.B. Ostner 1978; Beck-Gernsheim 1981; Becker-Schmidt u.a. 1983; Knapp 1987; Eckart 2004; Jurczyk 2005; Lohr/Nickel 2005; Senghass-Knobloch 2008.

59 Vgl. hierzu die Studien von Pirker u.a. 1955; Popitz/Bahrdt u.a. 1961; Kern/Schumann 1970.

60 Zu nennen sind hier wiederum vor allem die Studien von Ostner 1978; Beck-Gernsheim 1981 und Becker-Schmidt u.a. 1983.

61 Erst neuerdings findet hier unter dem Stichwort „Work-Life-Balance" sowie angesichts des demographischen Wandels ein Umdenken in Betrieb und Gesellschaft statt.

bensweltlicher und normativ fundierter Orientierungen und Interessen auf die betriebliche Sphäre.[62]

Zusammenfassend lässt sich festhalten, dass die arbeits- und industriesoziologische Thematisierung von Autonomie in der Arbeit die diesbezüglichen Einflüsse der privaten und außerbetrieblichen Lebenssphäre nach wie vor weitgehend ausblendet. Dies muss als wichtige Leerstelle des Autonomiebegriffs in der Arbeits- und Industriesoziologie gelten. Die diesbezüglichen Begriffe und Konzepte bedürfen dringend der Integration des Zusammenhangs von Arbeit und Leben. Denn zum einen blenden Betriebe unter den Bedingungen von Vermarktlichung und Shareholder-Value-Orientierung diesen Zusammenhang zunehmend stärker aus und fordern stattdessen vermehrt eine allseits bereite und flexible Verfügbarkeit für ihre Belange. Zum anderen gewinnt der Zusammenhang von Arbeit und Leben aufgrund veränderter Lebensentwürfe (nicht zuletzt von Frauen und Lebenspartnerinnen) auch für Männer zunehmend an Bedeutung.[63] Zu vermuten ist also, dass sich zukünftig die betrieblichen Konflikte um die Vereinbarkeit von Arbeit und Leben auch jenseits der „klassischen" Kinderbetreuungsproblematik und vor allem auch für Männer verstärken. Für die Frage der individuellen Autonomiechancen in der Arbeit ist dies somit ein zentraler Punkt der Klärung und Untersuchung.

2.11 Anforderungen an eine Weiterentwicklung des Autonomiebegriffs

Angesichts der im Verlauf der bisherigen Erörterung deutlich gewordenen Paradoxien, Ambivalenzen und Leerstellen des Autonomiebegriffs stellt sich die Frage nach einer möglichen Neufassung des Begriffs. Dies ist auch der Tenor von zahlreichen Beiträgen der Debatte (vgl. z.B. Deutschmann 2001; Moldaschl 2001; Peters 2001; Kratzer 2003). Nach Auffassung von Moldaschl (2001) sind dabei drei theoretische Aufgaben zu erfüllen:

- Autonomie *nicht absolut* und *unabhängig* von den jeweiligen *gesellschaftlichen Verhältnissen* und *sozialen Kontexten* zu bestimmen. Denn Individuen sind eingebettet in soziale Handlungskontexte, aus denen sich sowohl ihre Handlungsbeschränkungen als auch -ermöglichungen ergeben. Geht der Bezug zum sozialen Kontext verloren, verlieren sich auch die Chancen für die Handlungsautonomie der Individuen. Autonomie in der Arbeit muss so als das „jeweils konkrete Verhältnis von Handlungsanforderungen und Handlungsmöglichkeiten" bestimmt werden (Moldaschl 2001: 135).

[62] Der Beitrag der vermehrten Erwerbspartizipation von Frauen wird dabei ausdrücklich thematisiert.
[63] Unternehmen und Betriebe reagieren darauf inzwischen mit Ansätzen der „Work-Life-Balance".

- Autonomie anhand *verschiedener Kriterien* zu erfassen. Denn die Chancen für Autonomie in der Arbeit können entlang unterschiedlicher Dimensionen und Kriterien variieren.
- Autonomie *nicht einseitig objektivistisch* zu bestimmen. Denn Individuen haben sowohl Freiheits- als auch Sicherheitsbedürfnisse, die zum Teil in Konkurrenz zueinander treten können. Zudem basiert Herrschaft immer auch auf einer Form der Zustimmung durch die Untergebenen. Es bildet sich somit ein „Konsens über den jeweils zumutbaren oder subjektiv ‚angemessenen' Grad der Fremdbestimmung bzw. Autonomie" (a.a.O.: 138).

Vor dem Hintergrund dieser theoretischen Aufgaben entwickelt Moldaschl (1991; 2001) das Konzept der „widersprüchlichen Arbeitsanforderungen" als einen *empirischen* Ansatz zur Analyse von Autonomie in der Arbeit sowie deren Ambivalenzen und Paradoxien. Im Zusammenhang mit diesem Konzept steht auch die Unterscheidung von „Handlungsautonomie" und „Verhandlungsautonomie" als zwei verschiedenen Dimensionen von Autonomie in der Arbeit (Moldaschl 2001). Im Rahmen dieser Arbeit wird zur empirischen Untersuchung der individuellen Autonomiechancen in der Arbeit vor allem auf diese Differenzierung zurückgegriffen werden.

Anforderungen an eine *theoretische* Weiterentwicklung des Autonomiebegriffs hat Sichler (2006) formuliert. Er plädiert für sechs Modifikationen im Verständnis von Autonomie, um den gegenwärtigen Veränderungen in der Arbeit gerecht zu werden.[64] Diese Modifikationen lassen sich mit den von Moldaschl (2001) genannten Aufgaben verbinden und tragen zu deren Konkretisierung bei. Sie werden deshalb im Folgenden kurz skizziert.

Von der situativen Voraussetzung zur personellen Kompetenz

Traditionelle Ansätze vor allem der Arbeitspsychologie setzen in erster Linie bei den objektiven Voraussetzungen für Autonomie in der Arbeit an. Im Zentrum stehen die Analyse und Gestaltung der Arbeitstätigkeit und Arbeitssituation mittels objektiver Methoden.[65] Sichler (2006: 246) spricht sich dagegen für eine „*radikal subjektive*" Konzeption von Autonomie in der Arbeit aus. Angesichts der veränderten Arbeitsanforderungen, die zunehmend auf die Selbstregulation und Selbstorganisation der Beschäftigten zielen, müsse ein angemessenes Autonomiekonzept vor allem von den *personellen Kompetenzen* des Individuums in Bezug auf seine Arbeit ausgehen. Dies schließt ausdrücklich auch die Gestaltung des Verhältnisses von Arbeit und Leben mit ein. Wie oben gezeigt, findet gerade dieser Aspekt nur wenig Berücksichtigung in traditionellen Ansätzen

[64] Dies basiert auf einer zuvor erfolgten theoretischen Rekonstruktion des Autonomiebegriffs anhand einschlägiger arbeitswissenschaftlicher und sozialphilosophischer Ansätze.

[65] Dies ist zumindest der Anspruch entsprechender Ansätze (vgl. z.B. Moldaschl 2001).

(nicht allein der Arbeitspsychologie, sondern auch der Arbeits- und Industriesoziologie).

Von deskriptiven Handlungsspielräumen zu präskriptiven Handlungsregeln

Das traditionelle arbeitspsychologische Autonomiekonzept hat stark deskriptiven Charakter. Versucht wird, möglichst objektiv messbare Handlungs- und Entscheidungsspielräume zu beschreiben. Damit auch verbundene normative Prämissen bleiben als stillschweigende Unterstellungen lediglich implizit. Sichler (2006) befürwortet demgegenüber ein *genuin normatives* Verständnis von Autonomie. Es zielt darauf ab, Autonomie so zu fassen, dass Arbeitshandeln und Arbeitsbezüge auch im Zusammenhang von Normen und Werten gesehen werden können. Dies bezieht sich nach Sichler (2006: 247) auf die Gestaltung von Arbeitstätigkeiten, die Partizipation an der Entwicklung von Organisationen sowie die Bewertung der eigenen Arbeit vor dem Hintergrund gesellschaftlicher Diskurse.[66]

Von der individuellen Selbstverwirklichung zur sozialen Anerkennung

Traditionelle Ansätze beziehen Autonomie vor allem auf instrumentelles Handeln. Arbeitshandeln wird ebenfalls primär als instrumentelles Handeln verstanden, welches auf individuellen Eigennutzen zielt. Sichler (2006) schlägt dagegen ein Verständnis von Autonomie vor, welches Arbeitshandeln auch als *soziales* Handeln wahrnimmt. Als soziales Handeln zielt Arbeitshandeln aber vor allem auf (gesellschaftliche) *Anerkennung*. Eingebettet ist dies in den sozialen Beziehungszusammenhang der Individuen innerhalb und außerhalb der Arbeit. Autonomie in der Arbeit bezieht sich so auf die Chance, im „sozialen Gefüge der Arbeitswelt (…) selbstständig und selbstorganisiert in Absprache mit anderen oder unter Berücksichtigung des Tuns von anderen handeln zu können“ (Sichler 2006: 248).

Von der „Autonomie erster Ordnung“ zur „Autonomie zweiter Ordnung“

Traditionelle Autonomiekonzepte betrachten Selbstbestimmung und Selbstorganisation meist als objektivierbare Phänomene. Als solche werden sie polar und eindimensional der Fremdbestimmung und Fremdorganisation gegenübergestellt. Nach Sichler (2006) liegt dem ein Emanzipationsverständnis zugrunde, das sich am Konzept der „negativen Freiheit“ orientiert. Danach soll das Individuum durch Beseitigung von Handlungsfesseln zu einem uneingeschränkten Handeln ermächtigt werden. Dem stellt Sichler (2006: 249) ein am Konzept der „positiven Freiheit“ orientiertes Autonomieverständnis gegenüber. Es fasst Autonomie als einen *Aktualisierungs-* und *Kompetenzbegriff*, der sich auf die Selbstgestaltungs- und Selbstorganisationsfähigkeit des Individuums sowie des-

[66] Aktuelle Beispiele hierfür wären etwa die Diskussionen über „Gute Arbeit“ oder „Work-Life-Balance“.

sen Reflexionsvermögen bezieht. Aus dieser Perspektive steht Autonomie nicht in einem konträren Verhältnis zur Heteronomie, sondern in einem dialektischen Verhältnis, das sich durch das reflexive Subjekt konstituiert.

Vom statischen Zustand zur dynamischen Entwicklung

Traditionelle Konzepte verstehen Autonomie in erster Linie als einen Zustand. Danach ist die Selbstbestimmung eines Menschen als Tatsache entweder gegeben oder nicht gegeben. Sichler (2006) begreift Autonomie demgegenüber als einen *dynamisch angelegten Entwicklungsprozess*, den ein Individuum durchläuft. Die individuellen und situativen Voraussetzungen sowie die Bewertungskriterien dafür können sich im Zeitverlauf ändern. So werden etwa am Beginn eines Berufslebens häufig andere Schwerpunkte im Verhältnis von Arbeit und Leben gesetzt als in der Mitte oder am Ende. Entsprechend verändert sich im Verlauf des Berufslebens auch die individuelle Bereitschaft zur Inkaufnahme von Handlungseinschränkungen in der Arbeit oder außerhalb der Arbeit.

Vermittlung von individueller zur transindividueller Autonomie

Autonomie kann zum einen auf Personen, zum anderen auf Gruppen oder Organisationen bezogen werden. Theoretisch gehen mit dieser Unterscheidung meist unterschiedliche Ansätze einher. Im Falle des personenbezogenen Autonomieverständnisses sind dies vor allem handlungstheoretisch orientierte Ansätze, im Falle des gruppen- und organisationsbezogenen Autonomieverständnisses nicht selten systemtheoretisch orientierte Ansätze. Häufig werden diese unterschiedlichen Ansätze als konträr wahrgenommen. Metatheoretisch gesehen geht es dabei um die grundlegenden Dichotomien von Handlung und Struktur, Akteur und System, Individuum und Gesellschaft. In praktischer Hinsicht geht es dabei um die Frage nach den Handlungs- und Einflussmöglichkeiten von Individuen in Bezug auf übergeordnete Strukturen und Systeme. Aufgeworfen ist damit auch das Problem der Wechselwirkung von Fremd- und Selbstbestimmung bei Individuen und sozialen Systemen. Sichler (2006) schlägt sich hier nicht auf die eine oder andere Seite, sondern plädiert für eine *Vermittlung* zwischen subjektbezogenen und system- bzw. strukturbezogenen Ansätzen. Hinsichtlich einer konzeptionellen Weiterentwicklung des Autonomiebegriffs müssen dafür allerdings erst noch theoretisch befriedigende Lösungen gefunden werden.

Zusammenfassend formuliert Sichler (2006: 260) auf Basis der skizzierten Modifikationen die folgenden Anforderungen für eine Neukonzeption des Autonomiebegriffs: Autonomie soll demnach als *personale Kompetenz* verstanden werden, die sich in erster Linie auf *soziales Handeln* bezieht und dadurch auch eine *normative Dimension* beinhaltet. Dabei ist ihr *reflexiver Grundcharakter* zu beachten, durch den sie auch als *dynamisch angelegter Entwicklungsprozess* zu verstehen ist. Schließlich sind die vielfältigen *Wechselbeziehungen* zwischen *individuellen* und *transindividuellen Formen* der Autonomie zu berücksichtigen.

Was ist das Ergebnis dieser Ausführungen? Zum einen wird deutlich, dass eine konzeptionelle Neufassung des Autonomiebegriffs mehrere Aspekte oder Dimensionen zu berücksichtigen hat. Die von Sichler (2006) aufgezeigten Merkmalsdimensionen bieten auch zur Untersuchung der hier verfolgten Fragestellung wichtige Anhaltspunkte. Das gilt insbesondere für die innerhalb der einzelnen Merkmalsdimensionen vorgeschlagenen Modifikationen. Die Verschiebung hin zu einer Autonomiekonzeption, die den *subjektiven Kompetenzen*, *sozialen Bezügen* und *normativen Orientierungen* eines Individuums in der Arbeit stärker Rechnung trägt, kann sich angesichts der in dieser Untersuchung intendierten Subjektorientierung als fruchtbar erweisen. Für die empirische Operationalisierung der Frage nach den individuellen Chancen für Autonomie und Aneignung in der Arbeit unter den Bedingungen der Vermarktlichung und Subjektivierung sind damit wichtige Anhaltspunkte benannt. Dies nicht im Sinne eines fest gelegten Analyserasters, sondern als Sensibilisierung für die empirische Bedeutung dieser subjektbezogenen Aspekte von Autonomie.

Zum anderen verweisen die Ausführungen auf die Möglichkeit der *Auflösung* und *Vermittlung von Dichotomien*. Sichler (2006) gelingt dies durch Einführung eines reflexiven Charakters von Autonomie („Autonomie zweiter Ordnung"). Damit verbindet sich die Vorstellung, dass „Personen bei autonomen Entscheidungen Stellung zu ihren Präferenzen beziehen, indem sie aufgrund von Wünschen höherer Ordnung oder im Rahmen von starken Wertungen ihre Motive und Ziele evaluieren. Daraus resultieren Handlungen und Lebenspläne, die mit grundlegenden Wertvorstellungen und Kompetenzen der Person im Einklang steht" (Sichler 2006: 249). Der damit verbundene Reflexionsprozess kann sowohl Handlungsspielräume eröffnen als auch Handlungsgrenzen bewusst in Kauf nehmen. Ein solches reflexives Autonomieverständnis hebt nach Sichler (2006) den Gegensatz von Autonomie und Heteronomie auf und überführt beide Begriffe in ein „dialektisches Verhältnis zueinander, welches durch das reflexive Subjekt konstituiert wird" (ebd.). Autonomie zeigt sich aus dieser Perspektive auch daran, wie Individuen mit den in sozialen Zusammenhängen immer gegebenen Handlungsbeschränkungen umgehen. Dies schließt deren Überwindung nicht aus, ist dann aber nur eine Möglichkeit unter mehreren anderen. Angesichts der in der Debatte zur „neuen Autonomie" immer wieder betonten Ambivalenz von Autonomie, die als Anforderung auch als Überforderung oder gar Zumutung empfunden werden und dadurch möglicherweise auch fremdbestimmte Aspekte beinhalten kann, ist der Verweis von Sichler (2006) auf das dialektische Verhältnis von Autonomie und Heteronomie (das sich durch das reflexive Subjekt konstituiert) sehr hilfreich zur Vermeidung eines unproduktiven Dualismus. Denn der Hinweis auf den möglichen Überforderungscharakter von Autonomie liest sich in der Debatte manchmal auch wie ein Gegenargument zur Forderung nach mehr Autonomie in der Arbeit. Umgekehrt gerät die Forderung nach mehr Autonomie in der Arbeit leicht in Gefahr, von einem idealisierenden und zugleich normativen Verständnis von Autonomie auszugehen, das inhärente Widersprüche und Ambivalenzen ausblendet. Ein solch einseitiges Autonomieverständnis wird aber den veränderten Bedingungen und Anforderungen in der Arbeit nicht voll gerecht. Der Hinweis auf das dialektische Verhältnis von Autonomie und Heteronomie führt aus dem Dualismus, das eine nur als Gegensatz des anderen denken zu können.

Zwei weitere Punkte von Sichlers (2006) Überlegungen sind im hier erörterten Zusammenhang wichtig. Zum einen der Hinweis auf den *biographischen* Aspekt von Autonomie. Danach kann sich das individuelle Verständnis von Autonomie im Verlauf des Lebens ändern. Für die Untersuchung der Frage nach der Autonomie in der Arbeit bedeutet dies, davon auszugehen, dass sich bei jüngeren Beschäftigten möglicherweise ein anders ausgeprägtes Autonomieverständnis finden lässt als bei älteren Beschäftigten. So können etwa jüngere Beschäftigte aufgrund der noch offenen Karrierechancen eher dazu bereit sein, Einbußen bei den Handlungsspielräumen außerhalb der Arbeit in Kauf zu nehmen als ältere Beschäftigte. Dieses Beispiel verweist zugleich auch darauf, dass beim biographischen Aspekt von Autonomie ein enger Bezug zum Verhältnis von Arbeit und Leben besteht. Auch dessen subjektive Einschätzung kann sich im Verlauf eines Berufslebens ändern.

Zum anderen ist schließlich der Hinweis auf die *Wechselwirkung* von *individueller* und *systemischer* („transindividueller“) Autonomie wichtig. Der Gedanke einer systemischen *Autonomie* begegnete bereits bei Peters (2001) als eine von drei unterschiedlichen Bedeutungsebenen von Autonomie (vgl. Punkt 2.3 dieses Abschnitts). Die Bedeutung von Autonomie als Selbstorganisation von Prozessen und Systemen wurde dort unterschieden von zwei personenbezogenen Autonomiebedeutungen. Dies verband sich mit der These, dass durch neue Organisations- und Managementkonzepte die systembezogene Autonomiebedeutung gegenüber den personenbezogenen Autonomiebedeutungen an Gewicht gewinnt. Belegt wurde dies damit, dass die Beschäftigten unmittelbarer als bisher mit den betrieblichen Rahmenbedingungen des Marktes und der Konkurrenz konfrontiert werden und sich diese zunehmend gegenüber den Beschäftigten verselbstständigen. Die durchaus auch gewachsene Autonomie der Beschäftigten (etwa infolge von Hierarchieabbau) bleibt so eingebunden „in die ganz andersartige Autonomie von Prozessen und Systemen“ (Peters 2001: 39). Offen blieb dabei, ob und wie es zu einer Auflösung und Vermittlung von systembezogener und personenbezogener Autonomie kommen kann. Mit dem Hinweis auf die *Wechselwirkung* von individueller und systemischer („transindividueller“) Autonomie sowie dem daraus resultierenden Anspruch auf theoretische Vermittlung im Rahmen einer konzeptionellen Neufassung des Autonomiebegriffs eröffnet Sichler (2006) eine weiterführende Perspektive auch zur Untersuchung der hier verfolgten Fragestellung. Mit der analytischen Unterscheidung von zwei Untersuchungsebenen – der betrieblichen und der subjektiven – sowie der damit zusammenhängenden Doppelfrage nach den *betrieblichen Potenzialen und Restriktionen für Autonomie* zum einen, den *subjektiven Aneignungsweisen und -strategien von Autonomie* zum anderen, soll den von Sichler (2006) betonten Wechselwirkungsprozessen von individueller und „transindividueller" Autonomie Rechnung getragen werden. Dies zunächst in konzeptioneller Hinsicht; die „subjektive Seite" der Autonomie wird dabei vor allen mit dem Begriff der *Aneignung* zu fassen versucht.

Die vier genannten Punkte aus Sichlers (2006) Überlegungen geben wichtige Hinweise für die Untersuchung der hier verfolgten Fragestellung. Sie sensibilisieren für bestimmte Aspekte, die es bei der Analyse von individuellen Autonomie- und *Aneignungschancen* in der Arbeit zu beachten gilt. Dabei dienen sie nicht als definiertes Untersuchungsraster, sondern als Anhaltspunkte für die empirische Konzeptionalisierung der Untersuchungsfrage. Auch verbindet sich damit nicht der Anspruch nach einer theoretischen Neukonzeptionalisierung des Autonomiebegriffs – dies würde den Rahmen dieser Arbeit deutlich sprengen.

Sichler (2006: 260ff) selbst entwickelt aus den von ihm genannten Anforderungen ein *integratives Autonomiekonzept*, welches drei Dimensionen umfasst.[67] Sie beziehen sich auf die Prozesse

- der *Selbstaktualisierung* (Selbstverwirklichung, Selbstentfaltung, Emanzipation etc.)
- der *Selbstorganisation* (Selbstgestaltung, Selbstsorge, Lebensführung etc.)
- der *Responsivität* (Verantwortung, Eigenverantwortung, Selbstverpflichtung etc.)

in der Arbeit.

Die Bedeutung der einzelnen Dimensionen sei abschließend kurz erläutert:

- Die *Dimension der Selbstaktualisierung* (Selbstverwirklichung) bezieht sich auf „die kreative Erschließung von individuellen Motiven und Fähigkeiten, die in der Arbeit und in der Organisation von Arbeit einschließlich des Bezugs zur Lebensführung zum Ausdruck kommen" (Sichler 2006: 266). Sie kann deshalb auch als *kreative Autonomiedimension* verstanden werden.
- Die *Dimension der Selbstorganisation* bezieht sich auf die Organisation und Gestaltung des eigenen Lebens und beinhaltet damit die Praxis der selbstorganisierten Lebensführung. Sie kann deshalb auch als *regulative Autonomiedimension* verstanden werden.
- Die *Dimension der Responsivität* (Verantwortung) bezieht sich auf die Fähigkeit, die moralischen Implikationen des eigenen Verhaltens zu er-

[67] Dies geschieht in Anlehnung an das Konzept einer „dezentrierten Autonomie" von Honneth (1993).

kennen und sensibel für Handlungskontexte zu sein. Sie kann deshalb auch als *normative Autonomiedimension* verstanden werden.

Zusammenfassend steht dieses dreidimensionale und integrative Konzept von Autonomie in der Arbeit für eine „an der Aktualisierung menschlicher Handlungs- und Lebenspotenziale ansetzenden Formung und Gestaltung des eigenen Verhaltens und der Lebensführung, und zwar mit der Maßgabe, dies vor anderen und vor sich selbst auch verantworten zu können. Autonomie als Selbstbestimmung umfasst damit stets diese drei Dimensionen in ihrer dynamischen Wechselwirkung" (Sichler 2006: 267).

Mit diesen drei Dimensionen verbinden sich zugleich auch drei *Handlungsbereiche*:

- Selbstaktualisierung verweist auf die *Kompetenzen* eines Individuums;
- Selbstorganisation verweist auf die *Performanz* in der Praxis der Lebensführung;
- Verantwortung verweist auf die Bezugnahme auf Werte und Normen und damit auf die *Responsivität* eines Individuums.

Hier verdeutlicht sich die Stärke von Sichlers (2006) Autonomiekonzeption: Sie berücksichtigt die *individuellen Kompetenzen* einer Person, bezieht sich auch auf das *Verhältnis von Arbeit und Leben* und beinhaltet auch eine normative Dimension im Sinne damit verbundener *Bezüge und Orientierungen* der Subjekte.

Die von Sichler (2006) angesichts der Unzulänglichkeiten des traditionellen Autonomiebegriffs vorgeschlagene Neukonzeption bedeutet keine Verabschiedung von dessen emanzipatorischen Gehalt. Vielmehr versteht Sichler (2006) sie als Konkretisierung der Utopie vom selbstbestimmt arbeitenden Individuum: „Die Hoffnung richtet sich nunmehr stärker auf die Subjekte und ihre Kompetenzen, vorhandene Freiräume in ihrer Arbeits- und Lebenswelt nicht nur wahrzunehmen, sondern auch aktiv auszugestalten" (Sichler 2006: 259). Dies schieße ausdrücklich auch Formen der Solidarisierung und des Widerstands mit ein, etwa gegenüber inhumanen Arbeitsbedingungen oder unzumutbaren Arbeitsanforderungen. Der damit verbundene Fokus auf die Subjektkompetenzen der Individuen sowie ihre Fähigkeiten zur Ausbildung und Weiterentwicklung von Autonomie in der Arbeit löst sich aus der objektivistischen Umklammerung des traditionellen Autonomiebegriffs (sowie der damit verbundenen, unproduktiven Entgegensetzung von Heteronomie) und gibt wichtige Hinweise für die Untersuchung der hier verfolgten Fragestellung. Gemeinsam mit der Berücksichtigung des Verhältnisses von Arbeit und Leben sowie der subjektiven Bezüge und Orientierungen ergeben sich daraus wichtige Anhaltspunkte für die empirische Konzeptionalisierung der Untersuchungsfrage, die in Kapitel III dieser Arbeit erörtert wird. Zunächst aber wird im folgenden Abschnitt der Begriff der Aneignung entfaltet.

3 Aneignung in der Arbeit

Die Kategorie der Aneignung ist mehrdeutig und spielt in unterschiedlichen Theoriebezügen eine Rolle (Haug 1994; Jaeggi 2002). Hinsichtlich ihrer *Bedeutung* kann vor allem zwischen einer *materiellen* Bedeutung als Aneignung von Dingen oder Gegenständen sowie einer *ideellen* Bedeutung als Aneignung von Kenntnissen oder Fähigkeiten unterschieden werden.[68] Hinsichtlich der *Theoriebezüge* ist einer der wirkmächtigsten für die gesellschaftlichen Verhältnisse im Kapitalismus der *rechtsphilosophisch-juristische* Bezug (Keiler 1990). Zurückgehend auf Locke, wird hier der Begriff der Aneignung unmittelbar auf die materielle Besitznahme von Gütern und Produkten bezogen. Darauf aufbauend vollzieht sich die Eigentumsbildung in der bürgerlichen Gesellschaft. Locke bezeichnet diesen Vorgang als [engl.] „appropriation" (Aneignung). Er ist vermittelt durch die eigene Tätigkeit und Arbeit eines Individuums. Für Locke stellt dies den Grundvorgang zur Herausbildung von Privateigentum dar.[69] Diese Vorstellung ist nicht zuletzt von Marx als unhistorisch und herrschaftsblind kritisiert worden. Für Locke existiert Eigentum bereits als *vorgesellschaftlicher* Naturzustand (als „Eigentum eines jeden Menschen an seiner Person"). Eigentumsbildung und „appropriation" (Aneignung) werden so als unmittelbar zusammenfallend gedacht, ohne durch gesellschaftliche Verhältnisse vermittelt zu sein.

Bei Marx erhält der Begriff der Aneignung eine andere Bedeutung. Er entwickelt daraus eine *materialistische* Aneignungskonzeption, die für die hier verfolgte Frage nach den individuellen Autonomie- und Aneignungschancen in der Arbeit ein relevanter Bezugspunkt ist.[70] Ergänzt wird dies in dieser Arbeit durch zwei vor allem in sozialisationstheoretischen und sozialpsychologischen Ansätzen verwendete Konzeptionen von Aneignung, die zum einen stärker *interaktionistisch*, zum andern stärker *subjektorientiert* ausgerichtet sind. In allen drei Aneignungskonzeptionen steht das Individuum als *bewusstes* und *aktiv handelndes Subjekt* in Zentrum, und alle drei behandeln dessen *aktiv-tätige Auseinandersetzung* mit den Strukturen und Verhältnissen der sozialen Umwelt (Gesellschaft).

Die Unterschiede zwischen den Konzeptionen liegen vor allem in der Schwerpunktsetzung dieser aktiven Auseinandersetzung: Die materialistische Aneignungskonzeption stellt hier klar die *(Erwerbs-)Arbeit* in den Mittelpunkt, während sowohl der interaktionistische als auch der subjektorientierte Ansatz von einer breiter angelegten und im Prinzip *alle* Lebensbereiche und -abschnitte um-

[68] Andere Sprachen unterscheiden zwischen diesen beiden Bedeutungsgehalten auch in terminologischer Hinsicht: Sowohl im Englischen als auch im Französischen steht „appropriation" für die materielle Aneignung, „assimilation" für die ideelle Aneignung (Keiler 1990). Jaeggi (2005:56ff) gibt einen facettenreichen Überblick über verschiedene Bedeutungsgehalte des Begriffs.

[69] Das bürgerliche Recht kennt deshalb auch den Begriff der Aneignung zur Kennzeichnung einer Eigentumsbildung im juristischen Sinne.

[70] Für die Marxsche Theorie selbst kann der Begriff der Aneignung auch als „Schlüsselbegriff" bezeichnet werden (vgl. Cotten 1983; Haug 1994).

fassenden Auseinadersetzung ausgehen (z.B. im Rahmen der frühkindlichen, schulischen, beruflichen und geschlechtlichen Sozialisation oder in der Sphäre der privaten Reproduktionsarbeit).

Diese Unterschiede werden in vorliegender Arbeit allerdings nicht weiter verfolgt, sondern hier interessiert das Gemeinsame aller drei Aneignungskonzeptionen. Für die hier verfolgte Fragestellung ist dies die *(Erwerbs-)Arbeit als zentrales Aneignungsmedium* bürgerlich-kapitalistischer Gesellschaften. Auf subjektorientierte und interaktionistische Aneignungskonzeptionen wird hier deshalb nur in soweit Bezug genommen, als dass sie sich entweder explizit mit Arbeit befassen oder ihnen ein Konzept zugrunde liegt, welches sich auf Arbeit umstandslos beziehen lässt. Dies ist der Fall zum einen bei der eher interaktionistischen Konzeption von Leu (1989), zum anderen bei der eher subjektorientierten Konzeption von Becker-Schmidt (1983).[71] Beide Konzepte werden als notwendige Ergänzung zum materialistischen Aneignungsverständnis benutzt. Im Folgenden wird zunächst auf letzteres eingegangen (3.1), um dann das interaktionistische und das subjektorientierte Konzept zu erläutern (3.2 + 3.3).[72]

3.1 Aneignung durch Arbeit – die materialistische Konzeption von Aneignung

In der materialistischen Aneignungskonzeption steht Arbeit mit im Mittelpunkt (Haug 1994).[73] Aneignung wird hier wesentlich als *praktisch-tätiger* Vorgang verstanden und realisiert sich vor allem im Prozess der Arbeit. In der Arbeit eignet sich das menschliche Subjekt durch tätige Realisierung seines zweckgerichteten Willens die umgebende Natur an. Dies geschieht in Form eines materiellen oder immateriellen Arbeitsprodukts. Dieses Arbeitsprodukt dient historisch ge-

---

[71] Die Konzeption von Leu (1989) setzt aufgrund ihrer sozialisationstheoretischen Ausrichtung einen deutlichen Akzent auf die *Interaktion* zwischen *Person* und sozialer *Umwelt*. Sie kann deshalb als stärker interaktionistisch verstanden werden. Demgegenüber setzt die Konzeption von Becker-Schmidt (1983) einen stärkeren Akzent auf die *Subjektkonstitution* innerhalb gesellschaftlicher Macht- und Herrschaftsverhältnisse. Sie kann deshalb als stärker subjektorientiert verstanden werden.

[72] Die Abgrenzung zwischen subjektorientierter und interaktionistischer Aneignungskonzeption einerseits, materialistischer Aneignungskonzeption andererseits, ist m.E. nicht trennscharf zu ziehen. In Bezug auf den Aspekt der Interaktion liegt ja der Kern der materialistischen Aneignungsauffassung gerade in der auf Hegel zurückgehenden Vorstellung eines *wechselseitigen* Einwirkungs- und Transformationsprozesses zwischen *Subjekt* und *Objekt* (z.B. Gegenstände, Natur, soziale Umwelt). Dieses wechselseitige Verhältnis und seine dadurch ausgelöste Entwicklungsdynamik lassen sich auch als „Interaktion" bezeichnen. Die materialistische Tradition selbst verwendet hier eher den Begriff der „Dialektik" (Beerhorst 2005; Kuchler 2005). Ebenso wenig lassen sich die Aneignungskonzeptionen in Bezug auf die Subjektorientierung eindeutig von einander trennen.

[73] Daneben spielen auch die Aspekte des Eigentums, des individuellen Lernens, der persönlichen Entwicklung sowie die Entfremdungsproblematik (resp. ihre Aufhebung) eine Rolle (Haug 1994).

sehen zunächst der unmittelbaren Bedürfnisbefriedigung des Subjekts.[74] Durch die Verschiedenheit der individuellen Bedürfnisse treten allerdings die einzelnen Subjekte zur Bedürfnisbefriedigung in den gegenseitigen Austausch ihrer Arbeitsprodukte. Die zunächst auf das eigene Arbeitsprodukt bezogene Aneignung wird durch Tausch erweitert um die Aneignung eines fremden Arbeitsprodukts. Arbeit als Aneignung – historisch zunächst rein auf das Individuum bezogen – öffnet sich dadurch zur Seite der Gemeinschaft und bekommt einen *gesellschaftlichen* Bezug.[75] Dieser soziale Charakter wird durch Arbeitsteilung und Produktivkraftentfaltung im Laufe der gesellschaftlichen Entwicklung zunehmend zur Voraussetzung und Basis des individuellen Arbeitsprozesses. Der jeweilige Stand der gesellschaftlichen Entwicklung vergegenständlicht sich so auch im individuell erzeugten Arbeitsprodukt. Es bekommt somit zunehmend deutlicher einen gesellschaftlichen Charakter.[76] Dies bedeutet in Bezug auf Aneignung, dass ihr zunächst auf die Sphäre der Zirkulation (Tausch) beschränkter sozialer Charakter verstärkt auch auf die Sphären der Produktion und Konsumtion durchschlägt.[77]

Im Arbeitsprodukt eignet sich das individuelle Subjekt nicht allein Natur an, sondern vergegenständlicht zudem seine Fähigkeiten und seinen Willen. Deshalb erfolgt im Arbeitsprozess nicht allein die Produktion eines Gegenstandes oder Ergebnisses, sondern zugleich auch die „Produktion" eines Subjekts: Im Arbeitsprodukt sieht das arbeitende Individuum die Vergegenständlichung seines zweckgerichteten Willens und erkennt damit auch sich selbst als tätiges und fähiges Subjekt.

Der Arbeit kommt somit in der materialistischen Aneignungskonzeption eine grundlegende Bedeutung für die Subjektkonstitution zu. Die zunächst rein individuelle Selbst-Erkenntnis erweitert sich über die Sphäre des Tauschs durch Begegnung sowohl mit der Vergegenständlichung eines fremden Willens in Form einer (Tausch-)Ware als auch mit dessen TrägerIn in Gestalt eines Subjekts zu einer zunehmend gesellschaftlich vermittelten Selbst-Erkenntnis. Die Individuen erkennen in der Arbeit und ihrem Ergebnis sowohl den *individuellen* als auch

---

[74] Marx (1867/1984: 198 + 57) bezeichnet die Arbeit als „Aneignung des Natürlichen für menschliche Bedürfnisse", als „eine spezielle, zweckmäßig produktive Tätigkeit, die besondere Naturstoffe besonderen menschlichen Bedürfnissen assimiliert".

[75] Marx (1857/1971: 619) formuliert dies folgendermaßen: „Alle Produktion ist Aneignung der Natur von Seiten des Individuums innerhalb und vermittelst einer bestimmten Gesellschaftsform".

[76] Sowohl in Bezug auf seine immer komplexer werdenden sozialen Voraussetzungen als auch Folgen. Durkheim (1992) hat dies als wachsende Interdependenz zwischen Individuum und Gesellschaft im Gefolge zunehmender sozialer Arbeitsteilung beschrieben.

[77] Röhr (1979: 45) formuliert dies zugespitzt so, dass „die Aneignung des gesellschaftlichen Reichtums durch die Individuen der Hauptprozess ihrer aneignenden Tätigkeit ist".

den *sozialen* Charakter ihrer Subjektivität. Damit bekommt auch die individuelle Subjektkonstitution zunehmend gesellschaftlichen Charakter.[78]

In der materialistischen Aneignungskonzeption hat Arbeit damit eine *dreifache* Bedeutung:

- als *Gegenstand* der Aneignung in Form eines Produkts oder Ergebnisses;
- als *Prozess* der Aneignung in Form einer zweckgerichteten Arbeitstätigkeit und -planung;
- als *Gesellschaftlichkeit* der Aneignung in Form sozial akkumulierter Kenntnisse und Fähigkeiten im Rahmen der Produktivkraftentwicklung.

3.1.1 Aneignung und Subjektwerdung im Kapitalismus – Zum Zusammenhang von Autonomie und Aneignung in der Arbeit

Was hat dieses Verständnis von Aneignung mit der Frage der Autonomie in der Arbeit zu tun? Dies wird zum einen deutlich, wenn der gesellschaftliche Charakter von Arbeit einer genaueren *sozialen Formbestimmung* unterzogen wird. Bislang wurde der soziale Charakter der Arbeit rein abstrakt und quasi „übergesellschaftlich" behandelt. Es fehlte die historisch-soziale Konkretion und damit auch die Thematisierung von sozialen Macht- und Herrschaftsverhältnissen. Wird dies nachgeholt, dann wird deutlich, dass im Kapitalismus sowohl Arbeit als auch Aneignung in der Arbeit einer spezifischen Formung unterliegen: Arbeit zur materiellen Existenzbestreitung des Individuums findet hier vor allem in Form von Lohnarbeit und weisungsabhängiger Beschäftigung statt. Aneignung in der Arbeit vollzieht sich für die Arbeitenden nicht mehr gegenständlich, bezogen auf ein konkret hergestelltes Produkt oder erzeugtes Ergebnis, sondern bestenfalls noch ideell in Form von Sinnbezügen.[79] Die kapitalistische Formung von Arbeit und Aneignung basiert auf der Trennung der unmittelbaren ProduzentInnen von den Produktionsmitteln. Stattdessen sind die Produktionsmittel im Besitz der KapitalistInnen, die sich auch den erarbeiteten Mehrwert aneignen. Dies kann in Bezug auf die abhängig Beschäftigten mit Marx als *Enteignung* charakterisiert werden (vgl. Haug 1994: 233f).[80]

Bezogen auf die Aneignungschancen der arbeitenden Individuen in der Arbeit – und damit gewissermaßen aus subjektorientierter Perspektive – spricht Marx

---

[78] Vor allem im Sinne materieller, (sozial-)politischer und kultureller Voraussetzungen und Standards. Dies schließt neben der Möglichkeit zur Entfaltung von Subjektpotenzialen immer auch ein Stück weit deren Formierung und Standardisierung ein (vgl. zu dieser Ambivalenz bereits Beck 1986 im Rahmen seiner Individualisierungsthese).

[79] Dass selbst dies unter den Bedingungen einer tayloristischen Arbeitsgestaltung kaum mehr möglich ist, war und ist wesentlicher Bezugspunkt einer sich kritisch verstehenden Arbeits- und Industriesoziologie (vgl. dazu bereits Abschnitt 2 dieses Kapitels).

[80] Marx ordnet verschiedenen historischen Produktionsverhältnissen jeweils spezifische Aneignungsweisen zu und bestimmt die kapitalistische Form der Aneignung als Enteignung (Haug 1994).

hier auch von *Entfremdung*.[81] Entfremdung ist die subjektbezogene Erscheinung der materiellen Enteignung in kapitalistischen Produktionsverhältnissen (vgl. Oppolzer 1997; Jaeggi 2005). (Materielle) *Enteignung* und (subjektive) *Entfremdung* können somit als die beiden entscheidenden und in einem komplementären Zusammenhang stehenden *Eckpunkte* der *Autonomieproblematik* unter kapitalistischen Bedingungen gelten. Die kapitalistischen Eigentumsschranken wirken als zentrale Aneignungshindernisse sowohl in materieller als auch in subjektiver Hinsicht und führen im Bereich der Arbeit unmittelbar zum Problem der *Heteronomie.* Als kategoriales Pendant ist damit zugleich auch die Frage nach der Möglichkeit von Autonomie in der Arbeit unter kapitalistischen Bedingungen angesprochen.

Der Zusammenhang von Aneignung und Autonomie in der Arbeit wird zum anderen dann deutlich, wenn das skizzierte materialistische Aneignungsverständnis auf die *individuelle Subjektwerdung* sowie die darauf aufbauende Entwicklung der Persönlichkeit bezogen wird. Dies erfolgt hier nur kursorisch. Die entscheidenden Punkte sind folgende:

- in der Arbeit findet über die Entäußerung und Vergegenständlichung des individuellen Willens ein Prozess der Subjektwerdung sowie der darauf aufbauenden Persönlichkeitsentwicklung statt;[82]
- vermittelt über Arbeit kann die individuelle Persönlichkeitsentwicklung auch als Aneignungsprozess von spezifischen Fähigkeiten und Kenntnissen verstanden werden (vgl. Leontjew 1973, 1979);
- aufgrund des gesellschaftlichen Charakters von Arbeit geht dies zugleich mit der individuellen Aneignung von sozial akkumulierten Fähigkeiten, Kenntnissen und Erfahrungen einher (vgl. Sève 1972);
- das Verständnis von Persönlichkeitsentwicklung als Aneignungsprozess impliziert einen eigensinnigen und aktiven Anteil des Individuums am

[81] Marx entfaltet den Begriff der Entfremdung zunächst als Komplementärform von Aneignung (vgl. Haug 1994:239). Die Entfremdung der unmittelbaren ProduzentInnen im kapitalistischen Arbeitsprozess bestimmt Marx (1844/1968: 515ff) sodann auf vierfache Weise: 1. als Entfremdung vom Produkt, 2. als Entfremdung von der Tätigkeit, 3. als Entfremdung vom „menschlichen Gattungswesen" (also das, was vielleicht auch als „anthropologisches Bedürfnis" gelten kann und letztlich den sozialen Charakter von Arbeit ausmacht) und schließlich 4. als Entfremdung vom anderen Menschen. Diese vier Dimensionen entfremdeter Arbeit im Kapitalismus werden von Marx auch in der Formel von der Herrschaft des „Privateigentums als menschlicher Selbstentfremdung" zusammengefasst (vgl. Oppolzer 1997: 466). Zudem wird Entfremdung von Marx auch synonym verwendet mit Entäußerung (vgl. Reitz 1997: 434).

[82] Der Begriff der Entäußerung hat verschiedene Bedeutungen (vgl. Reitz 1997). Marx selbst benutzt den Begriff zum einen synonym mit Entfremdung (1844/1968: 512). Zum anderen benutzt er ihn zur Kennzeichnung der „menschlichen Vergegenständlichung" (ebd.: 573) und zur „Selbsterzeugung des Menschen" (ebd.: 574). In diesem letzteren Sinne wird der Entäußerungsbegriff hier verwendet.

> Vorgang der Subjektwerdung; damit werden zugleich Vorstellungen ausgeschlossen, die den gleichen Vorgang entweder als einseitigen Anpassungsprozess an soziale Erfordernisse oder als passives Ergebnis sozialer Prägung verstehen (vgl. Röhr 1979).[83]

Das auf der skizzierten Aneignungsauffassung beruhende Verständnis einer aktiven und eigensinnigen Subjektwerdung der Individuen in und durch Arbeit steht konträr zur dominierenden Auffassung in der gegenwärtigen Debatte über die Vermarktlichung und Subjektivierung von Arbeit. Dort wird die momentan zu konstatierende Erweiterung der Subjektivität in der Arbeit vor allem als einseitige Anpassung und Unterwerfung des arbeitenden Individuums unter die betrieblichen Erfordernisse gesehen (vgl. Moldaschl/Voß 2002a). Zwar werden durchaus auch Vorteile und Zugewinne auf Seiten der Arbeitenden gesehen, aber letztlich seien diese doch nur um den Preis einer noch weitergehenderen Unterwerfung unter betriebliche Erfordernisse zu haben.[84]

Gegenüber diesem Verständnis wird in vorliegender Arbeit an einem auf der skizzierten materialistischen Aneignungsauffassung beruhenden Subjektverständnis angeknüpft. Die Schwierigkeit dabei liegt allerdings in der Übertragung auf die Empirie. Anhand welcher Kriterien kann ein solches Subjektverständnis für die Analyse von individuellen Autonomie- und Aneignungschancen in der Arbeit fruchtbar gemacht werden? Diese Aufgabe stellt sich in zweifacher Hinsicht:

- Mit welchen Kriterien kann die spezifisch soziale Verfasstheit kapitalistischer Arbeit in ihrer Wirkung für die individuellen Autonomie- und Aneignungschancen eingefangen werden?
- Mit welchen Kriterien lässt sich überhaupt der Prozess der individuellen Autonomie und Aneignung in der Arbeit soziologisch relevant untersuchen?

Hinweise dazu können einem stärker subjekttheoretisch orientierten und interaktionistischen Aneignungsverständnis entnommen werden. Konzepte, die aus einem solchen Verständnis heraus entwickelt wurden, gehen zentral vom Subjekt

---

[83] Röhr (1979: 119) formuliert das auf der Aneignungsauffassung basierende Persönlichkeitsverständnis folgendermaßen: „Die Persönlichkeit kann niemals das alleinige Ergebnis sozialer Determination des Verhaltens sein, sie ist nicht das passive Ergebnis sozialer Prozesse. Allein die Aneignung der gesellschaftlichen Verhältnisse durch das Individuum als eigene Tat – also die Erzeugung der Persönlichkeit als Leistung des Individuums selbst – kann die Persönlichkeit als eine produktive Beziehung des Individuums zur Gesamtheit der gegebenen gesellschaftlichen Verhältnisse erklären. Damit ist ihre gesellschaftliche Determination nicht negiert. Aber Aneignung ist eine spezifische Determination des Individuums, die Selbstdetermination einschließt und notwendig durch sie vermittelt ist“.

[84] Die dazu passenden Stichworte heißen z.B. „ideelle Subsumtion“ oder „innere Landnahme des Subjekts“ (vgl. Moldaschl 1998 u. 2002b).

aus. Dies unterscheidet sie von der materialistischen Aneignungskonzeption, die vor allem von Arbeit ausgeht. Dieser Unterschied hat zwei konzeptionelle Konsequenzen:

- Aneignung wird in subjektorientierten und interaktionistischen Konzepten als Prozess verstanden, der mehr einschließt als nur die Form der praktisch-tätigen Aneignung (sprich Arbeit).
- Rückt dennoch Arbeit in den Mittelpunkt von subjektorientierten und interaktionistischen Aneignungskonzepten, dann wird sie als eine Kategorie verstanden, die vor allem aus der Perspektive des Subjekts erschlossen wird. Dies schließt strukturelle Bestimmungen sozialer Verhältnisse nicht aus.

Aus der ersten Konsequenz ergibt sich ein *mehrdimensionales* Konzept der subjektiven Aneignung. Als Beispiel für solch ein Konzept wird hier auf den biographisch orientierten Ansatz von Leu (1989) zurückgegriffen (3.2). Er kann aufgrund seiner sozialisationstheoretischen Ausrichtung auf die Wechselwirkung zwischen Person und sozialer Umwelt auch als vorwiegend interaktionistisch charakterisiert werden.

Als Beispiel für die zweite Konsequenz wird die Konzeption von Arbeit durch Becker-Schmidt (1983) angeführt (3.3). Arbeit wird hier als Kategorie gefasst, in der unterschiedliche Bedürfnisdimensionen des Subjekts zusammenlaufen. Arbeit wird so vom Subjekt aus verstanden und in ihrer Rolle für die individuelle Subjektkonstitution untersucht. Aneignung wird dabei als eine arbeitsbezogene Dimension der Subjektkonstitution verstanden. Dieser Ansatz kann deshalb auch als vorwiegend subjektorientiert charakterisiert werden.

Beide Konzepte von Aneignung werden im Folgenden skizziert und erläutert.

3.2 Aneignung als individuelle Alltagspraxis – eine interaktionistische Konzeption von Aneignung

In Form von Aneignung setzt sich das Subjekt mit den Strukturen und Anforderungen der sozialen Umwelt auseinander. Diese Auseinandersetzung beinhaltet einerseits die eher rezeptive Wahrnehmung und Aufnahme von vorhandenen Gegebenheiten. Andererseits wirkt das Subjekt dabei zugleich auf die sozialen Gegebenheiten ein und verändert sie im Prozess der Verinnerlichung. Dieser Vorgang der *transformierenden* Wahrnehmung und Aufnahme von sozialen Gegebenheiten durch das Subjekt kann als „Aneignung" bezeichnet werden (Leu 1989: 44; Jaeggi 2005: 56).[85] Dadurch wird ein grundlegendes Verhältnis der wechselseitigen Einwirkung zwischen Subjekt und sozialer Umwelt (Indivi-

[85] Jaeggi (2005: 56) formuliert dies lapidar so: „Die Aneignung lässt das Angeeignete nicht unverändert".

duum und Gesellschaft) konstituiert, welches als Kern interaktionistischer Ansätze gelten kann.[86]

Der Prozess der subjektiven Aneignung beschränkt sich dabei nicht auf die Ebenen der sinnlichen Wahrnehmung und gedanklichen Aufnahme, sondern schließt die Ebene des praktisch-tätigen Handelns ausdrücklich mit ein. Leu (1989) unterscheidet so im Rahmen einer biographisch orientierten Analyse individueller Alltagspraxis drei Ebenen (oder auch Formen) der subjektiven Aneignung:

- die sinnlich-erfahrende Aneignung;
- die mental-symbolische Aneignung;
- die praktisch-handelnde Aneignung.

Entlang diesen drei Aneignungsebenen beziehen sich die Individuen differenziert und mit jeweils anderer Bedeutung auf die Strukturen und Anforderungen der sozialen Umwelt (Gesellschaft) und setzen sich mit ihnen auseinander. Daraus entsteht ein mehrdimensionaler Prozess der subjektiven Aneignung in und durch die alltägliche Praxis der Individuen. Deutlich wird hier zum einen, dass subjektive Aneignung als *Praxiskategorie* gefasst wird. Zum anderen, dass subjektive Aneignung ein *mehrdimensionaler* Prozess ist. Die subjektive Aneignung durch individuelle Alltagspraxis vollzieht sich dabei auf den Ebenen der sinnlichen Wahrnehmung, gedanklichen Deutung und praktischen Handlung. Die Unterschiede zwischen diesen drei Aneignungsebenen charakterisiert Leu (1989: 44f) wie folgt:

- Die *sinnlich-erfahrende Aneignung* bezieht sich auf die unmittelbare Wahrnehmung und Erfahrung einer aktuell gegebenen Situation. Der Fokus liegt dabei auf der Unausweichlichkeit der an die Situation gekoppelten Erfahrung, unabhängig davon, ob sie den individuellen Bedürfnissen entspricht oder nicht. Diese Erfahrung verbindet sich ebenso unausweichlich mit einer sinnlichen Dimension, die als angenehm oder unangenehm, erfreulich oder unerfreulich etc. empfunden wird. Die Bedeutung dieser Aneignungsdimension für die Individuen beschreibt Leu (1989: 44) so: „Die subjektive Bedeutsamkeit (...) dieser Aneignungsform liegt in der erdauerten Erfahrung von Belastungen oder Annehmlichkeiten, von Genuss oder Leid“.
- Die *mental-symbolische Aneignung* ist auf das Verstehen und Erinnern von Zusammenhängen bezogen. Gegenstand der Aneignung sind hier Erfahrungen, Probleme und Gegebenheiten aus der Vergangenheit und der antizipierten Zukunft, die das Subjekt symbolisch-mental vergegenwärtigt. Dadurch ist es dem Subjekt möglich, die jeweils aktuell gegebene Situation in einen weiter gefassten Erfahrungsraum zu stellen, der die erlebte Vergangenheit und vorweggenommene Zukunft mit einschließt. Die

[86] In dieser Hinsicht grundlegend ist Mead (2005).

Bedeutung dieser Aneignungsdimension für das Individuum liegt im Verstehen und Begreifen von biographischen und sozialen Zusammenhängen.

- Die *praktisch-handelnde Aneignung* zielt auf die Beeinflussung und Gestaltung einer Situation sowie der sozialen Umwelt. Sie hängt ab sowohl von den Mitteln und Fähigkeiten des Individuums als auch von der Beschaffenheit der Situation bzw. der sozialen Umwelt. Letztere beinhaltet auch die Einbindung in soziale Machtverhältnisse und Herrschaftsstrukturen. Die Bedeutung dieser Aneignungsdimension für das Individuum liegt in der Gestaltung und Beeinflussung von sozialen Gegebenheiten nach eigenen Bedürfnissen, Präferenzen und Wertmaßstäben.

Ein für die Autonomieproblematik in der Arbeit zentrales Charakteristikum der praktisch-handelnden Aneignungsebene besteht in der Möglichkeit der *Vergegenständlichung* (darin unterscheidet sie sich von den beiden anderen Dimensionen). Die durch tätiges Handeln – mit anderen Worten: Arbeit – angeeignete Natur vergegenständlicht sich in Form eines materiellen oder immateriellen Produkts. Dadurch wird sie zugleich ablösbar vom aneignend-tätigen Individuum. Aus dieser Gleichzeitigkeit von Aneignung und Vergegenständlichung im Prozess der Arbeit ergibt sich unter kapitalistischen Produktionsbedingungen die *fremde Aneignung* des Produkts und seines Mehrwerts. Marx hat dies – wie bereits erwähnt – als „Enteignung" bezeichnet (Haug 1994).[87] Die Möglichkeit, den Arbeitenden das Produkt zu enteignen, ist die entscheidende Grundlage für die sozialstrukturelle Differenzierung und Herrschaftsbildung im Kapitalismus. Deutlich wird hier, dass sich an diesem Punkt die interaktionistische Aneignungskonzeption von Leu (1989) unmittelbar mit der strukturellen Bestimmung sozialer Aneignungsverhältnisse innerhalb der materialistischen Konzeption verbindet.

Bezogen auf das Verhältnis der drei skizzierten Aneignungsebenen untereinander ist festzuhalten, dass sie in keiner hierarchischen Beziehung stehen. Die alltägliche Auseinandersetzung der Individuen mit den Strukturen der sozialen Umwelt erfolgt grundsätzlich auf allen drei Aneignungsebenen zugleich. Allerdings werden hierbei je nach Situation und Kontext unterschiedliche Schwerpunkte gesetzt. So kann z.B. einmal die mental-symbolische Aneignungsebene oder die praktisch-handelnde Aneignungsebene im Vordergrund stehen, je nach dem, ob es in der betreffenden Situation eher darum geht, etwas gedanklich zu reflektieren oder praktisch zu gestalten. Den jeweils im Hintergrund wirkenden Aneignungsdimensionen kommt dann eine flankierende Funktion für die haupt-

[87] Basis dafür ist die in der bürgerlichen Gesellschaft geltende Eigentumsordnung sowie die ihr zugrunde liegende Ideologie, dass Individuen nur das aneignen dürfen, was ihnen selbst gehört (Keiler 1990). Da die Lohnarbeitenden außer ihrer Arbeitskraft keine sonstigen Produktionsmittel besitzen, stehen ihnen demnach auch nicht die damit erarbeiteten Produkte und Mehrwerte zu.

sächlich beanspruchte und im Vordergrund stehende Aneignungsebene zu. Auf diese Weise ergibt sich ein mehrschichtiger Aneignungsprozess, durch den sich die Individuen auf die Strukturen und Anforderungen ihrer sozialen Umwelt beziehen und sich mit ihnen auseinandersetzen. Im Prozess dieser mehrdimensionalen Auseinandersetzung, die in der individuellen Alltags- und Handlungspraxis erfolgt, realisiert sich zugleich die Subjektivität der Individuen.

Mit der Konzeption von Subjektivität als aktiven und mehrschichtigen Aneignungsprozess ergibt sich eine Art „Gegenmodell" zu der in der gegenwärtigen Debatte dominierenden Vorstellung von Subjektivierung als Unterwerfung und Anpassung des Individuums (als kritischen Überblick vgl. Holtgrewe 2006: 73ff). Gegenüber dieser Vorstellung betont die hier diskutierte Konzeption den *aktiven* und *eigenständigen* Anteil der Individuen an der Herausbildung ihrer Subjektivität. Das schließt auch jenes Maß an „Eigensinnigkeit" mit ein, das verhindert, dass Prozesse der Subjektwerdung sowie der Subjektivierung allein als Anpassung oder Unterwerfung ablaufen.[88] Zugleich stellt die Konzeption von Aneignung als mehrdimensionaler Prozess aber auch ein mögliches Korrektiv gegenüber einer vorschnellen und unkritischen Vorstellung von Subjektivierung als *ausschließlicher* „Ermächtigung" dar.[89] Denn die Ausweitung von Aneignungsmöglichkeiten in der einen Dimension kann durchaus mit Einschränkungen in einer anderen Dimension einhergehen. Ebenso kann es innerhalb ein und derselben Aneignungsdimension zur gleichzeitigen Ausweitung und Verengung von Aneignungsmöglichkeiten kommen.[90] Gegenüber einer undifferenzierten Vorstellung von „Ermächtigung" als einer alleinigen Ausweitung von Aneignungschancen (z.B. durch die Subjektivierung von Arbeit) ist so auch die Möglichkeit von Gegenläufigkeit und Ambivalenz in Betracht zu ziehen.[91]

Ambivalenz spielt auch noch in anderer Hinsicht eine Rolle. Sie bezieht sich auf den Aneignungsbegriff selbst. Denn ihm ist eine grundsätzliche Doppeldeutigkeit zueigen: Einerseits als Internalisierung von Fertigkeiten und Erfahrungen mit dem Effekt der befähigenden Persönlichkeitsbildung („Empowerment" oder

---

[88] Huchler/Voß/Weihrich (2007: 100f) unterscheiden zwischen einer eher vorreflexiven „Eigensinnigkeit" (als eine Art unbewusster Verweigerung) und einem bewussten „Eigensinn" (als aktive Selbstbehauptung, die auch Widerstand mit einbeziehen kann). Dieser begrifflichen Differenzierung wird hier nicht gefolgt. Stattdessen wird von „Eigensinn" und „Widerständigkeit" gesprochen. „Widerständigkeit" meint dabei ein bewusstes Handeln, welches auf aktive Verweigerung und Selbstbehauptung zielt. „Eigensinn" meint demgegenüber alle Orientierungen und Impulse von Individuen (auch unbewusste), welche nicht deckungsgleich sind mit äußerlichen und fremdbestimmten Imperativen (z.B. betriebsökonomischer Art). Es wird hier somit ein weites Verständnis von „Eigensinn" präferiert.

[89] Zu dieser Gefahr vgl. auch Holtgrewe (2006: 73ff).

[90] Leu (1989) illustriert diese Gegenläufigkeiten von Aneignungschancen sehr anschaulich am empirischen Beispiel der Computernutzung von Jugendlichen.

[91] Auch Marx (1847/1972) stellt in Rechnung, dass sich Aneignung in Form einer Anpassung der Arbeitenden an die Erfordernisse des Arbeitsprozess vollziehen kann (vgl. Cotten 1983: 64). Auf die Gefahr der einseitigen Anpassung gerade durch Subjektivierung von Arbeit weist Krömmelbein (2005) hin.

„*Ermächtigung*"). Andererseits als *Bemächtigung* und Inbesitznahme im Sinne einer einseitigen Bereicherung und Eigentumsbildung.[92] Damit ist ein *Herrschaftsaspekt* von Aneignung angesprochen, der sich strukturell unter kapitalistischen Bedingungen in weiten Bereichen des Sozialen als „Enteignung" zeigt (vgl. Haug 1994).[93] Dass sich dies nicht nur auf den Bereich der Produktion und bezahlten Erwerbsarbeit (sowie den dort erarbeiteten Mehrwert) bezieht, sondern auch auf den Bereich der *Reproduktion* und die dort geleistete unbezahlte Familienarbeit, verdeutlicht die Aneignungskonzeption von Becker-Schmidt (1983). Sie wird im Folgenden dargestellt.

3.3 Aneignung als subjektive Bedürfnisdimension von Arbeit – eine subjektorientierte Konzeption von Aneignung

Die subjektorientierte Aneignungskonzeption von Becker-Schmidt (1983) geht aus von der individuellen und sozialen Bedeutung von Arbeit. Aneignung wird hier als eine subjektive „Bedürfnisdimension" von Arbeit verstanden. Dabei steht sie im engen Zusammenhang mit zwei weiteren arbeitsbezogenen Bedürfnisdimensionen des Subjekts: Tätigwerden und Anerkennung. Die drei Bedürfnisdimensionen menschlicher Arbeit befinden sich in einem interdependenten Verhältnis zueinander. Aus der Perspektive des Subjekts stellen sie eine zusammenhängende Bedeutungskonstellation dar. Die Bedingungen zur Entfaltung dieser drei arbeitsbezogenen Bedürfnisdimensionen variieren allerdings je nach Arbeitsform und Arbeitssphäre, sowie insgesamt nach den gesellschaftlichen Bedingungen, unter denen gearbeitet wird. Sie bedürfen deshalb einer differenzierten Bestimmung, die die genannten Faktoren berücksichtigt.

Bezogen auf die Arbeitsform und -sphäre demonstriert Becker-Schmidt (1983) dies anhand der bezahlten *Erwerbsarbeit* und der unbezahlten *Familienarbeit*. Die Bedingungen für Aneignung als einer subjektiven Bedürfnisdimension von Arbeit stellen sich hier jeweils sehr unterschiedlich dar. Gleiches gilt für Tätigwerden und Anerkennung als den beiden weiteren Bedürfnisdimensionen von Arbeit.

Mit der Berücksichtigung von verschiedenen Arbeitsformen und vor allem Arbeitssphären erweitert Becker-Schmidt (1983) die Konzeption von Aneignung um zwei wichtige Punkte, die in der materialistischen Aneignungskonzeption weniger stark beachtet werden: Zum einen den Strukturzusammenhang von *Produktion* und *Reproduktion*, zum anderen das *Geschlechterverhältnis* und die *geschlechtliche Arbeitsteilung*.

[92] Dieser Doppelsinn von Aneignung wird bereits von Marx entfaltet (vgl. Haug 1994: 237). Er lässt sich u.a. zurückführen auf die juristisch-rechtsphilosophische Konzeption von Aneignung als Besitznahme und Eigentumsbildung durch Locke (s.o.).

[93] In Anlehnung an Marx kann hier auch von der „kapitalistischen Aneignungsweise" als Komplementärbegriff gesprochen werden (vgl. Haug 1994: 234).

In beiden Punkten kommt es nach Becker-Schmidt (1983) unter kapitalistischen Bedingungen zu spezifischen *Trennungen*, *Hierarchisierungen* und *Verkehrungen*: Der Strukturzusammenhang von Produktion und Reproduktion wird aufgelöst und voneinander getrennt. Dabei kommt es zu einer ungleichen sozialen Bewertung beider Bereiche, die Produktion und Reproduktion in ein hierarchisches Verhältnis zueinander setzt. Schließlich verkehrt sich im Bereich der Produktion die Erzeugung gesellschaftlichen Reichtums in private Profitmaximierung. Im Bereich der Reproduktion verkehrt sich die Erfüllung gesellschaftlich notwendiger Funktionen in private Isolation.

Das Verhältnis der *Geschlechter* ist in die skizzierten Trennungen, Hierarchisierungen und Verkehrungen von Produktion und Reproduktion zutiefst mit eingewoben: Frauen und Männern werden die Bereiche der Produktion und Reproduktion jeweils getrennt voneinander zugewiesen. Die ungleiche soziale Bewertung beider Bereiche setzt auch die Geschlechter in ein hierarchisches Verhältnis. Schließlich verkehrt sich die Familienarbeit der (Ehe-)Frauen in einen unbezahlten (vermeintlichen) „Liebesdienst", während die Erwerbsarbeit der (Ehe-) Männer als „Familienernährung" gilt.

Zur Beschreibung und Charakterisierung der skizzierten Trennungen, Hierarchisierungen und Verkehrungen ist für Becker-Schmidt (1983) die Kategorie der „*Entfremdung*" zentral. Entfremdung wird dabei ausdrücklich als *soziale Strukturkategorie* gefasst und sowohl auf den Zusammenhang von Produktion und Reproduktion als auch auf die drei Bedürfnisdimensionen von Arbeit bezogen. Damit werden *beide* Praxisbereiche (Produktion *und* Reproduktion) sowie *beide* Arbeitsformen (bezahlte Erwerbsarbeit *und* unbezahlte Familienarbeit) mitsamt ihren Bedürfnisdimensionen einer Betrachtung unter dem Aspekt der Entfremdung zugänglich.[94] Dabei zeigt Becker-Schmidt (1983), dass es nicht nur *zwischen* den Bereichen der Produktion und Reproduktion zu spezifischen Entfremdungen kommt (s.o.), sondern ebenso *in* den beiden Arbeitsformen selbst (Erwerbsarbeit und Familienarbeit). Dies erweist sich in allen drei Bedürfnisdimensionen von Arbeit: Tätigwerden, Aneignung und Anerkennung.

Bezogen auf die *Erwerbsarbeit* trennt deren kapitalistische Verfasstheit die Dimension des Tätigwerdens von der Dimension der Aneignung und weist sie unterschiedlichen Gruppen zu – das Tätigwerden den ProduzentInnen, das Aneignen den KapitalistInnen. Die Trennung beider Dimensionen bedeutet zugleich ihre Hierarchisierung: Auf Basis der kapitalistischen Macht- und Eigentumsordnung kommt dem mittellosen Tätigwerden der ProduzentInnen weitaus weniger Macht, Einfluss und Prestige zu wie der auf Grundlage von Besitz erfolgenden Aneignung des Mehrwerts durch die KapitalistInnen. Dieses hierarchische Verhältnis der beiden getrennten Arbeitsdimensionen schlägt sich zugleich in unter-

94 Auch darin unterscheidet sich die Konzeption von Becker-Schmidt (1983) von materialistischen Ansätzen in der marxistischen Tradition, in denen die Entfremdungskategorie meist nur auf den Bereich der Lohnarbeit bezogen wird.

schiedlichen sozialen Anerkennungschancen von besitzlosen ProduzentInnen und besitzenden KapitalistInnen nieder.

Bezogen auf die *Familienarbeit* zeigen sich Entfremdungen vor allem in Folge ihrer sozial abgetrennten und privatförmigen Verrichtung. In der Dimension des Tätigwerdens kommt es so zu inhaltlichen Beschränkungen und Vereinseitigungen. In der Dimension der Aneignung kommt es zur Stilllegung von nicht gebrauchten Fähigkeiten und Kenntnissen. In der Dimension der Anerkennung kommt es allein zu privater, nicht aber zu *sozial* vermittelter Anerkennung.

Becker-Schmidt (1983: 416) charakterisiert die spezifischen Entfremdungserfahrungen in der privat verrichteten Familienarbeit als „gestörte Anerkennung" und „einseitige, begrenzte Aneignung". Diese Erfahrungen machen unter den gegenwärtigen gesellschaftlichen Bedingungen vor allem *Frauen*. Durch die nach wie vor dominierende Zuweisung von Familienarbeit unterliegen Frauen spezifischen Beschränkungen und Enteignungen ihres Arbeitsvermögens.[95] Diese Enteignung kann bis hin zur eigenen Persönlichkeit gehen. Denn gerade Mütter und Ehefrauen müssen nicht selten zur Bewältigung von Sorge- und Erziehungsarbeit eigene Bedürfnisse und Interessen zurückstellen. Im Verhältnis zu den Vätern und Ehemännern ergibt sich so eine Enteignung von Subjektivität, die umgekehrt auch als strukturelle Aneignung weiblicher Subjektivität durch Männer charakterisiert werden kann.[96]

Frauen leisten aber nicht nur Familienarbeit im Bereich der privatförmigen Reproduktion, sondern ebenfalls Erwerbsarbeit im Bereich der gewerblichen Produktion und Dienstleistung. Das Arbeitsvermögen von Frauen unterliegt einer „doppelten Vergesellschaftung" (Becker-Schmidt 1987), und sie machen Arbeitserfahrungen in beiden Praxisbereichen (Produktion und Reproduktion). Das bedeutet aus der Subjektperspektive zunächst zweierlei: Zum einen beziehen Frauen die arbeitsbezogenen Bedürfnisse nach Tätigwerden, Aneignung und Anerkennung auf beide Praxisbereiche. Sie entwickeln eine „doppelte Arbeitsorientierung" (Becker-Schmidt 1983), die auf Erwerbs- und Privatsphäre gerichtet ist. Zum anderen setzen Frauen dadurch zwei strukturell voneinander getrennte Bereiche in sich selbst zueinander in Beziehung.

Frauen sind damit den Konsequenzen, die sich aus der gesellschaftlichen Trennung des Strukturzusammenhangs von Produktion und Reproduktion ergeben, in

---

[95] Eine ähnliche Sichtweise wird komplementär von der bundesdeutschen Männerforschung und -bewegung in Bezug auf Männer stark gemacht. Die einseitige und nahezu ausschließliche Zuweisung von Männern an Erwerbssphäre und „Familienernährerrolle" wird hier als Vorenthaltung eines anderen, aber ebenso wichtigen Erfahrungsbereichs verstanden (vgl. z.B. Hollstein 1999).

[96] Dies ist gesellschaftstheoretisch gesehen auch ein Produkt *patriarchalischer* Verhältnisse. Die „doppelte Vergesellschaftung" (Becker-Schmidt 1987) der Arbeitskraft von Frauen ist auch eine „doppelte Unterdrückung" (Becker-Schmidt 1987) und zeigt, wie eng patriarchalische und kapitalistische Macht- und Herrschaftsverhältnisse ineinander greifen und sich dabei funktional ergänzen.

besonderer Weise ausgesetzt. Sie müssen zum einen die voneinander abstrahierenden und teils divergierenden Struktur- und Handlungslogiken beider Praxisbereiche in ihrem Alltag zusammenführen. Sie machen zum anderen gebrochene Aneignungs- und Anerkennungserfahrungen in gleich zwei Praxisbereichen. Zugleich richten sich aber auch ihre Aneignungs- und Anerkennungsbedürfnisse auf beide Praxisbereiche. Und sie machen in beiden Bereichen auch positive Erfahrungen der Aneignung und Anerkennung. Daraus entsteht insgesamt auf der Ebene des Subjekts eine arbeitsbezogene Bedeutungs- und Erfahrungskonstellation, die nach Becker-Schmidt (1983) von „Widersprüchlichkeit und Ambivalenz" geprägt ist. Die Dynamik, die daraus für das Thema der Autonomie und Aneignung in der Arbeit erwachsen kann, wird im Folgenden am Beispiel der Familien- und Erwerbsarbeit von Frauen erläutert.

3.3.1 Ambivalenz und Widerspruch – die Dynamik der subjektiven Bedürfnisdimensionen von Arbeit

Die bislang entwickelte Aneignungsperspektive impliziert, dass Individuen den strukturellen Verhältnissen nicht passiv ausgesetzt sind. So können Frauen trotz sozialer Zuweisung und partieller Enteignung auch in der Familienarbeit Aneignungschancen realisieren. Kompetenzen wie Empathie, Stressresistenz oder Organisationsgeschick können sich gerade in sozialen Nah- und Intimverhältnissen sowie deren alltäglicher Koordination entwickeln. Aber Becker-Schmidt (1983) macht hier auf den entscheidenden Punkt aufmerksam: Solange diese Aneignungserfahrungen allein in der Familie und somit in einer von der Öffentlichkeit isolierten Sphäre stattfinden, fehlt ihnen jenes Maß an *sozial* vermittelter Anerkennung, das sie erst zu vollwertigen Aneignungserfahrungen macht. Ohne soziale Anerkennung stellen sie lediglich begrenzte und einseitige Aneignungen dar.[97] Becker-Schmidt (1983: 416) fasst dieses Verhältnis wechselseitiger Bekräftigung noch weiter und spricht von einer „*dialektischen Triade*" aus Tätigsein, Aneignung und Anerkennung: „Sollen Aneignungserfahrungen – so gebrochen wie sie auch sein mögen – selbstbewusst ins Subjekt hinein genommen werden, so bedürfen sie einer Ergänzung. Das Subjekt muss in seinem Tätigsein auch anerkannt sein. Tätigsein, Aneignung und Anerkennung bilden eine dialektische Triade; fehlt eine Dimension, so tangiert das die beiden anderen als Mangel" (Becker-Schmidt 1983: 416).

---

[97] Dies könnte sich im Gefolge der neuen betrieblichen Rationalisierungsstrategien ändern. Unternehmen setzen im Rahmen eines erweiterten Zugriffs auf das Arbeitsvermögen der Beschäftigten gerade auch auf soziale Kompetenzen wie Empathie oder Moderationsvermögen. Frauen mit der Erfahrung von Familienarbeit, bei der sie diese Kompetenzen entwickeln konnten, könnten so für Unternehmen zu gefragten Kandidatinnen für die Stellenbesetzung werden. Geschieht dies, würde den betreffenden Frauen eine Form der sozialen Wertschätzung und Anerkennung zuteil werden. Unter den Stichworten „Familienkompetenzen" und „Kompetenzbilanz" gibt es Ansätze, die die Chancen solch eines Kompetenztransfers aus dem privaten Familien- in den öffentlichen Erwerbsbereich untersuchen und auch zu befördern versuchen (vgl. Erler u.a. 2002).

Die Familienarbeit von Frauen ist somit sowohl hinsichtlich der Aneignung als auch hinsichtlich der Anerkennung strukturell gebrochen. Die daraus resultierende Widersprüchlichkeit und Ambivalenz zeigt sich für Frauen auch in der Erwerbsarbeit. Becker-Schmidt (1983) illustriert dies am Beispiel von Fabrikarbeiterinnen. Sie sind einerseits als Arbeiterinnen *und* als Frauen vielfältigen Enteignungs- und Diskriminierungserfahrungen in der Erwerbsarbeit ausgesetzt. Andererseits machen sie aber auch Erfahrungen von Leistungsfähigkeit, Kollektivität und Solidarität. Auf dieser Grundlage können sich dann z.B. Potenziale der Verweigerung und Widerständigkeit gegenüber betrieblichen Zumutungen entwickeln.

Entscheidend in theoretischer Hinsicht sind hier zwei Punkte: Zum einen der integrale und interdependente *Zusammenhang* der drei Bedürfnisdimensionen von Arbeit. Zum anderen das von Becker-Schmidt (1983: 417) skizzierte Moment der *Dialektik*: Enteignung schlägt in Aneignung um, Missachtung in Anerkennung und Angewandtwerden in Tätigsein. All dies gilt dabei jeweils auch umgekehrt.

Mit dieser dialektischen Perspektive auf den interdependenten Zusammenhang von Tätigsein, Aneignung und Anerkennung als zentrale Mechanismen und Dimensionen der Subjektkonstitution eröffnet sich die Möglichkeit, die gegenwärtigen Veränderungsprozesse in der Arbeit (wie sie unter den Stichworten „Subjektivierung“ und „neue Autonomie“ diskutiert werden) hinsichtlich ihrer Autonomie- und Aneignungschancen für die Individuen jenseits von einseitigen Positionierungen („Subjektivierung als Unterwerfung“ vs. „Subjektivierung als Ermächtigung“) differenziert zu untersuchen. Dabei verlieren die skizzierten subjektorientierten und interaktionistischen Aneignungskonzepte nicht den Bezug zu *strukturellen* Bedingungen der Subjektwerdung. Ganz im Gegenteil konzeptionalisiert Becker-Schmidt (1983) ihren Ansatz explizit auf Basis einer Analyse kapitalistischer Vergesellschaftung sowie der dadurch bedingten Arbeitsverhältnisse und trifft sich darin mit der materialistischen Aneignungskonzeption.[98]

Gleiches gilt, wie bereits erläutert, für die interaktionistische Aneignungskonzeption von Leu (1989). Hier wird zum einen explizit auf die „materielle Basis menschlicher Existenz“ (Leu 1989: 43) Bezug genommen (als Korrektiv zu reinen Bewusstseinsanalysen und weit gefasst als Körperlichkeit *und* Sozialstrukturen). Zum anderen wird ein Aspekt hervorgehoben, der in anderen Subjektkonzeptionen sowie in der gegenwärtigen Debatte zur Subjektivierung von Arbeit häufig vernachlässigt wird: Dass Subjektivität zusammenhängt mit und nicht loszulösen ist von *Interessen.* Die Entfaltung von Subjektivität geht oftmals mit der Realisierung von individuellen Interessenpositionen einher (vgl. Leu 1989: 46). Mit der Einführung des Interessenbegriffs wird zum einen auf *Ressourcen*

[98] Später erweitert Becker-Schmidt (1987) die Analyse und Begrifflichkeit explizit um den Aspekt der patriarchalischen Vergesellschaftung und Unterdrückung von Frauen (doppelte Vergesellschaftung“ und „doppelte Unterdrückung“ von Frauen). Dies taucht hier erst implizit auf.

zur Durchsetzung von Interessen und Entwicklung von Subjektivität verwiesen. Zum anderen wird auf gesellschaftliche *Machtverhältnisse* und *Herrschaftsstrukturen* als sozialstrukturelle Bedingungen der Subjektivitätsentfaltung aufmerksam gemacht. Auch dies steht in der Tradition der materialistischen Aneignungskonzeption.

Entscheidend nun für die bereits oben aufgeworfene Frage nach möglichen Kriterien zur Untersuchung von individuellen Autonomie- und Aneignungschancen in der Arbeit ist die von Becker-Schmidt (1983) aus der Subjektperspektive vorgenommene Differenzierung von drei Bedürfnisdimensionen der Arbeit. Wird vom anthropologischen Gehalt des Begriffs „Bedürfnis" abstrahiert (vgl. Schürmann 1990; Baratta/Catone 1990), so erweisen sich aus soziologischer Perspektive die differenzierten und auf Arbeit bezogenen Dimensionen des Tätigwerdens, der Aneignung und der Anerkennung als äußerst gehaltvoll. Sie verweisen zum einen auf den *sozialen Charakter* von Arbeit, indem mit ihnen die Aspekte der sozialen *Teilung* (Tätigwerden), der sozialen *Verfasstheit* (Aneignung) sowie der sozialen *Wertschätzung* (Anerkennung) von Arbeit thematisiert werden. Sind damit einerseits soziale Strukturkategorien angesprochen (Arbeitsteilung, Aneignungschancen, Anerkennungsverhältnisse) so gelingt es Becker-Schmidt (1983) andererseits, diese auf die Ebene des Subjekts zu beziehen, ohne dabei ableitungsmechanisch vorzugehen. Als arbeitsbezogene *Bedürfnisse* verweisen die Dimensionen des Tätigwerdens, der Aneignung und der Anerkennung zum anderen auf die *subjektive Bedeutung* von Arbeit sowie deren Relevanz für die individuelle Subjektkonstitution.

Hinsichtlich der Untersuchung von individuellen Autonomie- und Aneignungschancen in der Arbeit ergibt sich aus der interaktionistischen Differenzierung von drei Aneignungsebenen ein erster und grober heuristischer Analyserahmen. In Kombination mit der subjektorientierten Differenzierung der drei Bedürfnisdimensionen von Arbeit können die subjektiven Relevanzen und erfahrenen Widersprüche der Beschäftigten in der Arbeit differenziert untersucht werden. Die dazu erforderlichen empirischen Konzeptionalisierungen werden im nächsten Kapitel vorgestellt (III.2). Davor wird allerdings erst die empirische Konzeptionalisierung für die Untersuchung der strukturellen (arbeitsbezogenen) Autonomie- und Aneignungspotenziale in der Arbeit diskutiert (III.1).

III Empirische Konzeptionalisierung

In diesem Kapitel wird die empirische Konzeptionalisierung der Untersuchungsfrage vorgestellt. Sie erfolgt auf Basis der theoretischen Konzepte, die im vorigen Kapitel diskutiert wurden. Hinsichtlich der Frage nach der Autonomie in der Arbeit war dies die Differenzierung von „Handlungsautonomie" und „Verhandlungsautonomie" als zwei Dimensionen von Autonomie in der Arbeit (Moldaschl 2001). Hinsichtlich der Frage nach der Aneignung in der Arbeit war es die Unterscheidung von drei Aneignungsebenen: der sinnlich-erfahrenden, der mental-symbolischen und der praktisch-handelnden Aneignungsebene (Leu 1989). Flankiert wurde dies durch die Differenzierung dreier Bedürfnisdimensionen von Arbeit: Tätigwerden, Aneignung und Anerkennung (Becker-Schmidt 1983). Letztere sensibilisiert vor allem für Dimensionen von möglichen subjektiven Relevanzsetzungen der befragten Beschäftigten.

Mittels dieser Konzepte werden die individuellen Autonomie- und Aneignungschancen in der Arbeit untersucht. Die Konzepte geben mit ihren jeweiligen Differenzierungen zugleich auch die Untersuchungsdimensionen vor, innerhalb denen dies geschieht. Für die Dimensionen der Handlungsautonomie und Verhandlungsautonomie liegen zudem bereits einzelne Analysekriterien vor. Sie bedürfen für die hier verfolgte Fragestellung allerdings noch einer Ergänzung. Dies wird in Abschnitt 1 dieses Kapitels erläutert.

Für die differenzierten Untersuchungsebenen der subjektiven Aneignung liegen bislang noch keine konkreten Analysekriterien vor. Sie müssen erst noch entwickelt werden. Aufgrund ihrer teils abstrakten Qualität (dies gilt insbesondere für die sinnlich-erfahrende und mental-symbolische Aneignungsebene) bedarf es dazu eines Zwischenschrittes. Für alle drei der differenzierten Aneignungsebenen erfolgt eine empirische Konzeptionalisierung mittels ausgewählter Analysekonzepte. Sie werden in Abschnitt 2 dieses Kapitels vorgestellt. Auf Basis dieser empirischen Konzeptionalisierung werden dann konkrete Analysekriterien zur Untersuchung der subjektiven Aneignungschancen und -strategien entwickelt.

Eine graphische Überblicksdarstellung der empirischen Konzeptionalisierung sowohl der Autonomie- als auch der Aneignungsdimension findet sich im Anhang (Abb. 5 u. 6). Dem vorangestellt ist ein zusammenfassendes Schaubild mit dem grundlegenden Erkenntnisinteresse und Argumentationsgang dieser Arbeit (Abb. 4).

1 Strukturelle Autonomiepotenziale in der Arbeit: Handlungs- und Verhandlungsautonomie

Moldaschl (2001) unterscheidet in Anlehnung an die labour process theory zwei Dimensionen von Autonomie in der Arbeit: „Handlungsautonomie“ und „Verhandlungsautonomie“. Diese Differenzierung bezieht sich auf die strukturellen („arbeitsbezogenen“) Dimensionen der Autonomie in der Arbeit im Unterschied zu den individuellen („subjektbezogenen“) Dimensionen. Auf diese Unterscheidung und ihre theoretischen Implikationen wurde bereits im vorigen Kapitel eingegangen.[99] An sie kann hier direkt angeknüpft werden zur Untersuchung von strukturellen Autonomiepotenzialen und -restriktionen in der Arbeit. Als strukturelle Autonomiepotenziale und -restriktionen werden vor allem betriebliche Arbeitsbedingungen und -anforderungen verstanden und entsprechend untersucht. Die hierzu von Moldaschl (2001) bereits aufgeführten Kriterien bedürfen allerdings einer Ergänzung. Dies gilt insbesondere für die Dimension der Verhandlungsautonomie und betrifft hier die *zusätzlichen* Kriterien der Arbeitsplatz- und Beschäftigungssicherheit, der Personalbemessung, der Qualifizierung sowie der Kosten-, Gewinn- und Zielvorgaben. Die erweiterten Analysekriterien sind der Abbildung 2 auf der nächsten Seite zu entnehmen.

[99] Siehe Abschnitt 2 „Autonomie in der Arbeit“ in Kapitel II.

Abb. 2: Handlungs- und Verhandlungsautonomie
(arbeitsbezogene Dimensionen von Autonomie in der Arbeit)

Handlungsautonomie *(Kontrolle in der Arbeit)* = Selbstbestimmung in der Arbeit	**Verhandlungsautonomie** *(Kontrolle über die Arbeit)* = Einfluss auf Rahmenbedingungen der Arbeit
Kriterien: – eigene Ziele und Teilziele bei der Arbeitsausführung bestimmen – eigene Zeiteinteilung zur Aufgabenbewältigung treffen – Belastungen vermeiden – soziale Kommunikation herstellen	*Kriterien:* – Arbeitsvertrag u. -bedingungen aushandeln – Arbeitszeitregeln aushandeln u. mitbestimmen – Lohn-Leistungsrelation regulieren – Stellung auf internen Arbeitsmarkt beeinflussen – Arbeitsplatzsicherheit – Beschäftigungssicherheit – Weiterbildung / Qualifizierung – Personalbemessung und -einsatz – Kosten- und Zielvorgaben – Arbeit und Leben vereinbaren können (z.B. durch Arbeitszeitflexibilität)

(nach Moldaschl 2001)

Zu dieser Unterscheidung und ihren Kriterien werden folgende *Erläuterungen* gegeben:

- *Handlungsautonomie* bezieht sich auf *Kontrolle in der Arbeit*. Idealtypisch kann sie auch als Selbstbestimmung in der Arbeit definiert werden. Die Kriterien dafür beziehen sich auf die Ebene der *unmittelbaren Arbeitsausführung*. Sie betreffen z.B. die Möglichkeiten, im Rahmen der formal übertragenen Arbeitsaufgabe eigene Ziele und Teilziele bestimmen zu können sowie selbstständig über die Mittel und Wege dorthin zu entscheiden. Gleiches gilt auch für die Art und Weise der Arbeitsausführung (z.B. hinsichtlich der Geschwindigkeit, Dauer und Qualität).

- *Verhandlungsautonomie* bezieht sich auf *Kontrolle über die Arbeit.* Die Kriterien dafür beziehen sich auf die Ebene der *betrieblichen Rahmenbedingungen* der Arbeit. Sie betreffen zum einen die formalen Arbeits- und Beschäftigungsbedingungen. Dazu zählen z.B. Arbeits- und Tarifverträge, Arbeitszeitregelungen (Gleitzeit, Schichtarbeit etc.) sowie Entgeltregelungen. Sie betreffen zum anderen die Bedingungen des internen Arbeitsmarktes sowie die eigene Stellung darin. Dazu zählen z.B. Arbeitsplatz- und Beschäftigungssicherheit, betriebliche Qualifizierungsmöglichkeiten sowie Karrierepfade und Stellenbesetzungsverfahren. Zu den betrieblichen Rahmenbedingungen der Arbeit zählen aber auch solche Punkte wie Personalbemessung und Personaleinsatz, Arbeitsmittel und -technik sowie Kosten- und Gewinnvorgaben.[100] Insbesondere Personalbemessung und -einsatz sowie Kosten-, Gewinn- und Zielvorgaben sind wichtige Elemente einer Strategie der „indirekten Steuerung" (Peters/Sauer 2005), die zunehmend Bestandteil betrieblicher Rahmenbedingungen von Arbeit ist. Last but not least zählen auch die Möglichkeiten zur Vereinbarung von Arbeit und Leben (betrieblichen und außerbetrieblichen Anforderungen) zu den betrieblichen Rahmenbedingungen, die durch Verhandlungsautonomie zu beeinflussen sind.
- Für weisungsabhängige Beschäftigte gilt, dass das Ausmaß ihrer Verhandlungsautonomie eine *individuelle* und eine *kollektive* Dimension beinhaltet. Die *individuelle* Dimension ergibt sich aus den Versuchen zur unmittelbar persönlichen Einflussnahme auf die betrieblichen Rahmenbedingungen der eigenen Arbeit (z.B. hinsichtlich einer zeitlich flexiblen Gestaltung von Arbeitsanfang und -ende). Die *kollektive* Dimension ergibt sich aus der Verhandlungs- und Durchsetzungsmacht der institutionalisierten Interessenrepräsentation. Sie bezieht sich vor allem auf diejenigen betrieblichen Rahmenbedingungen der Arbeit, die tariflich oder gesetzlich reguliert sind und so für alle Beschäftigten gleichermaßen gelten (z.B. Wochen- oder Jahresarbeitszeit, Mitbestimmungsrechte, Arbeitsschutz). In dieser Arbeit wird vor allem die individuelle Verhandlungsautonomie der Beschäftigten untersucht. Zwar wird auf kollektive Dimensionen von Verhandlungsautonomie jeweils hingewiesen werden; im Mittelpunkt aber steht deren individuelle Dimension.
- Die Untersuchung der Chancen für individuelle Handlungs- und Verhandlungsautonomie der weisungsabhängigen Beschäftigten berücksich-

[100] Moldaschl (2001) führt die letztgenannten Punkte nicht explizit als Kriterien für Verhandlungsautonomie auf. Sie sind allenfalls implizit enthalten. So können z.B. Arbeitsplatz- und Beschäftigungssicherheit im von ihm genannten Kriterium „Stellung auf den betrieblichen Arbeitsmarkt beeinflussen" enthalten sein.

tigt die sozialstrukturellen Merkmale der betrieblichen Position und Funktion, der individuellen Qualifikation sowie Alter, Geschlecht und Lebensweise (z.B. mit oder ohne außerbetriebliche Sorgeverpflichtungen). Dies gilt, soweit es im Rahmen des hier untersuchten kleinen Interviewsamples möglich ist, und beinhaltet keinen Anspruch auf Repräsentativität.

2 Subjektive Aneignungsebenen in der Arbeit: Anerkennungsbedürfnisse, Erwerbsorientierungen und Autonomie

Die Untersuchung der subjektiven Aneignungschancen und -strategien in der Arbeit orientiert sich am Konzept der Aneignung von Leu (1989).[101] Es unterscheidet drei Ebenen oder Formen der subjektiven Aneignung:

- die sinnlich-erfahrende Aneignung;
- die mental-symbolische Aneignung;
- die praktisch-handelnde Aneignung.

Diese drei Aneignungsformen markieren die Analyseebenen zur Auswertung des empirischen Materials – die Interviews mit den weisungsabhängigen Beschäftigten. Anders als bei den Dimensionen der Handlungs- und Verhandlungsautonomie stehen dafür allerdings noch keine eigenen Analysekriterien bereit. Sie müssen erst noch gebildet werden. Dies passiert anhand von eigens ausgewählten Analysekonzepten. Sie können als empirische Konzeptionalisierung der zunächst zum Teil noch eher abstrakten Aneignungsebenen betrachtet werden. Auf dieser Basis werden dann für jede der differenzierten Aneignungsebenen eigene Analysekriterien entwickelt. Dies erfolgt anhand der folgenden Konzepte:

- Die Ebene der sinnlich-erfahrenden Aneignung wird mit einem Konzept von *Anerkennung* erfasst.
- Die Ebene der mental-symbolischen Aneignung wird mittels eines Konzepts der *Erwerbsorientierung* erfasst.
- Die Ebene der praktisch-handelnden Aneignung wird über ein Konzept der *Autonomie* erfasst.

Die empirischen Konzeptionalisierungen der drei subjektiven Aneignungsebenen werden in den folgenden Abschnitten (2.1–2.3) erläutert.

[101] Zur genaueren Beschreibung des Konzepts siehe Kapitel II, Abschnitt 3.2.

2.1 Anerkennungsbedürfnisse in der Arbeit als empirische Konzeptionalisierung der sinnlich-erfahrenden Aneignungsebene

Die sinnlich-erfahrende Aneignungsebene wird über *Anerkennung* erfasst. Dem unterliegt die Prämisse, dass sich sinnlich-erfahrende Aneignung wesentlich über Anerkennungserfahrungen vermittelt. Dies ist vor allem dann der Fall, wenn erfahrene Anerkennung (z.B. in der Arbeit) von den Subjekten als eine Bestätigung des eigenen Selbst verstanden und angeeignet werden kann. Nach Sichler (2006: 248) zielt Arbeitshandeln als soziales Handeln vor allem auf Anerkennung. Erfahrene Anerkennung kann somit als wichtige Voraussetzung für sinnlich-erfahrende Aneignung in der Arbeit verstanden werden.

Um dies näher zu erläutern, wird im Folgenden die Kategorie der Anerkennung zunächst begrifflich knapp entfaltet und dann auf die hier verfolgte Fragestellung bezogen. Auf dieser Basis erfolgt dann eine empirische Konzeptionalisierung von Anerkennung mit dem Ziel, darüber die sinnlich-erfahrende Aneignungsebene in der Arbeit zu erfassen.

2.1.1 Die Kategorie der Anerkennung im sozialwissenschaftlichen Diskurs

Die Kategorie der Anerkennung erfährt seit einiger Zeit eine erhöhte Aufmerksamkeit in den Sozialwissenschaften. Als Ausgangspunkt dafür kann der Versuch von Honneth (1992) genommen werden, im Anschluss an Hegels Vorstellung eines „Kampfes um Anerkennung" eine kritische Gesellschaftstheorie neu zu begründen.[102] Von dort aus wurde die Anerkennungskategorie aufgegriffen auch von anderen sozialwissenschaftlichen Disziplinen (z.B. der Ungleichheitsforschung oder der Frauen- und Geschlechterforschung). Hier wurde sie insbesondere für die Analyse von ungleichen Anerkennungsverhältnissen zwischen einzelnen sozialen Gruppen und Klassen sowie zwischen den Geschlechtern fruchtbar gemacht (Frerichs 1997; Wagner 1998; Neckel 1999, 2000).

Ebenfalls aufgegriffen wurde die Anerkennungskategorie von der Arbeits- und Industriesoziologie. Arbeitsverhältnisse wurden nun auch unter dem Aspekt der Anerkennung betrachtet und als *soziale Anerkennungsverhältnisse* sichtbar gemacht (Holtgrewe u.a. 2000). Damit fand eine wichtige *Erweiterung* der Analyseperspektive statt: Arbeitsverhältnisse wurden nicht mehr nur unter dem Aspekt der strukturellen Rahmenbedingungen und des daraus resultierenden Interessenhandelns betrachtet, sondern in den Blick geriet eine Dimension, die sich we-

[102] Basis dafür ist die Annahme, dass es innerhalb der bürgerlich-kapitalistischen Gesellschaftsformation infolge der menschlichen Angewiesenheit auf intersubjektive Anerkennung zur *Institutionalisierung* von drei Anerkennungsformen kommt: Liebe, Rechtsgleichheit und Solidarität. Damit sind zugleich *normative* Prinzipien benannt, welche konstitutiv sowohl für das persönlich-praktische Selbstverhältnis der Individuen als auch die politisch-soziale Dynamik der Gesellschaft sind. Diese Dynamik ist Folge von Konflikten zwischen verschiedenen Anerkennungsprinzipien, deren asymmetrische Verteilung zu *Missachtungserfahrungen* führt. Diese können in einen „Kampf um Anerkennung" münden, dessen Austragung wiederum zur politisch-sozialen Weiterentwicklung der Gesellschaft beiträgt.

sentlich aus *subjektiv-sinnhaften* Quellen speist (wobei hier sozialkommunikative und sozialmoralische Aspekte eine große Rolle spielen). Eine solche subjektorientierte Erweiterung der Analyseperspektive wurde bereits vor längerer Zeit von der sozialwissenschaftlichen und arbeitsbezogenen Frauenforschung geleistet (Ostner 1979; Becker-Schmidt u.a. 1984), ohne dass dies allerdings von der etablierten und männlich dominierten Arbeits- und Industriesoziologie groß zur Kenntnis genommen wurde. Dabei hat insbesondere Becker-Schmidt (1983) auf die wichtige Bedeutung von Anerkennung in und durch Arbeit für das Selbstwertgefühl und -bewusstsein der Subjekte hingewiesen und systematisch Anerkennungsverweigerungen für die Arbeit und Leistung von Frauen innerhalb der patriarchal-kapitalistischen Gesellschaft herausgearbeitet.[103]

2.1.2 Ebenen sozialer Anerkennungsverhältnisse

Arbeitsverhältnisse als soziale Anerkennungsverhältnisse können auf drei verschiedenen Ebenen des Sozialen betrachtet werden: auf der gesellschaftlichen, der betrieblichen und der individuellen Ebene.

- In kapitalistischen *Arbeitsgesellschaften* gründet sich soziale Anerkennung ganz wesentlich auf *Erwerbsarbeit*. Der soziale Status einer Person sowie das daran gekoppelte Prestige bemessen sich in erster Linie über die ausgeübte Erwerbstätigkeit. Das bedeutet im Umkehrschluss zugleich, dass der Verlust oder der Ausschluss von Erwerbsarbeit mit sozialen Status- und Prestigeeinbußen einhergeht, was auf subjektiver Ebene oft auch zu entsprechenden Selbstwertkrisen führt. Die Kopplung des sozialen Status an Erwerbsarbeit bedeutet zugleich auch, dass alle nicht erwerbsförmig organisierten, aber dennoch gesellschaftlich notwendigen Arbeiten mit weniger sozialer und öffentlicher Anerkennung verbunden sind. Dies bezieht sich vor allem auf die privat erbrachte und unbezahlte Haus- und Fürsorgearbeit.[104]
- Auf *betrieblicher Ebene* lassen sich die Arbeitsstrukturen und -beziehungen als *institutionalisierte Anerkennungsverhältnisse* verstehen. Diese finden ihren Ausdruck in Arbeitsverträgen und Arbeitsteilungen, in Entlohnungs- und Gratifikationssystemen sowie in den Strukturen und Organen der Interessenvertretung. Neben diesen zu den grundlegenden Arbeitsbedingungen zählenden Punkten, die im Wesentlichen *materielle* Aspekte berühren, drücken sich betriebliche Anerkennungsverhältnisse auch in *verbaler* und *symbolischer* Form aus: Ein Lob der Vorgesetzten oder des Kollegen, eine positive Reaktion von KundInnen vermitteln der betreffenden Person verbale Anerkennung und verdeutlichen, dass Ar-

---

[103] Siehe Kapitel II, Abschnitt 3.3. Vgl. dazu auch Knapp (1987).

[104] Auf das asymmetrische Anerkennungsverhältnis zwischen Erwerbs- und Reproduktionsarbeit hat vor allem die Frauenforschung aufmerksam gemacht. Zugleich hat sie die strukturelle Verquickung dieser arbeitsbezogenen Anerkennungsasymmetrie mit dem Geschlechterverhältnis herausgearbeitet (Becker-Schmidt u.a. 1984; Knapp 1987).

beitsbeziehungen sich nicht auf rein materielle Aspekte beschränken, sondern ebenfalls sozialkommunikative und sozialmoralische Elemente beinhalten. Deutlicher noch tritt dies bei symbolischen Anerkennungsformen zu Tage: Die betriebliche Jubiläumsfeier aus Anlass einer langjährigen Betriebszugehörigkeit, die betriebsöffentliche Ehrung einer hervorragenden Arbeitsleistung oder auch die offizielle Beurkundung eines erreichten Qualifizierungsziels – all diese Formen der symbolischen Anerkennung vermitteln den betreffenden Beschäftigten eine sozial allgemein geteilte Wertschätzung, die sich auch auf subjektiver Ebene in einem gestärkten Selbstwertgefühl niederschlagen kann.

- Letztgenannter Aspekt gibt einen Hinweis für die Betrachtung des Zusammenhangs von Arbeit und Anerkennung auf *individueller Ebene*: Die über Anerkennung und ihre verschiedenen Formen vermittelte soziale Wertschätzung spiegelt nicht nur ein gesellschaftliches oder betriebliches Verhältnis (mitsamt den darin eingelassenen Macht-, Herrschafts- und Bewertungsstrukturen), sondern konstituiert darüber hinaus auch *subjektive Identitäten*. Somit gibt die Analyse von sozialen Anerkennungsverhältnissen auch Auskunft über die Vermittlung von gesellschaftlichen und betrieblichen Strukturen und (Macht-)Verhältnissen auf der individuellen Subjektebene. Bezogen auf betriebliche Strukturen vermitteln sie sich auf der Subjektebene zum einen über *subjektive Orientierungen* und *Sinnbezüge* der Beschäftigten (etwa zu Arbeit und Leistung), zum anderen über deren *Handlungsstrategien* und *-optionen* (z.B. hinsichtlich der Wahrnehmung von und Beteiligung an betrieblichen Leistungswettbewerben oder Qualifizierungsangeboten). Neben Strukturaussagen werden so über die Betrachtung von betrieblichen Anerkennungsverhältnissen auch Aussagen zu individuellen Handlungs- und Orientierungsmustern möglich. Umgekehrt trägt die Anerkennungsperspektive zu einem erweiterten Verständnis des subjektiven Sinns dieser individuellen Handlungs- und Orientierungsmuster bei.[105]

2.1.3 Empirische Konzeptionalisierung von Anerkennung zur Untersuchung von betrieblichen Anerkennungsverhältnissen

Für die Analyse von betrieblichen Anerkennungsverhältnissen wird Anerkennung in folgender Weise differenziert und konzeptionalisiert:

[105] Ebenfalls erschließen sich aus der Anerkennungsperspektive Interaktionsmuster zwischen *kollektiven* betrieblichen Akteuren wie z.B. Unternehmensleitung, Management und Betriebsrat. Diese kollektiven Akteure und ihre gegenseitigen Austauschbeziehungen werden aber in dieser Arbeit nicht weiter berücksichtigt.

Anerkennungsformen: materiell, verbal, symbolisch, aufgabenbezogen

Es werden – bezogen auf die Gestalt – *vier Formen von Anerkennung* in der Arbeit unterschieden: materielle, verbale, symbolische und aufgabenbezogene Anerkennung.

- *Materielle* Anerkennung bezieht sich auf Prämien, Zulagen und Zuwendungen, die zusätzlich zum Gehalt erfolgen und entweder monetäre oder sachliche Gestalt annehmen.
- *Verbale* Anerkennung bezieht sich auf das persönliche Lob von Vorgesetzten oder KollegInnen.
- *Symbolische* Anerkennung bezieht sich auf Formen, die stark mit sozialen Werten aufgeladen sind und diese repräsentieren. Sie nimmt meist nichtmonetäre Formen an.
- *Aufgabenbezogene* Anerkennung bezieht sich auf die Übertragung von inhaltlich interessanten und herausfordernden Tätigkeiten und/oder verantwortungsvollen Aufgaben.

Anerkennungsmodi: Würdigung und Bewunderung

Weiterhin werden im Anschluss an Voswinkel (2002) *zwei Modi der Anerkennung* von Arbeit und Leistung unterschieden: Würdigung und Bewunderung.

- *Würdigung* bezieht sich auf die Alltäglichkeit der erbrachten Leistung sowie die damit zusammenhängenden Mühen und Bemühungen. Sie nimmt häufig institutionalisierte Formen an und hat oft auch kollektive Bezüge (Belegschaft, Arbeitsgruppe).
- *Bewunderung* bezieht sich auf die außeralltägliche Leistung. Sie betrifft oftmals die individuelle Leistung, kann sich aber auch auf kollektive Leistungen beziehen (z.B. von Teams).

Anerkennungslogiken: ökonomisch, fachlich, beruflich-professionell, statusbezogen, sozial

Unterschieden wird weiterhin zwischen verschiedenen *Anerkennungslogiken:*

- Die vor allem auf Leistung bezogene *ökonomische* Anerkennungslogik. Sie ist allgemein gesprochen stark auf den (auch schnellen und vordergründigen) Markterfolg bezogen und trägt insofern abstrakttauschwertorientierte Züge.
- Die *fachliche* Anerkennungslogik. Sie ist stark inhalts- und gegenstandsbezogen und insofern vor allem konkret-gebrauchswertorientiert.
- Die *beruflich-professionelle* Anerkennungslogik. Sie ist stärker ständisch geprägt und trifft sich hier mit der *statusbezogenen* Anerkennungslogik

(wie sie z.B. auch für die Gruppe der ArbeiterInnen oder Angestellten gilt).

- Die *soziale* Anerkennungslogik. Sie bezieht sich auf allgemeine gesellschaftliche Werte und Normen (z.B. Umgangsformen und Höflichkeit) und unterscheidet sich dadurch von der fachlichen und beruflich-professionellen Anerkennungslogik, die sich vor allem auf arbeitsbezogene Werte und Normen beziehen. Die soziale Anerkennungslogik speist sich vor allem aus sozialmoralischen Quellen und wird hier deshalb auch als *sozialmoralische* Anerkennungslogik bezeichnet.

Anerkennungsquellen: innere und äußere

Es wird differenziert zwischen *zwei Quellen von Anerkennung* in der Arbeit: der inneren und der äußeren Anerkennung.

- Die *innere Anerkennung* kommt aus der Person der Arbeitenden selbst. Sie ergibt sich vor allem aus arbeitsinhaltlichen und berufsfachlichen Bezügen und bezieht sich stark auf sachlich-technische Erfordernisse der Arbeit, die als positive Herausforderung wahrgenommen werden können. Innere Anerkennung ist somit oftmals (aber nicht nur) gebrauchswertbezogen. Sie wird hier auch als „Anerkennung von innen“ bezeichnet.
- Die *äußere Anerkennung* kommt vor allem von Vorgesetzten und KundInnen. Sie speist sich im Hinblick auf die Vorgesetzten aus der Kraft der Autorität, die vor allem eine hierarchische ist, aber auch persönlicher Art sein kann.[106] Hinblicklich der KundInnen ergibt sie sich oftmals aus qualitäts- und gebrauchswertbezogenen Kriterien der Arbeitsleistung (z.B. eine gute und kompetente Beratung geben). Aber auch sozial-kommunikative Aspekte spielen dabei eine Rolle (z.B. Freundlichkeit, Höflichkeit etc.). Äußere Anerkennung wird hier auch als „Anerkennung von außen“ bezeichnet.

Anerkennungsmuster: tayloristisch und posttayloristisch

In Anlehnung an Voswinkel (2002) werden zwei *betriebliche Anerkennungsmuster* unterschieden: ein tayloristisches und ein posttayloristisches. Diese Unterscheidung ist idealtypisch und bezieht sich auf die jeweils dominierenden Formen und Modi der betrieblichen Anerkennung von Arbeit.

- Das *tayloristische Anerkennungsmuster* verbindet sich idealtypisch mit einer Missachtung der Arbeitenden als Subjekte durch Verobjektivierung der Arbeitsprozesse. Diese Missachtung wird zum Teil kompensiert durch eine *Würdigung* der Arbeit als Beitrag zur gemeinsamen betrieblichen Wertschöpfung. Die Würdigung changiert zwischen eher patriarchal-

---

[106] Auch fachliche Aspekte können dabei eine Rolle spielen.

fürsorglichen sowie eher erkämpften und verrechtlichten Formen. Sie beruht insgesamt auf einem *Pflichtethos* von Arbeit.

- Das *posttayloristische Anerkennungsmuster* verbindet sich idealtypisch mit einer Anerkennung der Arbeitenden als Subjekte durch Subjektivierung der Arbeit. Die Anerkennung erfolgt im Modus der *Bewunderung*. Sie bezieht sich auf das Außergewöhnliche und Besondere der Arbeit und ist stark an den (meist wirtschaftlichen Markt-) Erfolg gebunden. Sie basiert auf eindeutiger Zurechenbarkeit und verbindet sich mit einem *Selbstverwirklichungsethos* von Arbeit.

Mit den genannten Differenzierungen können sowohl *betriebliche* Anerkennungs*strategien* als auch *individuelle* Anerkennungs*bedürfnisse* identifiziert werden. Sie zusammen ermöglichen Aussagen über die betrieblichen Anerkennungs*verhältnisse*. Darüber vermitteln sich wesentlich die sinnlich-erfahrenden Aneignungschancen der Arbeitssubjekte.

2.2 Erwerbsorientierung als empirische Konzeptionalisierung der mental-symbolischen Aneignungsebene

Die empirische Konzeptionalisierung der mental-symbolischen Aneignungsebene erfolgt über *Erwerbsorientierungen*. Dem unterliegt die Prämisse, dass die mental-symbolische Aneignung von Arbeit sich wesentlich über die subjektive Erwerbsorientierung der Arbeitenden ausdrückt und vermittelt. Individuelle Erwerbsorientierungen können als „ideelle Aneignung der Welt" durch die Arbeitssubjekte verstanden werden, die mit der praktisch-tätigen Aneignung durch Arbeit einhergeht (Voß 1984).

Individuelle Erwerbsorientierungen setzen sich aus subjektiven Erwerbsbezügen zusammen, die ganz unterschiedlicher Art sein können: stofflich-sachlich, inhaltlich-fachlich, status-karriereorientiert, materiell, sozial-kommunikativ, selbstverwirklichungsbezogen etc. Um die Fülle subjektiver Erwerbsbezüge zu sortieren und darüber zu Aussagen über individuelle Erwerbsorientierungen zu kommen, bieten sich verschiedene Konzepte an. Ein bekanntes und aus der Arbeitspsychologie stammendes Konzept ist z.B. die Gegenüberstellung von „intrinsischen" und „extrinsischen Motiven".[107]

In der Arbeits- und Industriesoziologie war lange Zeit der Begriff des „Bewusstseins" ein maßgeblicher Bezugspunkt zur Untersuchung von subjektiven Vorstellungen und Bezügen zur Erwerbsarbeit (Beckenbach 1991: 124ff; Deutschmann

[107] Mit dieser Dichotomie verbindet sich die Gefahr einer impliziten Wertung. Dennoch wird hier gelegentlich auf beide Begriffe zurückgegriffen. Dies geschieht aus Gründen der Verständlichkeit, um eine bestimmte Grundtendenz besser zu beschreiben. Weder ist damit eine Wertung noch eine Entgegensetzung (im Sinne von Alternativen) verbunden. Knapp (1981) hat zudem gezeigt, dass auch dem Begriff der „instrumentellen Arbeitsorientierung" eine implizite Wertung zu Eigen ist. Auch dies ist bei einer hier erfolgenden Benutzung nicht beabsichtigt.

2002: 200ff). Dabei wurde vielfach unterstellt, dass sich in den subjektiven Orientierungen der Arbeitenden zugleich auch ihre objektive soziale Lage widerspiegele. Ausgegangen wurde von einer Kongruenz zwischen objektiver sozialer Lage und subjektiven Vorstellungen. Das galt vor allem in Bezug auf die gesellschaftlichen Verhältnisse und politischen Einstellungen. Diese sollten sich in einem der „objektiven" sozialen Klassenlage entsprechenden „Arbeiterbewusstsein" zeigen. Dieser Ansatz wurde u.a. als objektivistisch und ableitungslogisch kritisiert (Voß 1984).

2.2.1 Das Konzept des „doppelten Bezugs auf Arbeit"

Als Reaktion auch darauf wurden Ansätze entwickelt, die eine stärkere Subjektorientierung anstrebten. Ein solcher Ansatz ist das Konzept des „doppelten Bezugs auf Arbeit" von Schumann u.a. (1982).[108] Es unterscheidet zur Untersuchung von subjektiven Erwerbsbezügen *zwei Perspektiven*: eine „Arbeitskraftperspektive" und eine „Subjektperspektive".

- Die „*Arbeitskraftperspektive*" bezieht sich auf die subjektive Wahrnehmung der individuellen Interessen, die sich aus den Bedingungen der betrieblichen Arbeitskraftnutzung ergeben. Dazu zählen vor allem Arbeitskrafterhalt, Qualifikation und Lohn.[109]
- Die „*Subjektperspektive*" bezieht sich auf die subjektive Wahrnehmung der Möglichkeiten, sich als „Person" (im Unterschied zur „Ware" Arbeitskraft) in die Arbeit einbringen und daraus auch Bestätigung und Anerkennung ziehen zu können.

In der Differenzierung von zwei subjektiven Perspektiven („Bezugsweisen") auf Arbeit spiegeln sich die beiden Bestimmungsmomente der Arbeit von Marx als „konkrete" und „abstrakte Arbeit" wider.[110] Damit wird der unter kapitalistischen Bedingungen grundsätzliche Doppelcharakter von Arbeit als einerseits Gebrauchswert, andererseits Tauschwert erzeugende Tätigkeit auf die Ebene der subjektiven Arbeitsbezüge und -orientierungen übertragen. Das Konzept leistet damit dreierlei:

- es hat einen Bezug zu den *strukturellen* Verhältnissen und Bedingungen, unter denen gearbeitet wird;

---

[108] Das Konzept versteht sich auch als Kritik an der „Instrumentalismusthese" von Goldthorpe/Lockwood u.a. (1968). Zur grundlegenden Explikation dieser Kritik vgl. Knapp (1981).

[109] Aus heutiger Sicht fällt auf – auch im Hinblick auf das eigene empirische Untersuchungsfeld – dass die *Sicherheit* des *Arbeitsplatzes* nicht als eigenes Kriterium dazugezählt wird. Trotz der allgemeinen Krisensituation Mitte der 1970er Jahre sowie der spezifischen Krise in der Untersuchungsbranche Schiffbau Ende der 1970er Jahre schien dies noch kein expliziter Bezugspunkt der Analyse geworden zu sein.

[110] Das Konzept selbst greift nicht explizit auf diese Kategorien zurück. Die „Subjektperspektive" wird stattdessen rollen- und identitätstheoretisch begründet (im Rekurs auf die „kritische Rollentheorie" von Habermas 1973 und Krappmann 1972).

- es erweitert den Strukturansatz um einen *Subjektbezug*;
- es *vermeidet* eine (implizit oftmals wertende) *Dichotomie* von Arbeitsmotiven und -orientierungen (z.B. „intrinsisch" vs. „extrinsisch" oder „instrumentell" vs. „inhaltlich").

2.2.2 Die Kritik am Konzept des „doppelten Bezugs auf Arbeit"

Dennoch gibt es auch Kritik an diesem Konzept. Sie bezieht sich vor allem auf dessen Ausrichtung an einer „männlichen Normalbiographie" und die damit verbundene Ausblendung von außerhalb der Erwerbssphäre angesiedelten Anforderungen der *Reproduktion* (Oechsle 1995). Reproduktionsaufgaben wie Familienarbeit, Kinderaufziehung, Altenpflege etc. sowie die damit zusammenhängenden Orientierungen der Subjekte werden von dem Konzept nicht erfasst. Damit bleiben zum einen Einflüsse, die aus dem Reproduktionsbereich in die Erwerbssphäre wirken, unberücksichtigt (wie auch umgekehrt). Damit wird zum anderen der Arbeits- und Lebenssituation vieler Frauen nicht gerecht. Aufgrund der „doppelten Vergesellschaftung" (Becker-Schmidt 1987) ihres Arbeitsvermögens machen Frauen größtenteils Arbeitserfahrungen sowohl in der Sphäre der Produktion als auch in der Sphäre der Reproduktion. Dies verbindet sich mit subjektiven Sinnbezügen auf die Arbeit in beiden Sphären. Diese „doppelte Orientierung" von Frauen auf Erwerbs- und Familienarbeit wird mit dem Konzept des „doppelten Bezugs auf Arbeit" nicht erfasst.

Die Kritik dieser Ausblendungen markiert den Ansatzpunkt zur Erweiterung des Konzepts. Dabei geht es vor allem darum, neben erwerbs- auch *reproduktionsbezogene* Sinnbezüge der Arbeitenden zu berücksichtigen.[111] Dies ist nicht nur angesichts der Arbeits- und Lebenswirklichkeit von Frauen von Belang. Ebenfalls bedeutsam ist, dass vor dem Hintergrund gewandelter Orientierungen der Individuen zum einen, neuer und auf die „ganze Person" der Beschäftigten zielender Arbeitsanforderungen zum anderen, die Notwendigkeit einer reflexiven Auseinandersetzung über das Verhältnis von Arbeit und Leben im eigenen Lebensentwurf und -verlauf für Frauen *und* Männer vermehrt bedeutsam wird (Jürgens 2006). In die gleiche Richtung wirken auch die unter dem Stichwort der „Entgrenzung von Arbeit und Leben" (Gottschall/Voß 2003) diskutierten

---

[111] Mit „reproduktionsbezogenen" Sinnbezügen und Interessen sind hier auf den Lebensbereich jenseits der Erwerbssphäre gerichtete Orientierungen gemeint. Der Begriff der Reproduktion bezieht sich auf den Strukturzusammenhang der Lebens- und Praxissphären. Nicht gemeint ist damit die allein an den Erfordernissen der Erwerbssphäre ausgerichtete Reproduktion der Arbeitskraft als Ware (wie sie von Marx im Rahmen der Kapitalanalyse untersucht wurde und lange Zeit ein analytischer Bezugspunkt auch der bundesdeutschen Arbeits- und Industriesoziologie war). Der Begriff der Reproduktion wird hier in einem erweiterten Verständnis benutzt. Er bezieht sich auf Erwerbsarbeit *und* (Privat-)Leben sowie das beide Praxissphären miteinander verbindende Subjekt. Darin entspricht er dem, was Brock/Vetter (1984) mit „Reproduktion *als* Arbeitskraft" (im Unterschied zur „Reproduktion *von* Arbeitskraft") bezeichnen. Zu einem erweiterten Reproduktionsverständnis siehe grundlegend Jürgens (2006).

Phänomene der Überschreitung und Neuschneidung von bisherigen Grenzziehungen zwischen Erwerbs- und Privatsphäre. Für die Arbeitenden insgesamt nimmt somit das Erfordernis zu, sich auch mit den eigenen *Reproduktionsbedürfnissen* und *-interessen* aktiv auseinandersetzen (was z.B. auch die Antizipation möglicher *Reproduktionsrisiken* mit einschließt).[112] Die gegenwärtig stark diskutierten und in vielen Unternehmen auch erprobten Ansätze der „Work-Life-Balance" spiegeln dies wider.

2.2.3 Ansätze zur erweiterten Untersuchung von Erwerbsorientierungen

Einen Vorschlag zu einem erweiterten Ansatz zur Untersuchung von individuellen Erwerbsorientierungen, der auch reproduktionsbezogene Orientierungen berücksichtigt, haben Geissler/Oechsle (1996) vorgelegt.[113] Er bezieht sich auf die Untersuchung der Erwerbsorientierungen von Frauen und knüpft an das Konzept des „doppelten Bezugs auf Arbeit" an. Die beiden dort implizit männlich konzipierten Erwerbsperspektiven werden überführt in eine „weibliche Arbeitskraftperspektive" und eine „weibliche Subjektperspektive". Dies kann zwar der Arbeits- und Lebenssituation von Frauen gerecht werden, verbindet sich aber mit der Gefahr einer essentialistischen Fortschreibung von stereotypen Geschlechterdifferenzen. Zudem ist es damit per definitionem nicht möglich, auch die reproduktionsbezogenen Interessen von Männern zu erfassen.[114]

Ein geschlechtsdifferenter Ansatz führt somit nicht weiter. Erforderlich ist vielmehr ein Ansatz, der die Reproduktionsperspektive – und damit auch den Strukturzusammenhang von Produktion und Reproduktion – für beide Geschlechter berücksichtigt. Als ein solcher Ansatz kann das Konzept der Erwerbsorientierung von Pongratz/Voß (2003) gelten. Es versteht Erwerbsorientierungen als „Sinn-Konstruktionen der Subjekte in deren permanenter Auseinandersetzung mit den Bedingungen ihrer Erwerbstätigkeit" (ebd.: 40).

In diese Sinnkonstruktion fließen sowohl subjektive *Deutungen* der Arbeits- und Erwerbssituation als auch individuelle *Interessen*, *Ansprüche* und *Erwartungen* an Erwerbsarbeit mit ein. Ebenfalls schlagen sich individuelle *Strategien* zur kurz- und langfristigen Erwerbsgestaltung darin nieder (ebd.: 41).

Der Begriff der „Erwerbsorientierung" wird dabei auf den „gesamten Verwertungszyklus der Ware Arbeitskraft" bezogen (ebd.: 40). Er ist somit weiter gefasst als z.B. die verwandten Kategorien der „Arbeitsorientierung" oder „Berufsorientierung" und schließt sowohl *erwerbs-* als auch *reproduktionsbezogene*

---

112 In dieser Hinsicht könnte künftig eine Fähigkeit wie „*Reproduktionskompetenz*" für die individuelle Gestaltung des Arbeits- und Lebenszusammenhangs Bedeutung erlangen (vgl. Jürgens 2006).

113 Siehe dazu auch Oechsle (1995).

114 Denn für mögliche „Pendants" einer „männlichen Arbeitskraftperspektive" und „männlichen Subjektperspektive" fehlen die Kriterien. Schumann u.a. (1982) berücksichtigen keine Interessen und Orientierungen, die auf den Lebenszusammenhang außerhalb der Erwerbssphäre gerichtet sind.

Sinnkonstruktionen mit ein. Zu den „Bedingungen der Erwerbsarbeit“ zählt somit nicht nur die betriebliche Arbeitskraftnutzung, sondern ebenso die außerbetriebliche („private“) Lebenssituation und deren Anforderungen (z.B. Familie, soziale Beziehungen und Aktivitäten, politisch-soziales Engagement). Die individuelle und alltägliche Auseinandersetzung mit diesem *integralen Arbeits-* und *Lebenszusammenhang* drückt sich nach Pongratz/Voß (2003) in den subjektiven Erwerbsorientierungen aus. Dabei geht es einerseits um Anpassungsleistungen im Sinne einer praktischen Bewältigung von Erwerbs- und Reproduktionsanforderungen. Andererseits geht es dabei aber auch um relativ autonome und eigensinnige Interpretationsleistungen, die verstanden werden können als „ideelle Aneignung der Welt für und durch die Personen, die mit der praktischen (Aneignung) einhergeht“ (Voß 1984: 404).

Eingedenk der Anforderungen, die hinsichtlich einer empirischen Konzeptionalisierung von subjektiver Aneignung in der Arbeit diskutiert wurden (vgl. Kap. II), erfüllt das Konzept der Erwerbsorientierung von Pongratz/Voß (2003) wesentliche Punkte:

- es berücksichtigt den *Strukturzusammenhang* von *Produktion* und *Reproduktion* auf der Subjektebene;
- damit zusammenhängend eröffnet es eine *erwerbsbiographische* Perspektive (die z.B. variierende Anforderungen und Orientierungen in unterschiedlichen Lebensphasen berücksichtigt);
- es greift den *Interessenbegriff* auf und ermöglicht so die Bestimmung von individuellen Interessenpositionen (im Sinne subjektiver Bedürfnisse, Erwartungen, Ansprüche);
- es erschließt eigenständige und *eigensinnige Deutungen* und *Strategien* der Subjekte.

Für die empirische Konzeptionalisierung von Erwerbsorientierungen greifen Pongratz/Voß (2003: 42) auf Bestimmungsmomente der Arbeit von Marx zurück. Sie deuten die Bestimmungen der „konkreten“, der „abstrakten“ und der „lebendigen Arbeit“ als Funktionen von Arbeitskraft, die auch die individuelle Erwerbsorientierung strukturieren. Auf diese Weise ergeben sich *drei Bestimmungsebenen* oder *Aspekte* der Erwerbsorientierung:

- Erwerbsarbeit als *konkrete* Tätigkeit entspricht dem *„gebrauchswert-orientierten“* Aspekt der Erwerbsorientierung. Er umfasst arbeitsinhaltliche und -stoffliche Sinnbezüge, das Interesse an fach- und sachgerechter Arbeitsausführung sowie Strategien zur Gewährleistung und Sicherung dieser subjektiven Bezüge.
- Erwerbsarbeit als *abstrakte* Tätigkeit korrespondiert mit dem *„tauschwert-orientierten“* Aspekt der Erwerbsorientierung. Er bezieht sich auf die Bedingungen des Arbeitskraftverkaufs (z.B. Entgelt), die Si-

cherheit des Arbeitsplatzes und der Erwerbsposition, sowie die beruflichen Entwicklungs- und Karrierechancen.

- Erwerbsarbeit als *lebendige* Tätigkeit entspricht dem „*lebenswertorientierten*" Aspekt der Erwerbsorientierung. Er bezieht sich auf den Zusammenhang von Arbeit und Leben sowie die alltagspraktische Bewältigung der damit verbundenen Anforderungen von Produktion und Reproduktion.

Zu diesen Bestimmungen lassen sich im Vergleich zum Konzept des „doppelten Bezugs auf Arbeit" sowie im Hinblick auf die empirische Konzeptionalisierung der hier verfolgten Fragestellung folgende *Anmerkungen* und *Erweiterungen* machen:

- Der *gebrauchswertorientierte Aspekt* der Erwerbsorientierung entspricht weitgehend dem, was Schumann u.a. (1982) im Konzept des „doppelten Bezugs auf Arbeit" als „Subjektperspektive" bezeichnen. Allerdings bringt die Bestimmung der „Subjektperspektive" als subjektive Wahrnehmung der Möglichkeiten, sich als *Person* in die Arbeit einzubringen und daraus auch *Anerkennung* zu ziehen, den subjekt- und persönlichkeitsbezogenen Charakter pointierter zur Geltung als dies bei Pongratz/Voß (2003) gelingt. Hier besteht stattdessen die Gefahr, dass der *stoffliche* Gegenstandsbezug der Arbeitenden zu sehr in den Vordergrund gerät. Subjekt- und persönlichkeitsbezogene Momente drohen dagegen eher in den Hintergrund gedrängt zu werden.[115] Da zudem Anerkennung nach Becker-Schmidt (1983) eine der zentralen Bedürfnisdimensionen von Arbeit ist, wird die Bestimmung des gebrauchswertorientierten Aspekts der Erwerbsorientierung um *persönlichkeits-* und *anerkennungsbezogene* Aspekte ergänzt (z.B. Bestätigung, Selbstentfaltung und -verwirklichung etc).[116]
- Der *tauschwertorientierte Aspekt* der Erwerbsorientierung korrespondiert mit der „Arbeitskraftperspektive" aus dem Konzept des „doppelten Bezugs auf Arbeit". Mit der Berücksichtigung der *Sicherheit von Arbeitsplatz und Erwerbsposition* geht die Bestimmung von Pongratz/Voß (2003) aber über diejenige von Schumann u.a. (1982) hinaus. Gerade diese Erweiterung erweist sich im Hinblick auf das empirische Untersuchungsfeld vorliegender Arbeit als sehr wichtig.

---

[115] Im dem Bestimmungskriterium der „Strategien zur Gewährleistung und Sicherung der subjektiven Sinnbezüge" können solche persönlichkeits- und anerkennungsbezogenen Momente zwar enthalten sein; sie werden aber nicht eigens aufgeführt.

[116] Zudem wird die sinnlich-erfahrbare Aneignung über Anerkennung konzeptionalisiert (siehe vorigen Abschnitt dieses Kapitels). Auch dies spricht für eine Berücksichtigung von Anerkennung.

- Der *„lebenswertorientierte" Aspekt* der Erwerbsorientierung findet keine Entsprechung im Konzept des „doppelten Bezugs auf Arbeit".[117] Dies ist die Stärke des Ansatzes von Pongratz/Voß (2003). Er ermöglicht es, die *reproduktionsbezogenen* Sinnbezüge der Arbeitenden integrativ im Rahmen eines Konzepts zu untersuchen. Dabei erfolgt der Zugang über die Erwerbssphäre, ohne darüber den sozialen Strukturzusammenhang von Produktion und Reproduktion aufzulösen oder zu ignorieren. Dies kann als wesentlicher Schritt zu einer erweiterten Perspektive auf Erwerbsorientierungen gelten. Die Erweiterung kann zudem auf Arbeitende beiderlei Geschlechts bezogen werden. Zugleich kann darüber Geschlecht als Strukturkategorie berücksichtigt werden.

2.3 Handlungs- und Verhandlungsautonomie in der Arbeit als empirische Konzeptionalisierung der praktisch-handelnden Aneignungsebene

Die praktisch-handelnde Aneignungsebene wird über *Autonomie* erfasst. Dem unterliegt die Prämisse, dass sich praktisch-handelnde Aneignung als subjektbezogene Voraussetzung von Autonomie wesentlich über realisierte Autonomiepotenziale und -chancen in der Arbeit ausdrückt und vermittelt. Deutlich wird hier die enge Verquickung von Aneignung und Autonomie, die zum Teil auch quer zu eindeutig bestimmbaren Kausalitätsbeziehungen liegt. Autonomie in der Arbeit wird untersucht anhand der Differenzierung von *Handlungsautonomie* und *Verhandlungsautonomie* (Moldaschl 2001).[118] Die Unterscheidung dieser beiden Dimensionen von Autonomie in der Arbeit dient bereits der Untersuchung und Bestimmung von betrieblichen (strukturellen) Autonomiepotenzialen in der Arbeit (siehe Abschnitt 1 dieses Kapitels). Hier nun dient sie der Identifikation von *individuellen Autonomiechancen* sowie diesbezüglicher Handlungsstrategien. Sie stellt damit das *subjektbezogene* Pendant zur Untersuchung der strukturellen Autonomiepotenziale und -restriktionen in der Arbeit dar.

---

[117] Die Bezeichnung „*lebenswert*orientiert" ist nicht die Glücklichste und wäre in anderen (z.B. genetischen oder biopolitischen) Zusammenhängen höchst problematisch. Aber sie entspricht hier zum einen der Systematik der Begriffe „gebrauchswertorientiert" und „tauschwertorientiert". Zum anderen ist der wesentliche Punkt hier, dass sie für eine Orientierung der Subjekte steht, die auf den integralen Lebenszusammenhang von (Erwerbs-)Arbeit und (Privat-)Leben gerichtet ist. Dennoch wird eingedenk der genannten Problematik der Begriff im Folgenden nur mit Apostroph verwendet.

[118] Siehe dazu Kapitel II, Abschnitt 2.5.

IV Untersuchungsfeld, Betriebsfälle, Interviewsample

Betriebliches Untersuchungsfeld für die hier verfolgte Fragestellung ist die Deutsche Bahn AG. Dabei wird zurückgegriffen auf das Forschungsprojekt „Vermarktlichung und Subjektivierung der Arbeit? Neue Arbeitspolitik und betriebliche Geschlechterverhältnisse" (vgl. Nickel/Hüning/Frey 2008). Für die Wahl des Untersuchungsfeldes dort sprach vor allem die Annahme, dass sich die Projektfragestellung in der Deutschen Bahn AG auf exemplarische Weise untersuchen lässt (a.a.O.: 53f). Dies gilt auch für die hier verfolgte Fragestellung nach den Chancen von individueller Autonomie und Aneignung in der Arbeit. Die im Folgenden gegebene Beschreibung von Untersuchungsfeld, Betriebsfällen und Interviewsample orientiert sich deshalb eng an Nickel/Hüning/Frey (2008).

1 Die Deutsche Bahn AG – ein Konzern in anhaltender betrieblicher Reorganisation

Als ehemalige staatliche „Behördenbahn" befindet sich die Deutsche Bahn AG seit der formellen Privatisierung im Jahre 1994 in einem tief greifenden und anhaltenden Restrukturierungsprozess. Dabei geht es vor allem um eine stärkere Markt- und Wettbewerbsorientierung der betrieblichen Abläufe. Im Rahmen dessen kommt es auch zu einem erweiterten Zugriff auf das Arbeitsvermögen und die Subjektqualitäten der Beschäftigten.[119] Die dabei auftretenden Spannungen und Widersprüche – so die These – zeigen sich in der Deutschen Bahn AG als ehemals behördlich organisiertem Unternehmen deutlicher als anderswo (vgl. a.a.O.: 54). Die Widersprüche und Spannungen der Vermarktlichung und Subjektivierung von Arbeit nehmen auch Einfluss auf die Chancen der individuellen Autonomie und Aneignung in der Arbeit. Mehr als dass, lassen sie sich daran in spezifischer Weise verdeutlichen.

1.1 Ein vielfältig differenzierter Konzern

Die Deutsche Bahn AG hat sich mittlerweile zu einem international agierenden Logistik- und Mobilitätskonzern entwickelt. Dabei wird ein breites Spektrum unterschiedlicher Märkte und Geschäfte, Aufgaben und Funktionen abgedeckt (vgl. a.a.O.: 53). Auf betrieblicher Ebene zeigt sich dies in einer Vielzahl an unterschiedlichen Konzerneinheiten und -beteiligungen mit jeweils verschiedenen Arbeits- und Beschäftigungsbedingungen. Unterschiedliche betriebliche Arbeits- und Beschäftigungsbedingungen beeinflussen die individuellen Autonomie- und Aneignungschancen in der Arbeit auf jeweils spezifische Weise. Diese Differenzierungen auszuloten und zu bestimmen, ist ein Ziel der vorliegenden Arbeit.

[119] Dies wird begleitet von Kostensenkung, Arbeitsverdichtung und Personalreduzierung.

Durch die im Projektkontext erfolgte Auswahl kontrastierender Betriebsfälle (vgl. a.a.O.: 80ff) wird eine differenzierte Untersuchung der individuellen Autonomie- und Aneignungschancen in der Arbeit möglich. Bevor die Betriebsfälle näher charakterisiert werden, wird der bisherige Verlauf der betrieblichen Restrukturierung in der Deutschen Bahn AG skizziert. Dies erfolgt in Anlehnung an Nickel/Hüning/Frey (2008: 56ff) und gibt wichtige Informationen zum Untersuchungsfeld, die sich auch für die untersuchten Betriebsfälle als Rahmenbedingungen geltend machen.

1.2 Phasen betrieblicher Restrukturierung

Ende Oktober 2008 sollte der von Konzernleitung und Politik bereits seit längerem angestrebte Börsengang der Deutschen Bahn AG erfolgen. Die Vorbereitungen dazu waren auf politischer wie betrieblicher Ebene zur Jahresmitte 2008 abgeschlossen. Sie beinhalteten im Wesentlichen die unternehmensrechtliche Zusammenfassung der Transport- und Logistikbereiche (Personenfern- und -nahverkehr, Güterverkehr) in der eigens zum Zwecke der Teilkapitalprivatisierung gegründeten Zweiggesellschaft DB Mobility Logistics AG (DB ML AG) sowie die Zustimmung des Deutschen Bundestages zum Verkauf von bis zu 24,9% der Anteile an der DB ML AG an der Börse.[120] Aufgrund der Krise an den internationalen Finanzmärkten wurde der Börsengang allerdings kurzfristig abgesagt und auf unbestimmte Zeit verschoben. Die grundsätzlichen unternehmensrechtlichen und -strukturellen Voraussetzungen für eine materielle Teilprivatisierung bleiben dessen ungeachtet weiterhin erhalten. Auch an der grundlegenden Orientierung von Bahnführung und Politik an einem Börsengang hat sich – trotz des zwischenzeitlichen Wechsels an der Vorstandsspitze – wenig geändert.[121] Damit setzt sich aus heutiger Sicht eine Entwicklung fort, die sich bereits seit der formellen Privatisierung im Jahr 1994 beobachten lässt (Frey/Hüning/Nickel 2001). Diese Entwicklung verlief allerdings nicht geradlinig, sondern oftmals abrupt und widersprüchlich. Dabei lassen sich grob drei Phasen unterscheiden (Nickel/Hüning/Frey 2008: 57f):[122]

[120] Die restlichen 75,1% der Anteile an der DB ML AG sollen weiterhin im Besitz der Deutschen Bahn AG bleiben. Diese hält auch 100% der Anteile an den Infrastrukturbereichen der Bahn (Fahrweg, Personenbahnhöfe, Energie).

[121] So hält der neue Bahnchef Rüdiger Grube weiterhin an einem Börsengang des Unternehmens fest. Dementsprechend bezeichnet er den Erhalt der Kapitalmarktfähigkeit als eine der Leitlinien seiner künftigen Arbeit (vgl. Berliner Zeitung vom 05.05.2009). Allein der Zeitpunkt des Börsengangs bleibt offen und möglicherweise auch umstritten. Die Politik in Gestalt von Bundesverkehrsminister Wolfgang Tiefensee sowie Teilen der SPD wollen eine materielle Teilprivatisierung bis zum Jahr 2013 ausschließen (vgl. Berliner Zeitung vom 08.04.2009).

[122] Vgl. dazu auch Abbildung 7 im Anhang.

1.2.1 Phase der nachholenden und beschleunigten Vermarktlichung (1994-1999)

Mit der Zusammenführung und Privatisierung von Reichs- und Bundesbahn im Jahre 1994 begann in der Deutschen Bahn AG eine Phase der nachholenden und zugleich beschleunigten Vermarktlichung (Frey/Hüning/Nickel 2001). Dabei handelte es sich im Wesentlichen um eine „simulierte Vermarktlichung" (Moldaschl 1998), die sowohl politisch als auch hierarchisch überformt war. Wesentliche organisatorische Kennzeichen dieser Phase waren die Prozesse der *Dezentralisierung* sowie der *vertikalen Desintegration*.[123] Auf Seiten der Beschäftigung verband sich damit ein *massiver Personalabbau* (zwischen 1994 und 1998 wurden ca. 130.000 Stellen abgebaut).[124]

Insgesamt veränderten sich dadurch die betrieblichen Arbeits- und Sozialbeziehungen in Richtung einer zunehmenden *internen Konkurrenz* (vor allem zwischen den verschiedenen neu geschaffenen Unternehmensbereichen) sowie der Entstehung von isolierten *Bereichsegoismen.* Als Höhepunkt dieser Phase kann die sog. „zweite Stufe" der Bahnreform im Jahr 1998 gelten. Die Aufspaltung des bis dato hoch integrierten „Verbundsystems Bahn" wurde durch die Bildung von fünf formal selbstständigen *Aktiengesellschaften* auf die Spitze getrieben.

1.2.2 Phase der kapitalmarktorientierten Rezentralisierung (2000-2004)

Ab dem Jahr 2000 bewegt sich der Konzern in einer grundlegend neuen Phase. Sie ist gekennzeichnet durch die partielle Revision vorhergehender Entwicklungsrichtungen sowie durch ein äußerst straffes und professionell betriebenes Sanierungsmanagement.[125] Übergreifendes Ziel dabei ist die Erreichung der *Kapitalmarktfähigkeit.* Dafür wurden die Konzernführung deutlich gestrafft, Geschäfts- und Arbeitsprozesse effizienter gestaltet und vor allem erneut fast zwanzig Prozent der Arbeitsplätze gestrichen.[126] Zudem wurde wieder auf eine stärkere *(Re-)Integration* des Konzernganzen gesetzt.[127] Zentrale Stoßrichtung dabei war die Stärkung der *Einheitlichkeit* im Bahnkonzern. Die dazu erforderliche Koordination führte zu einer Rezentralisierung von übergreifenden Entscheidungskompetenzen in der Konzernleitung. Aufgrund dieser Merkmale lässt

---

[123] Vgl. dazu im Detail Frey/Hüning/Nickel (2001).

[124] Genauere Angaben hierzu finden sich in Hüning/Stodt (1999).

[125] Das Unternehmen selbst spricht in diesem Zusammenhang von der sog. „Offensive Bahn". Prägnant zusammengefasst besteht sie im Unternehmensverständnis aus drei Säulen: „Sanieren – Leisten– Wachsen".

[126] Mit der Akquisition von Stinnes AG und Schenker AG im Jahre 2002 stieg die Zahl der Beschäftigten im Bahnkonzern kurzfristig von ca. 214.000 (Ende 2001) auf ca. 251.000 MitarbeiterInnen (Ende 2002) an. Danach sank ihre Zahl bis Ende 2005 auf ca. 216.000 Beschäftigte.

[127] Vor allem durch den einheitlichen Marktauftritt der Konzerngesellschaften, die Zusammenführung der (rechtlich weiterhin eigenständigen) Nah- und Fernverkehrgesellschaften in einen einheitlichen Unternehmensbereich sowie die zentrale Bündelung von Querschnittsfunktionen.

sich diese Phase als *kapitalmarktorientierte Rezentralisierung* kennzeichnen (Nickel/Hüning/Frey 2008). Dabei zeigt sich auch ein neues Verhältnis von Markt und Hierarchie: Eine „weitergehende" oder „radikalisierte Vermarktlichung" (Sauer 2005c) und eine straffere Hierarchie sind auf Konzernebene keine Gegensätze mehr.

1.2.3 Phase der ausgewählten Expansion und verstärkten Internationalisierung (ab 2005)

Seit dem Jahr 2005 befindet sich die Deutsche Bahn AG in einer neuen Phase der Restrukturierung. Sie charakterisiert sich durch eine ausgewählte *Expansion* in neue und vor allem renditeträchtige Geschäftsfelder sowie eine verstärkte *Internationalisierung*. Leitbild dafür ist der „integrierte internationale Mobilitäts- und Logistikkonzern". Als Zielstellung verbindet sich damit der Anspruch, zum weltweit führenden Mobilitäts- und Logistikunternehmen zu werden. Dabei geht es vor allem um den Vorstoß in neue Markt- und Geschäftsbereiche *jenseits* des traditionell angestammten Eisenbahngeschäfts. Als exemplarisch kann dafür das Vorstandsressort *Transport und Logistik* gelten.[128] Anvisiert wird hier zum einen der *weltweite Speditions- und Logistikmarkt* mit seiner Nachfrage nach multimodalen Transport- und umfassenden Serviceangeboten.[129] Zum anderen wird der *europäische Schienengüterverkehr* in den Blick genommen.[130] Aufgrund ihrer Wachstumspotenziale werden beide Perspektiven expansiv verfolgt.[131]

Expansion und Internationalisierung der Deutschen Bahn AG spiegeln sich auch auf Seiten des Umsatzes und der Beschäftigung wider: So trug die internationale Logistiksparte DB Schenker Logistics im Geschäftsjahr 2008 knapp 44% zum Gesamtumsatz des Bahnkonzerns bei.[132] Die Zahl der Konzernbeschäftigten insgesamt stieg seit Ende 2005 von ca. 216.000 auf gut 240.000 Beschäftigte Ende 2008. Ein Viertel dieser Beschäftigten ist außerhalb der Bundesrepublik Deutschland tätig. Der Beschäftigungszuwachs ist partiell und erfolgte vor allem durch Akquisition außerhalb des traditionellen Stammgeschäfts. Bis Ende 2007 war dies vor allem im internationalen Logistikgeschäft der Fall. Seit 2008 macht sich diesbezüglich auch die verfolgte Europäisierung des Schienengüterverkehrs positiv bemerkbar.

---

[128] Seit Ende 2007 firmiert das Ressort auch unter der Markenbezeichnung „DB Schenker".

[129] Die Aktivitäten auf diesem Gebiet sind im Geschäftsfeld „DB Schenker Logistics" zusammengefasst

[130] Die Geschäftsfeldbezeichnung hier lautet „DB Schenker Rail".

[131] Vor allem durch Akquisition von international agierenden Logistikunternehmen (z.B. das us-amerikanische Logistikunternehmen BAX Global) und europäischen Güterbahnen (z.B. die britische EWS, die spanische Transfesa und die polnische PCC).)

[132] Bezogen auf das gesamte Ressort Transport und Logistik (einschließlich des Schienengüterverkehrs) waren es gut 60%.

Der Kurs der ausgewählten Expansion in profitable Geschäftsfelder und der verstärkten Internationalisierung wird flankiert von der weiter angestrebten Kapitalmarktfähigkeit. Ais Sicht der Konzernleitung bedingen sich partielle Expansion, verstärkte Internationalisierung und hohe Börsenkapitalisierung gegenseitig. Die ausreichende Ausstattung mit Eigenkapital ist demnach die Voraussetzung für die weitere Expansion und Internationalisierung. Umgekehrt verspricht der Vorstoß in neue Märkte und profitable Wachstumsfelder eine hohe Kapitalrendite, die ein Investment für potenzielle private Kapitalanleger erst interessant macht. Wie die Kluft zwischen Voraussetzung und Wirkung geschlossen werden kann, ist derzeit noch offen. Auch der anvisierte neue Zeitpunkt des Börsengangs ist in Politik und Öffentlichkeit noch umstritten.[133]

Insgesamt stellt die Entwicklung aus Expansion, Internationalisierung und Börsenkapitalisierung den Bahnkonzern vor die Bewältigung neuer Herausforderungen. Dabei zeichnen sich bereits jetzt zwei zentrale *Spannungslinien* ab: Zum einen zwischen nationaler „Homebase" („Eisenbahn in Deutschland") und globaler Präsenz, zum anderen zwischen verstärkter Kapitalmarktorientierung und tradierter Sozialorientierung. Das Verhältnis zwischen den beiden jeweiligen Spannungspolen gilt es für den Bahnkonzern künftig neu auszutarieren.[134]

2 Die Betriebsfälle

Die interne Differenzierung und betriebliche Heterogenität im Bahnkonzern ermöglichen eine differenzierte Untersuchung der individuellen Autonomie- und Aneignungschancen in der Arbeit. Dies erfolgt anhand von drei Betriebsfällen, die im Kontext des Forschungsprojekts „Vermarktlichung und Subjektivierung der Arbeit? Neue Arbeitspolitik und betriebliche Geschlechterverhältnisse" (Nickel/Hüning/Frey 2008) nach kontrastierenden Kriterien ausgewählt wurden (a.a.O.: 81).[135] Die drei Betriebsfälle charakterisieren sich durch jeweils eigene Spezifika und stehen exemplarisch für unterschiedliche Rahmenbedingungen der Vermarktlichung und Subjektivierung von Arbeit (vgl. a.a.O.: 19ff). Ein wichtiger Aspekt dabei war das jeweilige Maß an Sicherheit bzw. Unsicherheit im betrieblichen Beschäftigungsverhältnis. Insgesamt werden dadurch die Autonomie- und Aneignungschancen der Beschäftigten auf unterschiedliche Weise beeinflusst. Dies wird in den folgenden Charakterisierungen illustriert.[136] Anschließend wird das Interviewsample beschrieben.

---

[133] So wollen z.B. Teile der SPD einen Börsengang nicht vor 2013.

[134] Dies gilt im Übrigen auch für die Politik. So wurden auf der ersten gemeinsamen Pressekonferenz des designierten Bahnchefs Grube und des Bundesverkehrsministers Tiefensee unterschiedliche Akzentsetzungen nicht nur hinsichtlich des Zeitpunkts für einen neuen Börsengang, sondern auch hinsichtlich der verfolgten Geschäftsstrategie deutlich (vgl. Berliner Zeitung vom 08.04.2009).

[135] Siehe dazu Abbildung 8 im Anhang.

[136] Siehe dazu auch Abbildung 9 im Anhang.

2.1 Das KundenServiceZentrum der DB Schenker Rail GmbH[137]

Der Betriebsfall KundenServiceZentrum steht exemplarisch für einen Bereich relativ sicherer und regulierter „*Normalarbeit*“. Mit Dörre (2005) kann dies auch als „gesicherte Integration“ charakterisiert werden. Insofern steht er für eine Art von betrieblich organisierter Erwerbsarbeit, wie sie im Rahmen des „Modells Deutschland“ lange Zeit typisch war (Cattero 1998; Zukunftskommission 1998). Zugleich handelt es sich aber auch um eine in technischer Hinsicht moderne und mediatisierte Form der Arbeit, wie sie in Call-Centern üblich ist (Kleemann/Matuschek 2003). Dort ist sie dann oft stark flexibilisiert und stark standardisiert (sog. „Dienstleistungs-Taylorismus“).[138] Dies ist eine Form von Markt- und Kundenorientierung, für die bis zu einem gewissen Grad auch das KundenServiceZentrum steht. Es ist die zentrale Auftragsannahme und -abwicklung der DB Schenker Rail, der Güterbahn der Deutschen Bahn AG. Die geschäftsbezogene Kommunikation dort verläuft wie in einem Call-Center vor allem über Telefon und Bildschirm. Auch die Bearbeitung und Abwicklung der Aufträge erfolgt informatisiert und standardisiert. Daneben gibt es noch vor- und nachgelagerte Arbeitsbereiche, die weniger standardisiert sind.

2.2 Die DB JobService GmbH

Der Betriebsfall DB JobService GmbH steht exemplarisch für zweierlei: Zum einen für die Erfahrung von *beruflicher Unsicherheit*, zum anderen für den Versuch der *beschäftigungspolitischen Gestaltung* dieser Unsicherheit.

Vor allem im Hinblick auf die Erfahrung von beruflicher Unsicherheit kann dies mit Dörre (2005) auch als „gefährdete Integration“ bezeichnet werden. Die Beschäftigten der DB JobService GmbH haben ihren regulären Arbeitsplatz im Bahnkonzern rationalisierungsbedingt verloren. Ob, und wenn ja, wo sie einen neuen Arbeitsplatz im Konzern finden, ist ungewiss. Dies markiert den Aspekt der *Gefährdung* in der Charakterisierung von Dörre (2005). Trotz des erfahrenen Arbeitsplatzverlustes stehen die Beschäftigten der DB JobService GmbH aber weiterhin in einem Beschäftigungsverhältnis. Zwar nennt sich dies nun „Integrationsbeschäftigung“ und basiert auf einen Arbeitsvertrag mit der DB JobService GmbH. Zugleich existiert aber das ursprüngliche Beschäftigungsverhältnis mit der Deutschen Bahn AG weiter.[139] Es ruht nur während der Zeit der „Integrati-

[137] Zum Zeitpunkt der Erhebung (Frühjahr 2006) firmierte die DB Schenker Rail GmbH noch unter der Bezeichnung „Railion Deutschland AG“. Anfang 2009 erfolgte die Umbenennung zur jetzigen Bezeichnung. Dies war verbunden mit der Einführung einer europäisch ausgerichteten Organisationsstruktur. Die DB Schenker Rail GmbH übernimmt dabei die Funktion einer operativen Holdinggesellschaft für alle europäischen Landesgesellschaften im Schienengüterverkehr der Deutschen Bahn AG.

[138] Zum Begriff des „Dienstleistungs-Taylorismus“ vgl. Lehndorff (2003).

[139] So ist das Gehalt während einer „Integrationsbeschäftigung“ weiterhin an das ursprüngliche Beschäftigungsverhältnis angebunden. Nur ist es reduziert auf 85% oder auch 80% (dies richtet sich nach Dauer der Betriebszugehörigkeit).

onsbeschäftigung" bei der DB JobService GmbH. Das weiterhin bestehende Beschäftigungsverhältnis markiert den Aspekt der *Integration* in der Charakterisierung von Dörre (2005).

Im Hinblick auf die beschäftigungspolitische Gestaltung der beruflichen Unsicherheit aber weist der Betriebsfall über die Charakterisierung von Dörre hinaus. Hintergrund dafür ist das „Beschäftigungsbündnis" zwischen Konzernvorstand, Konzernbetriebsrat und Bahngewerkschaften (vgl. Nickel/Hüning/Frey 2008: 91f). Der Konzernvorstand verpflichtet sich darin, bis 2010 auf betriebsbedingte Entlassungen zu verzichten. Im Gegenzug wird erwartet, dass Beschäftigte, die ihren Arbeitsplatz rationalisierungsbedingt verloren haben, eine hohe Bereitschaft zur örtlichen Mobilität und fachlichen Flexibilität zeigen, um einen neuen Arbeitsplatz innerhalb oder außerhalb des Konzerns zu finden. Dies zu unterstützen und zu befördern, ist die Aufgabe der DB JobService GmbH. Dafür stehen ihr verschiedene Mittel und Wege zur Verfügung, die sie zur zentralen Schaltstelle im internen Arbeitsmarkt des Bahnkonzerns machen. So läuft z.B. jede Stellenausschreibung und -besetzung im Konzern über die DB JobService GmbH.[140] Hauptzweck davon ist, dass freiwerdende Stellen möglichst intern besetzt werden, um Beschäftigten, die ihren bisherigen Arbeitsplatz rationalisierungsbedingt verloren haben, zu einem neuen Arbeitsplatz zu verhelfen. Die Verfahrensweise dafür ist in einer Konzernbetriebsvereinbarung zum Konzernarbeitsmarkt festgelegt. Sie ist für nahezu alle Konzernunternehmen verbindlich. Flankiert wird das Ganze von den Vereinbarungen zum „Beschäftigungsbündnis".

Stellung und Funktion der DB JobService GmbH sind somit vor allem ein Ergebnis der betrieblichen Beschäftigungspolitik in der Deutschen Bahn AG. Wesentlich daran beteiligt waren die betriebliche und gewerkschaftliche Interessenvertretung. Dies verweist auf den hohen Stellenwert von Partizipation bei der Gestaltung von Arbeit und Beschäftigung sowie der damit verbundenen Sicherheit und Unsicherheit. Zugleich zeigt sich aber auch deren *Ambivalenz*: Die beschäftigungspolitische Gestaltung trägt zur Flexibilisierung des konzerninternen Arbeitsmarktes bei. Durch die Vermittlung auf freie Arbeitsplätze über die Grenzen einzelner Konzerngesellschaften hinweg erhöht sich die Mobilität auf dem konzerninternen Arbeitsmarkt. Der konzernweite Personaleinsatz kann somit wesentlich flexibler gestaltet werden. Dadurch erhöhen sich aber auch die Anforderungen an die betroffenen Beschäftigten. Dies gilt vor allem hinsichtlich der örtlichen Mobilität. Die gestiegenen Anforderungen machen den Kern der Ambivalenz aus. Dazu gehört auch die Verschärfung der Zumutbarkeitskriterien zur Annahme eines neuen Arbeitsplatzes bei der Verlängerung des „Beschäftigungsbündnisses" im Frühjahr 2005. Hinzu kommt, dass diese Verlängerung nur mit erheblichen Zugeständnissen bei den Arbeitsbedingungen der regulär Beschäftigten möglich war. So wurden kollektiv die Gehälter gesenkt und die Ar-

[140] Führungspositionen und spezielle Fachkompetenzen sind davon ausgenommen.

beitzeiten verlängert. Auch dies zählt zur Ambivalenz der beschäftigungspolitischen Gestaltung im Bahnkonzern.

2.3 Die DB Zeitarbeit GmbH

Der Betriebsfall DB Zeitarbeit GmbH steht exemplarisch für den Bereich hochgradig *flexibilisierter* und *vermarktlichter* Arbeit. Auch damit verbindet sich eine Ambivalenz: Einerseits verbindet sich Leiharbeit mit einem hohen Grad an *Ungewissheit* in Bezug auf die Gestalt, den Ort und den Zeitpunkt des Arbeitseinsatzes. Andererseits geht dies oftmals mit einem *unbefristeten* Beschäftigungsverhältnis sowie den damit verbundenen Sicherheiten einher. Mit Dörre (2005) kann dies deshalb auch als „temporäre Integration" bezeichnet werden. „Temporär" vor allem deshalb, weil viele Zeitarbeitsbeschäftigte auch dann, wenn sie über einen unbefristeten Arbeitsvertrag mit der DB Zeitarbeit GmbH verfügen, auf einen dauerhaften Arbeitsplatz in einem der Einsatzbetriebe hoffen. Erst dies macht in ihren Augen eine „richtige Stelle" aus und ist für viele ein Bezugspunkt berufsbiographischer Hoffnung. Die LeiharbeiterInnen sehen sich also zum großen Teil selbst als lediglich temporär oder auch partiell integriert an, so dass sich diese Charakterisierung vor allem als eine *subjektive* versteht.

Der Fall der DB Zeitarbeit GmbH steht auch für eine arbeits- und tarifpolitische Regulierung von Leiharbeit. Vor allem die betriebliche Interessenvertretung und die Bahngewerkschaften waren und sind daran beteiligt. Auch dies macht den Betriebsfall interessant für die Frage nach den individuellen Chancen erweiterter Autonomie und Aneignung in der Arbeit.

3 Das Interviewsample

Die empirische Basis für diese Arbeit bilden vor allem Interviews mit *weisungsabhängigen* und *operativen Beschäftigten* der Deutschen Bahn AG.[141] Die Interviews wurden erhoben im Rahmen des Forschungsprojekts „Vermarktlichung und Subjektivierung der Arbeit? Neue Arbeitspolitik und betriebliche Geschlechterverhältnisse" (Nickel/Hüning/Frey 2008).[142] Interviewt wurden zehn Beschäftigte, die sich wie in Abbildung 3 auf der nächsten Seite gezeigt auf die Betriebsfälle verteilen.

---

[141] Daneben wurden auch betriebliche Dokumente ausgewertet.
[142] Erhebungszeitraum war Frühjahr 2006.

Abb. 3: Verteilung der Beschäftigteninterviews auf die Betriebsfälle

Betriebsfall	Beschäftigteninterviews
KundenServiceZentrum der DB Schenker Rail	4
DB JobService GmbH	3
DB Zeitarbeit GmbH	3

Quelle: Nickel/Hüning/Frey 2008: 26 (modifizierte Darstellung)

Bei der Auswahl der Beschäftigten für die Interviews wurden relevante soziodemographische und berufliche Merkmale berücksichtigt (a.a.O.: 25f). Dies waren zum einen *Geschlecht*, *Alter* und die *Anzahl zu betreuender Personen* (Kinder bis zum 14. Lebensjahr sowie Eltern oder Angehörige). Zum anderen waren dies *Qualifikation* und *ausgeübte Tätigkeit* (betriebliche Position und Funktion). Hinsichtlich der beruflichen Merkmale war die ausgeübte Tätigkeit wichtiger als die Qualifikation. Dies erklärt, warum z.B. im Betriebsfall DB JobService GmbH eine Konzentration von Beschäftigten mit akademischen Abschlüssen zustande kam, die in dieser Weise weder beabsichtigt war noch typisch für den Betriebsfall ist. Sie entstand vielmehr zufällig und hatte die vorherige Schließung eines Unternehmensstandorts zum Hintergrund, dessen Beschäftigte über ein hohes Qualifikationsprofil verfügten. Entscheidend dabei war, dass die Beschäftigten ihren regulären Arbeitsplatz im Konzern verloren haben und nun von der DB JobService GmbH zur Vermittlung auf einen neuen Arbeitsplatz betreut werden.

Ausgewählte soziodemographische Merkmale der interviewten Beschäftigten sind der Abbildung 10 im Anhang zu entnehmen.

V Methodisches Vorgehen

Das methodische Vorgehen der vorliegenden Untersuchung basiert im Wesentlichen auf der Methodik des Forschungsprojekts „Vermarktlichung und Subjektivierung der Arbeit? Neue Arbeitspolitik und betriebliche Geschlechterverhältnisse" (Nickel/Hüning/Frey 2008). Dies betrifft vor allem den qualitativen Ansatz sowie die dabei entwickelten und benutzten Erhebungs- und Auswertungsinstrumente (Interviewleitfaden und Kodeliste).[143] Dies ist erläutert in Nickel/Hüning/Frey (2008: 19ff) und kann dort nachgeschlagen werden. Darüber hinaus wurde zur Untersuchung speziell der hier verfolgten Fragestellung nach den Chancen für individuelle Autonomie und Aneignung in der Arbeit wie folgt vorgegangen:

1 Auswahl der Interviewpassagen

Aus den im Rahmen des Forschungsprojekts kodierten Interviewpassagen wurden diejenigen ausgesucht, deren thematische Kodes inhaltlich relevant waren für die Fragestellung sowie die daraus sich ergebenden Untersuchungsdimensionen dieser Arbeit. Dies waren die Interviewpassagen zu folgenden Themenkodes:

- Berufliche Entwicklung und Karriere
- Unternehmensreorganisation
- Arbeitsorganisation
- Individuelles Arbeitsverständnis
- Personalführung
- Außerbetriebliches Geschlechterverhältnis / Arbeit und Leben
- Interner Arbeitsmarkt
- Arbeitszeit
- Entgeltstrukturen/Einkommen

Die Interviewpassagen zu diesen Themenkodes bildeten die Basis für die Auswertung. Dabei kam ihnen je nach Analyseebene unterschiedliches Gewicht zu.

Zur Untersuchung der individuellen Chancen für *Aneignung in der Arbeit* wurden die Ebenen der sinnlich-erfahrenden, mental-symbolischen und praktisch-

---

143 Der qualitative Ansatz orientierte sich am Verfahren der Grounded Theory (Strauss/Corbin 1996).

handelnden Aneignung unterschieden.[144] Auf Basis der empirischen Konzeptionalisierung (vgl. Kap. III, Abschnitt 2) waren dafür jeweils die Interviewpassagen zu folgenden Themenkodes relevant:

- Für die Analysedimension der *Anerkennungsbedürfnisse in der Arbeit* als Konzeptionalisierung der sinnlich-erfahrenden Aneignungsebene waren vor allem die Interviewpassagen zu den Themenkodes „individuelles Arbeitsverständnis" sowie „Personalführung" relevant. Letztere bezogen sich auf die betrieblichen Anerkennungsstrategien; erstere auf die subjektiven Anerkennungsbedürfnisse.
- Für die Analysedimension der *Erwerbsorientierungen* als Konzeptionalisierung der mental-symbolischen Aneignungsebene waren vor allem die Interviewpassagen zu den Themenkodes „individuelles Arbeitsverständnis", „Personalführung", „außerbetriebliches Geschlechterverhältnis / Arbeit und Leben" sowie „Entgeltstrukturen / Einkommen" von Interesse. Zusammen richteten sich die Interviewpassagen dieser Themenkodes in zum Teil unterschiedlicher Gewichtung, aber mit fließenden Grenzen auf die als Dimensionen von Erwerbsorientierung untersuchte subjektive Bedeutung von Arbeit, das subjektive Leistungsverständnis sowie die subjektive Wahrnehmung des Verhältnisses von Arbeit und Leben.
- Für die Analysedimensionen der *Handlungs-* und *Verhandlungsautonomie in der Arbeit* als Konzeptionalisierung der praktisch-handelnden Aneignungsebene waren vor allem die Interviewpassagen zu den Themenkodes „Berufliche Entwicklung / Karriere", „Arbeitsorganisation", „Arbeitszeit", „interner Arbeitsmarkt" sowie „außerbetriebliches Geschlechterverhältnis / Arbeit und Leben" relevant. Die letzten drei Themenkodes vor allem für die Dimension der Verhandlungsautonomie, der Themenkode „Arbeitsorganisation" vor allem für die Dimension der Handlungsautonomie.

Zur Untersuchung der individuellen Chancen für *Autonomie in der Arbeit* wurde ebenfalls zwischen Handlungsautonomie und Verhandlungsautonomie als Analysedimensionen unterschieden.[145] Dafür waren die Interviewpassagen zu den oben bereits genannten Themenkodes relevant (Berufliche Entwicklung / Karriere, Arbeitsorganisation, außerbetriebliches Geschlechterverhältnis / Arbeit und Leben, interner Arbeitsmarkt, Arbeitszeit).

Die Interviewpassagen zum Thmenkode „Unternehmensreorganisation" gaben für alle Analysedimensionen wichtige Informationen zu den übergreifenden betrieblichen Rahmenbedingungen insbesondere im Hinblick auf die „kapitalmarktorientierte Rezentralisierung" des Bahnkonzerns (vgl. Kap. IV) sowie der daraus sich ergebenden Konsequenzen für die untersuchten Betriebsfälle.

---

[144] Vgl. Kapitel II, Abschnitt 3.2.

[145] Vgl. Kapitel II, Abschnitt 2.5.

2 Vergleich von Interviewpassagen

Die für die einzelnen Analysedimensionen anhand der Themenkodes jeweils ausgesuchten Interviewpassagen wurden *vergleichend* betrachtet. Dabei ging es zusammengefasst um das Aufdecken von *Ähnlichkeiten* und *Unterschieden*, das Entdecken von *Regelmäßigkeiten* und *Brüchen* sowie das Feststellen von *Relationen* und Ausloten von *Differenzierungen* in Bezug auf bestimmte Aspekte und Phänomene der Fragestellung. Diese Aspekte und Phänomene ergaben sich zum Teil aus theoretischen Vorannahmen und vorab ausgewählten Untersuchungsdimensionen (z.B. betriebliche Arbeitsbedingungen, subjektive Arbeitsbezüge, individuelle Handlungsspielräume). Sie ergaben sich zum Teil aber auch neu und damit unmittelbar aus dem Interviewmaterial selbst.

3 Interpretative Rekonstruktion von Handlungslogiken und Deutungsmustern

Auf Basis der sich im Analyseverlauf als relevant gezeigten Zusammenhänge und Relationen, Prozesse und Strategien wurden Muster und Strukturen aufgedeckt. Im Mittelpunkt stand die *interpretative Rekonstruktion* von *subjektiven Handlungslogiken* und *Deutungsmustern* in Bezug auf die individuellen Autonomie- und Aneignungschancen in der Arbeit.[146] In den dazu jeweils untersuchten Analysedimensionen wurde versucht, solche subjektiven Deutschungsmuster und Handlungslogiken sichtbar und nachvollziehbar zu machen. Dabei spielten die in den einzelnen Untersuchungsdimensionen entdeckten Zusammenhänge eine wichtige Rolle. Mit ihrer Hilfe ließen sich sowohl in den untersuchten Aneignungsdimensionen (z.B. individuelle Arbeitsbezüge, Erwerbsorientierungen, Anerkennungsbedürfnisse), als auch den untersuchten Autonomiedimensionen (individuelle Handlungs- und Verhandlungsautonomie) subjektive Sinnzusammenhänge rekonstruktiv erschließen, die sich zu Deutschungsmustern und Handlungslogiken verdichteten.[147] Die diesbezüglichen Ergebnisse sind im nachfolgenden Kapitel beschrieben.

---

[146] Methodisch erfolgte dies in Anlehnung an die Verfahren der *rekonstruktiven Sozialforschung* (Bohnsack 2003) sowie der *Deutungsmusteranalyse* (Meuser 2003).
[147] Zur empirischen Konzeptionalisierung dieser Analysedimensionen siehe Kapitel III.

VI Empirische Befunde

Im Folgenden werden die Auswertungsergebnisse dieser Arbeit vorgestellt und diskutiert. Sie beruhen auf der in Kapitel III entwickelten empirischen Konzeptionalisierung. Zunächst werden die Ergebnisse zur subjektiven und betrieblichen Bedeutung von Anerkennung in der Arbeit vorgetragen (1). Dieser Abschnitt steht für die sinnlich-erfahrende Aneignung der Beschäftigten. Sodann werden die individuellen Erwerbsorientierungen behandelt (2). Dieser Teil steht für die mental-symbolische Aneignung der Beschäftigten. Er gliedert sich in drei Unterpunkte: Die subjektive Bedeutung von Arbeit (2.1), das subjektive Leistungsverständnis (2.2) sowie das subjektive Verhältnis von Arbeit und Leben (2.3). Anschließend werden in zwei getrennten Abschnitten die Ergebnisse zur Handlungsautonomie (3) und zur Verhandlungsautonomie (4) der Beschäftigten vorgestellt. Beide Abschnitte stehen für die praktisch-tätige Aneignung der Beschäftigten. Die Ausführungen zur Verhandlungsautonomie unterteilen sich in zwei Unterpunkte, in denen das jeweilige Ausmaß an individueller Verhandlungsautonomie exemplarisch an zwei Aspekten demonstriert wird: Zum einen an der Gestaltung der eigenen täglichen Arbeitzeit (4.1), zum anderen an der Beeinflussung der eigenen Stellung auf dem internen Arbeitsmarkt (4.2).

Die Darstellung der Befunde zur subjektiven Bedeutung von Anerkennung sowie zu den individuellen Erwerbsorientierungen erfolgt größtenteils betriebsfallübergreifend, da die betrieblichen Differenzierungen diesbezüglich nur gering sind. Anders ist dies bei den Ergebnissen zur individuellen Handlungs- und Verhandlungsautonomie. Hier zeigen sich deutliche Differenzierungen je nach untersuchtem Betriebsfall. Dementsprechend gliedert sich die Darstellung der Befunde hierzu nach Betriebsfällen. Die zitierten Interviewpassagen dienen als Beleg für die jeweils getroffene Aussage. Einige Passagen belegen zwei Aussagen, so dass es dann zu einer Wiederholung kommt.

1 Anerkennung in der Arbeit bei operativ Beschäftigten

Anerkennung in der Erwerbsarbeit stellt für die befragten Beschäftigten nicht nur ein zentraler Mechanismus zur sozialen Integration und Teilhabe dar, sondern wirkt ebenso als starke Motivation für Engagement und Leistung in der Arbeit.

> *„Ich glaube, sie ist fundamental für die Arbeit. Das bringt einen ja voran. Dadurch, dass man merkt, dass man Erfolge hat, macht man ja immer weiter. (...) manchmal kann man das erst, wenn einer von außen sagt, du machst das gut!" (731/103-105).*[148]

[148] Die Nummerierung der Interviewzitate bedeutet folgendes: Die *erste dreistellige Ziffer* bezeichnet das Interview. Die Interviewnummer ist immer dreistellig und die Zählung beginnt

Das gilt für jüngere Beschäftigte (bis 30 Jahre) genauso wie für ältere Beschäftigte (über 50 Jahre). Alter ist somit kein differenzierendes Kriterium hinsichtlich der grundsätzlichen Bedeutung von Anerkennung in der Arbeit. Gleiches gilt für die Merkmale Geschlecht und Qualifikation. Sowohl für die befragten Frauen und Männer als auch für die beiden unterschiedenen Qualifikationsstufen der betrieblich und akademisch qualifizierten Beschäftigten hat Anerkennung in der Erwerbsarbeit die gleiche fundamentale Bedeutung.[149] Unterhalb dieser generellen Aussagen zeigen sich allerdings auch Differenzierungen. Sie betreffen vor allem die unterschiedlichen subjektiven *Bedürfnisse* nach Anerkennung in der Arbeit. Die verschiedenen Anerkennungsbedürfnisse lassen sich bestimmen anhand der Unterscheidung von *Modi*, *Formen* und *Quellen* der Anerkennung in der Erwerbsarbeit. Die *Modi* der Anerkennung beziehen sich im Anschluss an Voswinkel (2002) auf die Differenzierung zwischen „Würdigung“ und „Bewunderung“. Die *Formen* der Anerkennung beziehen sich auf die Unterscheidung zwischen materieller, verbaler, symbolischer und aufgabenbezogener Anerkennung. Die *Quellen* der Anerkennung schließlich betreffen die Unterscheidung von – bezogen auf das Subjekt – inneren und äußeren Quellen der Anerkennung. Auf der Ebene des Subjekts fließen die genannten Differenzierungen zusammen und generieren jeweils spezifisch individuelle Anerkennungsbedürfnisse. Dabei verschwimmen zum Teil auch die Abgrenzungen der Differenzierungen untereinander. Nicht zuletzt dadurch wird der Charakter von individuellen Anerkennungsbedürfnissen als *komplexer* und *integraler Zusammenhang* deutlich. Sie lassen sich nur analytisch in der genannten Weise differenzieren und gestalten sich im Subjekt als *ein* Bedeutungszusammenhang. Dies macht sich auch in der folgenden Darstellung bemerkbar, bei der es in Bezug auf die genannten Differenzierungen teils zu Überlappungen kommt.

1.1 Anerkennung als Würdigung des Alltäglichen und Mühsamen in der Arbeit

Für einen Großteil der Beschäftigten bezieht sich Anerkennung in der Arbeit auf das *Alltägliche*, teils auch *Mühsame* der täglichen Arbeit.

> *„... dass man eben bestätigt wird, wenn man (...). Ich meine, wir machen das zwar jeden Tag, aber ist auch mal schön, wenn [mal] danke schön oder so“ (734/93).*

---

bei Nummer 731 für das erste Beschäftigteninterview (das letzte Beschäftigteninterview trägt die Nummer 740). Anhand dieser Nummer sind in der Liste mit dem Interviewsample (siehe Kap. V, Tab. 4) die relevanten soziodemographischen Merkmale der interviewten Person zu identifizieren. Die *zweite Nummer* bezeichnet den Absatz (oder die Absätze) des in das Textverwaltungsprogramm MaxQDA eingegebenen Interviews, denen die zitierte Interviewpassage entspricht. Die Einlassungen bedeuten folgendes: *Runde Klammern mit drei Pünktchen* (...) markieren Auslassungen; *eckige Klammern* [ ] bezeichnen Hinzufügungen des Autors.

[149] Zum Qualifikationsprofil der befragten Beschäftigten siehe die Darstellung des Interviewsamples in Kapitel V, Abschnitt 4. Die relevanten soziodemographischen Merkmale sind in Tab. 4 aufgeführt.

Die Anerkennung der eigenen alltäglichen Arbeit und Bemühung muss dabei aus Sicht der Beschäftigten nicht ausschließlich von Vorgesetzten kommen. Sie kann gerade in den unmittelbar kundenbezogenen Arbeitsbereichen auch durch entsprechende Äußerungen der *KundInnen* erzeugt werden.

> *„Man hört dort öfter mal das Wort 'danke', das sonst nicht so selbstverständlich ist" (736/40).*

Die eigenen *KollegInnen* werden dahingegen von den befragten Beschäftigten nicht als eigenständige Anerkennungsquelle thematisiert. Dies kann zum einen an der grundsätzlichen Solidaritätsbeziehung zwischen Beschäftigten liegen, die quasi jenseits von ausdrücklicher und dadurch auch reflektierbarer Anerkennung angesiedelt ist. Dies verweist zum anderen aber auch auf die vielfältigen Verquickungen zwischen Anerkennung und Macht: Diejenigen, von denen Anerkennung als würdig erfahren wird, sind oftmals vor allem Höher- oder Außenstehende – hier zum einen in Gestalt von Vorgesetzten, zum anderen in Gestalt von KundInnen (die ja indirekt auch machtvoll sind).[150]

1.1.1 Innere Quellen der Anerkennung

Anerkennung in der Arbeit muss für die befragten Beschäftigten nicht ausschließlich von außen kommen. Vielmehr gelingt es einigen Beschäftigten auch, *innere* Quellen der Anerkennung zu mobilisieren. Als Ressourcen für innere Anerkennung fungieren dabei vor allem eigene Standards und Kriterien für eine gute Arbeitsleistung.

> *„Ich brauche nicht unbedingt die Anerkennung von einem Chef oder so was. Ich muss für mich selber eigentlich wissen, dass ich die Arbeit gut gemacht habe und dass ich was geschaffen habe. Also das gibt mir eigentlich die Befriedigung. (...) wenn ich weiß, dass ich es gut gemacht habe" (737/95).*

Diese Standards und Kriterien betreffen zum einen die *Qualität* der eigenen Arbeitsleistung.

> *„... ich möchte eigentlich (...) Qualität abliefern und deswegen gefällt mir das eigentlich nicht, wenn ich nicht die Zeit kriege, das richtig auszutesten und das dann abgeben muss und das ist nicht ausgetestet oder so" (737/201).*

Sie betreffen zum anderen aber auch die eigene *Integrität* und *Redlichkeit* in der Arbeit:

> *„Ich selber muss mit mir zufrieden sein. (...) So meine Prinzipien, dass ich denen treu bleibe dabei auch." (732/102).*

---

[150] Dies zum einen in ökonomischer Hinsicht, zum anderen aber auch in disziplinarischer Hinsicht, wenn z.B. Kundenbeurteilungen und Kundenerfolg zum Bestandteil betrieblicher Leistungsbeurteilungen werden.

Beides – sowohl die Qualität der Arbeit als auch die persönliche Integrität in der Arbeit – gründet in stark *arbeitsinhaltlichen* und *fachlichen* Arbeitsbezügen. Sie beziehen sich zum einen auf sachlich-technische Erfordernisse des Arbeitsprodukts, zum anderen auf fachliche Regelungen und Bestimmungen der Arbeitsausführung. Aufgrund dieser Bezüge ergeben sich für die Beschäftigten mitunter auch Spannungen zu anderen betrieblichen Anforderungen. Dies können die Anforderungen von KundInnen oder von anderen Abteilungen sein:

> *„... ich muss immer versuchen, das, was der Kunde von mir möchte, mit dem, was eigentlich vertraglich möglich ist, in Einklang zu bringen. Und dann muss ich immer mit dem Kundenberater (...) diskutieren (...), [d]er sagt, das ist doch alles kein Problem, mach einfach. Ich habe aber diese rechtliche Seite auf der anderen Seite, im Vertrag steht das gar nicht drin. So, ja. Und man hat immer den Eindruck, man ist eigentlich der Böse und will ja einfach nicht ...“ (732/98).*

Dies können aber auch die Anforderungen nach betriebsökonomischer Effizienz und Rentabilität sein:

> *„Früher haben wir mehr Zeit gehabt, um unsere Sachen auszutesten, wenn da so ein Projekt - da war mehr Zeit für eingeräumt und dann (...) hatte man ein besseres Gewissen, dass wirklich alles ausgetestet war“ (737/194).*

In den genannten Quellen und Bezügen für innere Anerkennung in der Arbeit spiegeln sich auch die *gebrauchswertorientierten* Aspekte der Erwerbsorientierung der Beschäftigten wider.[151] Vor allem die fachlich-inhaltlichen Bezüge sowie der Anspruch nach persönlicher Integrität in der Arbeit stehen dafür.

1.2 Anerkennung als Bewunderung des Besonderen und Außergewöhnlichen

Fachlich-inhaltliche Arbeitsbezüge und persönliche Integrität in der Arbeit beziehen sich für die befragten Beschäftigten nicht nur auf das Alltägliche und Mühsame ihrer Arbeit, sondern auch auf das *Besondere* und *Außeralltägliche*. Dieser Aspekt macht sich bei den Beschäftigten in zweifacher Weise bemerkbar: Zum einen in Form von wechselnden Aufgaben- und Problemstellungen, die als immer wieder neue und positive Herausforderungen erlebt werden können. Hier ist das Besondere und Außergewöhnliche gewissermaßen ein *regelmäßig* oder zumindest öfters *wiederkehrender Bestandteil* der *eigentlichen Arbeitsaufgabe*. Das macht sich insbesondere bemerkbar bei Beschäftigten, die stark projektbezogen arbeiten und dabei sehr fachlich orientiert sind (wie z.B. bei einem Teil der befragten IT-IngenieurInnen). Die Bewältigung dieser wechselnden fach- und projektbezogenen Aufgabenstellungen verbindet sich für einen Teil der Beschäftigten mit einem Erfolgserlebnis.

> *„... da hat man auch mal ein Erfolgserlebnis und so, wenn man mal wieder was geschafft hat und so was“ (737/47).*

---

[151] Siehe dazu die Abschnitte 2.1 und 2.2 dieses Kapitels.

Zum anderen bezieht sich für die Beschäftigten das Besondere und Außergewöhnliche in der Arbeit auf ungewöhnliche und teils auch unvorhersehbare Anforderungen und Ereignisse. Dies können ganz unterschiedliche Dinge sein, wie z.B. ein plötzlicher Computerabsturz, ein unerwarteter Auftrag oder auch (im Sinne des „Außeralltäglichen") ein lange ignorierter Ablagenstau. Das Gemeinsame dieser Ereignisse ist darin zu sehen, dass sie als *zusätzliche Herausforderung* zur eigentlichen Arbeitsaufgabe verstanden werden.

> *„... im September letzten Jahres (...) waren zwei Server abgestürzt (...) und dann lief eben nichts mehr. Da war dann richtig (...) viel liegen geblieben (...) und ich sag mal, da hat man eben versucht, mit den Mitteln, die wir jetzt dann noch zur Verfügung haben, Notfall- oder irgendwelche Papierumschreibungen, die man dann so machen kann, um den Verkehr am Laufen zu halten" (734/85).*

1.2.1 Das Besondere als Bestandteil der Arbeitsaufgabe und regelmäßige Herausforderung in der Arbeit

Insbesondere die erste Form des Besonderen und Außergewöhnlichen in der Arbeit wird von einem Teil der vor allem akademisch qualifizierten Beschäftigten als positive Herausforderung erlebt. Diese Herausforderung wird stark fachbezogen verstanden und verbindet sich oftmals mit dem Ehrgeiz, ein fachliches Problem zu lösen.

> *„... bei den (...) Sachen - da lebt man eher mit, da beschäftigt einen das auch noch mal zu Hause, wenn man ein Problem hat und das geht nicht so auf dem Kopf ..." (737/129).*

Aus der erfolgreichen Bewältigung und Lösung solcher projekt- und fachbezogenen Problem- und Aufgabenstellungen kann ein Teil der Beschäftigten innere Anerkennung und Befriedigung ziehen. Für die zuletzt zitierte Beschäftigte verdeutlicht sich dies insbesondere im Kontrast zu ihrer jetzigen Tätigkeit in verschiedenen betrieblichen Beschäftigungsprojekten, die sie nach Verlust ihres angestammten Arbeitsplatzes ausübt:

> *„... es fehlt ein bisschen die Befriedigung (...) - jetzt ist im Prinzip, wenn der Tag vorbei ist, kann ich den abhaken ..." (737/127).*

Dieser Beschäftigten ist durch Verlust des angestammten Arbeitsplatzes zugleich auch das Besondere und Außergewöhnliche der Arbeit verloren gegangen. Das Besondere und Außergewöhnliche der Arbeit stellt sich für sie in Form von fachlichen Herausforderungen dar. Sie erheben sich über das Einerlei und Mühsame der alltäglichen Arbeit und verbleiben dadurch auch über den Tag hinaus in der Erinnerung. Genau dieses Erhebende und Erinnerungswürdige – und damit auch Besondere – fehlt der Beschäftigten bei ihrer jetzigen – von ihrer Qualifikation her unterwertigen – Tätigkeit.

> *„Man kann sich dann kaum noch dran erinnern, was das für ein Tag war. Also wenn man dann drei Fahrten die Woche hat, dann weiß man schon von der ersten Fahrt nichts mehr. Also das ist (...) weg" (737/129).*

1.2.2 Das Besondere als unvorhergesehene Herausforderung in der Arbeit

Demgegenüber stellt sich die zweite Form des Besonderen und Außergewöhnlichen in der Arbeit – das unvorhergesehene Ereignis - für die Beschäftigten eher als selbstverständliche Pflichterfüllung dar. Es geht hier weniger um die Bewältigung von projektbezogenen fachlichen Herausforderungen als um die Bewältigung von zum Teil auch Notsituationen. Dementsprechend werden sie von den Beschäftigten auch nicht aktiv gesucht oder gar vermisst. Gleichwohl markieren diese Ereignisse für die Beschäftigten etwas Besonderes und Außergewöhnliches in ihrer Arbeit. Die Bewältigung dieser unvorhergesehenen Ereignisse entspringt allerdings eher einem selbstverständlichen Arbeits- und Pflichtethos denn einem ausdrücklichen Erfolgsstreben in der Arbeit. Auch hierbei können die Beschäftigten durchaus eigene Erfolgs- und Anerkennungsbedürfnisse befriedigen. Wichtiger ist hier aber die Anerkennung von außen – etwa vom Vorgesetzten und der Unternehmensleitung. Insbesondere für betrieblich qualifizierte Beschäftigte stellt dies eine wichtige Anerkennung ihrer selbstverständlich erbrachten zusätzlichen Arbeitsleistung dar.

> *„... daraufhin [... wurde ...] dem ganzen Haus ein Frühstück ausgegeben. (...) Das ist dann schon, wo man denkt, oh, okay, wird doch mal honoriert, was man da so treibt so" (734/85).*

1.2.3 Fachliche Herausforderung und selbstverständliche Pflichterfüllung als gebrauchswertorientiertes Arbeitsethos

Beide Formen des Besonderen und Außergewöhnlichen in der Arbeit basieren vor allem auf *gebrauchswertorientierten* Aspekten der Erwerbsorientierung.[152] Dies sind zum einen fachlich-inhaltliche Arbeitsbezüge, zum anderen sach- oder situationsbezogene Arbeitsbezüge. Hinzu kommt ein jeweils spezifisches *Arbeitsethos*, das sich im ersten Fall eher als „Fachethos", im zweiten Fall eher als „Pflichtethos" charakterisieren lässt. Damit aber unterscheiden sich beide Formen des Besonderen und Außergewöhnlichen in der Arbeit, wie sie sich aus der Perspektive der Beschäftigten darstellen, von demjenigen, was nach Voswinkel (2002) das Besondere und Außergewöhnliche ausmacht, auf das der Anerkennungsmodus der „Bewunderung" zielt. „Bewunderung" korrespondiert demnach vor allem mit Markterfolg, Ranghöhe und Prestige (ebd.: 70). Diese Kriterien aber lassen sich vor allem als „tauschwertorientiert" charakterisieren. Im Unterschied dazu lassen sich die Kriterien für den Anerkennungsmodus der „Würdigung" eher als „gebrauchswertorientiert" charakterisieren. Sie basieren auf sozialen Reziprozitätsbeziehungen und bringen die Wertschätzung für den Beitrag

---

[152] Zur Differenzierung von gebrauchswert- und tauschwertorientierten Aspekten der Erwerbsorientierung siehe Kapitel III, Abschnitt 2.2 (Erwerbsorientierung).

der Subjekte zum Ausdruck (beides findet sich z.B. in Fach- oder Professionsgemeinschaften wieder).[153]

1.3 Subjektive Anerkennungsbedürfnisse und betriebliche Anerkennungsstrategien

Wie aber kommt es zu der Diskrepanz, dass das Besondere und Außergewöhnliche in der Arbeit das eine Mal eher gebrauchswertorientiert (hier), das andere Mal eher tauschwertorientiert (bei Voswinkel) ist? Eine Erklärung bietet die Unterscheidung zwischen *subjektiven Anerkennungsbedürfnissen* und *betrieblichen Anerkennungsstrategien.*[154] Die von Voswinkel (2002) differenzierten Anerkennungsmodi der „Würdigung" und „Bewunderung" lassen sich sowohl auf der Ebene der Subjekte als Anerkennungsbedürfnisse als auch auf der Ebene der Betriebe als Anerkennungsstrategien ausmachen.

Voswinkel (2002) beschreibt nun in seinen Ausführungen die Anerkennungsmodi der „Würdigung" und „Bewunderung" vor allem als differenzierte *betriebliche Anerkennungsstrategien.* Als solche zielt „Bewunderung" in erster Linie auf tauschwertrelevante Aspekte wie Leistungsstärke und Markterfolg. Demgegenüber zeigen sich hier die Anerkennungsmodi der „Würdigung" und „Bewunderung" auch als *subjektive Anerkennungsbedürfnisse* der Beschäftigten. Als subjektives Anerkennungsbedürfnis bezieht sich „Bewunderung" im Falle der hier untersuchten weisungsabhängig Beschäftigten vor allem auf gebrauchswertorientierte Aspekte der Erwerbsorientierung (z.B. fachliche und sachliche Sinnbezüge, Arbeitsethos). Gleiches lässt sich für „Würdigung" als subjektives Anerkennungsbedürfnis sagen.

Die Anerkennungsbedürfnisse der Beschäftigten richten sich somit sowohl auf das Alltägliche und Mühsame, als auch auf das Besondere und Außergewöhnliche ihrer Arbeit. Dabei kommt es insofern zu Differenzierungen zwischen den Beschäftigten, als dass nicht jede Arbeit sich durch das gleiche „Mischungsverhältnis" auszeichnet zwischen Alltäglichen und Mühsamen einerseits, Besonderen und Außergewöhnlichen andererseits.

Hier kommt es auch zu einem Zusammenhang mit *Qualifikation*: Die Arbeit der betrieblich qualifizierten Beschäftigten zeichnet sich in der Regel durch ein höheres Maß an Alltäglichkeit und Mühsamkeit aus als die Arbeit der akademisch qualifizierten Beschäftigten. Wie gezeigt, ist letztere oftmals an variierenden, projekt- und fachbezogenen Problemstellungen orientiert, während erstere häufig repetitiv und dadurch auch monoton und restriktiv ist (z.B. bei der digitalen

[153] Die Charakterisierung als „tauschwertorientiert" und „gebrauchswertorientiert" sowie ihre Abgrenzung voneinander versteht sich vor allem *heuristisch.* Denn auch der Anerkennungsmodus der „Würdigung" beruht auf Leistung und Gegenleistung (im Rahmen reziproker Beziehungen) und ist insofern „tauschwertorientiert". Im Unterschied zum Anerkennungsmodus der „Bewunderung" aber sind die „tauschwertorientierten" Elemente der „Würdigung" nicht auf den schnellen, und allein auf Nutzen und Verwertung abzielenden Erfolg hin ausgerichtet.

[154] Siehe zu dieser Differenzierung Kapitel III, Abschnitt 2.1 (Anerkennungsbedürfnisse).

Auftragscodierung). Genau dafür wollen die Beschäftigten aber auch Anerkennung von Seiten des Betriebes, und es ist eine empirische Frage, welche Formen und Strategien das Unternehmen dafür findet. Die betrieblichen Anerkennungsstrategien werden im Folgenden thematisiert. Dazu werden zunächst verschiedene *Formen* der Anerkennung differenziert. Eingebettet sind diese Anerkennungsformen in betriebliche *Muster* der Anerkennung, von denen ein „tayloristisches" und ein „posttayloristisches" unterschieden werden.

1.4 Anerkennungsformen und Anerkennungsmuster

In Kapitel III dieser Arbeit wurden verschiedene *Anerkennungsformen* unterschieden. Dies waren materielle, verbale, symbolische und aufgabenbezogene Anerkennung. Allen diesen Formen der Anerkennung wird von Seiten der Beschäftigten eine wichtige Bedeutung beigemessen. Der jeweilige Gehalt dieser subjektiven Bedeutung wird im Folgenden für die einzelnen Anerkennungsformen skizziert. Dabei werden zum einen Unterschiede in den *subjektiven Bedeutungszumessungen* deutlich. Zum anderen zeigt sich ein Wandel im *betrieblichen Anerkennungsmuster.*[155] Er betrifft die hier untersuchten Anerkennungsformen in unterschiedlich starker Weise und lässt sich charakterisieren als Wandel von einem eher tayloristischen zu einem eher posttayloristischen Anerkennungsmuster. Dies wird im Folgenden anhand der einzelnen Anerkennungsformen erläutert.

1.4.1 Verbale Anerkennung – subjektive Bedeutung für die weisungsabhängigen Beschäftigten

In der subjektiven Wahrnehmung der Beschäftigten spielt die verbale Anerkennung eine wichtige Rolle. Dies gilt vor allem für diejenige von den *unmittelbaren Vorgesetzten.* Sie ist für die Beschäftigten in vielen Fällen die unmittelbar und konkret erfahrbare Quelle von äußerer Anerkennung in der Arbeit. Denn, so die Ausführungen einer jüngeren Angestellten:

> *„... das große Unternehmen sieht ja meine Arbeit nicht. Es ist ja nur ein Teil von allem, was passiert. Aber meine direkte Führungskraft sieht das schon" (731/75).*

Dabei hängt diese Form der Anerkennung nach wie vor stark von der jeweiligen Art und Weise der unmittelbaren Führungskraft ab.[156] Dieser *persönliche* Faktor erklärt die zum Teil doch recht unterschiedlichen Erfahrungen der befragten Beschäftigten mit dieser Form der Anerkennung.

> *„Was natürlich in jedem Team von der jeweiligen Führungskraft abhängt, wie sehr sie es sehen will und wie sehr sie es auch würdigt. Aber bei uns wird es schon sehr gewürdigt. Aber es gibt auch Teams, da wird viel als selbstverständlich (...) angesehen" (731/75).*

---

[155] Vgl. dazu Kapitel III, Abschnitt 2.1.

[156] Dies gilt trotz aller neuen und „modernen" Steuerungsstrategien eines Human Resource Managements.

Typisch für die befragten Beschäftigten ist jedoch ein *Mix* aus unterschiedlichen Erfahrungen mit der verbalen Anerkennung durch Vorgesetzte. Das Spektrum reicht dabei von positiven bis hin zu weniger positiven Erfahrungen. Die Unterschiede dabei sind aber nur zum Teil auf die Persönlichkeit der jeweiligen Vorgesetzten zurückzuführen. Ein anderer Teil geht auf unterschiedliche *Führungskompetenzen* und *-qualifikationen* zurück, die erlernbar sind und insofern auch in der Verantwortung des Unternehmens liegen.

> *„... von dem Abteilungsleiter hätte ich mir durchaus manchmal eine Unterstützung (...) erbeten und dann hat er mich aufgefordert, das selber zu machen. Ich denke, das ist irgendwo ein persönliches Problem gewesen. (...) Die Anerkennung der Bereichsleiterin, (...) die war sehr angenehm. Der Projektchef war sowieso Spitze, aber ich denke auch, als Psychologe überblickte er die Lage ganz anders" (735/114).*

Die verbale Anerkennung von Seiten der *KollegInnen* wird von den befragten Beschäftigten nicht thematisiert. Auch dies verweist auf die wichtige Bedeutung der verbalen Anerkennung durch Vorgesetzte.

1.4.2 Verbale Anerkennung – Element eines tayloristischen und eines posttayloristischen Anerkennungsmusters

Die verbale Anerkennung ist eine Anerkennung, die sich auf der Ebene der *Form* einer eindeutigen und ausschließlichen Zuordnung zu einem tayloristischen oder posttayloristischen Anerkennungsmuster sperrt. Als Anerkennungsform kann sie in beiden betrieblichen Anerkennungsmustern zur Geltung kommen. Differenzierungen zeigen sich hier erst auf der *inhaltlichen* Ebene (etwa durch Lob verschiedener Eigenschaften und Erfolge). Diese inhaltlichen Differenzierungen vermitteln sich im Rahmen kommunikativer Interaktion (z.B. zwischen Vorgesetzen und Untergebenen) und sind insofern immer auch situativ. Sie lassen sich deshalb nur schwer formalisieren (etwa im Rahmen betrieblicher Strategien) oder erheben (im Rahmen von Interviews). Auch darin spiegelt sich der persönliche Charakter dieser Anerkennungsform.

Allerdings gibt es im empirischen Material Hinweise, die auf einen *Generationeneffekt* in Bezug auf inhaltliche Differenzierungen von verbaler Anerkennung verweisen. So zeigen in der Wahrnehmung von Beschäftigten vor allem jüngere Führungskräfte eine Orientierung, die stark auf den Erfolg des eigenen Bereichs zielt.

> *„... die Jungen und gerade die - also die neuen Führungskräfte (...) die gucken nur auf ihr Stück, also diesen Betriebsteil, und das andere interessiert sie nicht. (...) Weil die nur den Erfolg für ihr Stückchen sehen ..." (737/71-75).*

Die vorrangige Orientierung am eigenen Erfolg, sowie die damit einhergehende Ausblendung von sozialen, oder auch auf das Unternehmensganze bezogenen Kriterien, verbinden sich mit veränderten Wert- und Zielsetzungen, die sich auch verbal ausdrücken. So kann denn z.B. die Schließung eines Betriebsteils als

„Projekt“ organisiert werden, für dessen „erfolgreiche“ Bewältigung die verantwortlichen Führungskräfte selbst gegenüber den davon betroffenen Beschäftigten um Anerkennung werben.

> *„... unser Abteilungsleiter (...) hat uns freudestrahlend erzählt, was er für ein Projekt aufgesetzt hat, um uns abzuwickeln. Ja? Das hat er uns freudestrahlend erzählt, (...) dass er extra ein Projekt dafür eingerichtet und das wird so und so und ganz freudestrahlend hat er das erzählt, wie denn unser Standort abzuwickeln ist“ (737/233-235).*

Hier drückt sich am Beispiel der jüngeren Führungskräfte ein Wandel des betrieblichen Anerkennungsmusters auf der Ebene der individuellen Orientierungen aus, die dann auch in Situationen der Interaktion entsprechend verbalisiert und mitgeteilt werden.

1.4.3 Materielle Anerkennung – tayloristische und posttayloristische Formen

Auch die materielle Anerkennung ist für die befragten Beschäftigten sehr wichtig. Dies gilt vor allem für die monetären Formen (Gehalt, Zulagen, Zuwendungen, etc.). Zugleich wird diese Anerkennungsform von Seiten des Unternehmens auf vielfältige Weise differenziert und vorangetrieben. Grundsätzlich geht es dabei um eine stärkere *Leistungs-* und *Erfolgsorientierung* der materiellen Anerkennung. Darin drückt sich auch ein Wandel im betrieblichen Anerkennungsmuster aus. Dies geschieht zum einen durch Setzung von *zusätzlichen* monetären Leistungsanreizen (Prämien). Zum anderen werden fixe Entgeltbestandteile in *variable* (und damit leistungs- und erfolgsabhängige) Entgeltbestandteile umgewandelt. Gerade hinsichtlich der zusätzlichen Leistungsprämien bekommen die einzelnen Betriebe und Abteilungen vor Ort einen größeren Handlungsspielraum, wie ein befragter Personalreferent erläutert:

> *„... es ist flexibler geworden (...) wir kriegen so ein Budget (...) Dann wird es runter gebrochen auf die verschiedenen Abteilungen, die wir hier haben, und jeder Abteilungsleiter bekommt dann halt ein gewisses Budget, und dann wird gesagt, nun verteile mal“ (733/109).*

Diese betrieblichen Handlungsspielräume sind zum Teil das Resultat arbeitspolitischer Regulierung.[157] So sieht etwa der Tarifvertrag auch die Möglichkeit einer leistungsorientierten Zuwendung vor:

> *„Da gibt es ein offizielles Schreiben, auf Grund Ihrer Leistung, die wie folgt aussah, (...) sieht der Tarifvertrag die Möglichkeit vor, (...) Ihnen diese Zuwendung zukommen zu lassen“ (733/103).*

---

[157] In Form von formalen Aushandlungen zwischen Unternehmensleitung, Gewerkschaften und Konzernbetriebsrat.

Allerdings gibt es durchaus widersprüchliche Erfahrungen mit der Anwendung dieses Instruments. Einerseits wird versucht, mit der Leistungsprämie tatsächlich eine besondere Leistung der Beschäftigten zu würdigen und anzuerkennen.

> *„Einmal im Jahr gibt es das große Füllhorn (...) und dann (...) kann [man] sagen, so, jetzt hat Mitarbeiter A wirklich mit dem Kunden - oder hat uns durch eine umsichtige Aktion soundso viel Geld eingespart oder wie auch immer. (...) wird oft bei Lokführern zum Beispiel verwendet, wenn er da irgendwie einen Unfall vermieden hat durch vorausschauendes Arbeiten oder wie auch immer. Oder Prämien für irgendwelche ganz besonderen Leistungen. Also die werden dann so übers Jahr verteilt ...“ (733/215).*

Andererseits spielen aber auch Faktoren eine Rolle, die den vermeintlich objektiven Leistungsbezug dieser Instrumente aushebeln und ein Stück weit konterkarieren:

> *„... ist immer noch so der Nasenfaktor dabei. Also es ist nicht messbar, so die ganzen Geschichten. (...) mir fällt auf, (...) es wird oft an die gleichen Leute verteilt und ganz oft an die Führungskräfte, also an die Teamleiter und solche Dinge (...) Also ich würde mir öfter mal wünschen, einfach auch mal an d[en] kleinen [Beschäftigten], der da früh, spät, Nacht, Heiligabend, Silvester sitzt und seine Aufträge - ...“ (733/109).*

Ungeachtet dieser Ungereimtheiten und Widersprüche wird der monetären Anerkennung von Leistung seitens der Beschäftigten eine wichtige Bedeutung zugesprochen. Dabei haben insbesondere die *regulären* Entgeltbestandteile (einschließlich der Zulagen und Zuwendungen) einen hohen Stellenwert. Den zusätzlichen Leistungsprämien kommt demgegenüber in der subjektiven Wahrnehmung der Beschäftigten eine weniger hohe Bedeutung zu. Dazu verpufft erstens ihre materielle Wirkung zu schnell, und zweitens stellen sie für die Beschäftigten noch keine durchgängige Erfahrung dar.[158]

Für diejenigen Beschäftigten aber, die bereits Erfahrungen mit zusätzlichen Leistungsprämien haben, bleiben sie in der subjektiven Wahrnehmung immer an eine *verbale* Flankierung gebunden. Die verbal geäußerte Begründung ist dabei oftmals das Entscheidende. Weniger der finanzielle Aspekt steht so im Vordergrund der subjektiven Wahrnehmung, als vielmehr die verbale Begründung, z.B. durch den Vorgesetzten:

> *„... ich habe da also einmal damals 1000 Mark mal bekommen und jetzt in den letzten zwei Jahren mal 400 Euro. Das (...) muss dann noch versteuert werden, bleibt nicht so viel übrig. Aber ist zumindest immer eine ganz nette Geste, wenn man dann zum Personalchef gerufen wird und dann halt gesagt wird, ich war sehr mit Ihrer Arbeit einverstanden ...“ (733/101).*

---

[158] Dies wird in Abschnitt 2.2 dieses Kapitels („Das subjektive Leistungsverständnis“) näher erläutert.

Letztendlich verweist so auch die materielle Anerkennung auf die hohe subjektive Bedeutung von verbaler Anerkennung. Das schließt nicht aus, dass einige Beschäftigte sich noch weitere, durchaus auch weitergehendere Formen der monetären Anerkennung vorstellen können. Etwa in Form einer Gewinnbeteiligung, die in Richtung einer materiellen Beteiligung am Produktivvermögen weist.

> *„... man könnte hier und da immer mal ein bisschen Geld gebrauchen. Also so eine Gewinnbeteiligung hier und da stellt sich bestimmt jeder vor ...“ (731/89).*

Allerdings zeigt sich auch, dass seitens der Beschäftigten nach wie vor *traditionellen fordistischen Formen* der materiellen Anerkennung von Arbeit und Leistung ein hoher Stellenwert zugesprochen wird. Dies bezieht sich gerade auch auf die *kollektiv* verankerten (und oftmals auch erstrittenen) Instrumente, wie z.B. Urlaubsgeld, Jahreszuwendung oder Freifahrten.

> *„... wir kriegen ein 13. Gehalt dazu, wir kriegen Urlaubsgeld dazu. Ich bin eigentlich - wir haben Freifahrten. Also mir reicht das. Ich sage einfach, danke, liebes Unternehmen, mach das weiter so, dann passt das“ (731/241).*

Im Prinzip geht es dabei um eine „Würdigung“ der alltäglichen Arbeit der Beschäftigten, die *institutionalisiert* ist. Genau das ist der Grund, warum die traditionellen Formen aus Sicht der Beschäftigten als so wichtig erachtet werden. Sie symbolisieren dass grundsätzliche und auf Dauer angelegte Vertrauen des Unternehmens in die Leistungsfähigkeit und -bereitschaft der Beschäftigten. Dabei bleiben sie aber nicht beim rein Symbolischen stehen, sondern materialisieren sich in konkrete, meist auch monetäre Formen. Aufgrund ihrer Vertrauensbasis entheben sie die einzelnen Beschäftigten vom Druck eines permanenten Leistungsnachweises (wie dies z.B. bei rein leistungsbezogenen Anreizen sehr unmittelbar der Fall ist). Sie sind somit weder kompetitiv noch direkt an die verausgabte Arbeitsleistung gebunden.[159] Stattdessen drückt sich in ihnen ein betrieblicher „Vertrauensvorschuss“ aus, der traditionell oftmals nur den privilegierten Angestellten und Führungskräften gewährt wurde (vgl. Littek/Heisig 1986). Mit dem entscheidenden Unterschied, dass dieser „Vertrauensvorschuss“ hier nun ein Resultat kollektiver „Kämpfte um Anerkennung“ (Honneth 1992) ist. Die breite und institutionalisierte Verankerung solcher Anerkennungsinstrumente auch für weisungsabhängige Beschäftigte ist ein integrales Element der fordistischen Regulierung und Anerkennung von Arbeit.[160]

---

[159] Letzteres ist z.B. auch bei den traditionellen Formen des Akkord- und Leistungslohns so. Kompetitiv sind dagegen eher neue Leistungsanreize.

[160] Zudem ist sie ein eindrucksvoller Beleg für die Erfolge der kollektiven Interessenvertretung vor allem durch Gewerkschaften und Betriebsräte, aber auch durch (Arbeiter-)Parteien. Auch illustrieren sie das zivilisatorische Potenzial des fordistischen Betriebs im Vergleich zur vor- und frühkapitalistischen Fabrik.

1.4.4 Tayloristische Formen symbolischer Anerkennung

Die traditionell tayloristischen Instrumente der materiellen Anerkennung in der Arbeit enthalten oft auch symbolische Elemente. Dies verweist auf eine weitere Anerkennungsform, die in der subjektiven Wahrnehmung der Beschäftigten eine wichtige Rolle spielt: *symbolische* Anerkennung. Symbolische Anerkennung kann zum einen auf das Alltägliche und Mühsame in der Arbeit zielen. Sie kann zum anderen aber auch auf die besondere und außergewöhnliche Leistung zielen. Dabei geht es nicht nur um individuelle Leistung, sondern oftmals auch um kollektive Leistungen (z.B. der Belegschaft). Sie resultiert dann weniger aus einem individuellen und unmittelbar leistungs- oder erfolgsorientierten Streben, sondern ist häufig mehr den besonderen betrieblichen Umständen (wie z.B. Notlagen) oder dem besonderen fachlichen, arbeitsinhaltlichen oder auch sozialen und solidarischen Arbeits- und Pflichtethos der Beschäftigten insgesamt geschuldet. Beide Aspekte sind kollektiv angelegt:

> *„... hat (...) der [Leiter] (...) dem ganzen Haus ein Frühstück ausgegeben. (...) Das ist dann schon, wo man denkt, oh, okay, wird doch mal honoriert, was man da so treibt so" (734/85).*

> *„... wenn man wirklich mal eine Geschichte super über die Bühne gekriegt hat (...) Und dann kam also auch der [Vorgesetzte] und sagte, ich habe da noch so ein kleines Budget, ich gebe Ihnen mal 200 Euro, dann gehen Sie mal mit den Leuten (...), mit denen Sie das alles gemacht haben, lecker essen und so. Das ist dann so eine Geschichte, wo man dann sagt, ja, da habe ich mich richtig reingehängt und - es geht nicht um das Essen. Es geht einfach darum, dass man sieht, er weiß das zu schätzen und ..." (733/105).*

Beide Interviewzitate verdeutlichen zum einen die hohe subjektive Bedeutung der symbolischen Anerkennung. Sie verdeutlichen zum anderen, dass symbolische Anerkennung oftmals eine *materielle* Form annimmt. Diese ist aber häufig gerade *nicht* unmittelbar monetär, sondern hat vielmehr eine konkret *stoffliche* Form. Dies ist die Gelegenheit, bei der Blumen, Pralinen, Einladungen und sonstige kleine Aufmerksamkeiten zum Zuge kommen. Sie werden von den Beschäftigten als persönliche und direkte Form der Anerkennung in der Arbeit empfunden, auch wenn sie nicht immer verbal begleitet werden. Aber dies macht ja gerade den symbolischen Gehalt dieser Anerkennungsformen aus: Sie drücken das verbale Lob stellvertretend aus, gehen dabei über es hinaus und machen es gerade dadurch zum Teil auch wieder überflüssig.

Symbolische Anerkennung als Ausdruck betriebsfordistischer „Anerkennungskultur"[161]

Symbolische Anerkennung geht oftmals auf eine gewachsene (und mehr noch erkämpfte) „Kultur der Anerkennung" von weisungsabhängiger Beschäftigung zurück. Insofern ist sie traditionell. Sie nimmt dann häufig institutionalisierte

---

[161] Zur Differenzierung von Betriebs- und Sozialfordismus vgl. Bechtle/Sauer (2003).

Formen an (z.B. Betriebsjubiläen, Urkunden, Gratifikationen) und ist so auch Ausdruck der erreichten Anerkennung abhängiger Beschäftigung im fordistischen Betrieb (trotz der tayloristischen Missachtung der Subjektivität der Arbeitenden). Auch aufgrund der arbeitspolitischen Kämpfe und Erfolge hat sich hier ein bestimmter *Stil* des Umgangs mit abhängiger Lohnarbeit eingespielt, der viel mit Würdigung und Anerkennung zu tun hat und in früheren, vor- und frühkapitalistischen Zeiten häufig nur höher stehenden Personen vorbehalten war.[162]

Für die weisungsabhängigen Beschäftigten ist sie nach wie vor eine wichtige Form, durch die sich Anerkennung in der Arbeit ausdrückt. Trotz allen Versuchen, seitens der Unternehmen neuartige und vor allem auf individuelle Leistung zielende Anerkennungsformen zu installieren, bleibt für die Beschäftigten die grundsätzliche und institutionalisierte Würdigung und Anerkennung ihrer Arbeit (gerade auch in symbolischer Form) ein wesentlicher Bezugspunkt für Anerkennung in der Arbeit. Dies gilt selbst (oder auch gerade) für Beschäftigte, die in hochgradig flexibilisierten Arbeitsformen, wie z.B. der Leiharbeit, tätig sind:

> *„Immer, wenn ich wo länger gewesen bin, habe ich eigentlich immer ein Abschiedsgeschenk gekriegt. In Werten Blumen, oder in Sachwerten, wo ich immer eine kleine Erinnerung davon habe, wo ich gewesen bin. Und da denke ich mal so, das gibt man nicht einfach so, wenn man nur ein paar Wochen da gewesen ist ...“ (739/119).*

Oftmals drückt sich in der symbolischen Anerkennung und ihren diversen stofflichen Formen (z.B. Blumen, Präsenten, Einladungen, Urkunden) eine nicht kompetitive und allein auf individuelle Leistung zielende Form der Anerkennung aus. Dabei geht es häufig um eine grundsätzliche Würdigung von erbrachter Arbeit. Dies kann einmal mehr auf ein bestimmtes Ereignis oder Moment bezogen sein (wie die Beispiele oben). Dies kann aber auch auf einen längeren Zeitabschnitt bezogen sein, z.B. als Anerkennung einer Lebensleistung in Form von Jubiläen und Urkunden. Vor allem darin drückt sich eine grundsätzliche und institutionalisierte Anerkennung von Lohnarbeit aus. Symbolische Anerkennung hat deshalb oftmals auch eine kollektive und auf den Status der abhängigen Beschäftigung bezogene Dimension. In dieser Hinsicht hat sie viel mit den oben genannten arbeitspolitischen und institutionellen Bedingungen des fordistisch-tayloristischen Betriebs zu tun, die trotz struktureller Veränderungen nach wie vor wirksam sind.

1.4.5 Posttayloristische Formen symbolischer Anerkennung

Seitens des Unternehmens gibt es Ansätze und Bemühungen, die traditionell tayloristischen Formen symbolischer Anerkennung zu überführen in stärker leis-

[162] Zu denken ist hier etwa an die gegenseitigen oder manchmal auch einseitigen Präsente und Einladungen bei erfolgreichen Geschäftsabschlüssen oder auch politischen Händeln. Sozialstrukturell waren nur Aristokraten oder Bourgeoises darin involviert.

tungsorientierte und kompetitive Anerkennungsformen. Sie sind um nichts weniger symbolisch, entsprechen darin aber mehr den *ökonomischen* Kalkülen und Orientierungen des Unternehmens. Dies wird im Folgenden exemplarisch an zwei dafür entwickelten Instrumenten erläutert: zum einen dem sog. „Ideenmanagement", zum anderen dem sog. „BahnAward".

Eine leistungsorientierte Form symbolischer Anerkennung: Das „Ideenmanagement"

Das „Ideenmanagement" wurde entwickelt aus dem traditionellen betrieblichen Vorschlags- und Verbesserungswesen. Es hatte zu Zeiten von Deutscher Reichs- und Bundesbahn eine stark institutionalisierte Verankerung und zeigte bürokratischen Charakter. Insbesondere letzterer wurde seit der Privatisierung 1994 stark aufgelockert und das Ganze ergänzt um neue Ansätze und Instrumente aus der betriebswirtschaftlichen Managementlehre. Sie weisen vor allem in Richtung ehemals rein japanischer („toyotistischer") Methoden wie z.B. „KVP" oder „Kaizen".

> *„... wir haben ja die Möglichkeit des Ideenmanagements, also Verbesserungsvorschläge einzureichen und Prozesse zu verbessern und zu verändern, wenn die Vorschläge plausibel sind, und das ist eigentlich eine gute Sache, um gewisse Ideen an den Mann zu bringen und dann natürlich auch eine Prämie zu kriegen" (731/91).*

Neben monetären Prämien als Anreiz spielen dabei aber auch noch andere Faktoren eine Rolle. Zu nennen sind hier vor allem eine starke *Identifikation* mit dem Unternehmen sowie ein ausgeprägtes Interesse an *arbeitsinhaltlichen* Prozessen und Problemstellungen.

> *„Und wenn man dann als Mitarbeiter wirklich sich mit den Prozessen auseinandersetzt und feststellt, das stelle ich mir anders vor, das würde ich so vorschlagen und das ist auch wirtschaftlicher vielleicht, was ich vorschlage, dann schickt man es dahin und dann wird das bearbeitet und von den Stellen, die dafür verantwortlich sind, (...) geprüft, und wenn es gut läuft, hat man nicht nur ein arbeitstechnisches Erfolgserlebnis, sondern auch ein finanzielles" (731/91-101).*

Das Interviewzitat verdeutlicht, dass dabei den Beschäftigten eine betriebswirtschaftliche Perspektive nicht fremd ist. Das Interesse an ökonomischen Zusammenhängen im Unternehmen ist Bestandteil eines Bedürfnisses, dem es um den Blick auf das *betriebliche Ganze* und seine *Zusammenhänge* geht. Neben den eigenen Arbeits- und Beschäftigungsbedingungen schließt dies auch geschäfts- und produktionsbezogene Zusammenhänge mit ein.

> *„Ich fände es gut, wenn (...) man vom Gesamtprozess mehr mitbekommt (...) Dass man mehr sieht, was (...) das Unternehmen eigentlich auch tut. Weil man ist ja so mit seiner eigenen Kleinarbeit beschäftigt, dass man das Gesamtkonzept von dem Unternehmen gar nicht mehr sieht und erkennt manchmal" (731/396-98).*

Das Bedürfnis, Zusammenhänge im Unternehmen zu überblicken und zu durchschauen, kann auch als Ausdruck eines Anspruchs nach *Aneignung und Kontrolle in der Arbeit* verstanden werden. Er überschreitet die Dimension der unmittelbaren Aneignung und Kontrolle in der Arbeit („job control") und weist in Richtung einer auf die *betrieblichen Rahmenbedingungen des eigenen Arbeits- und Lebenszusammenhangs* angelegten Aneignung und Kontrolle („workers control"). Dies verweist unmittelbar auf die Fragen von Handlungs- und Verhandlungsautonomie in der Arbeit (siehe Abschnitte 3 + 4 dieses Kapitels) und demonstriert den engen Zusammenhang von Autonomie, Aneignung und Anerkennung in der Arbeit. Die betrieblichen Anerkennungsverhältnisse sind ein wesentlicher Teil dieses interdependenten Zusammenhangs.

Eine kompetitive Form symbolischer Anerkennung: Der „BahnAward"

Zu erwähnen ist ein zweiter Ansatz des Unternehmens, Formen symbolischer Anerkennung zu nutzen. Wie bereits beim Ansatz des „Ideenmanagements" geht es auch dabei um eine Herauslösung symbolischer Anerkennung aus traditionellen Bezügen und eine Überführung in neue, vor allem betriebsökonomisch definierte Zusammenhänge. Anders als das „Ideenmanagement" ist dieser zweite Ansatz jedoch deutlich *kompetitiv* angelegt. Mit dem sog. „BahnAward" wurde ein Instrument installiert, das ausdrücklich an die Wettbewerbsorientierung der Bahn-Beschäftigten appelliert. Dazu werden konzernweit entsprechende Strukturen und Verfahren zur Verfügung stellt. Dabei geht es im Prinzip um die Initiierung eines internen Wettbewerbs zwischen den Beschäftigten mit dem Ziel, die Prozesse und Leistungen im Unternehmen zu verbessern. Die dazu führenden Ansätze und Mittel obliegen der Expertise und Kreativität der Beschäftigten selbst. Vom Management vorgegeben sind nur das Ziel und die Form (die Steigerung betriebsökonomischer Effizienz als Ziel, der interne Wettbewerb als Form).

Hinsichtlich der *Form* ist zu bemerken, dass vor allem Teams, Abteilungen oder gar ganze Betriebe zur Teilnahme am „BahnAward" animiert werden. Damit wird eine *kollektive* Wettbewerbsstruktur eingeführt, die das interne Zusammengehörigkeitsgefühl von *Gruppen* stärkt. Dies geht allerdings auf Kosten der Solidarität mit anderen Gruppen. Denn andere Teams oder Abteilungen sind im Rahmen eines Wettbewerbs *Konkurrenten*. Dadurch kann eine Dynamik ausgelöst werden, die aus einer gemeinsamen Teamidentität eine Art „Teamkorporatismus" werden lässt.[163] Vor dem Hintergrund früherer Korporativismusdiskussionen auch innerhalb der Gewerkschafts- und Betriebssoziologie (Reutter 1991) zeigt sich hier, dass entsprechende Strukturen und Dynamiken sich nicht allein auf die Betriebsebene beschränken, sondern auch die Team- oder Abteilungsebene einbeziehen können. Dies kann vor allem als Folge neuer betrieblicher

[163] In ähnlicher Weise wird z.B. von einem „Wettbewerbskorporatismus" gesprochen in Bezug auf die Situation von Nationalstaaten im globalisierten Wettbewerb (vgl. Hirsch 1995; Urban 2000).

Managementstrategien verstanden werden, die – wie der hier beschriebene „BahnAward" – auf Initiierung eines internen Wettbewerbs im Unternehmen zielen. Darin drückt sich auch ein Wandel zu einem posttayloristischen, stärker auf Markt und Wettbewerb zielenden, betrieblichen Anerkennungsmuster aus.

Konkurrenz und Solidarität – Ambivalenz der kompetitiven Form symbolischer Anerkennung

Zugleich zeigt sich hier die grundsätzliche *Ambivalenz* von *Anerkennung* sehr deutlich: Sie hat sowohl eine *solidarische* als auch eine *kompetitive* Dimension (Voswinkel 2002; Jäger 2008). Indem sich Anerkennungsverhältnisse auf gemeinsam geteilte Werte beziehen, stiften sie auf der einen Seite sozialen Zusammenhalt und stärken ihn. Dies bedeutet auf der anderen Seite meist auch, dass sie mit Ausgrenzung dessen einhergehen, was nicht diesen geteilten Werten und Erwartungen entspricht. Dies fördert zum einen die Anpassung an diese Normen, zum anderen die Ausschließung oder Marginalisierung des Unangepassten.

Im Falle des „BahnAwards" zeigt sich diese Ambivalenz im oben beschriebenen Mechanismus der steigenden Solidarität nach innen bei abnehmender Solidarität nach außen (z.B. gegenüber anderen Teams, Abteilungen oder Betrieben). Es geht hier insofern weniger um die infolge zunehmender Markt- und Wettbewerbsorientierung häufig befürchtete Konkurrenz eines jeden gegen jeden.[164] Vielmehr zeigt sich hier auf Gruppenebene ein widersprüchliches Verhältnis aus *Solidarität* nach innen und *Konkurrenz* nach außen. Es ist genau diese ambivalente Energie, die vom Bahnmanagement aufgegriffen und in die von ihm gewünschte Richtung gelenkt wird. Diese Richtung entspricht zunächst einseitig den Zielen und Interessen des Unternehmens: Effizienzsteigerung und Kostenersparnis durch „Rationalisierung in Eigenregie" (Dörre/Neubert/Wolf 1993).

Subjektive Voraussetzungen posttayloristischer Formen symbolischer Anerkennung

Die Möglichkeit einer solchen Instrumentalisierung basiert seitens der Beschäftigten auf Voraussetzungen, von denen vor allem folgende zu nennen sind:

- eine hohe *Identifikation* mit dem Unternehmen,
- ein starkes *arbeitsinhaltliches* Interesse,
- eine hohes Bedürfnis nach *Gruppenkohäsion* und *-solidarität*,
- ein grundlegendes und stark ausgeprägtes Bedürfnis nach *Anerkennung* in der Arbeit.

[164] Dies würde auch einem Zustand der sozialen Anomie gleichkommen und kann allein daher als eher unwahrscheinlich gelten.

Diese Voraussetzungen spiegeln die entwickelte Subjektivität der Beschäftigten wider und verdeutlichen, dass ein posttayloristisches Anerkennungsmuster nur auf dieser Grundlage möglich ist. Gleiches gilt für die neuen, markt- und leistungsorientierten betrieblichen Sozial- und Steuerungstechniken insgesamt. Die Entwicklung einer betriebswirtschaftlichen Perspektive seitens der Beschäftigten kann so auch als eine *qualitative Weiterentwicklung der subjektiven Produktivkräfte* verstanden werden (Pongratz/Voß 2003: 217ff). Sie verweist zudem – so die Weiterführung dieser These – auf eine mögliche (eigensinnige) *Aneignung* und *Kontrolle* der *betrieblichen Rahmenbedingungen des „Unternehmerischen*“, für die das empirische Material Hinweise gibt – und zwar auch und gerade im Rahmen der beschriebenen Instrumentalisierung subjektiver Arbeitsorientierungen durch innerbetriebliche Wettbewerbsstrukturen. Denn die Beschäftigten können die Form des innerbetrieblichen Wettbewerbs nicht nur nutzen zur allein wirtschaftlichen Verbesserung von Prozessen und Leistungen, sondern auch zur *Verbesserung* von *Arbeitsbedingungen.* Dies verdeutlicht folgende Ausführung einer Führungskraft:

> *„Gestern war hier Konzerntreff (...) und am Schluss (...) werden immer sechs BahnAwards vergeben. (...) die haben ein Einsatzsystem im Regionalverkehr. (...) und dafür sind sie prämiert worden, wo sie die persönlichen und familiären Belange berücksichtigen. Also die spielen jetzt sozusagen Personendaten noch ein und sagen, der hätte gern das und das (...), sodass vor allem die Zugbegleiter, die ja oft tagelang da nicht mehr (...) nach Hause kommen, (...) größere Freizeiten haben ...“ (703/63).*

Dabei steht solch eine Verbesserung der Arbeitsbedingungen nicht im Widerspruch zu den wirtschaftlichen Interessen des Unternehmens. Gleiches gilt auch für die Arbeitsorientierungen der Beschäftigten. Denn im Vorfeld der beschriebenen und nunmehr auch soziale Kriterien berücksichtigenden Personaleinsatzplanung stand eine Verbesserung, die allein den wirtschaftlichen Interessen des Unternehmens diente, dabei aber durchaus auch den Orientierungen der Beschäftigten entgegen kam:

> *„... [das] Einsatzsystem im Regionalverkehr (...) ist ein Planungstool, (...) um (...) Leerfahrten zu vermeiden. (...) Hat zu einer erheblichen Verdichtung der Arbeitsleistung geführt (...) ist den Leuten nicht unrecht. Der Lokführer sitzt lieber vorne auf dem Bock als hinten im Speisewagen. (...) Die wollen ja arbeiten. Also die Produktivitätssteigerung, die wir dadurch erreichen wollten, hat die Mitarbeiter nicht gestört. Die wollen arbeiten“ (703/63).*

Aus Sicht der Führungskraft kommt es so hinsichtlich der Interessen des Unternehmens und der Beschäftigten zu einer gemeinsamen Schnittmenge, innerhalb der sich Verbesserungen für beide Seiten realisieren lassen:

> *„... wir versuchen natürlich, auch bei diesen streng von den Abläufen her vorgegebenen Einsätzen, Mitarbeiter so weit wie möglich, und das nimmt auch zu, so weit wie möglich deren persönliche Bedürfnisse zu berücksichtigen. Also einmal die Arbeitsverdichtung, dadurch, dass der Einsatz effektiver wird, aber auch die*

Berücksichtigung persönlicher Belange im Rahmen dieses Gesamtsystems. War jetzt ein Versuch, hat wunderbar geklappt, dafür sind die jetzt prämiert worden" (703/63).

Die Initiierung eines internen Wettbewerbs und der Appell an entsprechende Ambitionen der Beschäftigten können zudem vor dem Hintergrund eines seit der Privatisierung von 1994 weitgehend fragmentierten Bahnzusammenhangs auch dazu führen, dass sich eine übergreifende *Corporate Identity* der Beschäftigten überhaupt erst wieder neu herausbildet oder festigt. Dies scheint mit eine Absicht des Managements zu sein und fügt sich passend ein in die Gesamtstrategie der „kapitalmarktorientierten Rezentralisierung", wie sie seit dem Jahr 2000 im Bahnkonzern zu beobachten ist (Nickel/Hüning/Frey 2008).[165] Die Einschwörung auf ein gemeinsames innerbetriebliches Wettbewerbsziel kann so – bei gleichzeitiger Konkurrenz der Teams untereinander – auch der Herausbildung und Stärkung einer übergreifenden Unternehmensidentität dienlich sein.

„... die Aufgaben [sind] attraktiver geworden (...), weil einfach diese Segmentierung nicht mehr in dem Maße vorhanden ist, sondern übergreifende Aufgaben (...), und da, wo es eben nicht möglich war - wir hatten jetzt beim dem BahnAward (...) solche Teams, die eben auch an einem Bahnhof jetzt - die Kollegen, die bisher für Sauberkeit, unterschiedliche Funktionalitäten zuständig waren – ... [neu integriert haben]" (706/197).

Auch diese Gleichzeitigkeit von interner Konkurrenz und übergreifender Corporate Identity verdeutlicht die Ambivalenz und Widersprüchlichkeit des gewandelten betrieblichen Anerkennungsmusters.

1.4.6 Aufgabenbezogene Formen der Anerkennung

Neben der verbalen und symbolischen Anerkennung spielen zwei weitere immaterielle Formen der Anerkennung in der subjektiven Wahrnehmung der Beschäftigten eine Rolle: zum einen die Anerkennung durch *Übertragung* einer neuen und vor allem *verantwortvolleren Aufgabe* oder Tätigkeit, zum anderen die Anerkennung durch erfahrbaren *Sinn* in der Arbeit. Letzterer erweist sich auch und gerade bei qualifikationsunterwertigen Tätigkeiten als zentrale Ressource für (innere) Anerkennung.

Anerkennung durch Übertragung neuer und verantwortungsvoller Aufgaben

Die Anerkennung durch Übertragung einer verantwortungsvolleren Aufgabe geht von den (meist unmittelbaren) Vorgesetzten aus und kann insofern als Anerkennung von außen charakterisiert werden. Dabei spielt der *gegenseitige Vertrauenserweis* eine wichtige Rolle. Dies gilt sowohl in Bezug auf die unmittelbaren Vorgesetzten, deren Vertrauen sich die MitarbeiterInnen durch entsprechende Leistungen erst sichern müssen, als auch im Bezug auf die MitarbeiterInnen,

[165] Vgl. dazu auch die Beschreibung in Kapitel IV.

die die Übertragung einer verantwortungsvollen Tätigkeit als Vertrauenserweis erachten.

> *„Je mehr das Vertrauen von der Teamleitung wächst, desto mehr kriegt man natürlich auch Arbeiten zugeschoben, die vielleicht ein bisschen anspruchsvoller sind ...“ (731/79-83).*

Anerkennung durch erfahrenen Sinn in der Arbeit

Die Anerkennung durch Sinn in der Arbeit ergibt sich vornehmlich aus inneren Quellen und kann von daher auch als Anerkennung von innen bezeichnet werden. Dabei geht es vor allem um die *Sinnhaltigkeit* der aktuell ausgeübten Tätigkeit. Diese Form der immateriellen Anerkennung spielt vor allem bei den Beschäftigten der DB JobService GmbH eine Rolle, die ihren angestammten Arbeitsplatz im Unternehmen verloren haben und nun in vorübergehenden Beschäftigungsprojekten oftmals qualifikationsfremde und teils auch qualifikationsunterwertige Tätigkeiten ausüben müssen. Diese erwerbsbiographisch häufig niederschmetternde und anhaltend frustrierende Erfahrung kann von einem Teil der betroffenen Beschäftigten dann einigermaßen aufgefangen und bewältigt werden, wenn es ihnen möglich wird, einen Sinn und Zweck in der vorübergehend übertragenen Tätigkeit zu identifizieren. Dies gilt gerade auch dann, wenn es sich bei diesen Tätigkeiten um solche unterhalb der eigenen Qualifikation handelt (wie z.B. bei einem Ingenieur, der vorübergehend als „Automaten-Guide“ in einem Reisecenter tätig ist):

> *„... es ist ja ein Job, der Sinn macht“ (736/246).*

Die Entdeckung vom Sinn einer Tätigkeit kann sich auch auf ein gesamtes Beschäftigungsprojekt beziehen und somit eine übergreifende und unternehmensbezogene Dimension annehmen:

> *„... wir haben mal einen Brief von dem für das Projekt Zuständigen gekriegt (...) diese Befragung in den Zügen (...) hat bisher Roland Berger gemacht. Das soll zurückgeholt werden, ist jetzt in Probe (...) Das Projekt wird schon gebraucht“ (737/77+89).*

Die Entdeckung vom Sinn einer Tätigkeit oder eines Beschäftigungsprojekts sollte – trotz der prekären erwerbsbiographischen Situation der betreffenden Beschäftigten – nicht als ausschließlicher Reflex der Resignation (miss-)verstanden werden. Vielmehr drückt sich darin auch die insgesamt sehr hohe Identifikation der befragten Beschäftigten mit dem Unternehmen Deutsche Bahn AG aus. Dies verdeutlicht sich insbesondere in dem über die eigene Person und Tätigkeit hinausgehenden und auf das Unternehmensganze bezogenen Sinnhorizont, wie er im letzten Zitat zu Tage tritt. Gerade dieser auf das ganze Unternehmen bezogene Sinn kann aus einer theoretischen Perspektive letztlich auch als Ausdruck einer *erweiterten Subjektivierung* von Arbeit sowie als Schritt zur *sinnhaften Aneignung* von betrieblichen Rahmenbedingungen des „Unternehmerischen“ verstanden werden. Die Beschäftigten selbst formulieren hier einen sinnbezogenen Anspruch, der sich zwar an den derzeitigen betrieblichen Rahmenbedingungen sowie ihrer eigenen prekären erwerbsbiographischen Situation bricht, zugleich aber auch darüber hinausweist. Im Anspruch nach Entdeckung von Sinn in der Tätigkeit drückt sich auch der Anspruch nach Aneignung und Kontrolle von betrieblichen Rahmenbedingungen des eigenen Arbeits- und Lebenszusammenhangs aus.

1.5 Mangelnde Anerkennung als Quelle der Veränderung in der Arbeit

Dieser Anspruch zeigt sich auch noch in anderer Hinsicht. Denn die hohe subjektive Bedeutung von Anerkennung in der Arbeit kann auch zum Anstoß der *Veränderung* von Arbeitssituationen werden. Dies ist dann der Fall, wenn Anerkennung in der Arbeit vermisst und eingefordert wird. Das *Vermissen* von Anerkennung in der Arbeit kann sich zum einen auf *äußere* Anerkennungsquellen beziehen (z.B. Vorgesetzte oder KollegInnen). Es kann sich zum anderen aber auch auf *innere* Anerkennungsquellen beziehen. Dies ist z.B. dann der Fall, wenn eine Tätigkeit als wenig herausfordernd und sinnstiftend empfunden wird, oder wenn die Anforderungen einer Tätigkeit durch Arbeitsverdichtung in die Höhe getrieben werden. Mitunter ist es auch eine Kombination aus beidem:

> *„Ich bin erst rein gekommen, als diese große Belegung schon da war (...) mir hat das Erfolgserlebnis gefehlt (...) es kommen ja ständig Transportaufträge und die müssen ständig bearbeitet werden und ein Ende ist nicht in Sicht. Und das hat mich persönlich nicht so befriedigt" (731/171).*

Die *Einforderung* von Anerkennung erfolgt dann ebenfalls auf unterschiedliche Weise: Entweder *innerhalb* der ausgeübten Tätigkeit selbst als Thematisierung und womöglich Veränderung der unbefriedigenden Situation. Oder als *Wechsel* der Tätigkeit, so dass weniger die unbefriedigende Tätigkeit an sich als die eigene Arbeitssituation verändert wird (durch Entzug).

> *„Ich habe mich dann weg beworben. Das hat zum Glück auch geklappt (...) also die Anforderungen an die ZAB-Mitarbeiter sind schon, finde ich, enorm geworden, weil die ja jetzt - es gibt ein ZAB-Team pro Servicebereich, pro Branche" (731/151).*

Der hohe subjektive Stellenwert von Anerkennung in der Arbeit erweist sich für die Beschäftigten somit nicht nur positiv (d.h. bei Anwesenheit von Anerkennung), sondern auch *negativ* (d.h. bei Abwesenheit von Anerkennung). Eine mangelnde Anerkennung in der Arbeit kann so zur Motivationsquelle werden, um bestehende Arbeitssituationen zu verändern oder auch nur zu kritisieren.

Dabei zeigt sich, dass sich mangelnde Anerkennung in der Arbeit nicht allein auf äußere Anerkennung (etwa durch Vorgesetzte) beschränkt, sondern dass auch inneren Anerkennungsquellen eine wichtige Rolle zukommt. Die Möglichkeiten des individuellen Sinnerlebens und der subjektiven Erfüllung in der Arbeit sind dabei entscheidende Punkte. Sie gehen allerdings über die einzelne Person hinaus und verweisen auf *strukturelle* und *betriebliche* Faktoren der Arbeitsgestaltung, des Führungsverhaltens, der Personalpolitik etc. Anerkennung in der Arbeit hängt somit neben den bislang erörterten Faktoren auch von strukturellen betrieblichen Faktoren ab. Damit ist Anerkennung in der Arbeit nicht zuletzt auch eine Frage der *arbeitspolitischen Gestaltung* (die allerdings nicht Gegenstand dieser Arbeit ist; vgl. dazu Nickel/Hüning/Frey 2008).

1.6 Zusammenfassung

Ergebnisse der bisherigen Auswertung lassen sich sowohl auf subjektiver als auch auf betrieblicher Ebene festhalten. Zunächst zur *betrieblichen Ebene*: Hier lässt sich ein Wandel im betrieblichen Anerkennungsmuster feststellen, der als Transformation eines tayloristischen in ein posttayloristisches Anerkennungsmuster charakterisiert werden kann. Letzteres zeichnet sich durch kompetitive Markt- und Leistungsorientierung, individuelle Zurechnung und Eigenverantwortlichkeit sowie einen arbeitsbezogenen „Selbstverwirklichungsethos" aus. Als typisch für dieses betriebliche Anerkennungsmuster kann die Etablierung von internen Wettbewerbsstrukturen im Unternehmen gelten. Dabei zeigt sich in der Gleichzeitigkeit von interner Konkurrenz einerseits, gestärktem Teamzusammenhalt andererseits, auch die grundlegende Ambivalenz und Widersprüchlichkeit von Anerkennungsverhältnissen. Das nach *innen gestärkte* und nach *außen kompetitive Team* steht dafür und kann als widersprüchlicher und zugleich paradigmatischer Ausdruck des posttayloristischen Anerkennungsmusters gelten.

Auf *subjektiver Ebene* geben sowohl das tayloristische als auch das posttayloristische Anerkennungsmuster den Rahmen für die Arbeitsbezüge und -orientierungen der Beschäftigten. Dabei zeigt sich, dass es auf Basis einer entwickelten Subjektivität in der Arbeit zu durchaus eigensinnigen Formen und Tendenzen einer Aneignung der betrieblichen Rahmenbedingungen des „Unternehmerischen" kommen kann (z.B. zur Verbesserung der eigenen Arbeitsbedingungen). Die Beschäftigten sind dem neuen betrieblichen Anerkennungsmuster nicht passiv ausgesetzt, sondern machen es sich auf widersprüchliche und eigensinnige Weise zueigen. Ob sich dies auch in den Arbeits- und Erwerbsorientierungen der Beschäftigten zeigt, wird im nächsten Abschnitt untersucht.

2 Individuelle Erwerbsorientierungen der operativ Beschäftigten

In diesem Abschnitt werden die subjektiven Erwerbsorientierungen der abhängig Beschäftigten untersucht. Erwerbsorientierungen werden als eine Form der *mental-symbolischen Aneignung* in der Arbeit verstanden und dienen hier zur Untersuchung dieser subjektiven Aneignungsebene. Dazu werden *drei Dimensionen individueller Erwerbsorientierungen* differenziert und untersucht:

- die subjektive Bedeutung der Erwerbsarbeit (2.1);
- das subjektive Leistungsverständnis (2.2);

- das subjektive Verhältnis von Arbeit und Leben (2.3).

Heuristisch lassen sich diese drei Dimensionen den von Pongratz/Voß (2003: 42) differenzierten *Aspekten der Erwerbsorientierung* zuordnen.[166] Die subjektive Bedeutung der Erwerbsarbeit steht dann für den gebrauchswertorientierten Aspekt der Erwerbsorientierung; das subjektive Leistungsverständnis für den tauschwertorientierten Aspekt der Erwerbsorientierung und das subjektive Verhältnis von Arbeit und Leben für den „lebenswertorientierten“ Aspekt der Erwerbsorientierung. In der folgenden Darstellung wird auf diese Zuordnung kritisch Bezug genommen. Dabei werden ihre Potentiale und Grenzen verdeutlicht.

2.1 Die subjektive Bedeutung der Erwerbsarbeit

Die persönliche Bedeutung der Erwerbsarbeit ist für alle der befragten Beschäftigten ausgesprochen hoch. Dies gilt zunächst unabhängig von sozialstrukturellen Merkmalen wie Alter, Geschlecht und Qualifikation. Das muss nicht weiter überraschen, da sich darin auf subjektiver Ebene die Tatsache widerspiegelt, dass die Bundesrepublik Deutschland eine Arbeitsgesellschaft ist. Als überraschend kann allerdings gelten, dass dies auch unabhängig von den einzelnen Betriebsfällen sowie den dort jeweils herrschenden Arbeitsbedingungen ist. Konkret bedeutet dies, dass sowohl für die Beschäftigten in dem materiell und personell vergleichsweise gut ausgestatteten und mit relativ sicheren Arbeitsplätzen versehenen Betriebsfall KundenServiceZentrum als auch für die mit sehr viel mehr unsicheren und flexibilisierten Arbeitsbedingungen konfrontierten Beschäftigten der Betriebsfälle DB JobService GmbH und DB Zeitarbeit GmbH die Erwerbsarbeit eine gleichermaßen hohe Bedeutung hat. Diese Bedeutung geht für alle Beschäftigten explizit über die Tatsache der materiellen Existenzsicherung hinaus und beinhaltet zahlreiche sinn- und inhaltsbezogene Dimensionen. Gerade diese tiefergehende persönliche Bedeutung von selbst mit Unsicherheit versehenen Arbeitsmöglichkeiten signalisiert die nach wie vor ungebrochen hohe Wirkkraft der Erwerbsarbeit für das Selbstverständnis und den Lebensentwurf der hier befragten Beschäftigten.

2.1.1 Differenzierung der subjektiven Bedeutung von Erwerbsarbeit

Jenseits dieser allgemeinen Feststellung zeigen sich aber auch Differenzierungen. Sie betreffen zum einen die grundsätzliche Bedeutung der Erwerbsarbeit für das eigene Leben, zum anderen die Bedeutung der momentan ausgeübten Arbeitstätigkeit. Beim ersten Punkt geht es um die sinnbezogenen Ansprüche und Erwartungen an Erwerbsarbeit im Hinblick auf die eigene Lebensgestaltung und den eigenen Lebensentwurf (z.B. Erwerbsarbeit als Lebensinhalt oder Broterwerb). Beim zweiten Punkt geht es um die sinnbezogenen Ansprüche und Erwartungen in Bezug auf die gegenwärtig ausgeübte Tätigkeit (z.B. Gestaltungsansprüche oder Arbeitszufriedenheit).

---

[166] Siehe Kapitel III, Abschnitt 2.2.

Bei den hier deutlich werdenden Differenzierungen spielen die Merkmale *Alter* und *Qualifikation* eine Rolle. So zeigt sich etwa bei den jüngeren Beschäftigten (Altersklasse bis 30 Jahre) eine stärkere Karriereorientierung als bei den Beschäftigten mittleren oder fortgeschritteneren Alters.[167] In ähnlicher Weise verfügen die höher und meist akademisch qualifizierten Beschäftigten (Hoch- oder Fachhochabschluss) über eine stärker inhaltlich und fachlich geprägte Erwerbsorientierung, während die Erwerbsorientierung der betrieblich ausgebildeten Beschäftigten (z.B. Sachbearbeiterin oder Rangierer) deutlicher auch instrumentelle Züge zeigt.[168] In der Systematik von Pongratz/Voß (2003) entspricht dies das eine Mal eher dem gebrauchswertorientierten Aspekt der Erwerbsorientierung, das andere Mal eher dem tauschwertorientierten Aspekt der Erwerbsorientierung. Bei allen Beschäftigtengruppen zeigen sich beide Aspekte von Erwerbsorientierung gleichzeitig, aber mit je unterschiedlichen Akzentuierungen.

2.1.2 Einfluss von Arbeitsbedingungen und Ungewissheit in der Arbeit

Die genannten Differenzierungen lassen sich nur zum Teil mit unterschiedlichen Arbeitsbedingungen erklären. So sind die drei akademisch qualifizierten Beschäftigten des Samples genauso vom Verlust des angestammten Arbeitsplatzes betroffen wie ein Teil der betrieblich ausgebildeten Beschäftigten. Als Folge davon sind die betroffenen betrieblich qualifizierten Beschäftigten zum Teil als LeiharbeiterInnen bei der DB Zeitarbeit GmbH tätig. Die drei akademisch ausgebildeten Beschäftigten werden dagegen von der DB JobService GmbH betreut.[169] Dort sollen sie auf einen neuen Arbeitsplatz im Konzern vermittelt werden. Dies verbindet sich für sie mit der Pflicht zur Annahme auch von vorübergehenden Tätigkeiten in betrieblichen Beschäftigungsprojekten. Diese Tätigkeiten können sowohl kurzfristig anberaumt und örtlich weit entfernt sein als auch unterhalb des persönlichen Qualifikationsniveaus liegen.[170]

Für beide Beschäftigtengruppen – LeiharbeiterInnen und zur Vermittlung Betreute – sind somit die momentanen Arbeitsbedingungen mit hoher *Ungewissheit* (teils auch Unsicherheit) verbunden (z.B. in Bezug auf private Planungen).

[167] Es werden *drei Altersklassen* unterschieden: *jüngere* Beschäftigte bis 30 Jahre; Beschäftigte *mittleren Alters* zwischen 31 und 49 Jahren sowie *ältere* Beschäftigte über 50 Jahren.

[168] Zum Qualifikationsprofil der befragten Beschäftigten siehe die Darstellung des Interviewsamples nach soziodemographischen Merkmalen in Kapitel V, Abschnitt 4, Tabelle 4. Hinsichtlich der Differenzierung von unterschiedlichen Qualifikationsniveaus in der Deutschen Bahn AG ist zu bemerken, dass das durchschnittliche Qualifikationsniveau insgesamt vergleichsweise hoch ist. Fast alle Beschäftigten verfügen über mindestens einen FacharbeiterInnenabschluss. Die Einteilung „hoch qualifiziert" bezieht sich so vor allem auf das Vorhandensein von akademischen Qualifikationen (Hoch- oder Fachhochschule).

[169] Zu diesen beiden Betriebsfällen und ihr Verhältnis zueinander siehe die Betriebsfallbeschreibungen in Kapitel V.

[170] So arbeiten die drei akademisch ausgebildeten Beschäftigten des Samples nicht mehr in ihren ursprünglichen Tätigkeiten, sondern vermittelt über die DB JobService GmbH in betrieblichen Beschäftigungsprojekten mit Tätigkeiten zum Teil auf Anlernniveau (z.B. Fahrgastzählung oder „Automaten-Guide").

In der subjektiven Bewältigung dieser Ungewissheit aber zeigen sich Unterschiede. Für die akademisch qualifizierten Beschäftigten geht der Verlust des angestammten Arbeitsplatzes mit einem teils massiven *erwerbsbiographischen Bruch* einher, der auch ihr berufliches und soziales Selbstbewusstsein erschüttert.

> *„Ich bin seit '73 bei der Bahn und (...) bin seit Anfang an in der EDV-Branche beschäftigt gewesen. Und 2004 kam bei uns das Aus, weil unser Standort geschlossen wurde (..). Und für uns war das unverständlich, (...) weil wir ja schon so lange dabei sind..." (737/3).*

Demgegenüber gelingt es den betrieblich ausgebildeten Beschäftigten in der Regel besser, den Verlust des angestammten Arbeitsplatzes sowie den damit einhergehenden erwerbsbiographischen Bruch zu bewältigen. Sie können dies zum Teil auch als *Chance* wahrnehmen, um z.B. aus einer vormals wenig geliebten und mit wenig Entwicklungsmöglichkeit versehenen Tätigkeit (wie z.B. Rangierer) herauszukommen.

> *„...wenn man irgendwann mal aus dem Rangierdienst ins Büro kommt, dann will man das Büro nie wieder missen. Man hatte Schichtdienst gehabt, gut man hat Nebengeld gekriegt, Zulagen und so etwas. Das fällt natürlich dann im Büro weg. Aber wenn man sich dann so festgesessen hat im Büro, will man eigentlich nur noch Büro machen" (740/11).*

Selbst der häufig wechselnde und oftmals sehr kurzfristige Einsatz im Rahmen der Leiharbeit (bei der DB Zeitarbeit GmbH) wird aus dieser Perspektive wegen der dadurch auch eröffneten Lernchancen als bereichernd empfunden.

> *„Ich für meine Person denke seit einem Jahr oder so, dass man durch die Zeitarbeit wirklich vieles kennen lernt, was man ja auch mal nutzen könnte, wie jetzt Tarife. (...) vorher hätte ich das nie gewusst" (740/11).*

Dadurch kann dem Ungewissheitspotenzial der Leiharbeit zwar ein positiver Sinnaspekt entgegengesetzt werden. Dennoch aber bleibt die stabile *Festanstellung* auf einem regulären Arbeitsplatz weiterhin Bezugspunkt der erwerbsbiographischen Hoffnungen.

> *„Man hat natürlich immer den Hintergedanken oder die Hoffnung, dass man irgendwann mal richtig reinrutscht in einen festen Vertrag. Das man wirklich mal irgendwo super ankommt und da reinrutscht. Und das die einem dann einen festen Vertrag geben" (740/11).*

Allerdings unterscheiden sich hier die Perspektiven nach dem *Alter* der Beschäftigten der DB Zeitarbeit GmbH. Für die *jüngere* Beschäftigte (Altersklasse bis 30) sowie für den Beschäftigten *mittleren* Alters (Altersklasse zwischen 31 und 49 Jahren) ist die feste Anstellung auf einem regulären Arbeitsplatz im Unternehmen eindeutiger Bezugspunkt.

> *„Also die Hoffnung hat man eigentlich immer (...), dass man irgendwann halt eine feste Arbeitsstelle und was Richtiges halt sozusagen bekommt" (738/116).*

Die befragte *ältere* Beschäftigte (Altersklasse ab 50) sieht dies für sich anders.

> *„... ich würde nicht wieder den Schritt gehen, mich Festanstellen zu lassen (...) Aus dem Grund, weil ich ja immer dort, wo ich dazukomme, immer der Letzte bin. Und wenn die die Sozialauswahl treffen, mag ich zwar die Dienstjahre haben, aber die Erfahrungen auf dem Arbeitsplatz sind immer die kürzeren, weil die ja auch immer mitzählen" (739/70-72).*

Dazu trägt vor allem die Erfahrung einer *permanenten Umstrukturierung* im Unternehmen bei.

> *„Alle zwei Jahre ist überall, generell eine Umstrukturierung, alle zwei Jahre" (739/76).*

Verallgemeinernd lässt sich sagen, dass gerade viele ältere Beschäftigte der DB Zeitarbeit GmbH die negativen Auswirkungen der seit den frühen 1990er Jahren mehr oder weniger unvermindert anhaltenden Restrukturierungsprozesse in der Deutschen Bahn AG in Form von Arbeitsplatzverlust sowohl am eigenen Leib als auch bei anderen erfahren haben. Verstärkt wird dies durch die teils schon längere Erfahrung in der Leiharbeit, die oftmals gerade dann zum Zuge kommt, wenn woanders eine betriebliche Restrukturierung zu bewältigen ist.

> *„... dadurch werde ich immer, wo einer gebraucht wird, hingeschickt. Im Grunde genommen, wo eigentlich Leute abgebaut werden. Wo Leute abgebaut worden sind, und wo sie dann merken, es funktioniert nicht, der Übergang funktioniert nicht. Und dort wird vorwiegend die Zeitarbeit, so sehe ich das, eingeteilt" (739/29).*

Viele Beschäftigte der DB Zeitarbeit GmbH werden so vermittelt über ihre Leiharbeitseinsätze mit der *Unsicherheit* und der Angst vor Arbeitsplatzverlust bei anderen *KollegInnen* konfrontiert.

> *„... auch wenn es viele Umstrukturierungen gibt, es ist (...) immer ein unwohles Gefühl, wenn man da rein kommt. (...) Dann kriegt man das so hautnah mit, was einem ja selbst schon so ergangen ist. Und die werden aussortiert und das nächste Mal kommst du, da hängen sie in der Luft. (...) Da fühlt man dann schon selbst irgendwo mit, wenn man sie alle so kennt" (739/68).*

Für die zitierte ältere Beschäftigte der DB Zeitarbeit GmbH ist somit die durch permanente Restrukturierung im Bahnkonzern ausgelöste Arbeitsplatzunsicherheit mit ein Grund dafür, keine Festanstellung im Kernunternehmen selbst mehr anzustreben. Die sichere Beschäftigung bei der DB Zeitarbeit GmbH wird trotz der damit verbundenen Ungewissheit infolge der häufig variierenden Arbeitseinsätze der prinzipiellen Unsicherheit einer festen Arbeitsstelle im restlichen Bahnkonzern vorgezogen.

DB Zeitarbeit GmbH als Beispiel einer sozial abgesicherten und positiv konnotierten Leiharbeit

Dies kann einerseits als Resignation verstanden werden. Bezugspunkt dafür wäre die feste und reguläre Anstellung im Rahmen eines traditionellen (fordistischen) „Normalarbeitsverhältnisses". Dies kann andererseits aber auch als Beispiel dafür verstanden werden, dass eine in weiten Bereichen prekäre Arbeitsform wie Leiharbeit durch entsprechende arbeitspolitische Regulierung und Gestaltung sicherer werden kann. Dies entspricht zumindest der Wahrnehmung dieser jüngeren Beschäftigten bei der DB Zeitarbeit GmbH:

> *„... fühle ich mich eigentlich sehr sicher, gerade auch weil positive Rückmeldungen in Bezug auf mich kommen und weil halt der (...) unbefristete Vertrag und weil ich eigentlich bis jetzt auch immer im Einsatz war" (738/233).*

Deutlich wird hier, dass der Aspekt der *unbefristeten* Beschäftigung wesentlich zur Entstehung eines Sicherheitsgefühls in der (Leih-)Arbeit beiträgt. Auf Basis eines grundsätzlich sicheren Beschäftigungsverhältnisses können die befragten LeiharbeiterInnen der DB Zeitarbeit GmbH die prinzipielle Ungewissheit ihrer kurzzeitig wechselnden Arbeitseinsätze bewältigen. Die Leiharbeit wird vor diesem Hintergrund von den Beschäftigten der DB Zeitarbeit GmbH als ein flexibel-dynamisches und keineswegs negativ besetztes Arbeits- und Beschäftigungsverhältnis wahrgenommen. Dabei wissen sie, dass ein Großteil dieser Flexibilität und Dynamik auf ihre Qualifikation und Einsatzbereitschaft zurückgeht. Diese Möglichkeit zur positiven Selbstwahrnehmung unterscheidet sie von den Beschäftigten der DB JobService GmbH.

DB JobService GmbH als bürokratische Verwaltung von erwerbsbiographischer Unsicherheit

Die akademisch qualifizierten Beschäftigten der DB JobService GmbH tun sich mit der Bewältigung ihrer ungewissen Arbeits- und Beschäftigungssituation größtenteils schwer. Insgesamt haben sich diese Beschäftigten ihr stark inhaltlich und teils auch fachlich geprägtes Arbeitsverständnis bewahrt. Dies gilt trotz des durch Arbeitsplatzverlust erfahrenen Bruchs in der Erwerbsbiografie. Je nach augenblicklich übertragener Tätigkeit kann aber gerade dieses stark inhaltlich geprägte Arbeitsverständnis mit Ursache für Unzufriedenheit sein. Denn die Anforderungen in den diversen betrieblichen Beschäftigungsprojekten entsprechen nicht immer den eigenen inhaltlichen Ansprüchen an Arbeit.

> *„... ich bin eigentlich meinen richtigen Job los (...) und habe eben diese Arbeit, die einen eigentlich nicht so richtig befriedigt" (737/23).*

Aber nicht nur die unter Umständen wenig herausfordernden Tätigkeiten erschweren für einen Teil der Beschäftigten der DB JobService GmbH die Bewältigung der gegenwärtigen Arbeits- und Beschäftigungssituation, sondern auch die teils sehr abrupt und unvermittelt erfolgende Vermittlung in eine Projektbeschäftigung.

> *„... es geht ein bisschen holterdiepolter. (...) ich bin schon mal ganz kurzfristig abgestellt worden für ein anderes Projekt. Das geht von heute auf morgen ...“ (737/49).*

Eine solche Vermittlung ist wenig kommunikativ und hat autoritäre Züge. Auch sie trägt dazu bei, dass sich ein Teil der befragten Beschäftigten bei der DB JobService GmbH als eine Art „Verfügungsmasse“ vorkommt, die per Direktive für die unterschiedlichsten und meist wenig anspruchsvollen Arbeitseinsätze bereitzustehen hat.

Solche Erfahrungen treffen nicht auf alle Beschäftigten der DB JobService GmbH zu. Ein Teil der Beschäftigten macht auch die Erfahrung von inhaltlich interessanten und herausfordernden Projektbeschäftigungen.

> *„In unserem Beschäftigungsprojekt (...) waren ja auch spannende Sachen. Da musste man mal in Wien anrufen oder notfalls in Dublin oder Brüssel oder so, wenn es um irgendwelche Ausschreibungen ging. Das waren für jemanden, der sich sonst nur mit seinem Computer unterhält, anspruchsvolle Aufgaben“ (735/40).*

Zum Teil verbinden sich damit auch neue Lernchancen:

> *„Und da habe ich einen Excel-VBA-Lehrgang besucht, das war überhaupt das Positive bei dem Projekt (...). Man durfte eigentlich in jedem Training – man durfte an Lehrgängen teilnehmen“ (735/48).*

Die Erfahrung von Lernchancen machen auch die betrieblich qualifizierten Beschäftigten der DB Zeitarbeit GmbH. Hier sind es allerdings nicht spezielle Lehrgänge oder Trainings, sondern die variierenden Tätigkeiten im Rahmen des Leiharbeitsverhältnisses selbst, die als inhaltlich bereichernd empfunden werden.

> *„Man lernt doch immer wieder dazu. Selbst auch Computer bedienen (...) Ich habe dadurch wieder ein neues System kennen gelernt ...“ (739/43+29).*

Der Sinn von Arbeit als Bewältigungsressource erwerbsbiographischer Unsicherheit

Für einen Teil der akademisch qualifizierten Beschäftigten der DB JobService GmbH stellt der *Sinn* einer Tätigkeit eine Ressource zur Bewältigung auch von fachlich wenig anspruchsvollen oder gar unterwertigen Projektbeschäftigungen dar.[171] So meint etwa der Ingenieur über seinen Einsatz als sog. „Automaten-Guide“ im Reisezentrum der DB Bahn Fernverkehr:

---

[171] Bereits im Abschnitt über Anerkennung erwies sich der erfahrbare Sinn einer Tätigkeit als eine Form der aufgabenbezogenen Anerkennung in der Arbeit (vgl. 1.4.6.2). Dies spielt auch bei der Funktion von Sinn als Bewältigungsressource eine Rolle.

> *„Ich sehe durchaus, dass das, was ich da mache, Sinn macht" (736/36).*

Dass der Sinn einer Tätigkeit als *Ressource* zur *Bewältigung* auch von Beschäftigungen unterhalb des eigenen Qualifikationsniveaus verstanden werden kann, liegt allerdings nicht allein an rein funktional-gegenstandsbezogenen Sinnaspekten (wie z.B. Nützlichkeit). Vielmehr ist Sinn als Bewältigungsressource an zwei weitere Aspekte gebunden, die der eigentlichen Tätigkeit in gewisser Weise vor- und nachgelagert sind. Das ist zum einen der Aspekt der *sozialen Integration* und *Teilhabe* (als quasi vorgelagerter Aspekt):

> *„Den ganzen Tag zu Hause sitzen könnte ich auch nicht. Da würde mir die Decke auf den Kopf fallen. Ich meine, ich könnte mit der Zeit zu Hause auch schon was anfangen, da würde mir schon was einfallen, aber ..." (736/36).*

Das ist zum anderen der Aspekt der *Anerkennung* (als quasi nachgelagerter Aspekt), z.B. von KundInnen:

> *„Man hört dort öfter mal 'danke' ..." (736/40).*

Hinzu kommen aber auch *inhaltliche* Aspekte, die mit der Tätigkeit und ihrem Gegen-stand unmittelbar selbst zu tun haben. Auch sie weisen über den rein funktionalen Sinnaspekt einer Tätigkeit hinaus. Im Falle des „Automaten-Guides" sind dies z.B. der direkte Kundenkontakt sowie die damit zusammenhängende *Kommunikation* und *Interaktion*:

> *„Viele kommen gleich auf mich zu, aber ich sehe auch, wenn jemand Schwierigkeiten hat, dann spreche ich ihn an. (...) die Leute wollen Fahrkarten kaufen, wollen aber auch fragen, wo was ist. Habe deswegen vorsorglich so einen Stadtplan mit zu liegen, wenn auch ein etwas älteres Modell. Tarifauskünfte. Und natürlich auch Fahrplanauskunft. Also im Grunde alles, was so im Reisezentrum anfällt" (736/18+22).*

2.1.3 Subjektive Sinn- und Bedürfnisaspekte der Erwerbsarbeit

Inhaltliche und soziale Sinnbezüge der Tätigkeit können als *gebrauchswertorientierter* Aspekt der Erwerbsorientierung verstanden werden. Dabei geht es vor allem um ein Verständnis von Arbeit als nützlicher Tätigkeit, um sach- und fachbezogene Interessen und Standards an Arbeit sowie um soziale und kommunikative Bezüge zur Arbeit.[172] Die Abgrenzung zum *tauschwertorientierten* Aspekt der Erwerbsorientierung ist allerdings fließend.[173] So geht es z.B. bei einem Punkt wie Anerkennung aus Sicht der Subjekte neben den verbalen und symbolischen immer auch um materielle Formen der Anerkennung. Dies wurde bereits im ersten Abschnitt dieses Kapitels gezeigt. Gleiches lässt sich hinsicht-

[172] Vgl. zu diesen Bestimmungen Kapitel III, Abschnitt 2.2.

[173] Zum tauschwertorientierten Aspekt der Erwerbsorientierung zählen Pongratz/Voß (2003) neben den Bedingungen zur Vermarktung der eigenen Arbeitkraft auch die Sicherheit der Erwerbsposition sowie die beruflichen Entwicklungsperspektiven. Mit letzteren wird zugleich der Zusammenhang von Erwerbskarriere und Biographie angesprochen.

lich des *„lebenswertorientierten"* Aspekts der Erwerbsorientierung sagen.[174] Auch hierzu gibt es keine eindeutigen Abgrenzungen. Gerade wenn Sinn zu einer Bewältigungsressource für erwerbsbiographische Unsicherheit wird, verdeutlicht sich das. Der (idealtypisch) gebrauchswertorientierte Sinn einer Arbeit wirkt sich dann auch aus auf die subjektive Wahrnehmung der (idealtypisch) „lebenswertorientierten" Existenzfunktion der Arbeit sowie der (idealtypisch) tauschwertorientierten Sicherheit der Arbeit. Beim angeführten Beispiel ist diese Wirkung – ausgehend vom Sinn einer Arbeit – positiv. Es sind aber auch negative Wirkungen sowie Wirkungen in umgekehrter Richtung möglich. Insbesondere wenn der tauschwertorientierte Sicherheitsaspekt der Arbeit nur gering gegeben ist, wirkt sich dies negativ auch auf den gebrauchswertorientierten Sinnaspekt der Arbeit aus. Auch dies verdeutlicht den engen und nur analytisch auftrennbaren Zusammenhang zwischen den drei differenzierten Aspekten der Erwerbsorientierung. Empirische Beispiele für den letzt genannten Wirkungszusammenhang gibt es auch bei den hier befragten Beschäftigten. Sie lassen sich insbesondere beim Betriebsfall DB JobService GmbH ausfindig machen.

Inhaltliche und soziale Sinnbezüge der Tätigkeit verweisen aber auch auf die verschiedenen subjektiven *Bedürfnisdimensionen* von Arbeit (Becker-Schmidt 1983).[175] Aus dieser Perspektive können die inhaltlichen Sinnaspekte der Bedürfnisdimension des *Tätigwerdens* zugeordnet werden, während die sozialen Sinnaspekte der Bedürfnisdimension der *Anerkennung* entsprechen. Auch die Bedürfnisdimension der *Aneignung* lässt sich im Zusammenhang der arbeitsbezogenen Sinnaspekte ausmachen. Im Falle der Beschäftigten von DB Zeitarbeit GmbH und DB JobService GmbH sind dies z.B. Lernchancen, die sich mit den variierenden Einsatztätigkeiten verbinden. Auch bei dem als „Automaten-Guide" tätigen Ingenieur kommt in dieser Hinsicht die Bedürfnisdimension der Aneignung – wenn auch gewissermaßen notgedrungen – zum Zuge:

> *„... es [gab] auch mal eine Qualifikation für eine Woche, allein ging es in erster Linie um Service auf dem Bahnsteig. Da war nicht davon die Rede, dass wir dann vor den Automaten stehen. Das heißt, den Automaten musste ich selber, fast vollständig selber, aneignen" (736/337).*

Wie sich die verschiedenen Sinn- und Bedürfnisaspekte von Arbeit aus der Perspektive der Beschäftigten darstellen, wird im Folgenden gezeigt.

Erwerbsarbeit als Lebenssinn und -inhalt

Ein Großteil der Beschäftigten hat ein durchaus emphatisch existenzielles Verständnis von Erwerbsarbeit. Erwerbsarbeit wird als *Lebenssinn* oder *Lebensinhalt* verstanden und entspricht damit dem „lebenswertorientierten" Aspekt der

---

[174] Der „lebenswertorientierte" Aspekt der Erwerbsorientierung thematisiert die existenzielle Funktion der Erwerbsarbeit und den Zusammenhang von Arbeit und Leben (Familie, Freizeit, etc.).

[175] Zur Differenzierung der arbeitsbezogenen Bedürfnisdimensionen siehe Kapitel II, Abschnitt 3.3.

Erwerbsorientierung. Das wird für einige vor allem dann besonders deutlich, wenn dieser Lebensinhalt (konkret also der eigene Arbeitsplatz) bedroht oder bereits weggefallen ist. So z.B. bei einer akademisch qualifizierten Beschäftigten, die von der DB JobService GmbH zur Vermittlung auf einen neuen Arbeitsplatz betreut wird:

> *„... Lebensinhalt, ja. Wenn ich gefragt worden bin, ob ich irgendwelche Vorruhestandsregelungen oder so anvisiere, mit 53 sind da ja schon einige in Aussicht. Ist (...) nicht mein Ding" (735/50).*

Erwerbsarbeit als Lebensplanung

Das Verständnis von Erwerbsarbeit als Lebensinhalt und Lebenssinn schließt neben dem „lebenswertorientierten" auch den tauschwertorientierten Aspekt der Erwerbsorientierung mit ein und bezieht sich auf die gesamte biographische *Lebensplanung*. Dies gilt unabhängig von Geschlecht und Alter. Rückblickend stellt sich dies in der biographischen Lebensplanung einer älteren Beschäftigten aus Ostdeutland sehr deutlich dar[176]:

> *„Ich war schon immer berufstätig, und ich sage mal, damals hat man das, wie die Kinder klein waren, auch alles in den Griff gekriegt und so was. Eigentlich kann ich mir das in dem Sinn gar nicht ohne Arbeit vorstellen ..." (737/43).*

Auch in der prospektiven Lebensplanung von jüngeren Beschäftigten ist die kontinuierliche Erwerbsteilhabe im Lebensverlauf ein selbstverständlicher Lebensentwurf. Dabei spielen zum Teil auch recht ausgeprägte Karriereorientierungen eine Rolle:

> *„Ich habe vor mein Leben lang zu arbeiten. Also ich bin jetzt keine Frau, die sagt, ich möchte ein Kind kriegen und möchte dann Arbeit Arbeit sein lassen und lieber Hausfrau sein. Ich plane schon mein Leben danach, in der Arbeit erfolgreich zu werden, ja" (731/53).*

Erwerbsarbeit als Lebenssicherung

Die biographischen Aspekte der Lebensplanung und beruflichen Entwicklung beinhalten auch ein Verständnis von Erwerbsarbeit als *Lebenssicherung*.

> *„... das ist schon wichtig, um meinen Lebensunterhalt zu bestreiten eben" (734/36).*

Der Aspekt der Lebenssicherung geht über die monetäre Dimension hinaus und beinhaltet auch eine beschäftigungs- und arbeitsplatzbezogene Dimension. Das wird ausführlich in den beiden nächsten Abschnitten erörtert (2.1.4 + 2.1.5). Hier an dieser Stelle ist nur zu betonen, dass das Verständnis von Erwerbsarbeit als Lebenssicherung sowohl den tauschwertorientierten als auch den „lebenswertorientierten" Aspekt der Erwerbsorientierung ausdrückt. Aber auch dies

---

[176] Unterstützt wurde dies durch die sozialpolitischen Rahmenbedingungen zur Vereinbarkeit von Berufstätigkeit und Mutterschaft in der DDR.

lässt sich nicht vom gebrauchswertorientierten Aspekt abtrennen. Das verdeutlicht gerade der Punkt der beruflichen Entwicklung. Er beinhaltet neben klar karrierebezogenen (und insofern instrumentellen) Bezügen immer auch ein Verständnis von Arbeit als nützlicher und inhaltlich interessanter Tätigkeit. Dies wird in den folgenden Punkten deutlich.

Erwerbsarbeit als soziale Integration und Teilhabe

Erwerbsarbeit als Lebenssinn und Lebenssicherung ebenso wie Erwerbs- und Karriereorientierung über den gesamten Lebensverlauf hinweg verweisen auch in der subjektiven Wahrnehmung der befragten Frauen und Männer auf die zentrale Funktion der Erwerbsarbeit in bürgerlich-kapitalistischen Arbeitsgesellschaften – nämlich Medium der *sozialen Integration* und *Teilhabe* zu sein:

> *„... ich könnte nicht leben, so mit irgendwo hinzusetzen und den ganzen Tag nichts zu tun. Ich bin auch - ich mache gerne Urlaub, (...) ich bin auch gerne mal drei Wochen zu Hause, aber dann ist auch wieder gut. Dann muss ich auch wieder raus. Also mir fehlt dann auch so die Kommunikation hier mit den Leuten, einfach auch mal reden, machen, tun, über Gott und die Welt ...“ (733/57).*

Erwerbsarbeit als soziale Kommunikation

Die Bedeutung des *sozial-kommunikativen* Aspekts der Erwerbsarbeit wird einem Teil der Befragten vor allem dann sehr bewusst, wenn der vormals reguläre Arbeitsplatz weggefallen ist:

> *„... es gibt einem eine Bestätigung und ich brauche eigentlich auch das Team und das fehlt mir jetzt eigentlich auch. Wenn wir nämlich da diese Befragungen machen, ist man ganz alleine auf dem Zug, hat (...) höchstens zum Zugpersonal dann Kontakt oder so was, aber man hat kein Team mehr in dem Sinn“ (737/40).*

Erwerbsarbeit als Kooperation

Soziale Kommunikation schließt auch Kooperation mit ein. Die Bedeutung von Erwerbsarbeit als *Kooperationszusammenhang* wird von den Beschäftigten sehr deutlich wahrgenommen und thematisiert.

> *„... im Team arbeiten wir ja hier und manche Sachen, die werden eben auch gemeinsam geklärt eben, wenn jetzt – (...) zum Beispiel der neue [Transport] nach Italien oder so, da sind wir schon einig, dass man dann gemeinsam uns mal einen Auftrag oder so auch machen und dann - (...) im Prinzip (...) gegenseitige Unterstützung“ (734/25).*

Erwerbsarbeit als Interaktion

Von der arbeitsteiligen und auf KollegInnen bezogenen Kooperation zu unterscheiden ist die *Interaktion*. Sie bezieht sich auf den Austausch mit externen Personen (z.B. KundInnen) und ist vor allem im Bereich der Dienstleistungsarbeit oftmals integraler Bestandteil der Arbeitstätigkeit (Dunkel/Voß 2004). Erwerbsarbeit als Interaktion wird vor allem von den Beschäftigten in den kundennahen Arbeitsbereichen thematisiert. Sie wird dort als eine Herausforderung wahrgenommen, die durchaus mit unterschiedlicher Begeisterung bewältigt wird.

> *„... wenn die angerufen haben, musste man sich mit dem Problem auseinandersetzen. (...) Irgendein Wagen nicht gekommen, weiß ich nicht, das stimmt nicht, das stimmt nicht, das funktioniert nicht, und dann muss man das Problem lösen“ (732/32-36).*

Dennoch aber ist sie für viele Beschäftigte ein wichtiger Bezugspunkt für Sinnstiftung in der Arbeit.

> *„... also zufrieden bin ich, wenn der Kunde zufrieden ist“ (735/200).*

Erwerbsarbeit als Anerkennung

Insgesamt rangieren die immateriellen Aspekte der Erwerbsarbeit oftmals höher als die materiellen Aspekte (z.B. die Höhe des Gehalts). Hier spielt neben den bereits genannten Punkten auch der Aspekt der *Anerkennung* eine Rolle (siehe dazu ausführlich Abschnitt 1 dieses Kapitels):

> *„Also ohne Anerkennung würde ich nicht lange auf dem Posten bleiben“ (735/112).*

Der subjektiv hohe Stellenwert dieser Sinnaspekte von Erwerbsarbeit verdeutlicht sich insbesondere auch dann, wenn einzelne dieser Aspekte bedroht sind – z.B. durch betriebliche Umstrukturierung oder Arbeitsplatzverlust. So wird etwa die Integrations- und Teilhabefunktion der Erwerbsarbeit den Beschäftigten dann besonders bewusst, wenn sie entweder droht, verloren zu gehen (z.B. durch Wegfall des eigenen Arbeitsplatzes) oder durch Vergleich mit bereits aus dem Erwerbssystem Ausgeschlossenen:

> *„Dass man im Berufsleben noch mit drinnen steht und nicht schon...- (...) weil ich das auch im Bekanntenkreis so mitkriege. Die, die schon länger zu Hause sind, die kennen sich zwar in anderen Sachen sehr gut aus, wo ich dann vielleicht zu kämpfen habe - aber man [selbst] steht noch mit im Leben drin. Selbst auch mit den Kindern, kann man dann besser mitreden. Da steht man dann nicht so außerhalb ...“ (739/50).*

In der individuellen Reflektion und Abwägung dieser Alternativen (Erwerbsarbeit vs. Arbeitsplatzverlust und Erwerbslosigkeit bzw. Erwerbsexklusion) wird die Teilhabe- und Integrationsfunktion der Erwerbsarbeit deutlich gewichtiger eingeschätzt als etwa die materielle Funktion. Dies gilt selbst bei so hochgradig flexibilisierten Beschäftigungsformen wie der Leiharbeit, die sich zudem für die LeiharbeiterInnen mit spürbaren Gehaltseinbußen verbindet:

> *„Mir war es dann wichtiger, dann doch im Berufsleben zu stehen. Ich habe gesagt, dann verzichte ich lieber auf das Geld und ich stehe dann noch im Berufsleben. Dazu habe ich mich eben entschieden“ (739/52).*

2.1.4 Sicherheit in der Erwerbsarbeit

Dies bedeutet allerdings nicht, dass sich in der subjektiven Wahrnehmung der Beschäftigten die immateriellen und eher gebrauchswertorientierten Aspekte der Erwerbsarbeit gegenüber den materiellen und eher tauschwertorientierten Aspekten ausspielen lassen. Ganz im Gegenteil, gerade aufgrund der elementaren Integrations- und Teilhabefunktion der Erwerbsarbeit spielen materielle und tauschwertorientierte Aspekte, wie z.B. Arbeitsplatzsicherheit, eine überaus wichtige Rolle. Für die Beschäftigten ist so der Aspekt der *Sicherheit* untrennbar mit den Aspekten der Integration und Teilhabe verbunden. Dabei rangiert der Sicherheitsaspekt zunächst noch vor dem Einkommensaspekt:

> *„Also Geldverdienen ist gut und ist wichtig und ich möchte auch nicht meinen Cent umdrehen müssen, um mir ein Brot holen zu können, ja? Also ich möchte schon eine gewisse Absicherung haben, aber mir ist es wichtiger, eine soziale Absicherung zu haben in der Arbeit, also zu wissen, dass ich morgen nicht gekündigt werde, anstatt 200 Euro vielleicht mehr zu verdienen und mit der Unsicherheit zu leben" (731/47).*

Bezieht sich diese Aussage zunächst noch auf den Aspekt der allgemeinen Beschäftigungssicherheit, so zeigt sich insgesamt, dass die Beschäftigten den Aspekt der Sicherheit vor allem auf den konkreten eigenen *Arbeitsplatz* beziehen. Dies ist vor allem vor dem Hintergrund der im Rahmen des sog. „Beschäftigungsbündnisses" erzielten befristeten Beschäftigungsgarantie bedeutsam. Darin verpflichtet sich das Unternehmen, auf betriebsbedingte Entlassungen bis zum Jahr 2010 zu verzichten.[177] Die befristete Beschäftigungsgarantie schützt die Beschäftigten zwar vor Verlust des formalen arbeitsrechtlichen Beschäftigungsverhältnisses (und damit auch vor reeller Erwerbslosigkeit), nicht aber vor Verlust des konkreten Arbeitsplatzes. Dieser allerdings ist in der subjektiven Wahrnehmung der Beschäftigten der *Hauptbezugspunkt für Sicherheit* in der Arbeit. Die erreichte Beschäftigungsgarantie läuft so in der Beschäftigtenwahrnehmung ein Stück weit ins Leere, weil ihr Verständnis von Sicherheit auf den konkreten Arbeitsplatz bezogen ist. Dies wurde an anderer Stelle bereits als „subjektive Entkopplung von Beschäftigungs- und Arbeitsplatzsicherheit" bezeichnet (Nickel/Hüning/Frey 2008).

Trotz der kollektiv erreichten Beschäftigungssicherheit dominiert in der subjektiven Wahrnehmung der Beschäftigten die Angst vor Verlust des eigenen Arbeitsplatzes. Das ist eine Gefahr, die aufgrund der anhaltenden Restrukturierungsmaßnahmen im Bahnkonzern äußerst real und präsent ist. Es verbindet sich damit nicht nur der Verlust einer vertrauten Tätigkeit und eines ebenfalls vertrauten KollegInnenkreises. Sondern wenn das Beschäftigungsverhältnis tatsächlich weiter aufrechterhalten werden soll, dann bedeutet dies für die Beschäftigten in der Regel, eine erhöhte örtliche Mobilität und fachliche Flexibilität unter

---

[177] Siehe dazu auch die Ausführungen in der Betriebsfallbeschreibung DB JobService GmbH in Kapitel V.

Beweis zu stellen. Denn entweder müssen sie im Rahmen einer Vermittlung durch die DB JobService GmbH auch vom Wohnort weiter entfernte Arbeitsmöglichkeiten annehmen, die dann oftmals mit einem Umzug verbunden sind. Oder sie müssen ein Beschäftigungsverhältnis mit der DB Zeitarbeit GmbH aufnehmen und dann im Rahmen von Leiharbeit variierende Tätigkeiten an wechselnden Arbeitsorten ausüben. Beides ist für die Beschäftigten mit Ängsten und Unsicherheit verbunden. Diese Unsicherheit bezieht sich auf die Ungewissheit eines festen Arbeitsplatzes und überträgt sich auf die privaten Lebensverhältnisse (Wohnortwechsel ja oder nein? Konsequenzen für Familie und soziale Beziehungen etc.). Sie bezieht sich auch auf die Einkommensverhältnisse, da bei Übernahme durch die DB JobService GmbH nur noch 85% des vorherigen Gehalts gezahlt werden.[178] Ebenso geht die Beschäftigung bei der DB Zeitarbeit GmbH mit einer geringeren Entlohnung einher. Auch hier zeigt sich insgesamt die enge Verquickung von verschiedenen Aspekten der Erwerbsorientierung, im konkreten Fall von tauschwertorientierten und „lebenswertorientierten" Aspekten.

2.1.5 Finanzielle Aspekte der Tätigkeit

Ebenso wenig wie der Aspekt der Sicherheit lässt sich in der subjektiven Wahrnehmung der Beschäftigten der materielle Aspekt des *Entgelts* gegen die immateriellen Funktionen der sozialen Integration und Teilhabe ausspielen. Die Beschäftigten wissen sehr wohl um die fundamentale Bedeutung des Entgelts sowohl für ihre unmittelbare Existenzsicherung als auch für ihre soziale Teilhabe. Es stellt für sie die notwendige und nicht hintergehbare Basis für die Entfaltung gerade auch von immateriellen Orientierungen und Bedürfnissen in der Arbeit dar.

> *„... zur höheren Ehre Gottes gehen wir alle nicht arbeiten, also es sollte schon ein bisschen was dabei rumkommen. Ich habe eine Familie zu ernähren und aber es soll natürlich auch eine gewisse Erfüllung - eine gewisse Erfüllung" (733/57).*

Deutlich wird hier, wie die traditionelle (und implizit oft normativ verstandene) Entgegensetzung von „intrinsischen" vs. „extrinsischen" Motiven ins Leere läuft. Für die Beschäftigten sind diese beiden Motivationspole kein Entweder-Oder, sondern ein Sowohl-als-auch. Dies gilt zunächst für alle Beschäftigten. Unterhalb dieser allgemeinen Aussage zeigen sich allerdings einige Differenzierungen. So sind akademisch qualifizierte sowie ältere Beschäftigte am ehesten bereit, aufgrund immaterieller Aspekte der Erwerbsarbeit Abstriche beim Gehalt zuzulassen. Sie machen dies aus unterschiedlichen Gründen: Bei den akademisch Ausgebildeten bezieht sich dies eher auf die in der Erwerbsarbeit zu erhaltende Anerkennung, bei den älteren Beschäftigten eher auf die durch Erwerbsarbeit ermöglichte soziale Teilhabe. Berücksichtigt werden muss dabei

---

[178] Beschäftigte, die weniger als fünf Betriebsjahre haben, bekommen nur 80% des früheren Gehalts.

auch, dass gerade höher qualifizierte Beschäftigte aufgrund ihrer oftmals hohen Gehaltseinstufung noch am ehesten diesbezügliche Einbußen in Kauf nehmen können.

Demgegenüber zeigt sich bei einem kleinen Teil der betrieblich Ausgebildeten ein stärkeres Gewicht des materiellen Aspekts der Erwerbsarbeit. Befragt nach der persönlichen Bedeutung der Arbeit, antwortet etwa diese Sachbearbeiterin mittleren Alters lapidar:

> *„... ich brauche das Geld“ (732/40).*

Zwar spielen auch hier immaterielle Aspekte der Erwerbsarbeit eine Rolle (vor allem soziale Integration und Teilhabe). Sie werden aber deutlich relativiert, denn – wie dieselbe Beschäftigte ebenfalls meint:

> *„... dafür bräuchte ich keinen Achtstundenjob. Also das könnte ich auch mit Halbtags- oder weiß ich nicht, Fünfzigprozentstelle würde auch reichen“ (732/44).*

Allerdings reicht dann die Entlohnung nicht. Die Beschäftigte ist so aus materiellen Gründen gezwungen, Vollzeit zu arbeiten, obwohl ihr selbst – bezogen auf andere Sinnaspekte – eine Teilzeitstelle ausreichen würde. Die sozialkommunikative Bedeutung der Erwerbsarbeit wird hier als weniger umfassend empfunden als bei anderen Beschäftigten.

Bei einem Großteil der Beschäftigten zeigt sich, dass gerade die sozialkommunikativen Aspekte der Erwerbsarbeit sehr hoch geschätzt werden. Die soziale Interaktion sowie die dadurch ermöglichte Intersubjektivität werden bei einigen sogar zur Basis subjektiver Sinnbezüge in der Erwerbsarbeit:

> *„... für mich ist immer ganz wichtig, dass ich (...) einigen Leuten helfen konnte. Die kommen [dann] und [sagen], Ich habe hier ein Problem (...) ich brauche unbedingt einen Tag frei. Wie können wir das...? Und wenn die dann rausgehen und sagen, Ja, klasse, haben wir hingekriegt! Das ist okay“ (733/57).*

2.1.6 Zusammenfassung

Zusammenfassend lässt sich festhalten, dass bei allen befragten Beschäftigten auf immaterielle Aspekte bezogene Erwerbsorientierungen eine große Rolle spielen. Zwar zeigen sich hier einige Differenzierungen entlang den Merkmalen Qualifikation und Alter. Eine ausschließlich instrumentelle Haltung zur Erwerbsarbeit lässt sich aber bei keinem der Beschäftigten ausmachen. Vielmehr zeigt sich, dass aus der Beschäftigtenperspektive die unterschiedlichen Sinn- und Bedürfnisaspekte von Arbeit einen integralen Bedeutungszusammenhang darstellen. Dies gilt auch für die drei differenzierten Aspekte der Erwerbsorientierung. Eine eher distanzierte oder auch resignierte Haltung zur Erwerbsarbeit lässt sich demgegenüber vor allem auf betriebliche Faktoren zurückführen. An erster Stelle zu nennen ist hier die durch anhaltende Rationalisierung und permanente Reorganisation erzeugte Verunsicherung hinsichtlich der eigenen Arbeitsplatzsicherheit. Alle Beschäftigten mit eher distanzierter oder instrumenteller Haltung zur Erwerbsarbeit haben die Erfahrung des Arbeitsplatzverlustes sowie der damit verknüpften Mobilitäts- und Flexibilitätsanforderungen gemacht. Es liegt somit nahe, diese Haltung als eine Form der Bewältigung des erfahrenen Bruchs zu verstehen. Auch die akademisch qualifizierten Beschäftigten haben die Erfahrung des Arbeitsplatzverlusts gemacht. Für sie geht dies aber nicht auf Kosten ihrer stark fachlich-arbeitsinhaltlich geprägten Erwerbsorientierung. Dies erschwert für einen Teil von ihnen die Bewältigung des erfahrenen erwerbsbiographischen Bruchs.

2.2 Das subjektive Leistungsverständnis der Beschäftigten

Die insgesamt stark auf immaterielle Aspekte bezogene Erwerbsorientierung der Beschäftigten zeigt sich auch in Bezug auf das Verständnis von Leistung in der Arbeit. Dabei dominiert ein Leistungsverständnis, dass vor allem auf *qualitative* Kriterien hin ausgerichtet ist. Dies sind z.B. Kriterien wie die Qualität und „Stimmigkeit“ der eigenen Arbeit:

> *„... es muss stimmig sein. Also es muss stimmen. Das ist ... - die Qualität, es geht eigentlich um die Qualität“ (732/204-206).*

> *„... dass ich das eigentlich vernünftig - also ich versuche schon auf Qualität zu achten, auf die Qualität, die ich dann mache“ (734/226).*

Wichtige Bezugspunkte zur Bestimmung dieser Qualität und „Stimmigkeit“ der Arbeit sind für die Beschäftigten zum einen die *sachlich-technischen* Erfordernisse des Arbeitsgegenstandes:

> *„... dass wirklich alles ausgetestet (...) ist ...“ (737/194).*

Solche sachlich-technischen Erfordernisse sind vor allem für die befragten IT-IngenieurInnen ein wichtiger Bezugspunkt für die subjektive Einschätzung, eine gute Leistung erbracht zu haben. „Gute Leistung“ wird dabei vor allem als „gute Qualität“ verstanden.

Dieses Qualitäts- und zugleich auch Leistungsverständnis wird dabei allerdings nicht nur auf die sachlich-technischen Erfordernisse des Arbeitsgegenstands bezogen, sondern auch auf die Erfordernisse von *KundInnen*. Dies gilt z.B. auch für die befragte und im vorigen Abschnitt bereits zitierte Ingenieurin:

> *„... also zufrieden bin ich, wenn der Kunde zufrieden ist“ (735/200).*

Und ebenfalls für den Ingenieur, der vorübergehend in einem betrieblichen Beschäftigungsprojekt als „Automaten-Guide“ eingesetzt ist:

> *„Wenn der Kunde zufrieden das Reisezentrum verlässt“ (736/230).*

Das Wohl und die Zufriedenheit der KundInnen sind somit der zweite wichtige Bezugspunkt für das Qualitäts- und Leistungsverständnis der Beschäftigten. Darin spiegelt sich zum einen der *objektive Kundenbezug* ihrer Tätigkeiten wider, die sich oftmals im unmittelbaren Kundenkontakt vollziehen.[179] Zum anderen spiegelt sich darin ein spezifisch *subjektiver „Kundenethos"*, wie er häufiger vor allem bei Beschäftigten in öffentlichen oder ehemals staatlichen Dienstleistungsbereichen anzutreffen ist (neben der Bahn z.B. Telekom oder Sparkassen).[180] Er unterscheidet sich vom Kundenverständnis sowohl in unmittelbar personenbezogenen und sozialen Dienstleistungsbereichen als auch in rein unternehmensbezogenen und kommerziellen Dienstleistungsbereichen. Sein Spezifikum ist die gleichzeitige Orientierung an der Zufriedenstellung von KundInnen *und* an bürokratischen Regelungen. Dies führt mitunter zwar zu Spannungen, die von den Beschäftigten zu bewältigen sind. Dabei geht es vor allem um die Vermittlung von unterschiedlichen Interessenstandpunkten, wie das Beispiel einer Sachbearbeiterin aus der Reklamation illustriert:

> *„... dass die Leute auch zufrieden sind, auch wenn sie vielleicht nicht das Geld bekommen, das sie gern gehabt hätten, also dass der trotzdem zufrieden ist, weil der versteht, diese Argumentation. Ich kann ihm auch einfach sagen, nein, kriegst du nicht und gut. Dann ist der aber nicht zufrieden, sondern dass der auch zufrieden ist und sagt, okay, es stimmt" (732/208).*

Das entscheidende an dem spezifischen „Kundenethos" aber ist, dass die bürokratischen Regulierungen den Beschäftigten nicht äußerlich sind, sondern einem inneren Ethos der Pflichterfüllung und Loyalität (gegenüber dem Unternehmen, aber auch abstrakter gegenüber dem „Dienst") entsprechen. Auch dies gehört zu ihrem subjektiven Verständnis von guter Qualität und Leistung in der Arbeit. Wichtig ist dabei auch zu betonen, dass sich Pflichterfüllung und Loyalität mehr auf den *technischen* und *sozialen* Zusammenhang „Eisenbahn" denn auf den *ökonomischen* Zusammenhang der Aktiengesellschaft „Deutsche Bahn AG" beziehen.

Die dargestellten Bezugspunkte und Kriterien für das Leistungsverständnis der Beschäftigten spiegeln vor allem den *gebrauchswertorientierten* Aspekt der Erwerbsorientierung wider. Kriterien wie die Qualität der eigenen Arbeit, die sachlich-technischen Erfordernisse des Arbeitsgegenstands oder die Bedürfnisse und Zufriedenheit der KundInnen implizieren ein Verständnis von Arbeit als nützlicher Tätigkeit und ein Interesse an sach- und fachgerechter Arbeitsausführung. Auf dieser Basis entsteht ein überwiegend gebrauchswertorientiertes Leistungsverständnis der Beschäftigten, das im Folgenden exemplarisch anhand der spezifischen „Bahnidentität" weiter verdeutlicht wird.

---

[179] Dies können sowohl interne als auch externe KundInnen sein.

[180] Vgl. Blutner u.a. (2002) zur Deutschen Telekom AG und Hüning/Nickel (1998) zum Sparkassensektor.

2.2.1 „Bahnidentität“ als Ausdruck eines gebrauchswertorientierten Leistungsverständnisses

Bei fast allen der befragten Beschäftigten ist eine ausgeprägte „Bahnidentität“ zu finden.[181] Dies gilt unabhängig von Alter, Geschlecht und Qualifikation und trifft sowohl für jüngere Beschäftigte mit betrieblicher Ausbildung –

> *„... die kriegt man so ein bisschen hier. Ich kann aber auch nicht mal sagen, was es ist, und ich kann auch nicht mal sagen, wieso es so ist, aber man wird irgendwie so ein bisschen so ein Bahner ...“ (731/73)*

– als auch für ältere Beschäftigte mit akademischer Ausbildung zu:

> *„... wir Alten haben dieses Gefühl noch. Während ich den Eindruck habe, dass die Jungen und gerade die (...) neuen Führungskräfte, (...) die haben diese Identität nicht mehr“ (737/71).*

Für die älteren Beschäftigten macht sich das veränderte Leistungsverständnis im Unternehmen gerade am Beispiel der jüngeren und meist auch extern rekrutierten Führungskräfte fest. Denn

> *„... die gucken nur auf ihr Stück, also diesen Betriebsteil, und das andere interessiert sie nicht“ (737/73).*

Aus dieser begrenzten und nur auf den eigenen Bereich bezogenen Perspektive ergibt sich eine Arbeits- und Leistungsorientierung, wie sie aus Sicht der Beschäftigten exemplarisch ist für den vom Management angestrebten Gestaltwandel von Leistung und Anerkennung in der Deutschen Bahn AG:

> *„...weil die nur den Erfolg für ihr Stückchen sehen und nicht - die haben nicht die Gesamtbahn im Kopf“ (737/75).*

Demgegenüber haben die Beschäftigten eine Arbeits- und Leistungsorientierung, die stärker auf den *gesamten* Unternehmenszusammenhang hin ausgerichtet ist:

> *„... ich denke immer, wenn (...) was ist, ich denke eigentlich gesamtbahnmäßig“ (737/73).*

---

[181] Der Begriff der „Bahnidentität“ bezieht sich auf die Identifikation vor allem mit dem sozialen und technischen Zusammenhang des Unternehmens „Bahn“. Eine wichtige Rolle dabei spielt die Tradition als ehemals behördliches Unternehmen der staatlichen Daseinsfürsorge sowie die in diesem Rahmen verfolgte Unternehmenspolitik der betrieblichen Sozialintegration. Diese schloss neben zahlreichen sozialpolitischen Maßnahmen (z.B. Wohnungs-, Gesundheits- und Sozialwesen) auch kulturelle Aspekte mit ein (z.B. Eisenbahnsportvereine). Daraus entstand eine Identität als „BahnerIn“, die oftmals über Generationen hinweg weitergegeben wurde („Bahnerfamilie“). Das Phänomen der „Bahnidentität“ existierte sowohl in Deutscher Bundes- als auch Deutscher Reichsbahn. Dementsprechend ist es seit der Zusammenführung und Privatisierung 1994 in modifizierter Form gleichermaßen in Ost- wie Westdeutschland anzutreffen.

Dabei vermissen auch jüngere Beschäftigte eine gesamthafte Orientierung beim Unternehmen und klagen sie als Bedürfnis ein:

> *„Ich fände es gut, wenn wir noch vernetzter werden würden, wenn wir noch mehr von anderen Bereichen mitkriegen würden. (...) wenn das alles so ein bisschen übersichtlicher werden würde, dass man vom Gesamtprozess mehr mitbekommt, als nur von diesem einzelnen Prozess" (731/396).*

Ihnen bleibt dann allerdings oftmals nicht viel anderes übrig, als sich dieses Bedürfnis in eigener Initiative und teils auch außerhalb der Erwerbsarbeit zu befriedigen:

> *„Weil man (...) das Gesamtkonzept von dem Unternehmen gar nicht mehr sieht und erkennt manchmal. Wenn man sich nicht zu Hause manchmal hinsetzt und selber auf die Internetseite geht und sich das noch mal ganz genau anguckt" (731/398).*

In den auf den gesamten Unternehmenszusammenhang hin ausgerichteten Bedürfnissen und Orientierungen der Beschäftigten zeigen sich zwei Punkte: Zum einen ein Bedürfnis nach *Aneignung* und *Kontrolle* der über den Radius der eigenen Tätigkeit hinausgehenden Zusammenhänge und Prozesse im Unternehmen. Dieses Aneignungs- und Kontrollbedürfnis kann sich – wie gezeigt – auch und gerade in Form von Wissens- und Informationsbedürfnissen äußern. Es verweist zudem auf ein weiterreichendes Bedürfnis nach Aneignung und Kontrolle auch von betrieblichen Rahmenbedingungen des eigenen Arbeits- und Lebenszusammenhangs.[182]

Zum anderen zeigt sich in der auf das gesamte Unternehmen hin ausgerichteten Arbeits- und Leistungsorientierung der Beschäftigten der *gebrauchswertorientierte* Aspekt der Erwerbsorientierung. Dieser Aspekt verdeutlicht sich vor allem auch in Abgrenzung zur bereits skizzierten Arbeits- und Leistungsorientierung der jüngeren Führungskräfte, wie sie sich aus Sicht eines Teils der weisungsabhängigen Beschäftigten darstellt. Die vorrangige Orientierung am eigenen Erfolg (sei es am betrieblichen, sei es am persönlichen) kann als instrumenteller und tauschwertorientierter Aspekt der Erwerbsorientierung charakterisiert werden. Bezugspunkt dafür ist nicht die Nützlichkeit einer Arbeit oder das Wohlbefinden der KundInnen, sondern der auf Verwertbarkeit, Profit und die eigene Karriere ausgerichtete (Markt-)Erfolg. Für viele, vor allem jüngere Führungskräfte scheint dies eine dominante Orientierung zur Beurteilung von Leistung zu sein.

Den meisten Beschäftigten bleibt solch ein Leistungsverständnis fremd. Sie orientieren sich weniger an den abstrakten Kriterien der ökonomischen Verwertung als an den konkreten und gegenstandsbezogenen Kriterien ihrer praktischen Tätigkeit. Dies können – wie gezeigt – die sachlichen Erfordernisse von Arbeitsgegenständen oder die persönlichen Erfordernisse von KundInnen sein. Wichtiger

[182] Siehe dazu ausführlich Abschnitt 2.3 dieses Kapitels.

Bezugspunkt dabei ist das Unternehmen in seiner Gesamtheit. Dieses vorwiegend gebrauchswertorientierte Leistungsverständnis kristallisiert sich in der skizzierten „Bahnidentität" der Beschäftigten.

2.2.2 Selbstverständliche Pflichterfüllung und persönliche Redlichkeit als Kennzeichen eines spezifischen Leistungsethos

Neben dem „Kundenethos" zeigt sich bei den Beschäftigten ein weiteres Ethos, welches deutlicher auf Leistung bezogen ist. Es kann deshalb auch als „Leistungsethos" charakterisiert werden. Dabei geht es weniger um eine abstrakte Orientierung an Leistung und Erfolg als darum, den gestellten Anforderungen in der Arbeit gerecht werden. Diese Anforderungen ergeben sich zum einen aus der übertragenen *Arbeitsaufgabe* selbst:

> *„... in bestimmter Zeit eben, die wir Aufträge abzuarbeiten haben und dass man die in diesem Rahmen auch schafft im Prinzip" (734/227).*

Dies gilt auch für relativ restriktive Tätigkeiten (wie z.B. die digitale und stark repetitive Auftragsbearbeitung im KundenServiceZentrum). Insofern bezieht sich das Leistungsethos der Beschäftigten auf die *alltäglichen* und teils auch *mühsamen Anforderungen* der Arbeit.

Zum anderen ergeben sich die Anforderungen aus bestimmten und eher *außergewöhnlichen Umständen* oder *Situationen* der Arbeit. Sie sind nicht regelmäßiger Bestandteil der alltäglichen Arbeit, sondern eher sporadischer und außeralltäglicher Art. Insofern stehen sie auch für das Außeralltägliche und Besondere in der Arbeit, von dem Voswinkel (2002) in Bezug auf die Anerkennungsform der „Bewunderung" spricht.

Steht „Bewunderung" aber idealtypisch für eine markt- und erfolgsorientierte – und insofern auch tauschwertorientierte – Anerkennungsform, so verbinden die weisungsabhängigen Beschäftigten auch mit außeralltäglichen Arbeitsanforderungen eher ein Leistungsethos der *selbstverständlichen Pflichterfüllung.*[183]

> *„... bevor ich in diese Abteilung gewechselt habe, lag hier so ein Packen, so einen Meter hoch, Reklamationen und ich habe dann innerhalb von einem Dreivierteljahr diesen weg gearbeitet und wir sind jetzt auf einem aktuellen Stand" (732/236)*

Die subjektive Wahrnehmung von Leistungsprämien

Deutlich wird die Selbstverständlichkeit dieser – auch außeralltäglichen – Pflichterfüllung in Verbindung mit dem Thema *Leistungsprämien* (siehe dazu ausführlich unten Abschnitt 2.2.4). Solche Prämien werden vom Unternehmen

---

[183] Vgl. dazu auch den Punkt 1.2.2 in Abschnitt 1 über Anerkennung. Die selbstverständliche Pflichterfüllung der Beschäftigten bezog sich dort auf unvorhergesehene Herausforderungen in der Arbeit. Sie wurde dann im Folgenden als gebrauchswertorientiertes Arbeitsethos charakterisiert (vgl. Punkt 1.2.3).

als Mittel der Leistungssteigerung eingesetzt. Sie kommen gegenwärtig vor allem als *zusätzlicher* Entgeltbestandteil zur Honorierung von besonderen Leistungen zur Geltung.

Auch die zitierte Beschäftigte wurde von ihrem Vorgesetzten aufgrund ihrer außergewöhnlichen Leistung für solch eine Prämie vorgesehen. In der Reflexion über Sinn und Zweck solcher Prämien ist sie sich zwar der Besonderheit dieser Auszeichnung bewusst und durchaus auch stolz darauf.

> *„Das ist was Seltenes. (...) Weil ich eine gute Leistung erbracht habe" (732/230-232).*

Zugleich wird aber auch deutlich, dass die Prämie selbst *nicht* der vorrangige Anreiz für ihre besondere Leistung ist:

> *„Ich hätte es auch ohne die Prämie gemacht" (732/239).*

Vielmehr greift hier der Anspruch, das, was zur eigenen Arbeitsaufgabe gehört oder im Rahmen dieser anfällt, auch sach- und fachgerecht zu bewältigen. Dieser Anspruch tritt selbstverständlich und unprätentiös auf und ist insofern nicht zu vergleichen mit dem auf schnellen (Markt-)Erfolg und „Bewunderung" zielenden Leistungsverständnis der jüngeren Führungskräfte, wie es sich aus Sicht der weisungsabhängigen Beschäftigten darstellt. Hier zeigt sich stattdessen ein Leistungsethos, dessen Ziel vor allem die selbstverständliche Pflichterfüllung gegenüber den gestellten Anforderungen ist. Dies allerdings nicht aus geflissentlicher Autoritätshörigkeit, sondern weil dies dem eigenen Arbeitsstolz und Leistungsverständnis entspricht.

> *„Also ich habe eine Stellenbeschreibung, wo drin steht, was von mir erwartet wird. Für mich persönlich ist wichtig, dass ich dem gerecht werde. Dass ich das auch leiste, wofür ich bezahlt werde (733/207).*

Deutlicher noch drückt es dieser Beschäftigte aus:

> *„Man sollte doch in den Spiegel gucken können, ohne schamviolett anzulaufen für das Geld, was man kriegt" (736/228).*

Er trifft damit in gewisser Weise auch den Kern: Denn beim Leistungsverständnis der Beschäftigten geht es sehr stark um Fragen der persönlichen *Integrität* und *Redlichkeit*. Das Motto „Gute Leistung für gutes Geld" bezieht sich für die Beschäftigten eben nicht – wie bisweilen unterstellt – ungleichmäßig allein auf die materielle Seite des vom Unternehmen zu zahlenden Lohnes, sondern auch auf die Seite der dafür zu erbringenden Leistung. Und die Beschäftigten wollen größtenteils eine „gute Leistung" erbringen, die dem vom Unternehmen gezahlten Lohn gerecht wird. Dabei gehen sie idealiter von einer Äquivalenzbeziehung im Verhältnis von Lohn und Leistung aus. In der betrieblichen Realität fällt diese allerdings nicht selten *zuungunsten* der eigenen erbrachten Leistung sowie des dafür erhaltenen Lohns aus:

„... sie erwarten immer mehr für dasselbe Geld. Ja, also ich habe, seitdem ich hier angefangen habe, keine Lohnerhöhung bekommen“ (732/188).

Dies zeigt sich für diese akademisch qualifizierte Beschäftigte gerade auch im Branchenvergleich:

„Wenn ich sehe, was andere Eisenbahner verdienen, ist es sicher ein gutes Geld. Wenn ich sehe, was andere in der IT-Branche verdienen, dann denke ich, dürfte es mehr sein“ (735/212).

Allerdings fällt dieses Urteil je nach Qualifikation und Vergleichsbranche sehr unterschiedlich aus. So ist z.B. diese betrieblich qualifizierte Beschäftigte davon überzeugt, in anderen Unternehmen für dieselbe Leistung schlechter entlohnt zu werden:

„In der freien Wirtschaft für denselben Posten, glaube ich, würde ich nicht so viel kriegen“ (731/237).

Dementsprechend zufrieden ist sie mit ihrem jetzigen Gehalt – im Unterschied etwa zu dieser ebenfalls betrieblich qualifizierten Kollegin:

„Ich müsste mehr verdienen oder weniger arbeiten für dasselbe Geld“ (732/218).

2.2.3 Sicherheit in der Arbeit als Bestandteil der Lohn-Leistungs-Relation

Auffällig ist, dass viele der befragten Beschäftigten bei der Betrachtung der betrieblichen Lohn-Leistungs-Relation noch einen weiteren Aspekt berücksichtigen. Dies ist die *Sicherheit des Beschäftigungsverhältnisses*. Die Einschätzung über die Sicherheit ihres Beschäftigungsverhältnisses fließt bei der Beurteilung der Lohn-Leistungs-Relation mit ein. Dabei wird deutlich, wie stark der Bezug auf die grundsätzlich gegebene Beschäftigungssicherheit im Konzern ist – trotz aller vorhandenen und auch real verspürten Arbeitsplatzunsicherheit.[184] Für viele Beschäftigte ist die von der Konzernleitung bis 2010 garantierte Beschäftigungssicherheit ein wichtiger Aspekt, der in ihre Beurteilung der Lohn-Leistungs-Relation begünstigend mit einfließt:

„... ich denke, wir sind hier ganz gut abgesichert, vom Arbeitsplatz und ich glaube, am Hungertuch nagen muss hier auch keiner, also jedenfalls nicht aus dem Grund, weil er hier so wenig verdient“ (731/239).

In dieser Hinsicht relativiert auch die bereits zitierte IT-Ingenieurin ihre Einschätzung des im Branchenvergleich zu geringen Gehalts:

„Da kauft man sich denn doch gleichzeitig die Sicherheit der Bahn mit ein. ...“ (735/212).

---

[184] Vgl. dazu die entsprechenden Ausführungen in Abschnitt 2.1 dieses Kapitels.

Bei ihrer Beurteilung von Beschäftigungssicherheit berücksichtigen die Beschäftigten nicht nur den offiziellen Verzicht auf betriebsbedingte Entlassungen. Ebenso spielen dabei auch informelle und teils auch symbolische Aspekte, wie z.B. Unternehmensgröße, eine Rolle.

> *„Es ist halt doch ein sehr großes Unternehmen. (...) Und trotzdem, dass die Bahn auch manchmal rote Zahlen schreibt, heißt ja noch lange nicht, dass wir gleich Pleite gehen oder zumachen müssen. Eigentlich ist es doch schon eine relativ sichere Arbeitsstelle, auch wenn ab und zu mal Personalabbau ist" (738/223).*

Dabei fällt insgesamt auf, dass selbst in der Wahrnehmung von jüngeren Beschäftigten die Deutsche Bahn AG immer noch mit Attributen von Beschäftigungssicherheit und -stabilität in Verbindung gebracht wird, wie sie bis in die 1980er Jahre hinein häufig bei staatlichen Unternehmen und Verwaltungen unterstellt wurden. Dies gilt – trotz unterschiedlicher Unternehmensvergangenheit – gleichermaßen für ostdeutsche und westdeutsche Beschäftigte. Hier macht sich in der Wahrnehmung der Beschäftigten ein spezifisches „Vermächtnis" ehemals staatlich organisierter Unternehmen geltend, das sich vor allem auf deren betriebliche Sozial- und Beschäftigungspolitik bezieht.[185] Dieser Wahrnehmung widerspricht sowohl die privatwirtschaftliche Organisationsform der Deutschen Bahn AG als auch der seit Beginn der 1990er Jahre massiv erfolgte Personalabbau im Unternehmen.

Bezogen auf den konkreten eigenen Arbeitsplatz spüren die Beschäftigten diesen Widerspruch, und dementsprechend zeigen sich hier auch Unsicherheit und Ängste. Bezogen auf die übergeordnete Beschäftigungssicherheit sowie das Unternehmen selbst werden aber eher Wahrnehmungen deutlich, die der spezifischen Tradition der Deutschen Bahn AG als ehemals staatlich organisiertem Unternehmen geschuldet sind.

Dies sind nicht nur irreale Einschätzungen, sondern sie haben ihren realen Kern in der Bemühung sowohl von Seiten der Unternehmensleitung als auch von Seiten der betrieblichen und gewerkschaftlichen Interessenvertretung um arbeits- und sozialpolitische Regulierung der Umbrüche von 1989/90 und 1994.[186] Das befristete „Beschäftigungsbündnis" ist ein Ausdruck davon. Zugleich steht es –

[185] Die Stichworte sind hierfür für die westdeutsche Bundesbahn vor allem Beamtenverhältnis und Unkündbarkeit. In der ostdeutschen Reichsbahn gab es zwar kein Beamtenverhältnis. Aber auch hier haben Staat und Unternehmen eine sozialpolitische Verantwortung für die Beschäftigten übernommen, die grosso modo auf Unkündbarkeit hinauslief. Seit der Privatisierung 1994 werden in der Deutschen Bahn AG keine neuen Beamtenverhältnisse mehr begründet. Der Anteil der Beamten an den Beschäftigten geht seitdem kontinuierlich zurück und liegt mittlerweile bei ca. 35%. Dabei handelt es sich ausschließlich um ehemalige Beschäftigte der Deutschen Bundesbahn. Die Beschäftigten der Deutschen Reichsbahn wurden nach 1989 nicht verbeamtet.

[186] Dies waren zum einen der Niedergang der DDR und die damit verbundene Entlassung der Deutschen Reichsbahn in die Marktwirtschaft, zum anderen die Zusammenführung und Privatisierung von Deutscher Reichs- und Bundesbahn.

nicht nur in der Wahrnehmung der Beschäftigten – auch für die skizzierte spezifische Unternehmenstradition (dafür steht z.B. auch die Stärke der betrieblichen und gewerkschaftlichen Interessenvertretung).

2.2.4 Betriebliche Leistungsprämien aus Sicht der Beschäftigten

Wie oben bereits angedeutet, verfangen in der Wahrnehmung der Beschäftigten betriebliche Leistungsprämien als spezifische Anreize zur Leistungssteigerung nicht recht. Als Grund dafür wurde das spezifische Leistungsverständnis einer selbstverständlichen Pflichterfüllung angegeben. Das, wofür Leistungsprämien aus Sicht des Unternehmens überhaupt erst einen Anreiz bieten sollen, ist für die Beschäftigten bereits *selbstverständlicher* Bestandteil ihres Verständnisses von Leistung:

> *„... für mich ist das eigentlich selbstverständlich, dass ich es so gut mache wie ich kann" (737/215).*

Dabei nehmen sie zusätzliche Prämien durchaus auch als *Anerkennung* ihrer erbrachten Leistung wahr:

> *„Also ich sage mal, das ist dann eine Form der Bestätigung seiner Leistung, ja. Aber versuchen, das Beste draus zu machen, hat man eigentlich immer versucht" (737/215).*

Gerade unter dem Aspekt der Anerkennung sind Leistungsprämien aber in der Erfahrung der Beschäftigten eher eine rasch verpuffende Angelegenheit:

> *„Also ich habe schon mal eine Prämie bekommen, habe mich über diese Prämie furchtbar geärgert, weil die brutto auf meinen Lohn drauf geschlagen, wird versteuert und danach - ja, ist sie weg" (732/226).*

Für die Beschäftigten sind die vom Unternehmen nach bestimmten Kriterien vergebenen Leistungsprämien deshalb oftmals eher symbolischer, teils auch ideologischer Natur. Dies zum einen deshalb, weil sie für einen Teil der befragten Beschäftigten nicht zum Bestandteil der Erfahrung gehören:

> *„Nein, von der Leistung her eigentlich - habe ich noch nicht gehört" (734/240).*

Dies zum anderen deshalb, weil die Beschäftigten spüren, dass eine permanente Entwicklung zur Arbeitsverdichtung und Leistungssteigerung im Gange ist:

> *„Ja, man muss immer mehr wissen und immer mehr Sachen mit einem mal erledigen. Also die aus ganz unterschiedlichen Bereichen das wird immer mehr auf eine Person dann ..." (732/198).*

Für einzelne Beschäftigte verbinden sich sogar äußerst ambivalente, wenn nicht gar paradoxe Erfahrungen mit betrieblichen Leistungsprämien:

> *„Nach dem Rauswurf kriegte ich eine Prämie von 4.000 Euro. (...) Dank für die geleistete Arbeit. (...) ich habe mich wirklich in diesem letzten Jahr eingesetzt. Ich*

denke, dass ich große Teile der Arbeit des Abteilungsleiters einfach mitgemacht habe" (735/100).

Vor diesem Hintergrund bleibt dann oftmals nur noch ein gewisser Sarkasmus:

> *„Ist doch hübsch, dass ich ein halbes Jahr nach der Entlassung dann noch das variable Gehalt des Vorjahres kriegte" (735/216).*

Auch solche ambivalenten und paradoxen Erfahrungen tragen dazu bei, dass aus Sicht der Beschäftigten betriebliche Leistungsprämien einen eher symbolisch-ideologischen Charakter annehmen.

2.2.5 Inhaltliche Ansprüche an Leistung und Leistungsgerechtigkeit

Ein wichtiger Aspekt beim Leistungsverständnis der Beschäftigten ist die Orientierung an den vom Unternehmen für die jeweilige Aufgabe gestellten Anforderungen. Dies wurde oben als selbstverständliche Pflichterfüllung charakterisiert, die einem spezifischen Leistungsethos entspringt. Dieses Ethos gründet in einer Vorstellung von „guter Leistung", für die neben der Anforderungserfüllung noch zwei weitere Punkte von Bedeutung sind: Zum einen *inhaltliche Ansprüche* an Arbeit und Leistung, zum anderen Vorstellungen und Kriterien von *Leistungsgerechtigkeit*. Beide Punkte verweisen darauf, dass das hier als „Pflichterfüllung" charakterisierte Leistungsethos der abhängig Beschäftigten keineswegs als Autoritätshörigkeit missverstanden werden darf, sondern sich vielmehr aus *eigenen*, größtenteils *subjektiven* Quellen der Beschäftigten selbst speist. Insofern schreibt das skizzierte Leistungsethos der weisungsabhängigen Beschäftigten die eingespielten Herrschaftsverhältnisse im Betrieb nicht einfach fort, sondern weist über sie hinaus. Dies wird anhand der beiden genannten Punkte kurz verdeutlicht.

Inhaltliche Ansprüche an Arbeit und Leistung

Die Ansprüche der Beschäftigten an Leistung lassen sich nicht auf ökonomische Verwertungsaspekte reduzieren. Vielmehr spielen dabei auch Aspekte eine Rolle, die auf den Arbeitsgegenstand und Arbeitsinhalt selbst bezogen sind. Dies ist zum einen der Anspruch nach einer dem Arbeitsgegenstand und der Arbeitsaufgabe sowohl in sachlicher als auch fachlicher Hinsicht gerecht werdenden Leistungserbringung. Dies ist zum anderen der Anspruch, inhaltlich auch eigenen Kriterien und Standards von Leistung gerecht zu werden. Je nach Arbeitsaufgabe und -tätigkeit können sich diese Kriterien und Standards auf Gegenstände und Sachen oder Personen beziehen. Ein befragter Mitarbeiter etwa aus der Personalabteilung beschreibt diese inhaltlichen Kriterien für sich selbst folgendermaßen:

> *„... ich bin auch eigentlich nur zufrieden, wenn ich merke, die Mitarbeiter sind zufrieden, ich versuche da auch, eine Lösung zu finden. Und von daher ist für mich auch wichtig, (...) selber aktiv zu werden, auf die Leute zuzugehen und (...) selber Initiative zu entwickeln" (733/207).*

Das Kriterium der MitarbeiterInnenzufriedenheit im Hinblick auf arbeits- und personalrechtliche Probleme und Bedürfnisse (z.B. Freistellung) ist für den zitierten Beschäftigten ein persönliches und inhaltliches Leistungskriterium, welches in den Verwertungskalkülen des Unternehmens nicht vollständig aufgeht. Mehr als das, kann es diesen unter Umständen sogar widersprechen. Dieses Beispiel verdeutlicht die „eigensinnigen" und über die betrieblichen Interessen hinausweisenden Aspekte im subjektiven Leistungsverständnis der Beschäftigten. Ähnliche „Eigensinnigkeiten" lassen sich auch im Leistungsverständnis von Beschäftigten ausmachen, die eher mit sachlichen oder technischen Arbeitsgegenständen zu tun haben. Dies gilt insbesondere auch für die befragten IT-IngenieurInnen.

Vorstellungen von Leistungsgerechtigkeit

Die Vorstellungen der Beschäftigten von Leistungsgerechtigkeit machen sich vor allem an dem Grundsatz „Gleicher Lohn für gleiche Arbeit" fest. Aus Sicht der Beschäftigten wird im Konzerngefüge an mancherlei Stellen gegen diesen Grundsatz verstoßen. Dies gilt vor allem im Vergleich der verschiedenen Konzernunternehmen. Am Beispiel der Betriebsfälle DB JobService GmbH und DB Zeitarbeit GmbH kann dies erläutert werden.

Die Beschäftigten der *DB JobService GmbH* bekommen während ihrer Vermittlung auf einen neuen regulären Arbeitsplatz im Bahnkonzern je nach Länge ihrer Betriebszugehörigkeit 85% oder 80% ihres letzten Gehalts. Dies bedeutet für die betroffenen Beschäftigten zum einen *materielle Einschränkungen*:

> *„... ich habe jetzt - bin auf 85% Gehalt und 85% Arbeitszeit gesetzt worden. (...) Mit dem Gehalt muss ich natürlich dann zusehen, dass - irgendwo muss ich natürlich dann auch was einsparen" (736/216).*

Zum anderen bedeutet es gerade im Falle einer vorübergehenden Tätigkeit in einem betrieblichen Beschäftigungsprojekt eine *Entkopplung* von tatsächlich erbrachter Leistung und Entlohnung:

> *„Es ist ja so, dass ich im Grunde genommen eigentlich nicht für diese Leistung bezahlt werde, sondern das alte Gehalt auf 85% gesetzt und das hat mit dem, was ich jetzt hier mache, ja überhaupt nichts zu tun" (736/240).*

Dies bedeutet für die vom Verlust ihres angestammten Arbeitsplatzes betroffenen Beschäftigten einerseits eine gewisse Sicherheit, da ein weiteres Abrutschen ihres Gehalts (z.B. auf das Niveau der eigentlichen Projekttätigkeiten) vorerst verhindert ist.[187] Andererseits führt dies aber gerade in betrieblichen Beschäftigungsprojekten zu der Situation, dass die Beschäftigten für die gleiche Leistung unterschiedlich bezahlt werden.

[187] Dies kommt insbesondere höheren Gehaltsgruppen zugute.

> *„... zurzeit ist es so, dass wir alle (...) dieselbe Arbeit machen und alle unterschiedliche Gehälter dafür kriegen, weil wir ja 80% unseres alten Gehaltes kriegen" (737/203).*

Diese Ungleichheit der Bezahlung gilt nicht nur innerhalb der Projektbeschäftigten selbst, sondern ebenso zwischen Projektbeschäftigten und regulär Beschäftigten. So berichtet etwa der in einem Reisezentrum tätige Projektbeschäftigte:

> *„Ich weiß, dass ich mehr kriege als die Leute, die da richtig im Reisezentrum sitzen" (736/242).*

Für die Beschäftigten der DB JobService GmbH tritt so zur materiellen Einschränkung aufgrund des reduzierten Gehalts sowie zur erfahrenen Erschütterung des beruflichen Selbstbewusstseins aufgrund des Arbeitsplatzverlustes auch ein Aspekt von Leistungsungerechtigkeit hinzu. Allerdings sind davon diejenigen Beschäftigten, die in höhere Gehaltsklassen eingeteilt sind, nicht negativ betroffen.

Dies stellt sich anderes dar bei den Beschäftigten der *DB Zeitarbeit GmbH.* Als Angestellte einer rechtlich selbstständigen Leiharbeitsfirma mit eigenem Tarifgefüge verdienen sie für gleiche Tätigkeiten grundsätzlich weniger als ihre KollegInnen, welche direkt bei der Deutschen Bahn AG arbeiten. Für die LeiharbeiterInnen macht sich dies – vor allem wenn sie aus einem vormaligen Beschäftigungsverhältnis mit der Deutschen Bahn AG kommen – zum einen in *materiellen Einbußen* bemerkbar.

> *„Finanziell hat sich ja dadurch, dass ich zur Zeitarbeit gewechselt habe, eine ganze Menge für mich nach hinten versetzt" (739/52).*

Zum anderen wird dadurch gegen ihr Verständnis von *Leistungsgerechtigkeit* verstoßen. Denn die LeiharbeiterInnen der DB Zeitarbeit GmbH bekommen für die gleiche Arbeit weniger Gehalt als ihre direkt bei der Deutschen Bahn AG beschäftigten KollegInnen.

> *„... ich ärgere mich meistens immer nur darüber, ich arbeite genauso oder manchmal auch mehr als andere Leute und kriege aber letztendlich viel weniger Entgelt" (738/165).*

Dies wird für einen Teil der LeiharbeiterInnen noch dadurch verstärkt, dass ihre regulär bezahlte Arbeitszeit geringer ist, als diejenige, die tatsächlich von ihnen geleistet wird. Die Kluft zwischen regulärer und tatsächlicher Arbeitszeit kommt größtenteils dadurch zustande, dass die reguläre Arbeitszeit im Einsatzbetrieb Deutsche Bahn AG höher ist als diejenige der Verleihfirma DB Zeitarbeit GmbH.

> *„... die Arbeitszeit ist ja bei Zeitarbeit eigentlich so geregelt, dass es eine 35-Stundenwoche ist. Und bei mir ist halt im Moment halt ja 40- bis 45-Stundenwoche" (738/16).*

Dadurch entsteht für die betroffenen LeiharbeiterInnen eine Situation, die mit ihrem Verständnis von Leistungsgerechtigkeit nur noch schwerer zu vereinbaren ist:

> *„... wenn ich andere sehe, die ja wirklich genauso lange arbeiten oder sogar manchmal früher nach Hause gehen und halt viel mehr raus haben als ich, dann ärgere ich mich eigentlich doch schon darüber" (738/167).*

In der Konsequenz wird für die betroffene Leiharbeiterin das Erreichen eines regulären und festen Arbeitsplatzes innerhalb der Deutschen Bahn AG zum Bezugspunkt ihrer erwerbsbezogenen Hoffnungen – und zwar auch aus Gründen der Leistungsgerechtigkeit:

> *„... und deswegen wünsche ich mir eigentlich irgendwann mal eine Stelle, die auch wirklich dementsprechend bezahlt wird, was ich eigentlich auch leiste. Weil im Moment ist es ja wirklich nur ein Pauschalentgelt, und die Überstunden, die sich ansammeln, die muss man (...) dann abbummeln" (738/165).*

2.2.6 Zusammenfassung

Die skizzierten Charakteristika im subjektiven Leistungsverständnis der Beschäftigten – Kundenorientierung, Pflichterfüllung, Redlichkeit – zielen darauf ab, die vom Unternehmen jeweils gestellten Anforderungen möglichst gut zu erfüllen. Dies wird von den Beschäftigten als selbstverständlicher Teil ihres Leistungsverständnisses erachtet. Dieses Leistungsverständnis wurde hier als Leistungsethos der selbstverständlichen Pflichterfüllung charakterisiert. Es zeichnet sich zum einen durch stark sach- und fachbezogene Bezüge aus und spiegelt insofern den gebrauchswertorientierten Aspekt der Erwerbsorientierung wider. Es zeichnet sich zum anderen durch sicherheits- und gerechtigkeitsbezogene Momente aus und spiegelt insofern den tauschwertorientierten Aspekt der Erwerbsorientierung wider. Beide Aspekte sperren sich gegen eine vom Management angestrebte ausschließliche Markt- und Erfolgsorientierung von Leistung.

Der „lebenswertorientierte" Aspekt der Erwerbsorientierung spielte im subjektiven Leistungsverständnis der Beschäftigten eine weniger stark ausgeprägte Rolle. Allerdings wurde er dort relevant, wo es um Fragen des Zusammenhangs von Arbeitszeit und Leistung ging. Dies wird im folgenden Abschnitt über die subjektive Wahrnehmung des Verhältnisses von Arbeit und Leben weiter ausgeführt.

2.3 Das Verhältnis von Arbeit und Leben bei operativ Beschäftigten

Die subjektive Wahrnehmung des Verhältnisses von Arbeit und Leben gibt Auskunft über den „lebenswertorientierten" Aspekt der Erwerbsorientierung.[188] Dieser Aspekt spiegelt die alltagspraktische Bewältigung der Erwerbsarbeit und

---

[188] Zu diesem Aspekt und seiner Bestimmung siehe Abschnitt 2.2 in Kapitel III.

deren Einbindung in die alltägliche Lebensführung der Beschäftigten wider. Bei beiden Punkten geht es um die Koordination und Vereinbarung von unterschiedlichen, nicht selten divergierenden Anforderungen aus zwei verschiedenen Praxisbereichen: Erwerbsarbeit und Privatleben.[189]

Die alltagspraktische Bewältigung dieser Anforderungen und deren Einbindung in die alltägliche Lebensführung gestalten sich individuell sehr unterschiedlich. Je nach betrieblichen und privaten Anforderungen, persönlicher Lebensweise, Alter und Geschlecht ergeben sich hierfür teils sehr unterschiedliche Bedingungen. An dieser Stelle interessiert nun allerdings vor allem die *subjektive Wahrnehmung* dieser Anforderungen und – darüber vermittelt – des Verhältnisses von Arbeit und Leben. Dabei zeigt sich, dass die befragten Beschäftigten das Verhältnis von Arbeit und Leben sehr unterschiedlich wahrnehmen. Die Unterschiede beziehen sich zum einen auf die *Schwerpunktsetzung* innerhalb dieses Verhältnisses, zum anderen auf die *Grenzziehung* zwischen beiden Praxisbereichen. Dabei zeigen sich auch Zusammenhänge mit den bereits behandelten Punkten der Anerkennung in der Arbeit und der subjektiven Bedeutung von Erwerbsarbeit (vgl. Abschnitte 1 und 2.1 dieses Kapitels).

Bei der näheren Bestimmung dieser Unterschiede und Zusammenhänge zeigen sich *typische Muster* der *subjektiven Deutung* des Verhältnisses von Arbeit und Leben.[190] Diese subjektiven Deutungsmuster ergeben sich aus den beiden Differenzierungsmerkmalen „Schwerpunktsetzung“ und „Grenzziehung“. Analytischer Bezugspunkt dafür ist das *fordistische Verhältnis von Arbeit und Leben*. Es zeichnet sich durch eine strikte und eindeutige Trennung beider Praxisbereiche aus und ist in dieser idealtypischen Form Referenz- und Vergleichsfolie für die Debatte um die „Entgrenzung von Arbeit und Leben“ (Gottschall/Voß 2003; Kratzer/Sauer 2003).

Dabei wird davon ausgegangen, dass dieses spezifische Verhältnis von Arbeit und Leben prägend ist nicht nur für die sozialen und ökonomischen Strukturen und Institutionen, sondern auch für die subjektiven Orientierungen der Individuen. Das bezieht sich auf die entwickelten kapitalistischen Gesellschaften der Nachkriegszeit und ist dort Teil einer sozioökonomischen Entwicklungskonstel-

---

[189] Der Begriff „Privatleben“ meint hier zum einen alle Formen des verwandtschaftlichen und freundschaftlichen Zusammenlebens, dass im weitesten Sinne als „Familie“ oder „Lebensgemeinschaft“ bezeichnet werden kann. Er meint zum anderen alle Formen der sozialen, politischen und kulturellen Aktivitäten, die jenseits der Erwerbsarbeit stattfinden.

[190] Die Begriffe „Deutung“ und „Deutungsmuster“ sollen hier die *eigenständige* und *aktive* Interpretationsleistung der Subjekte betonen. In dieser Hinsicht gehen sie über die Begriffe „Wahrnehmung“ und „Wahrnehmungsmuster“ hinaus und entsprechen damit eher dem Akteursstatus der Subjekte. Zudem sind Deutungen zusammen mit individuellen Interessen und Strategien ein Bestandteil im Konzept der Erwerbsorientierung von Pongratz/Voß (2003: 41). Nicht verwendet werden die Begriffe hier im methodisch strengen Sinne der Deutungsmusteranalyse (Meuser 2003). Siehe hierzu auch Kapitel VI.

lation, die aus regulationstheoretischer Perspektive als „Fordismus" bezeichnet wird (Aglietta 1976).[191]

Spätestens seit Beginn der 1990er Jahre wird unter dem Stichwort „Postfordismus" in verschiedenen sozialwissenschaftlichen Disziplinen die Krise dieser Konstellation diskutiert (Aglietta 2000; Dörre 2001; Bechtle/Sauer 2003). Dabei wurde deutlich, dass von einer eindeutigen und einheitlichen Tendenz hin zu einer neuen Entwicklungskonstellation keine Rede sein kann. Vielmehr zeigen sich in verschiedenen Bereichen des Sozialen uneinheitliche und teils auch widersprüchliche Entwicklungen. So lassen sich in einigen Bereichen Veränderungen feststellen, die größtenteils unter dem Begriff der „Entgrenzung" diskutiert werden. Zugleich zeigen sich in anderen Bereichen Stabilitäten, die auf die Wirkmächtigkeit bisheriger Strukturen verweisen. Diese Widersprüchlichkeit der Entwicklung gilt sowohl in horizontaler Hinsicht (z.B. zwischen Politik, Ökonomie, Recht etc.) als auch in vertikaler Hinsicht (z.B. zwischen Makro- und Mikroebene, Strukturen und Subjekten).

Das spezifische und in seiner idealtypischen Form gegenwärtig immer noch wirkende fordistische Verhältnis von Arbeit und Leben wird hier ebenfalls als Referenz- und Vergleichsfolie genommen, um den Wandel in den subjektiven Orientierungen der Beschäftigten zu ermessen. Die Art der subjektiven Grenzziehung sowie die jeweilige Schwerpunktsetzung im Verhältnis von Arbeit und Leben sind dabei – wie erwähnt – die zentralen Kriterien. Aus dieser Perspektive lassen sich drei unterschiedliche *Muster* der *subjektiven Deutung* des Zusammenhangs von Arbeit und Leben ausmachen. Sie lassen sich wie folgt charakterisieren:

- als Deutungsmuster der subjektiven Entgrenzung von Arbeit und Leben;
- als Deutungsmuster der subjektiven Abgrenzung von Arbeit und Leben;
- als Deutungsmuster der pragmatischen und flexiblen Orientierung auf Arbeit und Leben.

Diese Charakterisierungen zielen auf die *subjektiven Grenzziehungen* zwischen Arbeit und Leben.[192] In der individuellen Art und Weise dieser Grenzziehung drücken sich sowohl sozialstrukturelle als auch individuelle Faktoren aus. Von

[191] In den sozialistischen Gesellschaften der Nachkriegszeit existierte ein anders geschnittenes Verhältnis von Arbeit und Leben (wie auch insgesamt von Öffentlichkeit und Privatheit). Der Bereich der Arbeit übernahm auch Funktionen aus dem in kapitalistischen Gesellschaften jenseits der Arbeit angesiedelten Lebensbereich (z.B. Freizeitgestaltung, Kulturveranstaltungen, Feiern und Geselligkeit). Kristallisationspunkte dafür waren der Betrieb und das Kollektiv. Beides spielte in der Orientierung und Alltagsgestaltung der Individuen eine weitaus größere Rolle als in den kapitalistischen Gesellschaften. Dies gilt gleichermaßen für Frauen wie Männer.

[192] Davon zu unterscheiden sind die Grenzziehungen auf *struktureller* Ebene. Die hier verwendeten Ausdrücke „subjektive Entgrenzung" und „subjektive Abgrenzung" betonen die Grenzziehung auf der *subjektiven* Ebene.

den *sozialstrukturellen* Faktoren sind in diesem Zusammenhang vor allem Geschlecht sowie die soziale Organisation und Verteilung der Reproduktionsarbeit zu nennen. So ist die geschlechtsspezifisch ungleiche Verteilung der Reproduktionsaufgaben nach wie vor eine der Hauptursachen dafür, dass Frauen und Männer ab dem Zeitpunkt der Elternschaft meist sehr unterschiedliche Schwerpunktsetzungen und Grenzziehungen im Verhältnis von Arbeit und Leben tätigen (müssen). Daneben spielen aber auch Alter und Qualifikation als sozialstrukturelle Faktoren eine Rolle. Von den *individuellen* Faktoren kommt vor allem der Arbeits- und Erwerbsorientierung sowie der Lebensweise eine hohe Bedeutung zu.[193]

Empirisch zeigt sich zunächst grundsätzlich für die hier untersuchten Beschäftigten, dass die Bereiche Arbeit und Leben von allen Beschäftigten als miteinander verbundener *Handlungszusammenhang* erlebt werden. Die Beschäftigten ziehen in ihrer subjektiven Wahrnehmung und Deutung keine eindeutige und unüberbrückbare Grenze zwischen Arbeit und Leben, sondern verstehen beide Handlungsbereiche als aufeinander bezogen und damit interdependent.

> *„... wenn zu Hause irgendwas nicht läuft oder so, dann könnte ich hier nicht arbeiten vernünftig, und andersrum ist das eigentlich genauso. Wenn manchmal hier irgendwas nicht so richtig läuft, dann ist man - trägt man's vielleicht dann manchmal auch mit nach Hause oder so" (734/142).*

Dies geschieht allerdings mit unterschiedlichen Schwerpunktsetzungen. So gehen für einem Teil der befragten Beschäftigten stärkere Impulse von der Erwerbsarbeit auf den privaten Lebensbereich aus als umgekehrt:

> *„... ich würde lügen, wenn ich jetzt sage, wenn ich hier rausgehe, ist Schluss. Ich glaube, bei mir überwiegt dieses Arbeitsleben schon sehr und ich personifiziere das, die Arbeit, auch sehr" (731/125).*
>
> *„... Arbeit steht deutlich im Vordergrund" (735/124).*

Die Gründe dafür sind nur zum Teil individuell unterschiedlich und damit eher persönlicher Natur. So spielen etwa bei einer Beschäftigten auch Motive des Ausgleichs von fehlenden Familienleben eine Rolle, während es bei anderen eher stark ausgeprägte Karriereambitionen sind. Ungeachtet solch individuell unterschiedlicher Momente gibt es aber auch übergreifende Motive. Sie verweisen auf gemeinsame Deutungsmuster im Verhältnis von Arbeit und Leben, die über das rein Individuelle hinausgehen. Die verschiedenen subjektiven Deutungsmuster werden im Folgenden skizziert.

---

[193] Letztlich können diese individuellen Faktoren oftmals auch auf sozialstrukturelle Bedingungen zurückgeführt werden. So hängt z.B. die Art und Weise der individuellen Lebensweise immer auch vom Stand der materiellen und sozialen Möglichkeiten ab.

2.3.1 Das Deutungsmuster der subjektiven Entgrenzung von Arbeit und Leben

Bei einem Teil der Beschäftigten findet sich eine starke Identifikation mit der eigenen Arbeitstätigkeit, die auch auf den außerbetrieblichen („privaten") Lebensbereich nachwirkt.

> *„Mir ist das wichtig, sogar sehr wichtig, weil (...) wenn man auf der Arbeit Erfolge hat, dann trägt man das auch mit nach Hause. Genauso ist das mit den Misserfolgen. Und von daher nimmt das schon einen großen Platz so in meinem Leben ein" (731/45).*

Diese hohe Identifikation mit der eigenen Tätigkeit basiert auf den stark *inhaltlich* geprägten Arbeitsbezügen der Beschäftigten. Diese enden nicht an der Grenze des Betriebes, sondern erstrecken sich auch auf den außerbetrieblichen Lebensbereich. Die *sphärenübergreifende* Identifikation mit der eigenen Tätigkeit entspringt einem Bedürfnis der Beschäftigten nach inhaltlicher Sinnerfüllung und Herausforderung in der Arbeit. Sie kann daher auch als eine Dimension der subjektiven *Aneignung* verstanden werden. Über die Identifikation mit der eigenen Tätigkeit eignen sich die Beschäftigten ihren Arbeits- *und* Lebenszusammenhang auf der mental-symbolischen Ebene an. Für einen Teil der Beschäftigten macht gerade dies ein wichtiges Kriterium für die *Qualität* von Arbeit aus. Dies wird zum Teil besonders deutlich dann wahrgenommen, wenn dieses Kriterium bereits verloren gegangen ist (z.B. infolge des Verlusts der angestammten Tätigkeit):

> *„... früher war das immer, da hat man auch zu Hause noch ein bisschen im Kopf weiter -... Jetzt ist im Prinzip, wenn der Tag vorbei ist, (...) ist (...) der ist aus der Erinnerung gelöscht" (737/127).*

Die eindeutige und feste Grenzziehung zwischen Arbeit und Leben zerfließt in dieser Wahrnehmung. Dies vor allem deswegen, weil in diesem Deutungsmuster die beiden Sphären der Erwerbsarbeit und des Privaten von vorneherein nicht strikt voneinander getrennt werden.[194] Dabei vermischen sich aus der Perspektive des Subjekts auch die unterschiedlichen Handlungsrationalitäten:

> *„... ein bisschen wächst jedes ins andere rein. Ich habe schon die Konzertplakate mitgenommen, um den Kollegen es vor die Augen zu hängen, und na ja, gerade, was man so aus dem IT-Bereich mitbringt, das kann man in die verschiedensten Sachen einbringen. Oder das Projektmanagementdenken in den Kirchenvorstand" (735/134).*

In der Debatte um die „Entgrenzung von (Erwerbs-)Arbeit" wird solch eine Verquickung der unterschiedlichen Handlungsrationalitäten von Erwerbs- und Privatsphäre größtenteils als Folge von Systemerfordernissen diskutiert. Betont wird damit die *Strukturseite* des sozialen Wandels, dem sich die Subjekte einsei-

---

[194] Und nicht etwa deshalb, weil durch betrieblichen Druck der Bereich der Erwerbsarbeit eine neue Übermacht erhalten würde.

tig anpassen müssen (Gottschall/Voß 2003).[195] Demgegenüber zeigt sich hier nun die „*Subjektseite*" der Entgrenzung.[196] Dies nicht als einseitige Anpassung der Individuen an veränderte strukturelle Erfordernisse, sondern als eigenständiger und den strukturellen Wandel durchaus auch vorantreibender „subjektiver Faktor". Die Subjekte erscheinen so als eigenständige – und durchaus auch eigenmächtige – AkteurInnen, die den gewandelten strukturellen Erfordernissen nicht einfach passiv ausgeliefert sind. Sie sind vielmehr mit einer „Eigensinnigkeit" ausgestattet, die sich den betrieblichen Zugriffen auch entziehen kann:

> *„... da setze ich mich auch durch. Erst mal ist unsere Arbeit so, dass man sie sich einigermaßen einteilen kann, und wenn dann, was weiß ich, ein Friseurtermin ansteht oder Zahnarzt oder so, dann steht der Termin an und da müsste also schon, was weiß ich, ein Rechner brennen, dass ich sage, nun verschiebe ich mal den Termin" (735/138).*

Die Basis dieser „Eigensinnigkeit" wie auch der hohen Identifikation mit der eigenen Tätigkeit ist ein stark *fachlich* und *inhaltlich* geprägter Arbeits- und Erwerbsbezug.

> *„Ich denke, die [Vorgesetzten] schätzen mein Engagement so, dass sie es dann auch akzeptieren, wenn ich sage, ich habe einen anderen Termin" (735/138).*

Dieser starke inhaltlich-fachliche Arbeitbezug ist zugleich auch wesentliches Fundament für das Deutungsmuster der subjektiven Entgrenzung von Arbeit und Leben. Die ausgeprägte fachlich-inhaltliche Arbeitsorientierung wirkt auch im außerbetrieblichen Lebensbereich noch nach und ist in diesem Deutungsmuster das zentrale Motiv für das subjektive Ineinanderfließen der beiden Handlungs- und Lebenssphären.

> *„... da lebt man eher mit, da beschäftigt einen das auch noch mal zu Hause, wenn man ein Problem hat und das geht nicht so auf dem Kopf ..." (737/129).*

Für die Beschäftigten ist dies eine Form von „Ganzheitlichkeit", die die fordistische Zerrissenheit der Lebenssphären überschreitet.

> *„Das ist nämlich so, wenn man so ein Projekt hat, das wächst einem ans Herz wie so ein Kind" (737/379).*

Sozialstrukturelle Differenzierungen beim Deutungsmuster der subjektiven Entgrenzung von Arbeit und Leben

Die starke inhaltlich-fachliche Fundierung trifft allerdings nur für einen Teil der Beschäftigten mit dem Deutungsmuster der subjektiven Entgrenzung von Arbeit und Leben zu. Bei einem anderen Teil ist es eher eine ausgeprägte *Karriereorientierung*, die die Basis dafür gibt. Bei dieser Differenzierung zeigt sich ein Zu-

---

[195] Zum Teil wird dies in zugespitzten Zeitdiagnosen als „Diktatur der Ökonomie" (Forrester 2001) oder „Kolonialisierung der Lebenswelt" (Moldaschl 2003 mit Rückgriff auf Habermas) interpretiert.

[196] Dies soll der Begriff der „subjektiven Entgrenzung" zum Ausdruck bringen.

sammenhang mit den sozialstrukturellen Merkmalen *Geschlecht*, *Alter* und *Qualifikation*: Die inhaltlich-fachliche Fundierung findet sich vor allem bei älteren und akademisch qualifizierten Frauen, wohingegen bei jüngeren (unter 30 Jahren) und betrieblich ausgebildeten Frauen eine stärker karriereorientierte Fundierung vorherrscht.

Dem Merkmal *Geschlecht* kommt hier insofern Bedeutung zu, als dass es sich bei allen Beschäftigten des Deutungsmusters „subjektive Entgrenzung" um Frauen handelt. Dies passt zu ähnlichen Befunden von Pongratz/Voß (2003), die bei der empirischen Überprüfung der Arbeitskraftunternehmer-These vor allem Frauen diesem Arbeitskrafttypus zuordnen konnten. Ein charakteristisches Merkmal dafür war – neben der Haltung einer Leistungsoptimierung – auch ein Muster der Entgrenzung im Verhältnis von Arbeit und Leben (Pongratz/Voß 2003: 138f). Dieses Muster fand sich sogar ausschließlich bei Frauen.[197] Entscheidender Punkt dabei war die Existenz oder Nicht-Existenz von außerbetrieblichen Betreuungsanforderungen (vor allem durch Kinder).[198] Dies verweist auf unterschiedliche erwerbsbiographische Situationen und Phasen sowie unterschiedliche Lebensweisen (mit oder ohne Kinder).

Das Merkmal *Alter* hängt damit zusammen. Es verweist auf unterschiedliche *berufsbiographische* Bedingungen und Perspektiven. So sind gerade für die befragten jüngeren Frauen die eigenen Karrieremöglichkeiten ein starker Antrieb, um dem Bereich der Erwerbsarbeit nicht nur eine hohe Bedeutung, sondern – zumindest in der jetzigen Lebensphase – auch eine gewisse Vorrangstellung zukommen zu lassen.

> *„Ich plane schon mein Leben danach, in der Arbeit erfolgreich zu werden" (731/53).*

Dabei kann es durchaus auch zu asymmetrischen Schwerpunktsetzungen kommen, die allerdings von den Subjekten immer auf die eigenen Ambitionen und Orientierungen zurückgeführt werden (und nicht etwa auf überbordende betriebliche Anforderungen).

> *„... die Arbeit ist im Moment eigentlich so der überwiegende Teil, den man hat und also Privatleben, da bleibt wenig Zeit (...) weil irgendwo ist der Ehrgeiz ja dann doch da" (738/124-126).*

> *„... Arbeit geht immer vor bei mir. Also wenn ich länger bleiben muss, dann muss ich länger bleiben und [reduziere] mein Privatleben" (731/133).*

Das Merkmal *Qualifikation* verweist auf unterschiedliche *Arbeitsbezüge*: Die älteren und akademisch qualifizierten Frauen haben einen stark inhaltlich ge-

---

[197] Bei Pongratz/Voß (2003: 118) waren dies allerdings ausschließlich höher qualifizierte weibliche Angestellte (vermutlich mit akademischen Abschlüssen).

[198] Zur Debatte, ob der „Arbeitskraftunternehmer" weiblich ist, vgl. Frey (2004) und Voß/Weiß (2005). Bei der Interpretation der hier präsentierten Befunde ist das nicht repräsentative und relativ kleine Sample zu berücksichtigten (vgl. Kapitel V, Abschnitt 4).

prägten Arbeitsbezug, der an fachliche oder professionelle Orientierungen erinnert. Im Unterschied dazu implizieren die ausgeprägten Karriereambitionen der betrieblich ausgebildeten und jüngeren Frauen einen stärker instrumentellen Arbeitsbezug.

Beide recht unterschiedliche Arbeitsbezüge können somit die Basis abgeben für ein und dasselbe subjektive Deutungsmuster im Verhältnis von Arbeit und Leben. Dabei zeigt das stark an Karriere orientierte Arbeitsverständnis der jüngeren Frauen eine hohe Identifikation vor allem mit dem *Unternehmen* (und weniger mit der eigenen Tätigkeit):

> *„... ich finde so die Bahn, auch im Zusammenhang jetzt Railion, Stinnes, Schenker, ich finde das toll. Also ich kann mich damit schon so ein bisschen identifizieren" (731/115).*

> *„... irgendwie repräsentiere ich ja eigentlich auch die Zeitarbeitsfirma und muss halt auch zusehen, dass die Leistungen auch dementsprechend auch gut sind" (738/171).*

Zudem verfügen sie über einen emphatischen und nahezu „*unternehmerischen*" Leistungsbegriff:

> *„Das Unmögliche möglich zu machen. Das ist eine gute Leistung" (731/225).*

Beide Punkte zusammen verdeutlichen die subjektive Entgrenzung in der persönlichen Wahrnehmung und Deutung von Arbeit und Leben bei den karriereorientierten jüngeren Frauen mit betrieblicher Ausbildung. Demgegenüber haben die älteren und akademisch ausgebildeten Frauen in beiden Punkten ein wesentlich stärker an fachlich-inhaltlichen Aspekten ausgerichtetes Verständnis. Sie identifizieren sich stärker mit der eigenen *Tätigkeit* als mit dem Unternehmen und verfügen über einen vor allem an *fachlichen* Qualitätsstandards orientierten Leistungsbegriff.

> *„... ich möchte eigentlich (...) Qualität abliefern" (737/201).*

> *„Ich muss für mich selber eigentlich wissen, dass ich die Arbeit gut gemacht habe" (737/95).*

Die fachlich-inhaltliche Orientierung in beiden Punkten stellt für die älteren und akademisch ausgebildeten Frauen die Deutungsgrundlage für die subjektive Entgrenzung von Arbeit und Leben dar.

2.3.2 Das Deutungsmuster der subjektiven Abgrenzung von Arbeit und Leben

Im Unterschied zum Deutungsmuster der subjektiven Entgrenzung von Arbeit und Leben legt ein Teil der befragten Beschäftigten mehr Wert auf eine klar definierte Abgrenzung der Erwerbsarbeit vom privaten Lebensbereich. Deutlich wird dies vor allem am *Sinnbezug* zur Arbeit. Für einen Teil der Beschäftigten steht der *materielle* Aspekt der Existenzsicherung hier eindeutig im Vordergrund. Der Zwang zur eigenständigen Existenzsicherung erfordert gerade bei weniger gut entlohnten Tätigkeiten oftmals eine Vollzeitbeschäftigung – vor allem dann, wenn noch zusätzliche Personen im Haushalt zu unterhalten sind (wie z.B. Kinder oder erwerbslose PartnerInnen). Dazu in Kontrast kann dann der *inhaltliche* Sinnbezug zur Arbeit geraten und im Vergleich zur Erfordernis der Existenzsicherung weniger entwickelt sein. So antwortet etwa eine Angestellte mittleren Alters auf die Frage nach der inhaltlichen und sinnbezogenen Bedeutung ihrer Arbeitstätigkeit:

> *„... das könnte ich auch mit Halbtags ...“ (732/40).*

Diese Aussage verweist auf drei Aspekte: Erstens, dass eine Vollzeitbeschäftigung vor allem aufgrund materieller Erfordernisse und weniger aus inhaltlich-sinnbezogenen Gründen ausgeübt wird. Zweitens, dass eine mehr oder weniger klar gezogene Grenze zwischen betrieblicher und außerbetrieblicher Lebenswelt existiert. Drittens, auf eine Dominanz der außerbetrieblichen gegenüber der betrieblichen Handlungssphäre. Alle drei Aspekte zusammen manifestieren sich im Wunsch nach zeitlich reduzierter Erwerbstätigkeit. Für das subjektive Sinnerleben in der Erwerbsarbeit würde dies aus Sicht der Befragten vollkommen reichen, allerdings nicht für das Erfordernis der materiellen Existenzsicherung, denn:

> *„... ich brauche das Geld“ (732/39).*

Das „eigentliche“ Leben ist aus dieser Perspektive jenseits der augenblicklichen Arbeitstätigkeit angesiedelt. Dies schießt die subjektive Orientierung auf eine eigenständige Existenzsicherung durch Erwerbsarbeit keineswegs aus. Diese bleibt aber aufgrund des weniger ausgeprägten Sinnbezugs in erster Linie instrumentell und damit – aus subjektiver Sicht und gemessen an den „eigentlichen“ Sinnbezügen – defizitär.

> *„Eigentlich Arbeit steht im Vordergrund, weil da bin ich die meiste Zeit (...) Ich hätte lieber mehr von meinem Leben“ (732/112-114).*

Dies bedeutet nicht, dass inhaltliche oder soziale Aspekte der eigenen Erwerbstätigkeit vollkommen außen vor bleiben. Sie sind auch vorhanden, aber im Verhältnis zur Erfordernis der materiellen Existenzsicherung eher weniger stark entwickelt.

Sozialstrukturelle Differenzierungen beim Deutungsmuster der subjektiven Abgrenzung von Arbeit und Leben

Sozialstrukturell verbindet sich das Deutungsmuster der subjektiven Abgrenzung von Arbeit und Leben vor allem mit zwei Beschäftigtengruppen: betrieblich ausgebildeten Frauen mittleren Alters mit zu betreuenden Kindern sowie (aufgrund des kleinen Samples nur) einem akademisch ausgebildeten älteren Mann ohne private Betreuungsverpflichtungen.

Für die Frauen wirkt das private Betreuungserfordernis als Barriere gegen die Verflüssigung der Grenze von Arbeit und Leben. Dies ergibt sich schon allein aus den oftmals unterschiedlichen und wenig aufeinander abgestimmten Zeitrhythmen:

> *„... als ich dann hier war, musste ich bis 17 Uhr arbeiten, der Kindergarten schloss leider um 16 Uhr" (732/482).*

Deutlich wird hier, dass sich das Deutungsmuster der subjektiven Abgrenzung von Arbeit und Leben bei den Frauen zu einem wesentlichen Teil auf die *strukturellen* Bedingungen der Kinderbetreuung zurückführen lässt. Es ist damit auch Ausdruck der gesellschaftlichen Organisationsweise von Reproduktionsaufgaben, die in diesem Falle überwiegend privatförmig und geschlechtsspezifisch ungleich zuungunsten von Frauen organisiert sind.

Demgegenüber ergibt sich die subjektive Abgrenzung von Arbeit und Leben bei dem akademisch ausgebildeten älteren Mann aus anderen Gründen. Sie kann hier als eine Art bewusster *Selbstschutz* verstanden werden, mit der eine allzu starke Verflüssigung von Arbeit und Leben verhindert werden soll. Dies resultiert auch und gerade aus der Erfahrung einer manchmal doch sehr schnellen Verflüssigung von entsprechenden Grenzen:

> *„... schon zu [früheren] Zeiten war mir dann nachts eine Lösung eingefallen zu Problemen, die ich auf Arbeit hatte, und das wollte ich so eigentlich nicht unbedingt" (736/262).*

Für diesen akademisch ausgebildeten Beschäftigten kann das Deutungsmuster der subjektiven Abgrenzung von Arbeit und Leben somit als eine Art Spiegelbild zum Deutungsmuster der subjektiven Entgrenzung von Arbeit und Leben gelten. Die gemeinsame Wurzel beider Deutungsmuster ist die stark ausgeprägte *fachlich-inhaltliche* Arbeitsorientierung. Während sie im Falle der einen Beschäftigtengruppe (s.o.) zu einer subjektiven Entgrenzung von Arbeit und Leben führt, ist sie im Falle dieses Beschäftigten gerade die Basis für die subjektiv starke Abgrenzung von Arbeit und Leben. Dahinter steckt weniger ein distanziertes Verhältnis zur eigenen Tätigkeit als vielmehr ein starker inhaltlicher Arbeitsbezug, der sich allerdings durch klare Abgrenzung vor seinen eigenen möglichen Konsequenzen schützt. Diese Schutzhaltung kann mitunter sehr strikte Formen annehmen:

> *„Ich habe eigentlich immer Arbeit und Hobbys voneinander getrennt. Also ich habe zu Hause keinen Computer, ich habe da damit nichts zu tun" (736/260).*

2.3.3 Das Deutungsmuster der pragmatischen und flexiblen Orientierung auf Arbeit und Leben

Werden die beiden bisher beschriebenen Deutungsmuster im Verhältnis von Arbeit und Leben als zwei gegenüberliegende Pole eines Kontinuums betrachtet, dann kann das nun folgende dritte Deutungsmuster als davon in der Mitte liegend verstanden werden. Dabei zeichnet sich dieses Muster vor allem durch einen *pragmatischen* und *flexiblen* Umgang mit der Grenzziehung von Arbeit und Leben aus. Zwar zeigt sich auch in dieser Wahrnehmung ein durchaus instrumenteller Arbeitsbezug. So werden etwa die Prioritäten im Verhältnis von Arbeit und Leben klar gesetzt:

> *„… in erster Linie arbeite ich, um zu leben. Also ich habe Familie, ich habe ein Haus, verbringe viel Freizeit mit Frau, Bekannten, Verein. Also das ist für mich bislang Priorität eins" (733/117).*

Dies wird aber zugleich reflektiert hinsichtlich der materiellen Voraussetzungen. Dabei wird ein deutlicher Bezug zwischen Arbeit und Leben hergestellt, der die anfängliche Prioritätensetzung in ihrer Eindeutigkeit relativiert:

> *„… ich weiß sehr wohl einzuschätzen, das alles kann ich (…) mir nur leisten, wenn ich hier einen vernünftigen Job mache. Also sehe ich beides schon gleichwertig nebeneinander stehen …" (733/117).*

Zudem existiert ein inhaltlicher Arbeitsbezug, der deutlich stärker ausgeprägt ist als beim Deutungsmuster der subjektiven Abgrenzung von Arbeit und Leben.

> *„… es soll natürlich auch eine gewisse Erfüllung, (…) eine gewisse Zufriedenheit, hier raus zugehen …" (733/57).*
>
> *„… das ist schon wichtig, um meinen Lebensunterhalt zu bestreiten (…) sollte mir vielleicht auch ein bisschen Spaß machen und das tut es eigentlich auch" (734/35).*

Nicht zuletzt auch aus diesem arbeitsinhaltlichen Sinnbezug heraus wird die Grenze zwischen Arbeit und Leben als flexibel wahrgenommen. Sie ist zwar noch vorhanden und kommt nicht ins schwimmen wie etwa beim Deutungsmuster der subjektiven Entgrenzung. Zugleich ist sie aber auch nicht so klar und starr gezogen wie beim Deutungsmuster der subjektiven Abgrenzung. Vielmehr werden hier flexibel und pragmatisch die beruflichen Erfordernisse mit denjenigen des privaten Lebensbereichs arrangiert et vice versa. Dabei kann es durchaus auch zu Ungleichgewichten zugunsten des Erwerbsbereichs kommen, so dass private Belange ein Stück weit zurückgestellt werden.

> *„… ich nehme nicht mehr an allen Dingen teil. Also bedingt dadurch, dass ich lange unterwegs bin, teilweise hier auch zehn Stunden machen muss, weil irgendwelche Besprechungen kurzfristig noch anberaumt werden (…). Dann kommt es also schon mal öfter vor, dass ich dann sage, nein, ich würde ja eigentlich heute Abend zum Training gehen wollen oder zum - aber reicht für heute. Da macht man öfter schon mal einfach Abstriche und sagt, nee, komm …" (733/143).*

Hier zeigt sich die strukturelle Dominanz der Erwerbsarbeit als notwendige materielle Existenzgrundlage der individuellen Lebensführung in kapitalistischen Arbeitsgesellschaften. Diese Dominanz bekommen nicht zuletzt allein erziehende Frauen zu spüren, die neben der Erwerbstätigkeit noch mit den Erfordernissen einer überwiegend privatförmig organisierten Kinderbetreuung konfrontiert sind. Umso bemerkenswerter, auf welch (notgedrungen) flexible und pragmatische Weise gerade auch die allein erziehenden Frauen des Samples mit den unterschiedlichen und teils konträren Anforderungen beider Lebensbereiche umzugehen vermögen. Auch hier werden selbstverständlich die privaten Anforderungen um die betrieblichen Erfordernisse herumgruppiert. Zugleich wird aber auch darauf gesetzt, dass sich die Grenze zur Seite des Betriebes ebenfalls als flexibel erweist.

> *„... meine [Kinder] sind zum Glück so, dass sie relativ selbständig sind, schon von Anfang an ja auch sein mussten, weil ich ja ganz alleine eben lebe. (...) Nachtschicht, da schlafen sie alleine, (...) und das Gute ist ja, ich bin jetzt hier zwei Kilometer von mir [zu Hause], mit Fahrrad zehn Minuten oder so, und (...) wenn wirklich irgendwas mal (...) wäre zu Hause, könnte ich auch jederzeit hinfahren (...) Und das würde auch (...) hier im Haus so möglich sein" (734/105).*

Diese Flexibilität zur Seite der betrieblichen Anforderungen wird auch von den Männern in Anspruch genommen. Dabei kommt sie ihnen – im deutlichen Unterschied zu Frauen – auch im Falle von Vaterschaft für andere Anforderungen zugute als für diejenigen der Kinderbetreuung:

> *„... ich horte dann auch schon mal ein paar Stunden (...). Mache ich drei-, viermal die Woche und bleibe dafür dann Freitag zu Hause (...) wenn ich zu Hause mal was vorhabe oder so, Auto wegbringen zur Inspektion oder irgendwie ..." (733/123).*

Sozialstrukturelle Differenzierungen beim Deutungsmuster der pragmatischen und flexiblen Orientierung auf Arbeit und Leben

Sozialstrukturell findet sich das pragmatische und flexible Deutungsmuster im Verhältnis von Arbeit und Leben vor allem bei betrieblich ausgebildeten Frauen und Männern mittleren Alters mit noch zu betreuenden Kindern. Gerade in dem Betreuungserfordernis drückt sich auch die Notwendigkeit dieses Wahrnehmungsmusters aus. Die Subjekte sind dazu aufgefordert, die unterschiedlichen und zum Teil konträren Anforderungen und Logiken der beiden Praxisbereiche miteinander zu verbinden. Dabei ist neben rationaler Planung und einem möglichst weit gefassten Unterstützungsnetzwerk auch ein äußerst flexibles und pragmatisches Organisationsgeschick von Nöten. Dies müssen gerade auch erwerbstätige Mütter, auf denen nach wie vor oftmals die Hauptlast der Betreuungs- und Familienarbeit liegt, tagtäglich unter Beweis stellen. Die Erfordernisse der Betreuungs- und Familienarbeit stellen somit für sie oft auch eine wirkmächtige Barriere gegenüber einem verstärkten beruflichen oder betrieblichen Engagement dar. Dieser Einschränkung von Handlungsmöglichkeiten unterliegen Männer auch im Falle einer Vaterschaft größtenteils nicht.

> *„... mein Sohn ist (...) relativ selbständig. Die Kleine ist (...) jetzt auch in die Schule gekommen, macht da Betreuung (...) Und so alle anderen Sachen regelt meine Frau, wenn irgendwas ist. Die kriegt dann so die Aufträge, sag ich mal so, da noch anrufen, der muss noch ..." (733/125).*

Sie können deshalb auch sich bietende Karrierechancen trotz Vaterschaft mehr oder weniger umstandslos aktiv ergreifen.

> *„... ich habe mich nach der Reform bewegt, habe Initiative ergriffen, habe versucht, überall neue Jobs zu finden, neue Herausforderungen anzunehmen, habe mich mobil gezeigt, und bin also, ich sage mal in meinen Augen, sehr gut dafür belohnt worden“ (733/434).*

2.3.4 Fazit: Differenzierungsfaktoren und Komplementarität der Lebensbereiche

Werden die differenzierten Deutungsmuster des Verhältnisses von Arbeit und Leben zusammen betrachtet, dann werden zwei Punkte deutlich:

- Die Differenzierung der beschriebenen Deutungsmuster hängt nicht allein mit individuellen Erwerbsorientierungen und subjektiven Arbeitsbezügen zusammen, sondern auch noch mit anderen Faktoren.
- Bei allen drei differenzierten Deutungsmustern zeigt sich mit jeweils unterschiedlicher Akzentuierung eine Komplementarität der Lebensbereiche.

Beide Punkte werden im Folgenden erläutert.

Differenzierungsfaktoren der subjektiven Deutungsmuster von Arbeit und Leben

Faktoren der Differenzierung sind zum einen *sozialstrukturelle Merkmale* wie Alter, Qualifikation und Geschlecht. Je nach Kombination dieser Merkmale verbinden sich damit für die Beschäftigten unterschiedliche berufsbiographische Entwicklungsperspektiven und Karrierechancen.

Differenzierungsfaktoren sind zum anderen aber auch Faktoren wie *Anerkennungserfahrungen* und *Erfolgserlebnisse* in der Arbeit. Die Chancen und Voraussetzungen dafür werden zum einen beeinflusst von der *berufsbiographischen* Entwicklungsphase einer Person. So berichtet etwa diese jüngere Beschäftigte:

> *„Früher war 14, 15 Uhr Schluss. Das hat mich auch noch nicht so interessiert, weil ich es auch noch gar nicht so verstanden habe, dieses Ganze. Und das hat sich über die Jahre auf jeden Fall verändert, mit den ersten Erfolgserlebnissen, die natürlich auch entstanden sind. Also wenn man was tut und wenn man sich in die Arbeit reinkniet, die Erfolge dann auch zu ernten, diese Erfahrung hat sich irgendwann entwickelt und verinnerlicht und dann hat man auch natürlich für das, was man gerne macht, was getan hat einfach“ (731/147).*

Die Chancen für Anerkennung und Erfolg in der Arbeit hängen zum anderen von den betrieblichen *Arbeitsbedingungen* ab. Wenn aber individuelle Schwerpunktsetzungen und subjektive Deutungen im Verhältnis von Arbeit und Leben auch von betrieblichen Anerkennungserfahrungen und Erfolgserlebissen in der Arbeit abhängen, dann bedeutet dies im Übertragungsschluss, dass beide ebenso von den betrieblichen Arbeitsbedingungen abhängig sind. Dies aber verweist auf die diesen Bedingungen jeweils zugrunde liegende betriebliche Arbeits- und Geschlechterpolitik. Die Ebene der individuellen und sozialstrukturellen Faktoren ist damit überschritten. Verwiesen wird hier auf die *arbeits- und geschlechterpolitische Gestaltung* der betrieblichen Rahmenbedingungen des individuellen Zusammenhangs von Arbeit und Leben. Dies aber übersteigt das Thema dieser Arbeit. Für die Chancen einer erweiterten Autonomie und Aneignung in der Arbeit ist diese politische Gestaltungsdimension aber dennoch eine unumgängliche Voraussetzung.

Komplementarität der Lebensbereiche

Am Beispiel der pragmatischen und flexiblen Orientierung auf Arbeit und Leben zeigt sich die Vergeblichkeit des Unterfangens, die Bereiche Arbeit und Leben aus der Perspektive der Subjekte gegeneinander ausspielen oder auch nur eindeutig priorisieren zu wollen. Vielmehr stellen sie für die individuelle Lebensführung zwei gleichermaßen notwendige wie gleichwertige Handlungssphären dar. Erwerbsarbeit ist dabei die Grundlage der materiellen Existenzsicherung, ohne die eine eigenständige Lebensführung nicht möglich wäre. Dies gilt gerade auch für allein erziehende Frauen:

> *„... für mich ist das schon - also gehört zusammen und das steht für mich an erster - also so schon, wenn ich jetzt nicht arbeiten würde, könnte ich mir ja manche Sachen im Leben nicht leisten oder – ja" (734/99).*

An der Wahrnehmung und Deutung von Beschäftigten mit Kindern und Familie verdeutlicht sich auch die Schwierigkeit oder gar Unmöglichkeit, aus subjektiver Perspektive zu einer eindeutigen Priorität oder Hierarchie im Verhältnis von Arbeit und Leben zu kommen.

> *„Arbeit an erster Stelle, nein. Als erstes - an erster Stelle kommen bestimmt meine Kinder. Aber (ich denke,) schon ziemlich weit oben dann eben. Ohne - ja, also für mich ist es schon sehr wichtig" (734/101).*

Denn die Frage der Priorität von Arbeit oder Leben sowie die damit implizierte Entgegensetzung beider Bereiche stellen sich so gerade für Beschäftigte mit Kindern und Familie nicht. Vielmehr ist Erwerbsarbeit für sie wie auch für andere weisungsabhängig Beschäftigte die Grundlage der eigenen Existenzsicherung, die eine individuelle Lebensführung überhaupt erst ermöglicht. Insofern wird sie als notwendige Voraussetzung und zugleich integraler Bestandteil der eigenen Lebensführung wahrgenommen, die in ein komplementäres Verhältnis zum privaten Lebensbereich tritt. Dieses Verhältnis der *Komplementarität* von Arbeit und Leben kann als charakteristische Gemeinsamkeit der drei differenzierten Deutungsmuster gelten. Dabei können je nach Anforderung der augenblicklichen Lebenssituation oder -phase unterschiedliche Schwergewichte gesetzt werden. Dies ändert aber nichts an dem grundsätzlich gleichwertigen und komplementären Verhältnis beider Handlungs- und Lebenssphären. Mit Abstrichen gilt dies letztlich auch für das Deutungsmuster der subjektiven Abgrenzung von Arbeit und Leben.

3 Die Handlungsautonomie der operativ Beschäftigten in der Arbeit

In diesem Anschnitt wird die Handlungsautonomie der weisungsabhängig Beschäftigten untersucht. Damit sollen zum einen *strukturelle Autonomiepotenziale* in der Arbeit erschlossen werden. Damit soll zum anderen die *praktisch-tätige Aneignungsebene* der Beschäftigten betrachtet werden.[199]

Anschließend an Moldaschl (2001) wird Handlungsautonomie als eine Dimension von Autonomie in der Arbeit verstanden und idealtypisch als Selbstbestimmung *in* der Arbeit definiert. Dies kann auch als Kontrolle *in* der Arbeit gefasst werden.[200]

Handlungsautonomie bezieht sich auf folgende *Kriterien*:

- die Möglichkeit, im Rahmen einer vorgegebenen Arbeitsaufgabe die *eigene Vorgehensweise* wählen zu können;
- die Möglichkeit, dabei eine *eigene Zeiteinteilung* zu treffen;
- die *Vermeidung* von *Arbeitsbelastungen* (physischer wie psychischer Art);
- die Herstellung von *sozialer*, d.h. über den unmittelbar sachlichen Bezug des Arbeitsvollzugs hinausgehender *Kommunikation*.

Die genannten Kriterien sind Teil des *unmittelbaren Arbeitsvollzugs* der Beschäftigten. Handlungsautonomie bezieht sich auf die Ebene der *Arbeitsausführung* und unterscheidet sich darin von der Verhandlungsautonomie, die sich auf die Ebene der *Arbeitsbedingungen* bezieht.[201] Gleichwohl kommt es in einigen Bereichen auch zu Überschneidungen zwischen beiden Autonomiedimensionen. Dies wird z.B. bei den zeitlichen Handlungs- und Gestaltungschancen der Beschäftigten deutlich. Diese betreffen sowohl die individuelle Handlungsautonomie bei der Arbeitsausführung als auch die individuelle Verhandlungsautonomie bei der Gestaltung der Arbeitszeitbedingungen.[202] Letztere nimmt durch betriebliche und tarifliche Arbeitszeitflexibilisierung sogar deutlich zu.

Die Überschneidungen zwischen beiden Autonomiedimensionen sind auch dadurch bedingt, dass Handlungs- ebenso wie Verhandlungsautonomie nach Mol-

[199] Vgl. die empirische Konzeptionalisierung in Kapitel III, Abschnitte 1 und 2.3.
[200] Vgl. dazu in theoretischer Hinsicht Kapitel II, Abschnitt 2.
[201] Vgl. dazu auch Kapitel III, Abschnitt 1.
[202] Zur Verhandlungsautonomie bei der Arbeitszeitgestaltung siehe Abschnitt 4.1 dieses Kapitels.

daschl (2001) als *strukturbezogene* Autonomiedimension zu verstehen ist.[203] Das bedeutet, dass das Ausmaß an Handlungsautonomie in der Arbeit maßgeblich von den *betrieblichen* sowie unmittelbar *tätigkeitsbezogenen Rahmen-* und *Kontextbedingungen* der Arbeit beeinflusst wird. Diese Rahmenbedingungen sind auf einer anderen Ebene zugleich auch maßgeblicher Bezugspunkt für die Verhandlungsautonomie der Beschäftigten.

Die Rahmenbedingungen für beide Autonomiedimensionen fallen je nach Betriebsfall sowie Position und Funktion der befragten Beschäftigten sehr unterschiedlich aus. Die folgende Darstellung orientiert sich an diesen Unterschieden. Dabei stehen insbesondere die Unterschiede *zwischen* den Betriebsfällen im Mittelpunkt. Dies gliedert – im Unterschied zu den vorhergehenden Abschnitten dieses Kapitels – auch die Darstellung. Auf diese Weise verdeutlichen sich zum einen die *betriebsfallspezifischen* Potenziale und Restriktionen von Handlungsautonomie in der Arbeit. Zum anderen zeigt sich aber auch, dass es gemeinsame und damit *betriebsfallübergreifende* Restriktionen von Handlungsautonomie gibt.

3.1 Rationalisierung und Ökonomisierung als Bedingungen der Handlungsautonomie - Der Betriebsfall KundenServiceZentrum

Im KundenServiceZentrum der DB Schenker Rail bestimmen sich die Rahmenbedingungen für das Arbeitshandeln der operativ Beschäftigten im Wesentlichen durch vier Punkte:

- die *technischen* Vorgaben der Arbeitsmittel (hier vor allem IT-Systeme);
- die *rechtlichen* Vorgaben der Kundenverträge und -beziehungen;
- die *wirtschaftlichen* Vorgaben der Unternehmensleitung (vor allem die Erstellung einer effizienten und möglichst profitablen Dienstleistung);
- die *arbeitsorganisatorischen* Vorgaben des Arbeitsanfalls (vor allem Arbeitsverdichtung und Kundennachfrage).

Der dadurch für die Arbeit insgesamt gesetzte Handlungsrahmen wird von den befragten Beschäftigten sehr direkt wahrgenommen und entsprechend deutlich thematisiert. Die Bedeutung, die dabei den einzelnen Punkten zukommt, wird im Folgenden skizziert.

---

[203] Dies erfolgt in Abgrenzung zu den *subjektbezogenen* Autonomiedimensionen („Handlungs- und Urteilsfähigkeit“ sowie „Autonomiedeutung und -bedürfnis“). Vgl. Kapitel II, Abschnitt 2.

3.1.1 Die technischen Vorgaben des Arbeitshandelns

Die technischen Vorgaben des Arbeitshandelns zeigen sich für die Beschäftigten vor allem in Form einer zunehmenden betrieblichen *Informatisierung.*[204]

> *„Im ZAB [= Zentrale Auftragsbearbeitung] konnte ich das mitkriegen, weil (...) ziemlich viel automatisiert wurde über die Zeit (...) das wird (...) über den Computer eingegeben (...). Und da hat man schon festgestellt, dass über die einzelnen Wechsel der Systeme (...) viel automatisiert wurde - im Gegensatz zu früher (731/15-17).*

Dadurch verändern sich für die betroffenen Beschäftigten auch die Anforderungen in der Arbeit. Die diesbezüglichen Veränderungen werden als *ambivalent* wahrgenommen – einerseits als Arbeitserleichterung, andererseits aber auch als Verlust von individuellen Handlungs- und Entscheidungsmöglichkeiten.

> *„Also es wurde auf der einen Seite erleichtert, auf der anderen Seite waren [früher] aber Punkte, die man noch zu bearbeiten hatte, sensibler zu behandeln, weil man trotzdem noch kontrollieren musste, was man tut" (731/23).*

Durch die technische Informatisierung kommt es zu einer *Standardisierung* von Arbeitsprozessen, in deren Folge sich die individuellen Handlungs- und Dispositionsspielräume der Beschäftigten verengen. Damit wird zugleich auch gewachsenes und individuelles Erfahrungswissen brachgelegt, das wegen der Standardisierung nicht mehr gebraucht wird. Eine differenzierte und von den üblichen Standardprozessen abweichende Bearbeitung von Aufträgen oder Kundenanliegen ist zwar prinzipiell noch möglich, erfordert aber einen erheblichen Zusatzaufwand. Dies ist aufgrund der verstärkten betrieblichen Kostenorientierung weder erwünscht noch aufgrund des hohen Arbeitdrucks überhaupt möglich. Die Beschäftigten reagieren darauf einerseits gelassen und pragmatisch mit einer Anpassung an die technischen Systemvorgaben. Andererseits wird dies aber auch als eine gewisse *Ohnmacht* gegenüber den technischen Prozessen erlebt:

> *„... wir können Prozesse nicht ändern, die gegeben sind. Also wir sind schon von ziemlich vielen Prozessen umgeben (...) Es ist schwierig, eigene Entscheidungen zu treffen" (731/37-39).*

Die technischen Systemabläufe verselbstständigen sich gegenüber den Beschäftigten und geben ihnen ein Arbeitshandeln vor, das allein der Systemlogik zu folgen hat. Bezogen auf das Kriterium „eigene Vorgehensweise wählen können", ist die Handlungsautonomie der Beschäftigten hier gering. Dies trifft auch für das Kriterium „eigene Zeiteinteilung treffen können" zu.

> *„Ich habe drei feste Zeiten, wo ich bestimmte Sachen tun muss, die tue ich dann auch zu der Zeit" (731/185-89).*

---

[204] Zum Begriff der Informatisierung von Arbeit vgl. Schmiede (1996) sowie Boes/Pfeiffer (2006).

3.1.2 Die rechtlichen Vorgaben des Arbeitshandelns

Zu ähnlichen Einschränkungen der individuellen Handlungsautonomie kommt es in anderen Arbeitsbereichen durch rechtliche Vorgaben. Dies sind zum einen *handelsrechtliche* Vorgaben zur Gestaltung von Kundenverträgen.

> *„... ich muss immer versuchen, das, was der Kunde von mir möchte, mit dem, was eigentlich vertraglich möglich ist, in Einklang zu bringen" (732/98-100).*

Dies sind zum anderen *tarif-* und *personalrechtliche* Vorgaben zur Gestaltung von Arbeitsverträgen.

> *„... wir haben sehr viel Zwänge hier, auf Grund von Tarifverträgen, auf Grund von Gesetzen, auf Grund von -..." (733/31).*

Beide Arten rechtlicher Vorgaben schränken die tätigkeitsbezogenen Dispositionschancen der betroffenen Beschäftigten ein.

> *„Ich kann nur das machen, was der Vertrag sagt" (732/98-100).*
>
> *„... also viele Dinge würde ich anders machen so aus dem Bauch raus" (733/31).*

Die rechtlichen Vorgaben markieren aber nicht nur den alltäglichen Handlungsrahmen der Beschäftigten in der Arbeit. Darüber hinaus strukturieren sie auch deren tätigkeitsbezogene Wahrnehmungs- und Interpretationsweise, indem sie eine bestimmte (nämlich juridische) Problem- und Bewertungsperspektive vorgeben. Dies führt mitunter zu Spannungen in der bereichsübergreifenden Kooperation mit KollegInnen aus anderen Unternehmensbereichen. Denn diese repräsentieren dann meist auch eine andere betriebliche Sichtweise und stehen damit für eine andere Handlungsrationalität:

> *„Und dann muss ich immer mit dem Kundenberater zum Beispiel auch diskutieren und reden und er sagt, das ist doch alles kein Problem, mach einfach. Ich habe aber diese rechtliche Seite auf der anderen Seite, im Vertrag steht das gar nicht drin. (...) Und man hat immer den Eindruck, man ist eigentlich der Böse ..." (732/98).*

Deutlich wird hier, dass rechtliche und technische Vorgaben auch die Chancen zur Herstellung von (positiv empfundener) *sozialer Kommunikation* in der Arbeit – einem wichtigem Kriterium für Handlungsautonomie – beeinträchtigen.

3.1.3 Die wirtschaftlichen Vorgaben des Arbeitshandelns

Von den Beschäftigten werden vor allem die technischen Vorgaben als unmittelbare Folge einer Rationalisierung *zugunsten* des Unternehmens (und nicht etwa zugunsten der Beschäftigten) wahrgenommen.

> *„... es ist für den Mitarbeiter sicherlich stupider als früher, aber es erleichtert natürlich für den Konzern die Arbeit enorm und Fehlerquellen werden beseitigt. Das ist wahrscheinlich der wichtigste Punkt" (731/17-21).*

Dabei kommt es von Unternehmensseite auch zu einer Neugewichtung im Verhältnis von Kunden- und Profitorientierung. Zentrale Maxime ist nicht mehr die gute Dienstleistung egal zu welchem Preis, sondern die *effizient* erbrachte und dadurch *profitable* Dienstleistung. D.h., der Profit des Unternehmens wird gegenüber dem Nutzen des Kunden als mindestens gleich-, wenn nicht gar als höherwertig erachtet.

> *„Also letztlich geht es ja darum, dass - mit dem, was ich mache, wollen wir Geld verdienen, speziell was ich mache. (...) Es geht immer darum, dass wir wirtschaftlich die Wünsche des Kunden erfüllen" (731/43).*

Das Ziel der profitablen Dienstleistungserstellung verweist auf wirtschaftliche Vorgaben des Unternehmens, welche die Handlungsautonomie der Beschäftigten in der Arbeit ebenfalls tangieren.

3.1.4 Die arbeitsorganisatorischen Vorgaben des Arbeitshandelns

Die wirtschaftlichen Vorgaben des Unternehmens werden arbeitsorganisatorisch umgesetzt über Rationalisierungsmaßnahmen, die auf *Arbeitsverdichtung* und *Effizienzsteigerung* zielen.

> *„... diese Zusammenlegung der einzelnen ZAB-Mitarbeiter aus den Regionalteams in ein großes ZAB-Team hat ja nur die Sinnhaftigkeit (...), dass effizienter gearbeitet werden kann, dass man vom Krankenstand (...) nicht ganz so betroffen ist und dass jeder möglichst alles kann an Kundenbedürfnisse befriedigen (...). ... dass Aufträge schneller bearbeitet werden können" (731/167).*

Subjektiv wird dies von den betroffenen Beschäftigten vor allem als steigender *Leistungsdruck* durch erhöhten Arbeitsanfall wahrgenommen.

> *„... man muss immer mehr wissen und immer mehr Sachen mit einem Mal erledigen" (732/198).*

> *„... ich glaube einfach, dass das ziemlich gewachsen ist, die Leistung, die man erbringen muss. (...) Es kommt mehr rein an Arbeit und der Mitarbeiter muss in der Zeit mehr leisten einfach, die er zur Verfügung hat. (...) Und das setzt uns schon unter Druck" (731/211-213).*

Arbeitsverdichtung und Arbeitsdruck schlagen sich auch auf die zeitlichen Handlungs- und Gestaltungschancen der Beschäftigten nieder. Dies betrifft zum einen die *eigene Zeiteinteilung in* der Arbeit.

> *„... mein Teamleiter (...), der trägt das auch nur an uns weiter oder so, (...) wenn jetzt die Auftragslage sehr stark ist im Prinzip, dass er dann auch - vielleicht uns antreibt, sag ich jetzt mal so, wenn viel zu tun ist ..." (734/69).*

Dies betrifft zum anderen aber auch die *Dauer* bzw. das *Ende* der *täglichen Arbeitszeit.*

> *„... die arbeiten manchmal wie die Bekloppten, wirklich. Und dann fällt viel mit Überstunden an, wenn da die Auftragslage groß ist, dann müssen die bleiben. (...) Und dann kloppen die einen Auftrag nach dem nächsten" (731/153).*

Deutlich wird hier, wie auf der Ebene des unmittelbaren Arbeitsvollzugs die beiden Dimensionen der Handlungs- und Verhandlungsautonomie ineinander fließen. Die Dauer und das Ende der täglichen Arbeitszeit sind als Bestandteile der Arbeitsbedingungen per definitionem eigentlich Gegenstand von Verhandlungsautonomie. Bei weisungsabhängig Beschäftigten ist dies aufgrund tarifvertraglicher Regelungen vor allem *kollektive* Verhandlungsautonomie. Gleichwohl kommt es hier aufgrund von betrieblicher und tariflicher Arbeitszeitflexibilisierung (Stichworte hierfür sind Jahresarbeitszeit und Arbeitszeitkonten) sowie gleichzeitiger Arbeitsverdichtung zu einer Verlagerung hin zur *individuellen* Verhandlungsautonomie der Beschäftigten. Die Beschäftigten werden so auf der Ebene des Arbeitsvollzugs zunehmend damit konfrontiert, dass die Dauer und das Ende ihrer täglichen Arbeitszeit nach hinten hin *offen* und damit auch *ungewiss* sind.

> *„... es ist je nach Arbeitsaufkommen. Bei uns ist das ja auch immer recht ad hoc, das heißt, wir wissen es nie vorher, was passiert am Tag und dann kann das auch schon mal passieren, dass wir ein bisschen länger bleiben müssen. Also auch ganz spontan" (731/135).*

Die Ungewissheit über Dauer und Ende der täglichen Arbeitszeit wirkt sich auch auf die außerbetriebliche Zeitplanung aus und betrifft damit ein weiteres Kriterium von Verhandlungsautonomie („Arbeit und Leben vereinbaren können"). Die Chancen zur Realisierung von diesbezüglicher Verhandlungsautonomie aber sind für die Beschäftigten sehr unterschiedlich. Sie differieren je nach Arbeitsbereich der Beschäftigten sowie den dort geltenden Arbeitszeitmodellen und -regelungen. Diese Unterschiede werden im nächsten Abschnitt dieses Kapitels näher erläutert (Abschnitt 4.1). Zunächst wird hier noch auf die Handlungsstrategien der Beschäftigten eingegangen, mit denen sie auf die skizzierten Vorgaben ihres Arbeitshandelns reagieren.

3.1.5 Handlungsstrategien der Beschäftigten

Trotz des strukturell eingeschränkten Handlungsrahmens gelingt es den befragten Beschäftigten, sich *Handlungsspielräume* in der unmittelbaren Arbeitsausführung zu bewahren. Dies betrifft zum einen die *eigene Zeiteinteilung* in der Arbeit.

> *„Das ist eigentlich so die Grobaufgabe, die ich jeden Tag machen muss. (...) Und alles drum herum, (...) das steht mir frei, was ich in der restlichen Zeit mache" (731/189).*

Dies betrifft zum anderen die Wahl der *eigenen Vorgehensweise* bei der Aufgabenbewältigung.

„... ich habe hier Freiräume, die kann ich nutzen, wie ich gerne möchte“ (733/53).

Die Wahl der eigenen Vorgehensweise kann dabei auch zeitliche Gestaltungsspielräume eröffnen:

„... in der Regel kann ich auch Termine so legen, wie ich das gerne möchte. (...) Und da fragt keiner, wenn ich mal eine Stunde weg bin ...“ (733/53).

Dies illustriert zweierlei: Zum einen, wie eng die beiden Kriterien für Handlungsautonomie in der Arbeit zusammenhängen – die Wahl der eigenen Vorgehensweise und die Wahl der eigenen Zeiteinteilung stehen bis zu einem gewissen Grade in einem wechselseitigen Bedingungsverhältnis. Zum anderen zeigt sich auch hierbei, dass beide Dimensionen von Autonomie in der Arbeit – Handlungs- und Verhandlungsautonomie – fließend ineinander übergehen. Die Möglichkeiten zur eigenen Zeiteinteilung in der Arbeit bestimmen sich zum einen aus den Anforderungen der Arbeitsaufgabe sowie der dazu vorgegebenen betrieblichen Arbeitsorganisation. Beides sind Faktoren oder Rahmenbedingungen für Handlungsautonomie in der Arbeit. Die Möglichkeiten zur eigenen Zeiteinteilung sind zum anderen aber auch – wie das Zitat illustriert – ein Resultat von individueller Verhandlungsmacht. Damit aber sind sie auch Gegenstand von Verhandlungsautonomie. Beide Autonomiedimensionen spielen hier ineinander und lassen sich nicht trennscharf voneinander isolieren.

3.1.6 Subjektbezogene und betriebliche Voraussetzungen für individuelle Handlungsspielräume in der Arbeit

Die Eröffnung von Handlungsspielräumen trotz der beschriebenen strukturellen Restriktionen für die Handlungsautonomie der Beschäftigten ist an zwei spezifische Voraussetzungen gebunden – eine subjektbezogene und eine betriebliche.

Subjektbezogene Voraussetzungen für individuelle Handlungsspielräume in der Arbeit

Die subjektbezogene Voraussetzung lässt sich als eine Art *pragmatischer Gelassenheit* gegenüber den steigenden Anforderungen des Unternehmens beschreiben. So antwortet etwa diese Beschäftigte auf die Frage, wie sie mit der zunehmenden Arbeitsverdichtung im Unternehmen umgeht, lapidar:

„Ich lasse mich nicht aus der Ruhe bringen“ (732/210).

Diese pragmatische Gelassenheit gegenüber den Anforderungen des Unternehmens verweist auf ein in sich ruhendes Selbstbewusstsein, welches sich nicht so einfach durch äußere, in diesem Falle betriebliche Einflüsse und Zumutungen aus der Fassung bringen lässt. Dieses in sich ruhende Selbstbewusstsein deutet auf eine der subjektbezogenen Autonomiedimensionen hin, die Moldaschl (2001: 136) unterscheidet: die „Handlungs- und Urteilsfähigkeit“. Sie zielt darauf, dass Subjekte die Anforderungen an ein selbstbestimmtes Handeln persönlich erfüllen können. Kriterium dafür ist u.a. die Kompetenz, falsche Befehle erkennen und zurückweisen zu können.[205]

Die pragmatische, und teils auch distanzierte Gelassenheit gegenüber den steigenden Anforderungen des Unternehmens kann als eine solche Kompetenz verstanden werden. Sie kann somit auch als eine Art „subjektiver Autonomiekompetenz" bezeichnet werden. Rastetter (2008) schlägt hierfür den Begriff der „Selbstkompetenz" vor und bezeichnet damit einen Aspekt von einer (weiter gefassten) „*mikropolitischen Kompetenz*".[206] Diese mikropolitische Kompetenz kann als wichtige subjektbezogene Voraussetzung zur Eröffnung von individuellen Handlungsspielräumen in der Arbeit trotz restriktiver Bedingungen gelten.[207]

Betriebliche Voraussetzungen für individuelle Handlungsspielräume in der Arbeit

Als betriebliche Voraussetzung für die Eröffnung von Handlungsspielräumen kann die sich im Rahmen neuer Managementstrategien zunehmend durchsetzende *Ergebnisorientierung* in der Arbeit gelten. Auch im untersuchten Betriebsfall KundenServiceZentrum lassen sich Managementstrategien identifizieren, die in der arbeits- und industriesoziologischen Literatur als „*indirekte Steuerung*" bezeichnet werden (Peters/Sauer 2005). Im Rahmen dieser Strategien werden weniger die einzelnen Schritte denn die Ziele und Ergebnisse der Arbeit vorgegeben. Die Managementstrategie der „indirekten Steuerung" macht sich auch in der betrieblichen Arbeitsrealität der befragten Beschäftigten bemerkbar. Dies wird von einem Teil der Beschäftigten – trotz auch bestehender anderweitiger Handlungsrestriktionen (s.o.) – als Eröffnung von Handlungsspielräumen wahrgenommen.

> *„Nur das Endergebnis muss sein, dass die Wagen halt laufen, dass da nicht irgendwie was schief geht (...) aber was ich in der Zeit tue und nicht tue, das steht mir frei" (731/189).*

Betriebliche Begrenzung für individuelle Handlungsspielräume in der Arbeit

Jenseits dieser beiden Voraussetzungen wird das Ausmaß der individuellen Handlungsspielräume in der Arbeit allerdings auch begrenzt durch die relativ

---

[205] Vgl. dazu Kapitel II, Abschnitt 2.

[206] Als weitere Aspekte (oder Dimensionen) mikropolitischer Kompetenz von Individuen bezeichnet Rastetter (2008) „Fachkompetenz", „Methodenkompetenz" und „Sozialkompetenz".

[207] Die Frage, wie sie entstehen kann, steht hier nicht zur Debatte. Wichtig aber ist darauf hinzuweisen, dass sie nicht allein im Belieben oder den rein persönlichen Fähigkeiten der Subjekte steht, sondern an *soziale* und *strukturelle* Voraussetzungen gebunden ist. Dies bezieht sich auch auf *betriebliche* Voraussetzungen. Ebenso wie Fach- und Methodenkompetenz können auch Sozial- und Selbstkompetenz *gelernt* werden. Dies gilt im Ganzen genommen auch für die mikropolitische Kompetenz.

geringe Aufgabenkomplexität, mit der die Beschäftigten vor allem in den mechanisierten Bereichen des KundenServiceZentrums betraut sind:

> *„... das sind eigentlich so relativ einfache Aufgaben, sag ich mal. Man kann sich das alles so aus den Vorschriften - da muss man sich dran halten eben ...“(734/136).*

Eine zentrale These der Handlungsregulationstheorie, wonach der Komplexitätsgrad einer Arbeitsaufgabe auch über den Grad des Handlungs- und Dispositionsspielraums entscheidet (vgl. Kap. II, Abschnitt 2), scheint sich hiermit zu bestätigen. Vom Ausmaß des Handlungs- und Dispositionsspielraums wird auch das Ausmaß an Handlungsautonomie in der Arbeit mit beeinflusst. Entscheidend für die hier verfolgte Fragestellung ist allerdings, ob den Beschäftigten dabei auch *Verhandlungsautonomie* zukommt. Dies wird in Abschnitt 4 dieses Kapitels beantwortet. Zunächst werden hier noch die beiden Betriebsfälle DB JobService GmbH und DB Zeitarbeit GmbH hinsichtlich ihrer Chancen für die Handlungsautonomie der Beschäftigten betrachtet.

3.2 Berufsbiographische Verunsicherung und Ungewissheit als Bedingungen der Handlungsautonomie – Der Betriebsfall DB JobService GmbH

Die Bedingungen für die Handlungsautonomie der Beschäftigten ergeben sich vor allem aus der *ambivalenten beschäftigungspolitischen Funktion* der DB JobService GmbH: Einerseits sozialpolitisch motivierte Beschäftigtenvermittlung auf einen neuen Arbeitsplatz im Bahnkonzern anzustreben; andererseits gerade dadurch auch zur Flexibilisierung des konzernweiten Personaleinsatzes mit beizutragen.[208]

Es sind somit weniger einzelne und klar voneinander geschiedene Faktoren, welche das Ausmaß an Handlungsautonomie für die Beschäftigten der DB JobService GmbH bestimmen, als vielmehr deren *gesamte Beschäftigungssituation* selbst. Dies unterscheidet den Betriebsfall DB JobService GmbH vom bereits dargestellten Betriebsfall KundenServiceZentrum.

Für die Beschäftigten der DB JobService GmbH verbindet sich mit dieser Beschäftigungssituation zweierlei: Zum einen eine prinzipielle *Ungewissheit* hinsichtlich des nächsten *Arbeitseinsatzes*. Dieser kann entweder vorübergehend in einem betrieblichen Beschäftigungsprojekt oder dauerhaft auf einem regulären Arbeitsplatz sein. In beiden Fällen sind Arbeitsort und -anforderungen weitgehend ungewiss (s.u.). Zum anderen eine starke *berufsbiographische Verunsicherung*.[209] Der Verlust des bisherigen Arbeitsplatzes verursacht in der subjektiven

---

[208] Vgl. dazu die Betriebsfallbeschreibung in Kapitel V.

[209] Es wird hier von *Verunsicherung* gesprochen, um deutlich zu machen, dass sich die erwerbsbiographische Situation der Beschäftigten der DB JobService GmbH unterscheidet von derjenigen solcher Beschäftigten, die ihr Beschäftigungsverhältnis vollständig verloren haben und damit als arbeitslos gelten. Die Beschäftigten der DB JobService GmbH befinden sich

Wahrnehmung der Betroffenen eine schmerzliche Erfahrung, die gerade für ältere Beschäftigte der DB JobService GmbH mit einem Gefühl von Unverständnis und berufsbiographischer Unsicherheit einhergeht. Dies liegt auch daran, dass in ihrer subjektiven Wahrnehmung der Wegfall des bisherigen Arbeitsplatzes einer Vernichtung oder zumindest Brachlegung ihres bislang angesammelten beruflichen Erfahrungswissens gleichkommt.

> *„... für mich war eigentlich die einschneidende [Veränderung], dass sie eben unseren Standort geschlossen haben (...), sehr viele, die sehr lange dabei waren (...) hat man praktisch (...) alle nach Hause geschickt ...“ (737/147-155).*

Die vom Arbeitsplatzverlust betroffenen Beschäftigten warten nun als Angestellte der DB JobService GmbH auf die erfolgreiche Vermittlung auf einen neuen regulären Arbeitsplatz im Bahnkonzern. Solange dies nicht der Fall ist, müssen sie sich für vorübergehende Einsätze in betrieblichen Beschäftigungsprojekten bereithalten. Diese Einsätze erfolgen meist unterhalb der eigentlichen Qualifikation (z.B. als sog. „Automaten-Guide“ oder als FahrgastzählerIn).

Die temporären und oftmals unterqualifizierten Einsätze in variierenden und inhaltlich wenig anspruchsvollen Beschäftigungsprojekten bedeuten für die Beschäftigten der DB JobService GmbH zweierlei: Zum einen kommt zusätzlich zu der bereits vorhandenen Unsicherheit, ob ein neuer regulärer Arbeitsplatz im Konzern tatsächlich gefunden werden kann und wo dieser dann sein wird, die weitere Ungewissheit der sich durchaus kurzfristig ergebenden und auch örtlich wechselnden Arbeitseinsätze. Dies erschwert die individuelle Planungssicherheit.

> *„... es geht ein bisschen holterdiepolter. (...) ich bin schon mal ganz kurzfristig abgestellt worden für ein anderes Projekt. Das geht von heute auf morgen, so ungefähr“ (737/49).*

Zum anderen beeinflussen sie den subjektiven Bezug zur ausgeübten Projekttätigkeit. Insbesondere vom Aspekt des verordneten und zudem unterhalb der eigenen Qualifikation angesiedelten Arbeitseinsatzes geht für einen Teil der Befragten eine wenig motivierende Erfahrung aus.

> *„... ich bin von Beruf Diplom-Mathematiker und musste jetzt in den Zügen praktisch die Leute zählen und befragen. Und das hat mich eigentlich nicht so richtig befriedigt ...“ (737/23).*

---

demgegenüber nach wie vor in einem Beschäftigungsverhältnis. Von *berufsbiographischer* Verunsicherung wird deshalb gesprochen, weil die befragten Beschäftigten der DB JobService GmbH stark *berufsfachliche* Arbeitsbezüge aufweisen (vgl. dazu bereits die Abschnitte 1 u. 2 dieses Kapitels). Dies prägt sehr stark die Wahrnehmung ihrer Beschäftigungssituation und trifft in dieser Form nicht auf alle Beschäftigten der DB JobService GmbH zu, sondern ist eine Spezifik, die dem Zufall bzw. dem Betriebszugang geschuldet ist (vgl. dazu Kapitel VI, Abschnitt 4). Die Berufsbiographie ist Teil einer breiter zu verstehenden Erwerbsbiographie, die ebenfalls relevant ist für die befragten Beschäftigten der DB JobService GmbH.

Dabei wird weniger die Tatsache der geforderten Projekttätigkeit selbst als vielmehr die Art und Weise der Vermittlung als bedrückend wahrgenommen.[210]

> *„Dass ist eigentlich nur, mir gefällt es eben nicht, dass man so auf Zuruf heute so, morgen so und dass ..." (737/341).*

Dies verweist auf grundlegende *Missachtungserfahrungen* der betroffenen Beschäftigten.[211] Sowohl der Verlust des bisherigen Arbeitsplatzes als auch der quasi auf „Abruf" zu erfolgende und unterwertige Einsatz in betrieblichen Beschäftigungsprojekten werden von den Beschäftigten als Missachtung und Entwertung ihrer beruflichen Erfahrungen und Qualifikationen wahrgenommen.

Vor diesem Hintergrund stellen sich für die Beschäftigten der DB JobService GmbH die Chancen für Handlungsautonomie in der Arbeit allein schon von den berufsbiographischen und betrieblichen Kontextbedingungen als eingeschränkt dar. Dies gilt vor allem für die Möglichkeit, eigene Arbeitsinhalte und -ziele bestimmen zu können. Gleichwohl entwickeln die Beschäftigten unterschiedliche Handlungsstrategien, um mit diesen Bedingungen und Einschränkungen umzugehen. Dies wird im folgenden Punkt erläutert.

3.2.1 Handlungsstrategien der Beschäftigten

Das Spektrum der unterschiedlichen Handlungsstrategien zum Umgang mit den restriktiven betrieblichen Rahmenbedingungen reicht von Versuchen der aktiven und offensiven Einflussnahme bis hin zu Formen der eher „passiven" Resignation und Frustration. So antwortete etwa eine Beschäftigte der DB JobService GmbH auf die Frage nach den persönlichen Einflusschancen in ihrer Arbeit lapidar und selbstbewusst:

> *„Ich nehme Einfluss" (735/46).*

Aber auch dann, wenn Beschäftigte der DB JobService GmbH weniger stark ihre Chancen an persönlicher Einflussnahme hervorheben oder sie sogar eher verneinen, sind sie nicht absolut passiv den betrieblichen Rahmenbedingungen ausgeliefert. Sie können – trotz der insgesamt restriktiven Beschäftigungsbedingungen – in der jeweils konkreten Tätigkeit eines Arbeitseinsatzes dennoch individuelle Handlungs- und Gestaltungsspielräume ausmachen und vor allem – und dies erscheint als wesentlich – auch im Sinne des eigenen *Arbeitsverständnisses* nutzen. Dabei erwachsen die individuellen Handlungsspielräume oftmals aus einem spezifischen *Arbeitsethos*, wie er vor allem im direkten Kundenkon-

---

[210] Wie bereits in den Abschnitten zur subjektiven Bedeutung von Arbeit und zum subjektiven Leistungsverständnis gezeigt, wird der betriebliche Sinn (in funktionaler Hinsicht) dieser Projektbeschäftigungen von den Beschäftigten nicht in Frage gestellt (vgl. Abschnitte 2.1 und 2.2 dieses Kapitels).

[211] Vgl. dazu auch die Ausführungen zu den Anerkennungsbedürfnissen der Beschäftigten in Abschnitt 1 dieses Kapitels.

takt zum Tragen kommt (also bei interaktiver Dienstleistungsarbeit).[212] So werden etwa im Rahmen einer Projektbeschäftigung – trotz der restriktiven Bedingungen – eigenständig Tätigkeiten übernommen, die nicht zur eigentlichen Projektaufgabe gehören. Dies wird von den betroffenen Beschäftigten als persönlicher Freiraum oder Handlungsspielraum in der Arbeit wahrgenommen und thematisiert:

> *„... es fängt eben schon damit an, dass ich eben auch Auskünfte zur Stadt gebe, was eigentlich nicht die Aufgabe ist" (736/48).*

Dass dies keine allein notgedrungene Reaktion auf die unsichere und restriktive Beschäftigungssituation ist, sondern auch dem eigenen Arbeitsverständnis entspricht, verdeutlicht die Schilderung eines üblichen Tagesablaufs durch den gleichen Befragten, der vorübergehend als sog. „Automaten-Guide" im Reisezentrum tätig ist. Dabei zeigt sich, dass die zusätzlich übernommene Aufgabe als eigenständige und dem eigenen Arbeitsverständnis entsprechende Reaktion auf konkrete (gewissermaßen „gebrauchswertbezogene") KundInnenbedürfnisse zu verstehen ist:

> *„Wenn ich anfange, gucke ich erst mal, was so an Müll herumliegt. Und dann, im Grunde genommen, morgens ist es meistens erst mal relativ ruhig, da passiert nicht viel. So nach und nach kommen dann die Leute, wollen Fahrkarten kaufen, wollen aber auch fragen, wo was ist. Haben deswegen vorsorglich so einen Stadtplan mit zu liegen, wenn auch ein etwas älteres Modell. Tarifauskünfte. Und natürlich auch Fahrplanauskunft. Also im Grunde alles, was so im Reisezentrum anfällt" (736/22).*

Diese eigenständige und dem eigenen Arbeitsverständnis entsprechende Übernahme von Tätigkeiten kann auch als eine Form der *Aneignung* in der Arbeit trotz restriktiver Bedingungen verstanden werden. Die Aneignung erfolgt dabei zunächst auf der *mental-symbolischen* Ebene des subjektiven Arbeitsbezuges sowie der *praktisch-tätigen* Ebene des individuellen Arbeitshandelns. Wie die empirischen Ausführungen zu den subjektiven Anerkennungsbedürfnissen und -erfahrungen der Beschäftigten bereits gezeigt haben, findet diese Aneignung auch auf der *sinnlich-erfahrenden* Ebene der Anerkennung statt.[213]

Neben den geschilderten Handlungsspielräumen in der Arbeit werden von den Beschäftigten aber auch *„widerständige"* Handlungsstrategien entwickelt. Sie zeigen sich weniger in offener Obstruktion denn in subtiler Nutzung vorhandener, vor allem formalrechtlicher Handlungsmöglichkeiten zugunsten der eigenen Interessen.[214] Während die bereits beschriebenen Handlungsstrategien meist

---

[212] Zu diesem spezifischen Arbeitsethos siehe die Kapitelabschnitte 1.2.3. über Anerkennung sowie 2.1 und 2.2 über die subjektiven Arbeitsbezüge und das subjektive Leistungsverständnis der Beschäftigten.
[213] Vgl. Abschnitt 1.1 dieses Kapitels.
[214] Dies schließt auch und gerade die auf den *außerbetrieblichen Lebensbereich* bezogenen Interessen mit ein.

dem eigenen Arbeitsverständnis entsprechen und dieses durch Nutzung von unmittelbar tätigkeitsbezogenen Handlungsspielräumen zugleich zur Entfaltung bringen, sind die „widerständigen“ Handlungsstrategien eher als direkte Reaktion auf die unsichere und restriktive Beschäftigungssituation zu verstehen. Gleichwohl werden sie rational (und insofern auch „aktiv“) genutzt:

> *„Also Einfluss kann ich wenig nehmen. Maximal mit einem Krankenschein“ (736/34).*

3.2.2 Fazit

Zusammenfassend lässt sich festhalten: Trotz der restriktiven Beschäftigungsbedingungen bewahren sich die Beschäftigten der DB JobService GmbH eigene Handlungsmöglichkeiten. Diese zeigen sich zum einen in „widerständigen“ Handlungsstrategien, mit denen eigene Interessen zu wahren versucht werden (vor allem hinsichtlich der betrieblich geforderten Mobilität). Sie zeigen sich zum anderen in aktiv und eigenständig genutzten Handlungsspielräumen in der Arbeit, mit denen vor allem das eigene Arbeitsverständnis im Sinne eines spezifischen individuellen Arbeitsethos realisiert wird. Beide Formen von Handlungsstrategien tragen im Rahmen der insgesamt restriktiven Rahmenbedingungen zur Realisierung von zumindest partieller Handlungsautonomie in der Arbeit bei. Die Ungewissheit wechselnder Arbeitseinsätze sowie die berufsbiographische Verunsicherung durch Arbeitsplatzverlust werden dadurch zwar nicht kleiner. Aber sie verlieren etwas von ihrer ansonsten leicht lähmenden Übermacht sowie der damit verbunden Handlungsohnmacht. Dies kann auch als eine Form der Aneignung in der Arbeit bei insgesamt eher restriktiven Bedingungen verstanden werden.

3.3 Prinzipielle Unbestimmtheit und Flexibilität als Bedingungen der Handlungsautonomie – Der Betriebsfall DB Zeitarbeit GmbH

Die Beschäftigten der DB Zeitarbeit GmbH sind als LeiharbeiterInnen ebenfalls mit der Ungewissheit kurzfristig wechselnder Arbeitseinsätze konfrontiert. Ihre Situation unterscheidet sich allerdings in drei Punkten von der Situation ihrer KollegInnen bei der DB JobService GmbH:

- Erstens vollzog sich ihr Wechsel zur DB Zeitarbeit GmbH als mehr oder weniger *bewusste* und *aktive* (wenn auch nicht unbedingt „freiwillige“) *Entscheidung*.[215]
- Zweitens verfügen sie als Angestellte der DB Zeitarbeit GmbH in der Regel über einen *unbefristeten* Arbeitsvertrag.[216]

---

[215] Der Eintritt in die DB Zeitarbeit GmbH setzt die Beendigung des vorherigen Beschäftigungsverhältnisses und den Abschluss eines neuen und meist unbefristeten Arbeitsvertrages voraus. Die Entscheidung dafür erfolgte für die meisten Beschäftigten der DB Zeitarbeit GmbH nach Verlust ihres vorherigen Arbeitsplatzes in der Deutschen Bahn AG oder nach Beendigung eines dortigen Ausbildungsverhältnisses.

- Drittens sind die Leiharbeitseinsätze der Beschäftigten für das Unternehmen DB Zeitarbeit GmbH *profitabel* (im Unterschied zu den Vermittlungsbemühungen und Beschäftigungsprojekten der DB JobService GmbH, die in erster Linie ein sozial- und beschäftigungspolitisches „Zuschussgeschäft“ sind).

Die Beschäftigten der DB Zeitarbeit GmbH haben quasi die Gewissheit eines stabilen Beschäftigungsverhältnisses mit der Ungewissheit eines wechselnden Arbeitseinsatzes „erkauft“.

> *„... bei der Zeitarbeit muss man sich richtig bewerben. Da ist es nicht einfach so, dass man da reinkommt. Ich habe mich ja damals dort auch beworben, bei der Zeitarbeit“ (739/259).*

Die Gewissheit eines festen und unbefristeten Beschäftigungsverhältnisses spielt in der subjektiven Wahrnehmung der LeiharbeiterInnen eine wichtige Rolle: Sie vermittelt ihnen ein gewisses Gefühl von erwerbsbiographischer Stabilität und Kontinuität.[217]

> *„... im Moment (...) fühle ich mich eigentlich sehr sicher, gerade auch weil positive Rückmeldungen in Bezug auf mich kommen und weil halt der (...) unbefristete Vertrag und weil ich eigentlich bis jetzt auch immer im Einsatz war ...“ (738/233).*

Vor diesem Hintergrund werden die wechselnden Arbeitseinsätze auch eher als Bereicherung denn als Verunsicherung oder Zumutung wahrgenommen.[218]

> *„Ich für meine Person denke seit einem Jahr oder so, dass man durch die Zeitarbeit wirklich vieles kennen lernt, was man ja auch mal nutzen könnte ...“ (740/11).*

Die Beschäftigten der DB Zeitarbeit GmbH erleben so ihre Beschäftigungssituation nicht als berufs- oder erwerbsbiographisch bedrohlich – im Unterschied zu den Beschäftigten der DB JobService GmbH. Im Vergleich zu diesen verbessert dies die Ausgangssituation der Zeitarbeitsbeschäftigten für die Realisierung von Handlungsautonomie in der Arbeit erheblich.

> *„Ich habe mir damals so Gedanken gemacht, ich muss entweder nach X-stadt oder zu JobService. (..) Und dieser Übergang [erst zu DB JobService GmbH, dann zu DB Zeitarbeit GmbH], der war für mich eigentlich eine Erleichterung, weil ich hatte immer dieses X-stadt im Hintergedanken gehabt. (...) Weil von dem Privaten her gesehen ist das schon viel, viel besser“ (740/29).*

---

[216] Die drei befragten Beschäftigten der DB Zeitarbeit GmbH verfügten über unbefristete Arbeitsverträge. Insgesamt beträgt die Quote der unbefristeten Beschäftigungsverhältnisse in der DB Zeitarbeit GmbH aber nur ca. 50%. Vgl. dazu Tab. 3 in Kapitel V.

[217] Vgl. dazu auch den Einfluss von Arbeitsbedingungen und Ungewissheit in der Arbeit für den subjektiven Arbeitsbezug in Kapitelabschnitt 2.1.

[218] Vgl. dazu auch die Ausführungen zu Lernchancen in der Arbeit in Kapitelabschnitt 2.1.

Hinzu kommen zwei weitere Punkte: Zum einen können die Beschäftigten der DB Zeitarbeit GmbH davon ausgehen, dass sie relativ *wohnortnah* eingesetzt werden.

> *„... da wird eigentlich auch Rücksicht drauf genommen. (...) jetzt wird eigentlich von der Zeitarbeit aus mehr von den Regionen die Leute genommen, wo sie halt auch eingesetzt werden, [am] Wohnort" (738/120).*

Zum anderen wissen die Zeitarbeitsbeschäftigten um die betriebliche *Profitabilität* ihrer Tätigkeit. Daraus ziehen sie ein gewisses Selbstbewusstsein und verfügen über ein positives Identifikationsmoment mit der DB Zeitarbeit GmbH.

> *„Bei der Zeitarbeit da bin ich eigentlich, (...) weil ich kann, ich könnte alles machen, habe keine Einschränkungen, körperlich wie seelisch. (...) Und durch die Zeitarbeit lernt man jetzt natürlich vieles kennen" (740/9).*

Wie gezeigt, sind positive Identifikation und berufliches Selbstbewusstsein den Beschäftigten der DB JobService GmbH so nicht möglich. Auch dies schlägt sich bei den Beschäftigten der DB Zeitarbeit GmbH in anders gearteten Handlungs- und Bewältigungsstrategien nieder.

3.3.1 Handlungsstrategien der Beschäftigten

Die Handlungsstrategien der Zeitarbeitsbeschäftigten richten sich vor allem auf die Bewältigung der prinzipiellen *Ungewissheit* und *Unbestimmtheit* der Leiharbeit. Die Ungewissheit bezieht sich vor allem auf den *Zeitpunkt* des nächsten Leiharbeitseinsatzes; die Unbestimmtheit auf dessen *Arbeitsbedingungen* und *-anforderungen*. Sie variieren von Leiharbeitseinsatz zu Leiharbeitseinsatz und werden nicht von der DB Zeitarbeit GmbH vorgegeben, sondern bestimmen sich durch die Vorgaben und Anforderungen des jeweiligen Entleihbetriebs.[219] Dies bezieht sich vor allem auf den *Arbeitsort* und die *Arbeitsleistung* sowie die *Dauer* und *Lage* der *täglichen Arbeitszeit*. Trotz eigener tarifvertraglicher Regelungen dazu, bestimmen sich die konkreten Arbeitsleistungen der Zeitarbeitsbeschäftigten durch die jeweiligen Anforderungen und Bedingungen der Entleihbetriebe. Deutlich wird dies z.B. in punkto Arbeitszeit. Dauer und Lage der täglichen Arbeitszeit richten sich nach den Anforderungen des Entleihbetriebes und nicht nach den tariflichen Bestimmungen der DB Zeitarbeit GmbH (vgl. dazu Abschnitt 4.1 dieses Kapitels).[220] Die durch die variierenden Entleihbetriebe jeweils vorgegebenen Bedingungen eines Leiharbeitseinsatzes beeinflussen auch die Chancen für die Handlungsautonomie der LeiharbeiterInnen in der Arbeit.

---

[219] Dies ist grundsätzlich bei jedem Leiharbeitsverhältnis so. Im „Dreiecksverhältnis" zwischen Leiharbeitsfirma, LeiharbeiterInnen und Entleihbetrieben bestimmen letztere die Arbeitsbedingungen des jeweiligen Leiharbeitseinsatzes vor Ort (vgl. Garhammer 2002; Promberger 2006).

[220] Dies steht im Gegensatz zur Bezahlung: Diese richtet sich ausschließlich nach den tariflichen Bestimmungen der DB Zeitarbeit GmbH.

An diesem Punkt setzen die Handlungsstrategien der Zeitarbeitsbeschäftigten an. Sie zielen auf die Möglichkeiten, im Rahmen der durch die Entleihbetriebe vor Ort jeweils vorgebenen Arbeitszeitregelungen *eigene Zeiteinteilungen* zu treffen.

> *„... es kommt darauf an, wie die Arbeitszeiten anfangen, und dann kann man sie gestalten. Entweder ich komme früher oder später“ (739/167).*

Mit der Möglichkeit einer eigenen Zeiteinteilung vergrößern sich die LeiharbeiterInnen die Chance, in ihrer Arbeit zumindest partiell Handlungsautonomie zu realisieren.

> *„Bei vielen ist es so gekommen, dass ich einen Schlüssel bekommen habe für das Zimmer. Dass man also nicht unbedingt sagt, Sie kommen nur, wenn ich auch da bin“ (739/167).*

Diese Chance ist allerdings an eine zentrale Bedingung gekoppelt: an *Absprache* mit den jeweils dafür verantwortlichen Weisungsberechtigten.

> *„... das Einteilen mit der Arbeitszeit, so individuell, das konnte man bei jedem absprechen ...“ (739/167).*

Absprache als *notwendige Bedingung* für die eigene Zeiteinteilung in der Arbeit verweist auf zwei Aspekte: Zum einen auf die Herstellung von *sozialer Kommunikation* als Kriterium für Handlungsautonomie in der Arbeit. Durch den Bedingungscharakter wird Absprache als spezifische Form dieses Kriteriums allerdings in seiner positiven Funktion für Handlungsautonomie eingeschränkt. Dies verweist zum anderen auch hier auf die Relevanz von *Verhandlungsmacht* für die Realisierung von Handlungschancen – und damit auch von Handlungsautonomie – in der Arbeit. Das Ergebnis der individuellen Absprachen sowie die in diesem Rahmen getroffenen Arbeitszeitarrangements sind auch davon abhängig, mit welchen *Verhandlungsressourcen* die Beschäftigten jeweils ausgestattet sind. Dazu zählen vor allem Qualifikation und Wissen (Fach- und Erfahrungswissen).

> *„Diese Fähigkeiten, die besitze ich. Und dadurch werde ich immer, wo einer gebraucht wird, hingeschickt“ (739/29).*

Verhandlungsmacht und -ressourcen sind Aspekte von Verhandlungsautonomie, die insgesamt erst im nächsten Abschnitt dieses Kapitels behandelt werden. An bestimmten Punkten aber zeigt sich bereits hier, wie eng beide Dimensionen von Autonomie in der Arbeit zusammenhängen. Dies gilt – wie gezeigt – neben der eigenen Zeiteinteilung in der Arbeit auch für die Punkte der *Arbeitsverdichtung* und des *Arbeitsdrucks*. Beide Punkte berühren unmittelbar die Chancen für Handlungsautonomie in der Arbeit, sind aber vor allem durch Faktoren und auf Ebenen zu beeinflussen, die in den Bereich der Verhandlungsautonomie fallen (z.B. Personalausstattung und betriebliche Personalpolitik). Dabei bestimmen gerade Arbeitsanfall und -menge die Handlungs- und Gestaltungsfreiräume in der Arbeit auch für die LeiharbeiterInnen sehr direkt und unmittelbar.

> *„...wenn man morgens um 8 Uhr anfängt, (...) denkt [man] eigentlich schon vorher in der Bahn darüber nach, (...) welche Aufgaben man zuerst macht, und dann geht das eigentlich durch den ganzen Tag. (...) da sind eigentlich noch nicht mal irgendwie zehn Minuten, wo man sich mal zurücklehnen kann und sagen kann, ja, jetzt machen wir mal kurz Pause" (737/169).*

Der entscheidende Punkt dabei ist, dass diese Begrenzungen der Handlungsautonomie in der Arbeit vor allem das Produkt der betrieblichen Arbeitsgestaltung und Personalpolitik in den einzelnen Entleihbetrieben sind. Arbeitsverdichtung und prinzipielle Personalknappheit wirken sich hier als restriktive betriebliche Rahmenbedingungen auf das Arbeitshandeln der (eigentlich externen) Zeitarbeitsbeschäftigten aus.

> *„... jetzt im Augenblick bin ich (...) im Sekretariat von XX (...) Da ist es im Moment eigentlich sehr anstrengend. Also wir sind zu zweit, haben drei Sekretariate sozusagen zu betreuen. Ab Donnerstagnachmittag bin ich dann meistens alleine und habe dann die drei Sekretariate auch alleine" (738/10).*

Verallgemeinernd kann in dieser Hinsicht gesagt werden, dass eine betriebliche Personalpolitik der „unteren Linie", die auf ein Minimum an Personalkapazitäten setzt und Flexibilität vor allem aus steigenden Anforderungen an die Beschäftigten gewinnt, die individuellen Handlungs- und Gestaltungschancen in der Arbeit – und damit auch die Handlungsautonomie der Beschäftigten – erheblich einschränkt. Die Entwicklung hin zu einer restriktiven Personalpolitik verstärkt sich im gesamten Bahnkonzern mit zunehmender Kapitalmarktorientierung. Entsprechend nehmen Arbeitsdruck und Arbeitsverdichtung zu, was für die Chancen individueller Handlungsautonomie insgesamt abträglich ist.

3.3.2 Faktoren für die positive Selbstwahrnehmung der individuellen Handlungschancen

Ungeachtet der in dieser Hinsicht jeweils konkreten Bedingungen im Einsatzbetrieb, erfolgt eine insgesamt weitgehend positive Beurteilung der eigenen Handlungschancen durch die Zeitarbeitsbeschäftigten selbst. Dies steht im Zusammenhang mit bestimmten Faktoren, die bei der relativ positiven Wahrnehmung der individuellen Handlungschancen eine Rolle spielen. Diese Faktoren werden in den folgenden Punkten benannt.

Vergleiche als Faktor für eine positive Einschätzung der eigenen Handlungschancen

Die relativ positive Selbsteinschätzung der individuellen Handlungschancen erfolgt auf Basis von *Vergleichen*. Die Vergleiche gehen dabei in zwei Richtungen: Zum einen in Richtung DB JobService GmbH, zum anderen in Richtung externer Arbeitmarkt.

- Der Vergleich mit der *DB JobService GmbH* zielt vor dem Hintergrund einer gemeinsamen beschäftigungspolitischen Funktion im Bahnkonzern vor allem auf das in dieser Hinsicht trennende zwischen beiden Konzerneinheiten. Wie bereits erwähnt, kommt der DB JobService GmbH neben der beschäftigungspolitischen auch eine sozialpolitische Funktion zu. Die DB Zeitarbeit GmbH ist dagegen eindeutig kommerziell und marktorientiert ausgerichtet. Diese unterschiedlichen Funktionen schlagen sich auch im jeweiligen Personal beider Gesellschaften nieder: Bei der DB JobService GmbH sind eher schwerer zu vermittelnde Beschäftigte, bei der DB Zeitarbeit eher leichter zu vermittelnde Beschäftigte.[221] Für die DB Zeitarbeit GmbH sind gut qualifizierte sowie hoch motivierte und flexible Beschäftigte eine wesentliche Voraussetzung, um auf dem Leiharbeitsmarkt überhaupt erfolgreich bestehen zu können. Die DB JobService GmbH hingegen unterliegt diesem Markt- und Erfolgsdruck weniger stark.[222] Die Beschäftigten der DB Zeitarbeit GmbH wissen um diese Unterschiede und ziehen daraus im Vergleich einen gewissen Stolz:

  > *„Bei DB JobService (...) ist es ja so: Als Älterer, so und so viele Dienstjahre, kommt man da ja automatisch (...), wenn man den Arbeitsvertrag unterschreibt oder die Kündigung annimmt. (...) Und bei der Zeitarbeit muss man sich richtig bewerben. Da ist es nicht einfach so, dass man da reinkommt" (739/259).*

  Dies lässt die Zeitarbeitsbeschäftigten in den Einsatzbetrieben vor Ort relativ selbstbewusst auftreten, wobei sie Wert legen auf eine eindeutige Abgrenzung von den Beschäftigten der DB JobService GmbH.

  > *„... es ist vielen ja nicht klar, dass es eine Zeitarbeit gibt. Denen lege ich das überhaupt erst einmal dar. Weil die immer denken (...) ich komme von der Jobvermittlung [DB JobService GmbH]. Nein, sage ich, ich komme von der Zeitarbeit. Und da muss man sich ja richtig offiziell bewerben" (739/259).*

- Der Vergleich mit dem *externen Arbeitsmarkt* zielt vor allem auf die Schwierigkeiten, vor dem Hintergrund einer anhaltend hohen Massenarbeitslosigkeit eine Beschäftigung zu finden. Dabei finden gerade ostdeutsche Beschäftigte der DB Zeitarbeit GmbH im eigenen sozialen Umfeld häufig Erfahrungen mit Arbeitslosigkeit vor, die bei der Beurteilung der eigenen Beschäftigungssituation mit berücksichtigt werden.

  > *„Man gehört ja schon zur älteren Generation (...) Da ist es ja schwieriger auf dem Arbeitsmarkt heutzutage. Und weil ich das auch im Bekanntenkreis so mitkriege ..." (739/44).*

---

[221] Dies geht jeweils mit entsprechenden Unterschieden hinsichtlich Alter, Gesundheit und Qualifikation einher.

[222] Das bedeutet nicht, dass sich die DB JobService GmbH konzernintern sowie gegenüber dem Vorstand nicht auch finanziell „rechnen" muss. Sie unterliegt dabei allerdings nicht dem externen Marktdruck.

Gerade dieser spezifische Erfahrungshintergrund kann dann auch zur bewussten Entscheidung zugunsten einer Beschäftigung bei der DB Zeitarbeit GmbH führen. Dabei wird auch in Hinblick auf andere, meist weniger positive Aspekte abgewägt (wie z.B. Gehaltseinbußen).

> *„Mir es war dann wichtiger, dann doch im Berufsleben zu stehen. Ich habe gesagt, dann verzichte ich lieber auf das Geld und ich stehe dann noch im Berufsleben. Dazu habe ich mich eben entschieden" (739/52).*

Erwerbsbiographische Situation als Faktor für eine positive Einschätzung der eigenen Handlungschancen

Dies verweist auf einen weiteren Faktor, der bei der relativ positiven Wahrnehmung der individuellen Handlungsspielräume durch die Zeitarbeitsbeschäftigten eine Rolle spielt: die *erwerbsbiographische* Situation. Deutlich wird dies vor allem bei den jüngeren und bei den älteren LeiharbeiterInnen: Viele der Jüngeren kommen als frisch ausgebildete Beschäftigte, die von ausbildenden Konzernunternehmen nicht übernommen werden, zur DB Zeitarbeit GmbH.

> *„... für die Jüngeren wird ja jetzt eigentlich auch von Zeitarbeit auch eine ganze Menge gemacht. Also die, die halt einen guten Abschluss haben und auch ein Zertifikat von der Ausbildung haben, die müssen ja auf jeden Fall dann halt von der Zeitarbeit - ich glaube, für ein halbes Jahr oder für ein Jahr übernommen werden" (738/108).*

Dies prägt die Wahrnehmung und Einschätzung der eigenen Beschäftigungssituation als ZeitarbeiterIn. Die BerufsstarterInnen nehmen die Beschäftigung bei der DB Zeitarbeit GmbH als eine erste *Brücke in den Arbeitsmarkt* – und damit vor allem positiv – wahr.

> *„... dann war ich halt einen Monat arbeitslos. Das war die Hölle gewesen (...) Und nach einem Monat hat sich dann doch DB-Zeitarbeit bei mir gemeldet und dann bin ich halt auch zum Vorstellungsgespräch hin, und dann wurde mir dann gesagt, ja, wir hätten eine Stelle, aber in X-Stadt erst mal für drei Monate. Natürlich habe ich das gemacht, weil man ist aus der Arbeitslosigkeit. Das ist natürlich besser" (738/5).*

Dabei ist gerade für die Jüngeren die Hoffnung auf eine feste und reguläre Anstellung (vor allem im Bahnkonzern) ein wichtiger Bezugspunkt für die eigene erwerbsbiographische Perspektive.

> *„... die Hoffnung ist natürlich jetzt immer noch da, dass man irgendwann halt eine feste Arbeitsstelle und was Richtiges halt sozusagen bekommt" (738/116).*

Bei den älteren Zeitarbeitsbeschäftigten ist dies – wie bereits gezeigt – anders.[223]

> *„... ich würde nicht wieder den Schritt gehen, mich Festanstellen zu lassen" (739/70).*

[223] Vgl. Abschnitt 2.1 dieses Kapitels.

Vor dem Hintergrund ihrer erwerbsbiographischen Erfahrungen – die seit der Bahnprivatisierung im Jahre 1994 durch massiven Personalabbau und kontinuierliche Restrukturierung geprägt sind – schätzen sie die Chancen einer Festanstellung weitaus pessimistischer ein.

> *„... weil ich ja immer dort, wo ich dazukomme, immer der Letzte bin. Und wenn die die Sozialauswahl treffen, mag ich zwar die Dienstjahre haben, aber die Erfahrungen auf dem Arbeitsplatz sind immer die kürzeren, weil die ja auch immer mitzählen" (739/72).*

Gerade deshalb verstehen die älteren Beschäftigten die Anstellung bei der DB Zeitarbeit GmbH als Chance für eine weiterhin mögliche *Erwerbsteilnahme.* Sie vermeiden damit die Gefahren der Erwerbslosigkeit oder gar der Erwerbsexklusion (z.B. durch Vorruhestandsregelungen). Dies ist für die älteren Zeitarbeitsbeschäftigten ein wichtiger Bezugspunkt bei der Wahrnehmung und Beurteilung der eigenen Beschäftigungssituation als LeiharbeiterInnen.

> *„Dass man im Berufsleben noch mit drinnen steht und nicht schon ..." (739/50).*

Die beschrieben Aspekte (Brückenfunktion sowie weiterhin ermöglichte Erwerbsteilnahme) sind auch die für die Zeitarbeitsbeschäftigten mittleren Alters wichtige Bezugspunkte bei der relativ positiven Beurteilung ihrer Beschäftigungssituation.

Betriebliches Entgegenkommen als Faktor für eine positive Einschätzung der eigenen Handlungschancen

Schließlich kann als letzter Faktor, der bei der positiven Beurteilung der individuellen Handlungschancen eine Rolle spielt, ein gewisses betriebliches Entgegenkommen bei der Bewältigung der situativen Ungewissheit der Leiharbeit ausgemacht werden. Dies Entgegenkommen erfolgt in Form einer relativ *frühzeitigen Information* über die nächsten Leiharbeitseinsätze. Für die Zeitarbeitsbeschäftigten erhöht sich dadurch zumindest teilweise die prospektive Planbarkeit. Zugleich mindert sich damit die prinzipielle situative Ungewissheit der Leiharbeit.

> *„Also bis jetzt ist es immer so abgelaufen, (...), ich wurde halt zwei Wochen vor Einsatzende halt angerufen und mir wurde dann gesagt, ja, da ist eine Stelle frei oder Sie gehen einfach mal dahin, an dem Tag fangen Sie dann und dann dort an" (738/110).*

Dieser Punkt verweist auf die *arbeitspolitische Gestaltung* des Leiharbeitseinsatzes und verdeutlicht, dass auch bei einer marktorientierten und flexibilisierten Arbeits- und Beschäftigungsform wie der Leiharbeit grundsätzlich Spielräume für eine *beschäftigtenorientierte* Gestaltung der betrieblichen Arbeits- und Personalpolitik existieren.[224]

---

[224] Vgl. dazu bereits Abschnitt 2.1.

Dabei beeinflussen insbesondere die betriebliche Gestaltung und politische Regulierung – im Verein mit der erwerbsbiographischen Situation – die subjektive Wahrnehmung und Beurteilung des Leiharbeitseinsatzes. So verweist etwa eine ältere Beschäftigte der DB Zeitarbeit GmbH auf die Aspekte der *Beschäftigungssicherheit* und der *Beschäftigungsgewissheit*, die ihr durch ein festes Beschäftigungsverhältnis mit der Leiharbeitsfirma gewährleistet werden.

> *„... das weiß ich immer, wenn der Arbeitsort für mich zu Ende ist, dann sage ich, die müssen ja wieder etwas suchen für mich. Die kümmern sich ja. (...) ich hatte bis jetzt immer einen fließenden Übergang. Ich hatte das noch nie, dass ich sehr lange zu Hause gesessen habe" (739/108).*

Oder ein Leiharbeiter mittleren Alters verweist – wie bereits erwähnt – auf die mit unterschiedlichen Leiharbeitseinsätzen auch verbundenen *Lernchancen*.

> *„... durch die Zeitarbeit lernt man jetzt natürlich vieles kennen" " (740/9).*

Gerade dieser Aspekt verweist auf offene politische Gestaltungspotenziale der Leiharbeit. Denn Lernchancen, wenn sie denn wirklich produktiv und positiv sich entfalten sollen, bedingen eine Freiwilligkeit, und damit auch eine Wahlfreiheit hinsichtlich des konkreten Leiharbeitseinsatzes, die auch die *Chance der Ablehnung* ermöglicht. Ein Teil der befragten Zeitarbeitsbeschäftigten verfügt aufgrund des Beamtenstatus über Rechte, die solch eine Wahlfreiheit auch in der Leiharbeit ermöglichen.

> *„Ich bin Beamter. Und ich könnte dann sagen, nein so was liegt mir nicht oder ich sage, ja, mache ich gerne mal zum Testen und zum Angucken. Dadurch lernt man jetzt vieles bei der Bahn neu kennen ..." (740/9).*

Auch dies bestimmt die Wahrnehmung der eigenen Leiharbeit durch die befragten Beschäftigten der DB Zeitarbeit GmbH positiv.

3.3.3 Fazit

Den befragten Beschäftigten der DB Zeitarbeit GmbH gelingt es, sich trotz der Ungewissheit und Unbestimmtheit der Leiharbeit eigene Handlungsmöglichkeiten zu bewahren. Basis dafür sind zum einen Handlungsstrategien, die auf die Realisierung von Handlungsmöglichkeiten in den variierenden Entleihbetrieben zielen. Dies betrifft vor allem die Möglichkeiten zur eigenen Zeiteinteilung in der Arbeit. Basis dafür ist zum anderen eine positive Selbsteinschätzung der eigenen Handlungschancen, die auf verschiedene Faktoren zurückzuführen ist. Zu nennen sind hier vor allem erwerbsbiographische und betriebliche Faktoren. Allerdings zeigt sich auch, dass die Chancen für Handlungsautonomie in der Arbeit für die LeiharbeiterInnen dann an eine Grenze stoßen, wenn die Arbeitsbedingungen in den Entleihbetrieben durch Arbeitsverdichtung und Personalverknappung restriktiv sind. Wie gezeigt, sind dann z.B. die Chancen für eine eigene Zeiteinteilung in der Arbeitsausführung sehr gering. Ob sich dies in gleicher Weise auch bei der Gestaltung der täglichen Arbeitszeitdauer zeigt, ist Gegenstand des nächsten Abschnitts über die Chancen individueller Verhandlungsautonomie in der Arbeit.

4 Die Verhandlungsautonomie der operativ Beschäftigten in der Arbeit

Verhandlungsautonomie ist die zweite Autonomiedimension in der Arbeit, die hier untersucht wird. Sie bezieht sich auf die Möglichkeit zur Einflussnahme auf die *betrieblichen Rahmen-* und *Kontextbedingungen* der Arbeit.[225] Dies kann auch als Kontrolle *über* Arbeit bezeichnet werden.[226] Verhandlungsautonomie wird an folgenden Kriterien festgemacht:

- der Möglichkeit zur (individuellen oder kollektiven) Aushandlung von *Arbeitsvertrag* und *Arbeitsbedingungen*;
- der Möglichkeit zur Aushandlung oder Mitbestimmung der *Arbeitszeit* (hier vor allem Dauer und Lage bzw. Anfang und Ende der täglichen Arbeitszeit);
- der Möglichkeit zur Regulation der eigenen *Leistungsverausgabung*;
- der Möglichkeit zur Beeinflussung der eigenen *Position* auf dem *internen Arbeitsmarkt* (inkl. Arbeitsplatz- und Beschäftigungssicherheit);
- der Möglichkeit zur Vereinbarung von *Arbeit* und *Leben* (genauer: von betrieblichen und außerbetrieblichen Anforderungen).

Bei den Kriterien für Verhandlungsautonomie tritt der *strukturelle* Charakter noch deutlicher hervor als bei denjenigen für Handlungsautonomie. Sie betreffen die Ebene der betrieblichen Arbeitsbedingungen und sind dem unmittelbaren Arbeitshandeln vorgelagert. Dies unterscheidet sie von den Kriterien für Handlungsautonomie, die sich auf das unmittelbare Arbeitshandeln selbst beziehen. Mitunter kommt es hier aber auch zu Überschneidungen und Abgrenzungsproblemen. Besonders deutlich wird dies – wie im letzten Abschnitt bereits angedeutet – bei den Kriterien „eigene Zeiteinteilung in der Arbeitsausführung", welches für Handlungsautonomie steht, und „Aushandlung und Mitbestimmung der Arbeitszeit", welches für Verhandlungsautonomie gilt. Beide Kriterien beziehen sich auf denselben Gegenstandsbereich (Arbeitszeit), setzen aber auf unterschiedlichen Ebenen an. Die eigene Zeiteinteilung in der Arbeitsausführung bezieht sich unmittelbar auf das *Arbeitshandeln*, und wird vor allem – wie gezeigt – durch *Arbeitsanfall* und *Arbeitsdruck*, und damit allgemein durch *Arbeitsorganisation* als entscheidende betriebliche Rahmenbedingung beeinflusst. Demgegenüber bezieht sich das Kriterium der Aushandlung und Mitbestimmung der Arbeitzeit auf die *formellen* und *informellen Arbeitszeitregelungen*.

[225] Die außerbetrieblichen Rahmenbedingungen der Erwerbsarbeit (z.B. Arbeits- und Sozialgesetze) bleiben hier außen vor.
[226] Zum Zusammenhang von Autonomie und Kontrolle vgl. Kapitel II, Abschnitt 2.

Die formellen Arbeitszeitregelungen unterliegen als Bestandteil der Arbeits- und Beschäftigungsbedingungen bei weisungsabhängigen Beschäftigten in der Regel tarifvertraglichen Bestimmungen und Betriebsvereinbarungen. Sie sind somit Gegenstand kollektiver Verhandlungen zwischen den Betriebs- und Tarifparteien und spiegeln als solche *kollektive Verhandlungsautonomie* wider. Die informellen Arbeitszeitregelungen sind hingegen ein Resultat von interaktiven Praktiken und Arrangements (z.B. zwischen Vorgesetzten und Untergebenen) und spiegeln deshalb *individuelle Verhandlungsautonomie* wider.

Zwei Dimensionen von Verhandlungsautonomie: kollektive und individuelle Verhandlungsautonomie

Die Unterscheidung zwischen *individueller* und *kollektiver Verhandlungsautonomie* ist wichtig für die Untersuchung und Beurteilung der Chancen für die Verhandlungsautonomie von operativ Beschäftigten in der Arbeit. Verhandlungsautonomie in der Arbeit nimmt bei ihnen einen stark *kollektiven* und *institutionalisierten* Charakter an.[227] Wesentliche Kriterien für Verhandlungsautonomie in der Arbeit werden von weisungsabhängigen Beschäftigten nicht selbst und jeweils individuell ausgehandelt, sondern sind das Ergebnis kollektiver Verhandlungen zwischen der institutionalisierten Interessenvertretung (Gewerkschaften, Betriebsräte) und der Unternehmungsleitung. Dies gilt für wesentliche Punkte des Arbeitsvertrages (z.B. für Wochen- oder Jahresarbeitszeit, Entgelt, Urlaub, Freistellung etc.). Diese Punkte entziehen sich als tariflich vorab festgelegte Vorgaben der individuellen Verhandlungsautonomie der Beschäftigten.[228] Sie können aber als Ausdruck von *kollektiver Verhandlungsautonomie* der Beschäftigten in der Arbeit verstanden werden.

Eine in diesem Sinne kollektive Verhandlungsautonomie lässt sich für die Beschäftigten aller untersuchten Betriebsfälle feststellen. Dies bezieht sich auf die Gesamtheit der oben genannten Kriterien für Verhandlungsautonomie: Die Aushandlung von Arbeitsvertrag und Arbeitsbedingungen, die Mitbestimmung von Arbeitszeit und Leistungsverausgabung, die Beeinflussung von Arbeitsplatz- und Beschäftigungssicherheit sowie die Möglichkeiten zur Vereinbarung von Arbeit und Leben werden zu wesentlichen Teilen auf der kollektiven Ebene realisiert. Die hier ereichten Ergebnisse sind institutionalisiert in Tarif- und Arbeitsverträgen sowie in Betriebsvereinbarungen. Diese gelten (differenziert nach Betrieb und Unternehmen) für alle Beschäftigten des Bahnkonzerns und können insofern als Ausdruck und Ergebnis von kollektiver Verhandlungsautonomie gelten.

Gleichwohl zeigt sich bei nahezu allen Kriterien auch *individuelle Verhandlungsautonomie*. Welche Spielräume dafür jeweils existieren, und welchen Bedingungen sie unterworfen sind, ist Gegenstand der folgenden Ausführungen.

---

[227] Dies unterscheidet weisungsabhängig Beschäftigte von betrieblichen Führungskräften.
[228] Und damit zugleich auch der *Notwendigkeit* zur individuellen Aushandlung.

Die Chancen für die individuelle Verhandlungsautonomie der Beschäftigten in der Arbeit werden dabei *exemplarisch* an *zwei Kriterien* untersucht:

- der Chancen zur Mitgestaltung der eigenen täglichen Arbeitzeit;
- der Chancen zur Beeinflussung der eigenen Stellung auf dem internen Arbeitsmarkt.

Für die Wahl dieser beiden Kriterien sprechen vor allem zwei Gründe:

- Sie sind angesichts der ausgewählten *Betriebsfälle* und ihrer *Spezifik* von hoher Bedeutung für die Untersuchung der individuellen Verhandlungsautonomie der dort jeweils Beschäftigten. Das KundenServiceZentrum ist ein Schichtbetrieb mit Arbeitszeit rund um die Uhr und die DB Zeitarbeit GmbH verdient ihr Geld (auch) mit der zeitlichen Flexibilität ihrer LeiharbeiterInnen. Die Chancen zur Mitgestaltung der eigenen täglichen Arbeitszeit beeinflussen somit für die Beschäftigten beider Betriebsfälle wesentliche Bedingungen ihrer Arbeit. Ähnliches gilt für die Beschäftigten der DB JobService GmbH. Hier sind aber die Chancen zur Beeinflussung der eigenen Stellung auf dem internen Arbeitsmarkt noch viel bedeutender. Denn als Beschäftigte, die ihren angestammten und regulären Arbeitsplatz im Unternehmen verloren haben, ist für sie die individuelle Verhandlungsautonomie diesbezüglich von eminent wichtiger Bedeutung. In modifizierter Weise gilt dies auch für die Beschäftigten der DB Zeitarbeit GmbH. Sie befinden sich als LeiharbeiterInnen zum einen in einer Rand- bzw. „sekundären" Position des internen Arbeitsmarktes (verglichen mit dem „primären" internen Arbeitsmarkt des Kernunternehmens). Zum anderen wird von ihnen eine hohe Mobilität und Flexibilität auf dem gesamten Konzernarbeitmarkt verlangt.
- An beiden Kriterien verdeutlichen sich sehr gut die *Unterschiede* und *Differenzierungen* in den Chancen für individuelle Verhandlungsautonomie der Beschäftigten. Diese hängen zum einen von der jeweiligen betrieblichen Position und Funktion sowie der individuellen Qualifikation ab. Die Chancen zur Mitgestaltung der eigenen täglichen Arbeitszeit sowie zur Beeinflussung der eigenen Stellung auf dem internen Arbeitsmarkt spiegeln insofern auch die individuelle Verhandlungsmacht der einzelnen Beschäftigten wider. Hier zeigen sich zum anderen aber auch Unterschiede und Differenzierungen zwischen den Betriebsfällen. Diese haben im Rahmen dieser Untersuchung (und als vorweggenommenes Teilergebnis) ein höheres Gewicht als die individuellen Differenzierungsfaktoren.[229] Sie gliedern deshalb auch die Darstellungsweise der Ergebnisse.

Die Darstellung orientiert sich an den genannten Differenzierungen. Dabei werden zunächst die Chancen zur Mitgestaltung der eigenen täglichen Arbeitszeit

[229] Soweit diese Aussage im Rahmen des relativ kleinen Samples möglich ist.

untersucht (4.1). Sodann werden die Chancen zur Beeinflussung der eigenen Stellung auf dem internen Arbeitsmarkt dargestellt (4.2). In beiden nach Betriebsfällen gegliederten Punkten werden jeweils die betrieblichen Ausgangsbedingungen für die Verhandlungsautonomie der Beschäftigten skizziert. Dabei verdeutlicht sich auch das Maß an kollektiver Verhandlungsautonomie der Beschäftigten. Sodann werden die Chancen für individuelle Verhandlungsautonomie ausgelotet. Dabei werden unterschiedliche Strategien und Handlungsansätze der Beschäftigten zur Entfaltung und Realisierung von individueller Verhandlungsautonomie deutlich.

4.1 Die Chancen zur Mitgestaltung der eigenen täglichen Arbeitzeit als Kriterium für individuelle Verhandlungsautonomie in der Arbeit

Individuelle Verhandlungsautonomie in Bezug auf die Chancen zur Mitgestaltung der eigenen täglichen Arbeitzeit bestimmt sich neben individuellen Faktoren wie Position und Qualifikation auch durch die betrieblichen Arbeitszeitregelungen. Diese werden für weisungsabhängig Beschäftigte auf der kollektiven Ebene festgelegt und tragen einen *formellen* Charakter (z.B. als Bestandteil von Tarif- und Arbeitsverträgen sowie von Betriebsvereinbarungen). Formelle Arbeitszeitregelungen setzen der individuellen Verhandlungsautonomie einerseits Grenzen (z.B. hinsichtlich der Dauer und Lage der Arbeitszeit). Andererseits können sie der individuellen Verhandlungsautonomie aber auch Spielräume eröffnen. Dies ist z.B. dann der Fall, wenn formelle Arbeitszeitregelungen individuelle Verhandlungs- und Gestaltungsspielräume offiziell zulassen (wie etwa bei Gleitzeitregelungen).

Spielräume für die individuelle Verhandlungsautonomie in Bezug auf die eigene Arbeitszeitgestaltung eröffnen sich aber auch auf der Ebene der *informellen* Praktiken und Regelungen. So können etwa arbeitszeitliche Absprachen zwischen Vorgesetzten und Untergebenen oder zwischen KollegInnen betrieblicherseits geduldet oder gewährt werden.

In den untersuchten Betriebsfällen zeigen sich auf beiden Ebenen Chancen für die individuelle Verhandlungsautonomie der Beschäftigten in Bezug auf die Gestaltung der eigenen täglichen Arbeitszeit. Auf der Ebene der *formellen Arbeitszeitregelungen* zeigen sich diese Chancen vor allem in Bezug auf den *Beginn* und das *Ende der täglichen Arbeitszeit*. Hier sind vor allem betriebliche Gleitzeitregelungen von Bedeutung. Diese sind allerdings weder in allen Betriebsfällen noch innerhalb eines Betriebes selbst durchgängig zu finden. Auf der Ebene der *informellen Praktiken und Regelungen* beziehen sich die Chancen für individuelle Verhandlungsautonomie der Beschäftigten vor allem auf die *Lage der täglichen Arbeitszeit* (z.B. tags oder nachts). Dies gilt vor allem für Beschäftigte, die in Schichtsystemen arbeiten.

Insgesamt lässt sich in der betrieblichen Arbeitszeitgestaltung eine zunehmende *Verlagerung* von der *kollektiven* zur *individuellen* Verhandlungsebene feststellen (dies bedeutet zugleich auch eine Verlagerung von der *formellen* zur *informellen* Verhandlungsebene). Dies ist zunächst ein allgemeiner Befund der Arbeitszeitforschung und eine Folge der diesbezüglichen Flexibilisierung und Deregulierung (Seifert 2005). Diese Tendenz findet sich auch in den hier untersuchten Betriebsfällen. Durch die konzernweite Einführung eines Jahresarbeitszeitmodells mit Arbeitszeitkonto zum einen, durch betriebliche Gleitzeitregelungen zum anderen, entstehen auf individueller Ebene neue arbeitszeitliche Aushandlungserfordernisse. Dies eröffnet für die Beschäftigten einerseits neue individuelle *Gestaltungschancen* (z.B. im Hinblick auf Anfang und Ende der täglichen Arbeitszeit).[230] Dies bedeutet andererseits aber auch, dass solche individuellen Gestaltungschancen von der jeweiligen *Verhandlungsmacht* der einzelnen Beschäftigten abhängig werden. Diese aber variiert je nach betrieblicher Position und Funktion sowie individueller Qualifikation der Beschäftigten. Neben den betrieblichen Arbeitszeitregelungen und -anforderungen ist die Ausstattung mit den genannten Ressourcen für individuelle Verhandlungsmacht ein wesentlicher Faktor zur Realisierung von individueller Verhandlungsautonomie. Die jeweilige Bedeutung dieser Faktoren für die individuelle Verhandlungsautonomie der Beschäftigten in Bezug auf die Gestaltung der eigenen täglichen Arbeitszeit wird im Folgenden für die untersuchten Betriebsfälle dargestellt.

4.1.1 Arbeitszeitmodelle und Arbeitsdruck als Bedingungen für individuelle Verhandlungsautonomie – Der Betriebsfall KundenServiceZentrum

Individuelle Verhandlungsautonomie zeigt sich bei den Beschäftigten des KundenServiceZentrums vor allem in Bezug auf die Gestaltung der eigenen *täglichen Arbeitszeit*. Dies gilt weniger hinsichtlich ihrer vertraglichen Dauer und Lage (z.B. Teilzeit oder Vollzeit). Hier sind der individuellen Verhandlungsautonomie der Beschäftigten – ungeachtet prinzipiell bestehender Möglichkeiten – oftmals aus *materiellen* Gründen Grenzen gesetzt. Für viele Beschäftigte reicht z.B. eine Teilzeitbeschäftigung nicht aus, um die eigene Existenz zu bestreiten. Für einige der Befragten ist dies auch der ausschlaggebende Grund, trotz Belastungen weiterhin an Schichtarbeit festzuhalten. Sie sind zur Existenzbestreitung auf die finanziellen Zuschläge der Schicht- und Nachtarbeit angewiesen.

> *„... ich könnte natürlich halbtags gehen (...). Und sicherlich, wenn ich jetzt drauf bestehen würde, könnte ich sicherlich auch nur im Tagesdienst gehen, aber (...) da verdiene ich ja entsprechend weniger. Nutzt mir auch nicht, wenn ich die freie Zeit hätte und würde dann eben mit weniger auskommen müssen" (734/114).*

Statt der vertraglichen (formellen) Dauer und Lage, bezieht sich die individuelle Verhandlungsautonomie der Beschäftigten vor allem auf zwei *informell* zu regelnde Aspekte der täglichen Arbeitszeitgestaltung: Zum einen auf den *flexiblen*

---

[230] Dadurch wird zugleich auch die Vereinbarkeit von betrieblichen und außerbetrieblichen Anforderungen tangiert.

Anfang und das *flexible Ende* der *täglichen Arbeitszeit*, zum anderen auf die zeitliche *Lage* insbesondere von *Wechselschichten* (z.B. früh, mittel oder spät).

Beide Punkte werden innerhalb bestehender Arbeitszeitregelungen auf informeller Ebene verhandelt. Die vertraglichen Arbeitszeitregelungen (z.B. Gleitzeit oder Schicht) geben somit den formellen Rahmen für informelle Aushandlungen ab. Die informellen Aushandlungen finden zwischen Vorgesetzten und Untergebenen oder nur zwischen KollegInnen statt. Sie sind somit gebunden an gegenseitige Absprache und Verständigung. Deren Art und Weise aber variiert je nach *Arbeitsbereich* sowie dort geltendem *Arbeitszeitmodell*. Dadurch bestimmt sich auch der Spielraum für das Ausmaß an individueller Verhandlungsautonomie der Beschäftigten in Bezug auf die Gestaltung der eigenen täglichen Arbeitszeit.

Hinzu kommt ein weiterer Faktor: der *Arbeitsanfall*. Dessen sachliche Art und Spezifik bestimmt zunächst die unterschiedlichen Arbeitszeitmodelle und -regelungen der jeweiligen Arbeitsbereiche. Darüber hinaus ist hier aber wichtig, dass dessen zunehmende Menge einen steigenden *Arbeitsdruck* erzeugt, der die Chancen zur Mitgestaltung der täglichen Arbeitszeit ebenso beeinflusst wie die formellen Arbeitszeitmodelle und -regelungen.

Beide Faktoren (Arbeitszeitmodell und Arbeitsdruck) beeinflussen zudem die Möglichkeiten zur Vereinbarkeit von betrieblichen und außerbetrieblichen Anforderungen (Arbeit und Leben) – was bereits in Abschnitt 2.3 behandelt wurde.

Im Folgenden werden zunächst die betrieblichen Arbeitszeitmodelle und -regelungen im KundenServiceZentrum beschrieben (4.1.1.1). Diese geben den formellen Rahmen ab, innerhalb dessen sich unterschiedliche Strategien der Beschäftigten zur Entfaltung individueller Verhandlungsautonomie in Bezug auf die Gestaltung der eigenen täglichen Arbeitszeit ausmachen lassen (4.1.1.2).

4.1.1.1 Arbeitszeitmodelle und -regelungen im KundenServiceZentrum

Die arbeitszeitlichen Vorgaben im KundenServiceZentrum unterscheiden sich je nach Arbeitsbereich und dort geltendem Arbeitszeitmodell. Es lassen sich drei unterschiedliche Arbeitszeitmodelle ausmachen:

- Tagesdienst nach feststehendem Dienstplan;
- Wechselschichtdienst mit drei festen Schichten rund um die Uhr;
- Tagesdienst mit flexiblem Anfang und Ende sowie fester Kernzeit (Gleitzeit).

Mit diesen drei Arbeitszeitmodellen verbinden sich jeweils sehr unterschiedliche Chancen für die individuelle Verhandlungsautonomie der Beschäftigten. Deutlich wird dies vor allem an den unterschiedlichen Chancen zur individuellen Gestaltung der täglichen Arbeitszeit (z.B. hinsichtlich Anfang und Ende). Die diesbezüglichen Vorgaben der verschiedenen Arbeitszeitmodelle spiegeln auch die sachlich-funktionalen Anforderungen der jeweiligen Arbeitsbereiche wider.

Diese Anforderungen lassen sich für die einzelnen Arbeitszeitmodelle wie folgt skizzieren:

Tagesdienst nach feststehendem Dienstplan

Tagesdienst mit feststehendem Dienstplan findet sich in Arbeitsbereichen, die zeitlich stark an den unmittelbaren Arbeitsanfall gebunden sind.

> *„Der Punkt ist aber auch, weil das Arbeitsaufkommen ja gebunden an feste Zeiten ist" (731/179).*

Dieser Arbeitsanfall ergibt sich aus einem direkten Produktions-, Markt- oder Kundenbezug.[231]

> *„... wenn diese Bahnhöfe dann einen Bedarf eingeben an Wagen, weil ein bestimmter Kunde Wagen braucht, dann geht das über einen Rechner in eine zentrale Berechnung. Das sehen wir und wir verteilen dann die Güterwagen bundesweit" (731/13).*

Dabei gibt es feste Zeitpunkte der Arbeitsausführung.

> *„Ich habe drei feste Zeiten, wo ich bestimmte Sachen tun muss, die tue ich dann auch zu der Zeit" (731/185).*

Daraus ergibt sich ein zeitlicher Schwerpunkt in der Arbeitsausführung, der zu einer einheitlichen und feststehenden Lage der täglichen Arbeitszeit führt. Deren Beginn und Ende variieren allerdings innerhalb von bestimmten Zeiträumen.

> *„... die machen eigentlich nur Frühdienste, verteilt jetzt, also einer fängt um sechs von denen an, einer um sieben, einer um acht ..." (734/222).*
>
> *„Bei uns gibt es nur eine Frühschicht, weil die Arbeit halt vormittags und mittags aufkommt auf Grund der Arbeit, die wir machen" (731/181).*

Durch die festgelegten Anfangs- und Endzeiten der verschiedenen Tagesschichten ist eine flexible Anpassung an individuelle Zeitbedürfnisse und Zeiterfordernisse nur schwer möglich. Hinzu kommt, dass die Arbeitsbereiche mit direkten Produktions-, Markt- oder Kundenbezug anfällig sind für Schwankungen in der Arbeitsmenge.

> *„... bei uns ist das hier sehr saisonal so und (...) im Herbst, wenn wir dann die Herbstspitze haben ..." (731/135).*

Wird hier nur mit einer minimalen Personalbesetzung gearbeitet, hat dies Konsequenzen auch für die individuellen Zeiterfordernisse und -bedürfnisse der Beschäftigten. Die Bewältigung eines steigenden Arbeitsanfalls wird dann auf die dafür eigentlich viel zu wenigen Beschäftigten verlagert, die zeitlich zusätzlich zur Verfügung stehen müssen.

---

[231] Der Terminus „Produktion" bezieht sich hier auf die unmittelbare Arbeit am „rollenden Material" (wie z.B. das Rangieren oder Beladen von Güterwaggons).

„... wenn wirklich viel los ist, dann ist das schon mal 17 Uhr. Es war auch schon mal 18 Uhr. Also es ist je nach Arbeitsaufkommen“ (731/135).

Dadurch wird auch die Vereinbarkeit von betrieblichen und außerbetrieblichen Anforderungen erschwert. Die Bewältigung eines gestiegenen Arbeitsanfalls durch zusätzliche Arbeitszeit erfordert von den Beschäftigten ein hohes Maß an zeitlicher Flexibilität zugunsten des Betriebs.

„Bei uns ist das ja auch immer recht ad hoc, das heißt, wir wissen es nie vorher, was passiert am Tag und dann kann das auch schon mal passieren, dass wir ein bisschen länger bleiben müssen. Also auch ganz spontan“ (731/135).

Die Chancen für die individuelle Verhandlungsautonomie der Beschäftigten sowohl in Bezug auf die Gestaltung der eigenen täglichen Arbeitzeit als auch die Vereinbarkeit von betrieblichen und außerbetrieblichen Zeitanforderungen werden dadurch insgesamt relativ stark eingeschränkt. Von Seiten des Betriebes wird hier eine zeitliche Verfügbarkeit der Beschäftigten erwartet, die auch zu Abstrichen gegenüber außerbetrieblichen Zeitanforderungen und -bedürfnissen bereit sein sollen.

Wechselschichtdienst mit drei festen Schichten rund um die Uhr

Wechselschichtdienst rund um die Uhr wird in Arbeitsbereichen gearbeitet, die ebenfalls einen direkten Produktions-, Markt- oder Kundenbezug aufweisen (z.B. Zugüberwachung oder Auftragsbearbeitung).

„... die Wagen können ja nicht stehen bleiben. Die brauchen ja einen Transportauftrag“ (731/153).

Dadurch, dass der Schienengüterverkehr auch und gerade nachts und am Wochenende verkehrt, ergeben sich die Arbeitszeiten in der Nacht sowie an Sams- und Sonntagen. Durch weitere arbeitsorganisatorische Vorgaben (wie z.B. einer ständigen Mindestbesetzung) ergeben sich zudem feste Anfangs- und Endzeiten der einzelnen Arbeitsschichten. Eine flexible Anpassung dieser Zeiten an individuelle Bedürfnisse und außerbetriebliche Zeiterfordernisse ist kaum möglich. Durch die regelmäßige Nacht- und Wochenendarbeit wird zudem die Planung und Koordination von außerbetrieblichen Aktivitäten und Erfordernissen sehr erschwert.

„Wir haben einen 24-Wochenplan. Das ist natürlich - also immer ein halbes Jahr, kann man bald sagen. Und da, in diesen 24 Wochen haben wir drei Wochen Nachtschicht, dann zweimal am Wochenende Nachtschicht, also Samstag und Sonntag. Dann, ich glaube, fünf Wochen Spätdienst und davon aber manche bis 22 Uhr ...“ (734/192).

Dadurch werden die Chancen der Beschäftigten, individuelle Verhandlungsautonomie zu entfalten, sowohl in Bezug auf die eigene Arbeitszeitgestaltung als auch auf die Vereinbarkeit von Arbeit und Leben, sehr stark eingeschränkt.

Aufgrund der wechselnden Arbeitsschichten sowie der regelmäßigen Nacht- und Wochenendarbeit gilt dies für diese Beschäftigten noch weitaus mehr als für ihre KollegInnen im Tagesdienst mit festem Dienstplan.

Tagesdienst mit flexiblem Anfang und Ende sowie fester Kernzeit (Gleitzeit)

Tagesdienst mit Gleitzeit, also einem flexiblen Beginn und Ende der täglichen Arbeitszeit, ist in Arbeitsbereichen zu finden, die nicht im direkten Produktions-, Markt- oder Kundenkontakt stehen (sog. „Backoffice“). Es geht dabei meist um die Bearbeitung interner Vorgänge (z.B. Personalverwaltung) oder um weniger dringliche Kundenangelegenheiten (z.B. Reklamationen). Die zeitliche Gestaltung der Arbeit lässt sich so vom unmittelbaren Arbeitsanfall trennen.

> *„... die Reklamationen machen nichts, wenn sie einen Tag liegen bleiben“ (732/176-78).*

Die Möglichkeit des flexiblen Beginns und Endes der täglichen Arbeitszeit erlaubt eine gute Anpassung der eigenen Arbeitszeit an individuelle Zeitbedürfnisse und außerbetriebliche Zeiterfordernisse.

> *„... ich muss zwischen 9 und 14 Uhr anwesend sein und danach oder davor kann ich gehen. Wenn die Stunden fehlen, muss ich die natürlich irgendwann nacharbeiten, aber ansonsten geht das“ (732/164).*

Die Chancen für die individuelle Verhandlungsautonomie der Beschäftigten hinsichtlich der Gestaltung ihrer täglichen Arbeitzeit sind hier relativ groß. Dies gilt vor allem für den Beginn und das Ende der täglichen Arbeitszeit. Dadurch wird zugleich auch die Vereinbarkeit von betrieblichen und außerbetrieblichen Zeitanforderungen erleichtert.

4.1.1.2 Spielräume zur Entfaltung von individueller Verhandlungsautonomie

Trotz der restriktiven Vorgaben und eingeschränkten Chancen existieren auch für die Beschäftigten im Wechselsichtdienst Spielräume zur Entfaltung von individueller Verhandlungsautonomie. Sie betreffen zum einen die bei Bedarf zumindest etwas flexiblere Handhabung von Arbeitsanfang und -ende sowie kurzzeitige Arbeitsunterbrechungen.

> *„... wenn wirklich (...) mal Not am Mann wäre zu Hause, könnte ich auch jederzeit hinfahren (...) Und das würde auch, ich sage mal, hier im Haus auch so möglich sein. (...) Von meiner Position her könnte ich das mir erlauben, dass ich dann mal halt nach Hause sofort gehen könnte. Oder auch, wenn in der Schule mal irgendwas ist oder so“ (734/105).*

Sie betreffen zum anderen die zeitliche Lage der Arbeitsschichten (z.B. früh, mittel oder spät). Hier ist es den Beschäftigten möglich, durch Vereinbarungen mit KollegInnen zu informellen Arrangements zu kommen, die von den eigentlichen Vorgaben des offiziellen Schichtplans abweichen.

> *„... wenn irgendwas ist, könnte ich auch - dass ich eben die Schicht tauschen kann. (...) ich dann Frühdienst machen kann, wenn jetzt Nachmittag was in der Schule ansteht oder so. Oder eben manchmal ist es auch Vormittag, dass ich sage, ich brauche da mal einen Spätdienst oder so. Das hat bisher (...) eigentlich immer geklappt" (734/109).*

Absprache als Bedingung für Gestaltungsspielräume

In beiderlei Hinsicht können die Beschäftigten ihre vorab festgelegten Arbeitszeiten zumindest partiell mit außerbetrieblichen Zeitanforderungen oder auch individuellen Zeitbedürfnissen übereinbringen. Die hier für die individuelle Verhandlungsautonomie existierenden Spielräume sind allerdings gebunden an die Bedingung der *Absprache*. Dies bezieht sich zum einen auf die *Vorgesetzten*. Je nach Person der oder des Vorgesetzten kommt es hier zu unterschiedlichen Chancen für die individuelle Verhandlungsautonomie.

> *„... da kann ich jederzeit kommen, wenn irgendwas ist. (...) wenn ich jetzt hier sitzen würde und es würde eine Telefonanruf kommen von der Schule und ich müsste sofort mein Kind abholen (...), könnte ich auch sofort gehen. (...) Das kann (...) bei einem anderen Teamleiter anders sein" (734/122).*

Das Erfordernis der Absprache bezieht sich zum anderen auf die *KollegInnen*. Die Chancen für die individuelle Verhandlungsautonomie der Beschäftigten variieren hier je nach Grad der Kollegialität im Arbeitsbereich.

> *„Hier im Team ist es eigentlich so, dass sich immer jemand findet, der bleibt" (731/137).*

Zudem hängen die Chancen für individuelle Verhandlungsautonomie auch von *organisatorischen* Faktoren wie der Personal- und Teamstärke ab:

> *„Wir sind ja zum Glück so viel hier im Team, dass wir jetzt nicht - wenn jetzt nur drei Mann wären, dann würde das schon schwieriger sein" (734/109).*

Dies verweist auf weitere Faktoren der betrieblichen Arbeitsorganisation, die der individuellen Verhandlungsautonomie der Beschäftigten in Bezug auf die Gestaltung der eigenen täglichen Arbeitszeit abträglich sind. Hier ist vor allem die *Arbeitsverdichtung* durch steigenden Arbeitsanfall zu nennen. Dadurch nimmt der Arbeitsdruck auf die Beschäftigten insgesamt zu, was – vermittelt auch über abnehmende Kollegialität – zu einer Einschränkung der individuellen Verhandlungsautonomie in Bezug auf arbeitszeitliche Gestaltungsspielräume führt.

> *„Beim anderen Team, wo ich vorher war, war es immer so ein Streitthema, weil der Druck dort im Allgemeinen größer war und die Überstundenzahl dort auch allgemein größer war" (731/137).*

Vertrauen als Bedingung für Gestaltungsspielräume

Neben dem Erfordernis der Absprache erweist sich *Vertrauen* als weitere Bedingung für die Entfaltung von individueller Verhandlungsautonomie. Auch dies bezieht sich zunächst auf das Verhältnis zwischen Vorgesetzen und Untergebenen.

> *„Das ist auch so eine Vertrauenssache. Das heißt, wenn ich meinen Chef einmal bescheiße, dann brauche ich morgen nicht mehr wiederkommen. So einfach ist das. Das ist rigoros. Solange man damit fair umgeht, aber das ist ja überall so, dann geht das schon" (731/139).*

Die individuelle Verhandlungsautonomie der Beschäftigten basiert hier auch auf bereits erbrachten Vertrauensbeweisen (z.B. durch gute Arbeitsleistungen). Erst auf dieser Grundlage kommt es zu komplementären Vertrauensvorschüssen der Vorgesetzten. Die Chancen für die individuelle Verhandlungsautonomie der Beschäftigten sind somit an bestimmte Vorleistungen gebunden.[232] Dies wiederum macht sich als Einschränkung der individuellen Verhandlungsautonomie in Bezug auf die eigene Arbeitszeitgestaltung geltend.

Vertrauen spielt aber auch in den Absprachen und Arrangements der KollegInnen eine Rolle. Ohne gegenseitige Vertrauensvorschüsse und -beweise würde es hier nicht zu funktionierenden Übereinkünften kommen. Dies beinhaltet oftmals eine Kenntnis von persönlichen Zeitpräferenzen und teils auch von damit zusammenhängenden Lebensumständen, die ohne gegenseitiges Vertrauen so ebenfalls nicht möglich wäre.

> *„... persönlich fragen wir schon. Ich weiß jetzt, der und der, der macht gerne Spätschichten. Dann gucke ich, was er da hätte eben im Plan. Wenn es jetzt bei ihm nicht geht oder so, ist klar (...). Also das kommt eigentlich ganz gut hin" (734/212).*

Ambivalenz der Informalität von individueller Verhandlungsautonomie

Die Bedeutung von Absprache und Vertrauen verdeutlichen den stark *informellen* Charakter der individuellen Verhandlungsautonomie der Beschäftigten. Dieser informelle Charakter ist *ambivalent*. Einerseits eröffnen sich dadurch individuelle Gestaltungsspielräume zugunsten der Beschäftigten innerhalb vorgegebener und formeller Arbeitszeitregelungen. Andererseits sorgt aber gerade dieser informelle Charakter auch dafür, dass steigender Arbeitsanfall von Seiten des Betriebes relativ verlässlich auf die vorhandenen Beschäftigten abgewälzt werden kann. Arbeitsorganisatorische oder personalpolitische Konsequenzen (etwa die Einstellung von zusätzlichem Personal) erübrigen sich dadurch. Denn die Beschäftigten fangen den steigenden Arbeitsanfall mit kollegialer Rücksichtnahme und Verantwortung untereinander auf.

---

[232] Darin spiegelt sich nicht zuletzt die strukturelle Machtasymmetrie zwischen Kapital und Arbeit wider.

> *„Aber hier wird schon jede Arbeitskraft gebraucht. Also wenn man geht, weiß man auch, dass man Arbeit hinterlässt. Es ist ja nicht so locker, dass man kommen und gehen kann wie man will. Es ist ja wirklich die Arbeit da" (731/139).*

Die Kollegialität der Beschäftigten kann somit ihrer individuellen Verhandlungsautonomie auch Grenzen setzen. Dies ist gerade auch dann der Fall, wenn eine betriebliche Personal- und Arbeitpolitik, die gezielt auf Arbeitsverdichtung und Personalknappheit setzt, sie mit ins strategische Kalkül einbezieht. Die Bereitschaft der Beschäftigten, sich darauf einzulassen, verweist – neben allen ökonomischen und rechtlichen Zwängen – auch auf eine hohe Identifikation mit der Arbeit und dem Unternehmen. Entsprechend oft thematisieren die Beschäftigten so auch ihre Flexibilität *zugunsten* des Unternehmens (z.B. wenn es darum geht, länger zu bleiben). Dies gilt vor allem für Beschäftigte mit Gleitzeit. Sie thematisieren selbstverständlich eine Flexibilität „nach hinten" zugunsten des Unternehmens:

> *„... zwischen neun und zwei muss ich da sein, aber alles, was davor und dahinter liegt - ob ich jetzt heute bis 17 Uhr arbeite oder bis 18 Uhr, ist relativ egal" (733/121).*

Gleitzeit als Ausdruck kollektiver Verhandlungsautonomie

Allerdings eröffnen sich gerade den Beschäftigten mit Gleitzeit auch Spielräume zur besseren Vereinbarkeit von betrieblichen und außerbetrieblichen Zeitanforderungen. Dies gilt insbesondere für kurzfristige Zeitanforderungen aus dem außerbetrieblichen Lebensbereich. Die eigene Arbeitzeit kann im Rahmen von Gleitzeitregelungen relativ eigenverantwortlich und spontan auf diese kurzfristigen privaten Zeitbedarfe abgestimmt werden.

> *„... vorher musste man alle Termine oder alles, was man hatte, immer auf das Ende der Arbeitszeit legen. Jetzt kann man auch, was weiß ich, sagen, okay, ich gehe um eins mit meinem Sohn zum Arzt, das ist kein Problem, gehe ich einfach" (732/176).*

Die Koordination unterschiedlicher Zeitanforderungen erleichtert sich dadurch gerade für Beschäftigte mit betreuungsbedürftigen Kindern oder Angehörigen erheblich. Dies ist allerdings in erster Linie ein Ausdruck von *kollektiver* Verhandlungsautonomie der Beschäftigten. Die durch Gleitzeitregelungen ermöglichten Gestaltungsspielräume sind das Ergebnis von formellen Betriebsvereinbarungen und damit ein Resultat kollektiver Verhandlungsmacht der Beschäftigten. Individuelle Verhandlungsmacht und -autonomie kommen dabei zunächst eher weniger zum Tragen. Dies wird gerade auch daran deutlich, dass die *kurzfristigen* Arbeitszeitunterbrechungen oder -beendigungen im Rahmen von Gleitzeitvereinbarungen nicht unbedingt der vorherigen Absprache mit den Vorgesetzten bedürfen.

> *„... da fragt keiner, wenn ich mal eine Stunde weg bin ..." (733/53).*

Allerdings sind sie in einigen Arbeitsbereichen betrieblicherseits an bestimmte Voraussetzungen und Bedingungen gebunden (z.B. die Gewährleistung einer personellen Mindestbesetzung). Dies wiederum erfordert eine Abstimmung mit den KollegInnen.

> *„... es müsste schon wer anwesend sein. Es können nicht alle in der Abteilung einmal freimachen oder so. Das wird abgesprochen auch, aber das ist kein Problem" (732/184).*

Anders sieht es bei *ganztägigen* Arbeitsunterbrechungen aus. Sie erfordern eine vorherige Absprache mit den Vorgesetzen und spiegeln daher recht unmittelbar die Chancen für die individuelle Verhandlungsautonomie der Beschäftigten wider. Allerdings greifen auch dabei kollektiv vereinbarte und formelle Regelungen. Dies sind vor allem die Bestimmungen über Arbeitszeitkonten sowie das Ansammeln und Abbauen von sog. „Plusstunden". Durch Nutzung der diesbezüglichen Festlegungen werden arbeitszeitliche Gestaltungsspielräume möglich, die auch ganze Tage einbeziehen können. Bedingung dafür ist allerdings eine vorherige Absprache mit den Vorgesetzten.

> *„... ich horte dann auch schon mal ein paar Stunden (...) und bleibe dafür dann Freitag zu Hause, in Absprache mit dem Chef natürlich" (733/123).*

Dies bedeutet eine grundsätzliche Einschränkung für die individuelle Verhandlungsautonomie der Beschäftigten. Denn die Möglichkeit, einen arbeitsfreien Tag zu bekommen, bedarf immer auch der Zustimmung durch die Vorgesetzten. Eine solche Zustimmung zu bekommen aber ist abhängig von den jeweiligen betrieblichen Interessen und Anforderungen und steht letztlich unter deren Vorbehalt. Zudem ist sie auch abhängig von der individuellen Verhandlungs- und Durchsetzungsmacht der einzelnen Beschäftigten. Diese variieren allerdings je nach betrieblicher Position und Funktion sowie individueller Qualifikation der Beschäftigten. Auch darin spiegelt sich der stark informelle Charakter der individuellen Verhandlungsautonomie der Beschäftigten.[233]

Informalität als Resultat von Arbeitszeitflexibilisierung

Das Erfordernis von Absprachen sowie der informelle Charakter der individuellen Verhandlungsautonomie sind auch eine Folge der betrieblichen Flexibilisierung von Arbeitszeit. Dadurch wurden arbeitszeitliche Regelungsbestände von der kollektiven und formellen hin zur individuellen und informellen Verhandlungsebene verlagert. Kollektive Vereinbarungen bilden nur noch den formellen Rahmen, innerhalb dessen die einzelnen Beschäftigten selbst zunehmend ihre individuellen Zeitinteressen und -bedürfnisse durchsetzen müssen. Dass dies nicht allen Beschäftigten gleichermaßen gut gelingt, verdeutlicht der Umstand, dass im Untersuchungsfeld Deutsche Bahn AG zwar eine Vielzahl von Beschäf-

---

[233] Demgegenüber trägt die kollektive Verhandlungsautonomie der Beschäftigten vor allem formalen Charakter.

tigten „Plusstunden" auf dem Arbeitszeitkonto angesammelt hat, der Ausgleich durch Freistunden aber häufig aus betrieblichen Gründen verweigert wird. Dies liegt auch an der restriktiven Personalpolitik, die vor allem auf Arbeitsverdichtung und Personalverknappung setzt. So wird durch zunehmenden Arbeitsdruck selbst bei formellen Arbeitszeitregelungen, die ausdrücklich individuelle Gestaltungsspielräume zulassen und ermöglichen (z.B. Arbeitszeitkonto und Gleitzeit), die diesbezügliche Verhandlungsautonomie der Beschäftigten stark eingeschränkt.

4.1.1.3 Zusammenfassung

Die individuelle Verhandlungsautonomie der Beschäftigten des KundenServiceZentrums in Bezug auf die eigene Arbeitzeit bezieht sich vor allem auf den flexiblen Anfang und das flexible Ende sowie die Lage der täglichen Arbeitszeit. Sie wird vor allem von zwei Faktoren beeinflusst: dem betrieblichen *Arbeitszeitmodell* sowie dem zunehmenden *Arbeitsdruck*. Die Regelungen der unterschiedlichen Arbeitszeitmodelle geben dabei den formellen Rahmen ab, innerhalb dessen sich die individuelle Verhandlungsautonomie entfalten kann. Die Chancen dafür sind unterschiedlich groß und variieren je nach Restriktivität der einzelnen Arbeitszeitmodelle. Auf dieser Basis entwickeln die Beschäftigten unterschiedliche Strategien zur Entfaltung von individueller Verhandlungsautonomie in Bezug auf die genannten Dimensionen der Arbeitszeitgestaltung (Anfang/Ende und Lage). Diese Strategien nehmen einen überwiegend *informellen* Charakter an. Sie basieren auf Absprache und Verständigung sowie auf Vertrauen. Die Chancen dafür werden allerdings durch zunehmenden Arbeitsdruck deutlich eingeschränkt. Dies gilt vor allem für die Beschäftigten mit den beiden restriktivsten Arbeitszeitmodellen (Wechselschicht und starrer Tagesdienstplan).

4.1.2 Berufsbiographische Ungewissheit als Bedingung für individuelle Verhandlungsautonomie – Der Betriebsfall DB JobService GmbH

Die Chancen für die individuelle Verhandlungsautonomie der Beschäftigten der DB JobService GmbH bestimmen sich vor allem durch die *Ungewissheit* ihrer gegenwärtigen beruflichen Situation infolge des betrieblichen Arbeitsplatzverlustes. Als zur Vermittlung auf einen neuen Arbeitsplatz betreute Beschäftigte der DB JobService GmbH sind sie dazu angehalten, sich auch für den Einsatz in vorübergehenden betrieblichen Beschäftigungsprojekten zur Verfügung zu stellen.[234] Die Ungewissheit dieser Einsätze wie auch insgesamt die Ungewissheit ihrer beruflichen Situation und Perspektiven beeinflussen auch ihre Chancen zur Entfaltung von individueller Verhandlungsautonomie in Bezug auf die Gestaltung der eigenen täglichen Arbeitzeit.

Die Bedingungen dafür werden von den einzelnen Beschäftigungsprojekten und ihren jeweiligen Arbeitsbedingungen weitgehend vorgegeben. Die Beschäftigten

---

[234] Vgl. dazu die Betriebsfallbeschreibung in Kapitel V, Abschnitt 2.

der DB JobService GmbH selbst können darauf erst einmal wenig oder keinen Einfluss nehmen.

> *„... mit diesen Einsätzen auf den Zügen, da kriege ich - habe ich die Disposition, wann, von wann bis wann, wann ich wo am Bahnhof zu erscheinen habe und wann ich wieder nach Hause komme. (...) einmal mache ich vierzehn Stunden oder so, oder bis sechzehn Stunden, und dann habe ich wieder Tage frei dazwischen" (737/171).*

Dabei kann es durchaus sein, dass die vorgegebenen Arbeitszeiten eines betrieblichen Beschäftigungsprojekts im Vergleich zu vorherigen Arbeitszeiten als positiver eingeschätzt werden (z.B. hinsichtlich ihrer Planbarkeit).

> *„Ich habe jetzt einen festen Schichtplan. (...) bei anderen Tätigkeiten vorher, waren dann durchaus auch immer Überstunden ungeplant angesagt. Also das ist jetzt besser planbar eigentlich als vorher" (736/148).*

Ungeachtet dessen sind die jeweiligen Arbeitszeiten und -bedingungen eines betrieblichen Beschäftigungsprojekts eine Vorgabe, an der die Beschäftigten selbst zunächst wenig ändern können.

4.1.2.1 Grenzen und Chancen für individuelle Verhandlungsautonomie bei der Gestaltung der täglichen Arbeitszeit

Innerhalb eines konkreten Projekteinsatzes existieren allerdings auch Chancen zur Entfaltung von individueller Verhandlungsautonomie der Beschäftigten. Bezogen auf die Mitgestaltung der eigenen täglichen Arbeitszeit werden diese Chancen vor allem von der jeweiligen *Arbeitszeitregelung* des betrieblichen Beschäftigungsprojekts beeinflusst. Diese wiederum hängen vom jeweiligen *Einsatzbereich* eines Beschäftigungsprojekts ab. Eine Vielzahl von betrieblichen Beschäftigungsprojekten ist in *kundennahen* Arbeits- und Servicebereichen vor allen auf den Bahnhöfen angesiedelt (z.B. Reisecenter, Bahnsteig, Sicherheitsdienst, Reinigung). Diese Arbeitsbereiche zeichnen sich meist durch *restriktive* Arbeitszeitmodelle aus. Flexible Handhabungen, wie z.B. Gleitzeit, sind hier eher selten. Stattdessen dominiert der *Dienstplan* mit festen Anfangs- und Endzeiten der täglichen Arbeitszeit. Dementsprechend haben die Beschäftigten der DB JobService GmbH, die in solchen betrieblichen Beschäftigungsprojekten vorübergehend untergebracht sind, keine Möglichkeit zur Beeinflussung des Anfangs und Endes ihrer täglichen Arbeitszeit. Eine flexible Gestaltung entsprechend den eigenen Zeitbedürfnissen ist hier nicht möglich.

Stattdessen beziehen sich die Chancen zur individuellen Einflussnahme vor allem auf die *Lage* der täglichen Arbeitszeit sowie auf daraus sich ergebende, *arbeitsfreie Tage*. In den betrieblichen Beschäftigungsprojekten der hier untersuchten Beschäftigten wird im Tagesdienst gearbeitet. Nachtarbeit kommt so als Arbeitszeitlage nicht vor. Allerdings gibt es regelmäßige Wochenendarbeit. Die individuelle Verhandlungsautonomie der Beschäftigten bezieht sich nun darauf, entsprechend den eigenen Zeitbedürfnissen die vorgegebene Lage der einzelnen

Arbeitstage zu beeinflussen und ggf. zu verändern. Der Mechanismus, der dabei zur Geltung kommt, ist – wie bereits bei den Beschäftigten des KundenService-Zentrums – ebenfalls derjenige der *Absprache*. Die Absprache findet hier allerdings weniger mit Vorgesetzten oder KollegInnen statt, als mit der formellen Instanz der Dienstplanregelung (Disposition).

> *„Ich kann mit der Dienstregelung durchaus darüber reden, dass auch mal geschoben wird. Ich habe das auch schon praktiziert. Wir haben ja auch Wochenenddienst, also auch Tage in der Woche frei, dann hatte ich auch schon mal richtig einen Tag komplett verschoben, da ich den frei haben wollte. Hat problemlos geklappt" (736/214).*

Im Rahmen der formellen Arbeitszeitregelung kommt es hier in Form von Absprachen zu *informellen* Gestaltungsspielräumen in Bezug auf die tägliche Lage der eigenen Arbeitszeit. Diese Gestaltungsspielräume können sich – wie das obige Interviewzitat verdeutlicht - eher spontan auf eine bereits erfolgte Dienstplanung beziehen. Sie können sich aber auch eher prospektiv auf eine künftige Dienstplanung beziehen.

> *„Jetzt hier bei diesem Projekt, wo wir jetzt diese Befragung machen, da wird ja so ein Plan gemacht für den Monat und da kann man schon vorher angeben, wenn man - weil wir ja auch sehr viel am Wochenende unterwegs sind, und da kann man eben sagen, auch wenn man mal was selber vorhat, also an dem und dem Tag möchte ich gerne frei haben" (737/107).*

Die Realisierung von individueller Verhandlungsautonomie der Beschäftigten in Bezug auf die Gestaltung der eigenen täglichen Arbeitszeit nimmt so vor allem informellen Charakter an. Sie basiert im Wesentlichen auf Absprache mit formellen betrieblichen Instanzen oder Funktionen (Dienstplanregelung). Den Rahmen dafür geben die formellen Arbeitszeitregelungen des betrieblichen Beschäftigungsprojekts vor. Je nach Art und Einsatzbereich des betrieblichen Beschäftigungsprojekts variiert auch dieser Rahmen.

4.1.2.2 Arbeitszeitabsenkung als Chance für mehr individuelle Verhandlungsautonomie bei der Arbeitszeitgestaltung

Hinzu kommen zwei Punkte, die für die Untersuchung und Beurteilung der individuellen Verhandlungsautonomie vor allem der Beschäftigten der DB JobService GmbH wichtig sind. Zum einen sind dies die *generellen Bedingungen*, die sich mit dem Status einer sog. „Integrationsbeschäftigung" zur Vermittlung auf einen neuen Arbeitsplatz im Bahnkonzern verbinden. Neben der Kürzung des vormaligen Gehalts ist dies auch eine Kürzung der vormaligen Arbeitszeit. Die Beschäftigten beurteilen diese Bedingungen ambivalent. Als restriktiv wird insbesondere die Gehaltskürzung wahrgenommen. Demgegenüber können der Arbeitszeitverkürzung zum Teil auch positive Aspekte abgewonnen werden.

> *„Es ist natürlich so, ich habe jetzt - bin auf 85% Gehalt und 85% Arbeitszeit gesetzt worden. Von der Arbeitszeit her ist es natürlich angenehmer, wenn man we-*

> *niger arbeitet. Mit dem Gehalt muss ich natürlich dann zusehen, dass - irgendwo muss ich natürlich dann auch was einsparen" (736/216).*

Ohne die in materieller Hinsicht restriktiven Begleiterscheinungen könnte dieser positiv wahrgenommene Aspekt der Arbeitszeitverkürzung auch als Chance für eine erweiterte individuelle Verhandlungsautonomie insbesondere in Bezug auf die Vereinbarkeit von betrieblichen und außerbetrieblichen Anforderungen (Arbeit und Leben) verstanden werden. Denn – so die Einschätzung dieses Beschäftigten der DB JobService GmbH:

> *„... weniger arbeiten und dafür gleichmäßiger verteilen. Hat man zwar etwas weniger Geld, aber das Leben ist angenehmer. Man hat mehr direkt vom eigentlichen Leben" (736/258).*

Hier wird keineswegs Geld gegen Zeit ausgespielt. Wie bereits gezeigt, lässt sich in der subjektiven Wahrnehmung der Beschäftigten das Verhältnis von Geld und Zeit nicht einseitig auflösen.[235] Dementsprechend wird darauf verwiesen, dass die Höhe etwaiger Gehaltseinbußen immer auch von der Ausgestaltung und Umsetzung der Arbeitszeitverkürzung abhängig sind.

> *„... wenn man es richtig macht, kommt unterm Strich eigentlich - hat man fast dasselbe auf der Hand, weil die Arbeitslosenzahl ganz deutlich abgesenkt werden könnte, aber auch andere Beiträge. Weil auch mehr einzahlen würden und weniger nehmen würden" (736/359).*

Eine solche Perspektive, die kürze Arbeitszeiten als Chance sowohl für die eigene Lebensgestaltung als auch für das Problem der Arbeitslosigkeit begreift, beurteilt auch die daraus sich ergebenden Folgen für die individuelle Verhandlungsautonomie eher positiv als Erweiterung von Autonomiechancen.

4.1.2.3 Vormalige flexible Arbeitszeitregelungen als positive Gestaltungserfahrung

Ähnliches lässt sich in umgekehrter Weise auch über den zweiten Punkt sagen. Hier sind es vor allem die *vormaligen Arbeitszeitregelungen* auf den verloren gegangenen Arbeitsplätzen, die bei der Beurteilung über das Ausmaß an individueller Verhandlungsautonomie der Beschäftigten zu berücksichtigen sind. Die Mehrheit der hier befragten Beschäftigten der DB JobService GmbH arbeitete vor Verlust des regulären Arbeitsplatzes in einem Konzernbereich, der sich durch flexible Arbeitszeitregelungen auszeichnete. Dies betraf zum einen den flexiblen Anfang und das flexible Ende der täglichen Arbeitzeit, wie es vor allem im Rahmen von Gleitzeitregelungen möglich ist.

> *„... wir haben Gleitzeit bei DB XX und da sind sehr viele Freiheiten. (...). Wenn man den einen Zug nicht geschafft hat, nimmt man den nächsten. (...) was man heute nicht macht, macht man morgen oder umgekehrt" (735/142).*

---

[235] Vgl. Abschnitt 2.1 dieses Kapitels.

Dies betraf zum anderen einen selbstorganisierten und eigenverantwortlichen Umgang mit der eigenen Arbeitszeit, wie er betrieblicherseits vor allem bei der sog. „Vertrauensarbeitszeit" gefordert und zugleich ermöglicht wird.

> *„... bei DB XX hatten wir (...) - Vertrauensarbeitszeit nannte sich das, da konnten wir uns das selber alles einteilen, die Zeit" " (737/163).*

Die Erfahrung einer vormals relativ flexiblen und eigenständigen Arbeitszeiteinteilung ist zu berücksichtigten bei der Beurteilung der gegenwärtigen Chancen für die individuelle Verhandlungsautonomie der Beschäftigten. Im Vergleich dazu fallen die jeweiligen Arbeitszeitregelungen der betrieblichen Beschäftigungsprojekte umso restriktiver aus. Dies empfinden auch die betroffenen Beschäftigten so. Sie erleben ihre jetzigen Arbeitszeiten in den verschiedenen betrieblichen Beschäftigungsprojekten als wenig sinnhaft und recht restriktiv. Dies gilt nicht zuletzt auch in Bezug auf die Vereinbarkeit von betrieblichen und außerbetrieblichen Anforderungen.

> *„... einmal mache ich (...) bis sechzehn Stunden und dann habe ich wieder Tage frei (...) Das passt nicht zu dem normalen Rhythmus. Das ist eigentlich mehr (...) wie bei den Zugbegleitern oder so, die haben auch so einen komischen Dienst" (737/171+181).*

Die betroffenen Beschäftigten nehmen diese restriktiven Arbeitzeiten als „Ausnahmesituation" (737/181) wahr, die vor allem ihrer gegenwärtigen und ungewissen Beschäftigungssituation infolge des betrieblichen Arbeitsplatzverlustes geschuldet ist. Insofern bringen sie dafür durchaus auch ein gewisses Verständnis auf. Die Hoffnung liegt dabei vor allem auf einer schnellstmöglichen Vermittlung auf einen neuen und vor allem regulären Arbeitsplatz im Unternehmen. Die diesbezüglichen Chancen für die individuelle Verhandlungsautonomie der Beschäftigten werden in Abschnitt 4.2 dieses Kapitels behandelt.

4.1.3 Unbestimmtheit als Bedingung für individuelle Verhandlungsautonomie – Der Betriebsfall DB Zeitarbeit GmbH

Zentrale Ausgangsbedingung für die individuelle Verhandlungsautonomie der Zeitarbeitsbeschäftigten in Bezug auf die Gestaltung ihrer eigenen täglichen Arbeitszeit ist die prinzipielle *Ungewissheit* und *Unbestimmtheit* ihrer Leiharbeitseinsätze. Die Ungewissheit bezieht sich auf den konkreten *Zeitpunkt* des nächsten Leiharbeitseinsatzes (dem immer auch Phasen des Nichteinsatzes vorausgehen können). Die Unbestimmtheit bezieht sich auf die konkreten *Arbeitsbedingungen* der einzelnen Leiharbeitseinsätze. Diese werden – wie grundsätzlich bei Leiharbeitsverhältnissen – nicht von der DB Zeitarbeit GmbH als Arbeitgeber und zugleich Verleiher vorgegeben, sondern bestimmen sich durch die Vorgaben und Anforderungen der jeweiligen Entleihbetriebe. Dies bezieht sich auf nahezu alle Dimensionen der Arbeitsbedingungen: Arbeitsort, Arbeitsleistung und Arbeitzeit. Einzig das Arbeitsentgelt ist davon ausgenommen. Es bestimmt sich durch die tarifvertraglichen Vorgaben der DB Zeitarbeit GmbH.

Die jeweiligen Arbeitsbedingungen eines Leiharbeitseinsatzes stellen somit einen wesentlichen und zudem variierenden Teil der Rahmenbedingungen für die individuelle Verhandlungsautonomie der Beschäftigten der DB Zeitarbeit GmbH dar. Ergänzt wird dies durch die arbeits- und tarifvertraglichen Bestimmungen der DB Zeitarbeit GmbH.[236] Diese beziehen sich – neben den zentralen Punkten des Entgelts und der Regelarbeitszeit – auch auf solche Punkte wie Ankündigungsfristen von Leiharbeitseinsätzen oder Entfernungspauschalen. Dies sind Punkte, die ebenfalls relevant sind für verschiedene Dimensionen von Verhandlungsautonomie (so z.B. für die Vereinbarkeit von betrieblichen und außerbetrieblichen Anforderungen). Diese Punkte sind allerdings das Ergebnis von Tarifverhandlungen und Betriebsvereinbarungen und können daher als Ausdruck *kollektiver* Verhandlungsautonomie verstanden werden.

Individuelle Verhandlungsautonomie der Zeitarbeitsbeschäftigten bezieht sich hingegen vor allem auf den *konkreten Arbeitsort* des jeweiligen Entleihbetriebes sowie auf die dort *tatsächlich geleistete Arbeitszeit.* Hinsichtlich der Arbeitszeit haben die Beschäftigten der DB Zeitarbeit GmbH zwar eine tarifvertragliche Regelarbeitszeit. Die tatsächlich geleistete Arbeitszeit aber richtet sich nach dem Bedarf und den Regelungen des jeweiligen Entleihbetriebes. Das betrifft vor allem die *Dauer* und *Lage* der täglichen Arbeitszeit.

> *„Wir haben ja sowieso nur eine 35-Stunden-Woche, hat die Zeitarbeit. Und wir arbeiten vor Ort die Stunden, die der Arbeitgeber - also manche arbeiten ja 40, jetzt ist es ja 39 (...). Und die Arbeitszeiten muss ich dann auch dort vor Ort bringen" (739/167).*

Die Bedingungen für die tatsächlich geleistete Arbeitszeit können sehr unterschiedlich sein und hängen von den Anforderungen und Erfordernissen des jeweiligen Entleihbetriebs ab. Neben dem normalen Tagesdienst kann dies z.B. auch Schicht- oder Wechselschichtdienst mit Nacht- und Wochenendarbeit bedeuten.

Die Chancen für die individuelle Verhandlungsautonomie der Beschäftigten in Bezug auf die Gestaltung der eigenen täglichen Arbeitzeit variieren entsprechend dieser unterschiedlichen Bedingungen der Entleihbetriebe. Die variierenden Chancen beziehen sich vor allem auf den *Beginn* und das *Ende* der täglichen Arbeitzeit, auf deren *Lage* sowie auf *arbeitsfreie Tage.* Die individuellen Gestaltungschancen dafür werden zum einen vom Grad der Restriktivität der unterschiedlichen Arbeitszeitanforderungen beeinflusst. Sie werden zum anderen beeinflusst vom Ausmaß des jeweiligen Arbeitsdrucks. Beide Punkte werden im Folgenden erläutert.

---

[236] Diese sind zugleich auch das individualrechtliche Fundament des Leiharbeitsverhältnisses.

4.1.3.1 Restriktivität betrieblicher Arbeitszeitregelungen und individuelle Verhandlungsautonomie der Beschäftigten

Entscheidend für die Chancen der Zeitarbeitsbeschäftigten, die Gestalt ihrer täglichen Arbeitszeit mit zu beeinflussen, ist die *Restriktivität* der jeweiligen Arbeitszeitanforderungen in den verschiedenen Entleihbetrieben. Das Ausmaß dieser Restriktivität drückt sich auch aus im jeweiligen *Arbeitszeitmodell*, mit dem in den einzelnen Entleihbetrieben gearbeitet wird (z.B. Gleitzeit oder Wechselschicht). Dies wiederum bestimmt sich auch durch sachlich-funktionale Erfordernisse des Entleihbetriebs (z.B. Rund-um-die-Uhr-Betrieb).

Aus diesen Bedingungen ergeben sich die Chancen für die Gestaltung der eigenen täglichen Arbeitszeit durch die LeiharbeiterInnen. Das jeweilige Ausmaß dieser Chancen reicht dabei von einer relativen Gestaltungsoffenheit in Bezug auf den Beginn und das Ende der täglichen Arbeitzeit bis hin zu festen Arbeitszeitvorgaben im Rahmen von Schichtarbeit. Insbesondere Entleihbetriebe mit Tagesdienst (und vermutlich Gleitzeitregelungen) geben vor allem für die individuelle Gestaltung von *Arbeitzeitanfang* und *-ende* die besten Chancen.

> *„... es kommt drauf an, wie die Arbeitszeiten anfangen und dann kann man sie gestalten. Entweder ich komme früher oder später. (...) ich habe gefragt, ob ich um sieben anfangen kann. Ja natürlich, kein Problem. (...) Oder ich bin dann später gegangen oder so etwas, das hatte ich bis jetzt überall." (739/167).*

Wesentlich restriktiver sind dagegen Entleihbetriebe mit Schicht- oder gar Wechselschichtdienst. Sie schränken die Chancen für eine eigene Arbeitzeitgestaltung gerade in Bezug auf Anfang und Ende der täglichen Arbeitszeit stark ein.

> *„... bis auf Call Center. Die haben in Schichten gearbeitet. Da musste man ja in den Schichtzeiten da sein. (...) rund um die Uhr" (739/167).*

Allerdings existieren bei starren Arbeitszeitvorgaben (wie z.B. Schicht- oder Wechselschicht) doch auch Chancen für die individuelle Verhandlungsautonomie der Zeitarbeitsbeschäftigten. Sie beziehen sich vor allem auf die Beeinflussung der täglichen *Arbeitszeitlage*.

> *„Die haben den Dienstplan an die Wand geschmissen und dann hat man eben geguckt, wie man eingeteilt war (...) Da konnte man auch sagen, also ich möchte gerne da tauschen mit dem und dem. Da ist man dann hingegangen, und dann haben die das auch möglich gemacht" (739/167).*

Absprache als Voraussetzung für individuelle Verhandlungsautonomie

Voraussetzung dafür – neben der betrieblichen Bereitschaft dazu – ist auch hier die individuelle *Absprache* mit den jeweiligen Verantwortlichen für die Schichteinteilung sowie mit den jeweiligen KollegInnen.

> *„... auch beim Call Center (...) habe ich gesagt, also montags möchte ich keinen Spätdienst haben. Das ist mal einmal vergessen worden. (...) Und da bin ich un-*

> *tereinander fragen gegangen und dann ist das gelaufen. (...) aber ansonsten hat der daran gedacht, dass ich montags keinen Spätdienst mache" (739/169).*

Dies gilt nicht nur bei Schichtarbeit für die Lage der täglichen Arbeitszeit, sondern auch im Tagesdienst für die individuelle Gestaltung von Anfang und Ende der täglichen Arbeitszeit.

> *„.. wo ich da jetzt hingehe, (...) ist schon von vorneherein abgesprochen worden, dass ich da auch kommen und gehen kann, wann ich will. Also von der Warte her finde ich das schon mal ganz positiv nach dem ersten Gespräch." (739/171).*

Ebenso sind individuelle Absprachen die Voraussetzung für den Erhalt von arbeitsfreien Tagen:

> *„... wo ich ein ganzes Wochenende eingeteilt war, wo ich gesagt habe, also das möchte ich nicht haben. (...) Ich hatte da bis jetzt nirgendwo Schwierigkeiten in der Frage" (739/169).*

Absprache als notwendige Voraussetzung und Bedingung der individuellen Einflussnahme verweist auf zwei Aspekte, die bereits bei den anderen beiden Betriebsfällen eine Rolle spielten:

- Erstens bedeutet Absprache als notwendige Bedingung der Einflussnahme eine *Einschränkung* der individuellen Verhandlungsautonomie. Die diesbezüglichen Chancen stehen immer unter dem Vorbehalt der betrieblichen Zustimmung durch die Vorgesetzten.
- Zweitens verdeutlicht Absprache als notwendige Bedingung den *informellen* Charakter der individuellen Verhandlungsautonomie. Die Chancen dafür gelangen oftmals allein im Rahmen formeller Arbeitzeitregelungen zur Entfaltung. Diese stellen zugleich aber auch eine Begrenzung der individuellen Verhandlungsautonomie dar. Die Grenzen werden dabei vor allem durch die funktionalen Erfordernisse der jeweiligen Arbeits- und Betriebsorganisation gesetzt (s.o.).

Beide Aspekte stehen im Zusammenhang und bedingen gemeinsam, dass die individuelle Verhandlungsautonomie der Beschäftigten in Bezug auf die Gestaltung der eigenen täglichen Arbeitzeit keinen formellen Charakter annimmt (etwa in Form von „industrial rights"), sondern vor allem *informellen* Charakter trägt. Daraus ergeben sich Begrenzungen, die im nächsten Punkt verdeutlicht werden.

4.1.3.2 Arbeitsdruck als Begrenzung individueller Verhandlungsautonomie

Individuelle Verhandlungsautonomie der Beschäftigten generell ergibt sich oftmals aus dem Zusammenspiel von formellen und informellen Regelungen. Zum Teil geben formelle Regelungen und Vereinbarungen überhaupt erst die Grundlage ab, um über dem Wege informeller Regelungen zu einer Entfaltung individueller Verhandlungsautonomie zu gelangen. So wird etwa die Chance, arbeitsfreie Tage zu erhalten, zum großen Teil erst möglich durch formelle betriebliche Vereinbarungen und Regelungen (z.B. zur Freistellung). In diesem Zusammenhang zu nennen sind insbesondere Vereinbarungen und Regelungen zu Arbeitszeitkonten sowie zum Auf- und Abbau sog. „Plusstunden". Sie stellen in vielen Entleihbetrieben die formelle Grundlage dar, um zu individuellen Absprachen über arbeitsfreie Tage zu kommen.

> *„... also die Überstunden werden halt gesammelt und gerade jetzt ist es so (...), dass ich mal sage, ich nehme einen Tag frei (...). Natürlich alles immer in Absprache. Oder mal zwei Wochen frei, weil so viel Überstunden kommen ja doch schon zusammen" (738/158).*

Die hier formell eingeräumten Chancen zum Erhalt arbeitsfreier Tage werden allerdings eingeschränkt durch einen steigenden *Arbeitsdruck*. Dieser Arbeitsdruck ist vor allem Ausdruck einer betrieblichen Arbeits- und Personalpolitik, die auf systematische Arbeitsverdichtung setzt. Im Resultat bleibt vielen Beschäftigten oft nichts weiter übrig, als sog. „Plusstunden" auch unfreiwillig anzusammeln. Ein Abbau dieser „Plusstunden" durch Freizeitausgleich ändert allerdings nichts am systematischen Charakter der Arbeitsverdichtung – worauf folgende Aussage verweist:

> *„Es wird ja (...) immer mehr. Umsonst machen die nicht so viele Überstunden, weil sie es in dieser eigentlichen Arbeitszeit nicht schaffen. (...) Es ist überall so. Sie sind länger auf Arbeit, kriegen es auch nicht bezahlt, müssen also die Zeit wieder abbummeln, zu Hause bleiben. Dann kommen sie wieder nach dem Soundsovielten, dann haben sie wieder dieselbe Arbeit auf dem Tisch liegen. Es ist ein Kreislauf ohne Ende" (739/367).*

Ungeachtet dessen verhindert der durch die betriebliche Arbeitsverdichtung entstehende Arbeitsdruck sehr oft auch den Abbau von „Plusstunden" durch Freizeitausgleich. Damit aber wird zugleich auch die individuelle Verhandlungsautonomie der Zeitarbeitsbeschäftigten eingeschränkt. Die Chance, arbeitsfreie Tage durch individuelle Absprache zu erhalten, reduziert sich dadurch wesentlich. Dies gilt trotz formeller Regelungen zum Abbau von „Plusstunden". Zwei Gründe sind dafür auszumachen:

Erstens sehen die meisten Vereinbarungen vor, dass der Abbau von „Plusstunden" unter dem Vorbehalt betrieblicher Interessen und Erfordernisse steht. Bei einer auf Personalverknappung und Arbeitsverdichtung zielenden Politik gibt es allerdings immer Gründe, warum ein Abbau von „Plusstunden" betrieblich gerade nicht möglich nicht.

Zweitens greift hier eine Art „Selbsteinschränkung" der Beschäftigten. Angesichts des Arbeitsdrucks wissen die Beschäftigten, dass ein Abbau von „Plusstunden" über Freizeitausgleich zur Mehrbelastung der KollegInnen führt. Um dies zu vermeiden, verzichten auch die Zeitarbeitsbeschäftigten auf eigentlich zustehenden Freizeitausgleich oder richten sich zumindest nach den betrieblichen Erfordernissen.[237]

> *„... ich gucke schon auch, was zum Beispiel für Termine sind, ob ich meine Kolleginnen wirklich alleine lassen kann. Und da gucke ich dann schon meistens immer in den Kalender, ob da irgendwas Besonderes ansteht, wo ich weiß, da kommt wieder eine ganze Menge auf uns zu oder nicht" (738/161).*

Beide Punkte zusammen verdeutlichen die Begrenzung, die aus dem informellen Charakter der individuellen Verhandlungsautonomie erwächst. Die bereits formell oftmals nur eingeschränkten Rechte und Ansprüche der Beschäftigten auf Freizeitausgleich (generell existieren in vielen Betriebsvereinbarungen hierzu nur Kann- statt Soll-Bestimmungen) sowie die Rücksichtnahme auf KollegInnen führen zu einer Einschränkung der individuellen Verhandlungsautonomie bezüglich der Einforderung von arbeitsfreien Tagen. Deutlich wird diese Einschränkung spätestens dann, wenn steigender Arbeitsdruck die Einforderung von arbeitsfreien Tagen aus betrieblichen Gründen unmöglich macht. Existierten hier formelle Rechte, könnten diese eingeklagt werden. So aber verhindert der vor allem informelle Charakter der individuellen Verhandlungsautonomie eine Einforderung und Durchsetzung von arbeitsfreien Tagen.

4.1.4 Zusammenfassung

Zusammenfassend lässt sich für alle drei Betriebsfälle festhalten, dass trotz weitgehend restriktiver und zum Teil auch unbestimmter Arbeitszeitregelungen für die Beschäftigten dennoch auch Chancen für individuelle Verhandlungsautonomie bei der Gestaltung der täglichen Arbeitszeit bestehen. Diese tragen allerdings einen stark *informellen* Charakter und sind an Bedingungen wie persönliche Absprache und Vertrauen gebunden. Dies eröffnet einerseits individuelle *Gestaltungschancen* unterhalb formal restriktiver Arbeitszeitregelungen. Dies beinhaltet andererseits aber auch deutliche *Gestaltungsgrenzen.* Sie betreffen zum einen den Aspekt der unterschiedlichen Ausstattung mit individuellen Verhandlungsressourcen, von denen eine erfolgreiche Einflussnahme auf die Gestaltung der eigenen täglichen Arbeitszeit zunehmend abhängig wird. Sie betreffen zum anderen den steigenden Arbeitsdruck durch betriebliche Arbeitsverdichtung und Personalverknappung, an denen sich die informellen Gestaltungschancen zunehmend brechen. Dies wird durch die Verlagerung von kollektiver zu individueller Verhandlungsautonomie infolge der betrieblichen und tariflichen Arbeitszeitflexibilisierung noch verstärkt. Sie hat eine *Individualisierung* der Arbeitszeitgestaltung zur Folge, deren auch vorhandene Chancen sich zunehmend an den betrieblichen Anforderungen brechen. Die strukturelle Machtasymmetrie zwischen Betrieb und Beschäftigten wird durch diese Individualisierung eher noch vergrößert denn verkleinert.

---

[237] Dies trifft auch für die Beschäftigten der beiden anderen Betriebsfälle zu.

4.2 Permanente Restrukturierung und Ungewissheit als Bedingungen für individuelle Verhandlungsautonomie in Bezug auf die Stellung auf dem internen Arbeitmarkt

Die Möglichkeiten zur Beeinflussung der eigenen Stellung auf dem internen Arbeitsmarkt sind das zweite Kriterium für individuelle Verhandlungsautonomie, das exemplarisch untersucht wird. Dieses Kriterium macht sich u.a. fest an den Bedingungen für *Beschäftigungssicherheit* und *Arbeitsplatzsicherheit.* Diese beiden Punkte stehen hier im Mittelpunkt.

Dabei zeigt sich ebenfalls (wie bereits bei den Möglichkeiten zur täglichen Arbeitszeitgestaltung) ein Zusammenwirken von *kollektiver* und *individueller* Verhandlungsmacht: Die Sicherung des *formalen Beschäftigungsverhältnisses* vollzieht sich vor allem auf der Ebene *kollektiver Verhandlungen* zwischen den Tarif- und Betriebsparteien. Im Untersuchungsfeld Deutsche Bahn AG steht dafür das „Beschäftigungsbündnis". Im Rahmen dieses „Bündnisses" verpflichtet sich der Bahnvorstand, auf betriebsbedingte Entlassungen bis Ende 2010 zu verzichten. Im Gegenzug müssen sich die Beschäftigten dazu bereit erklären, die betriebliche Rationalisierungspolitik durch erhöhte innerbetriebliche Arbeitsplatzmobilität zu unterstützen. Dies bedeutet für die einzelnen Beschäftigten, dass zwar der Verbleib im Bahnkonzern garantiert ist, nicht aber der Verbleib auf einem angestammten Arbeitsplatz. Ganz im Gegenteil ist dies durch forcierte Rationalisierung und anhaltende Restrukturierung hochgradig unsicher geworden.

Hier zeigt sich eine *Kluft* zwischen *Beschäftigungs-* und *Arbeitsplatzsicherheit*, die zugleich auf unterschiedliche Quellen und Niveaus an Verhandlungsautonomie der Beschäftigten verweist. Die relativ hohe *Beschäftigungssicherheit* im Unternehmen ist das Ergebnis kollektiver Verhandlungen zwischen den Tarif- und Betriebsparteien und somit ein Ausdruck der kollektiven Verhandlungsmacht der Beschäftigten. Dies kann auch als Indikator für die kollektive Verhandlungsautonomie der Beschäftigten verstanden werden. Die im Konzern erreichte Beschäftigungssicherheit ist insofern auch ein Ausdruck *kollektiver Verhandlungsautonomie* der Beschäftigten. Sie bezieht sich auf alle Beschäftigten des Bahnkonzerns und gilt daher auch für alle der hier untersuchten Betriebsfälle.

Anders ist dies bei der *Arbeitsplatzsicherheit.* Sie hängt zum einen unmittelbarer von den betrieblichen Rahmenbedingungen ab und variiert deshalb je nach Betriebsfall. Sie kann zum anderen als Ausdruck der *individuellen* Verhandlungsautonomie der Beschäftigten verstanden werden. Diese wiederum variiert je nach betrieblicher Position und Funktion sowie Qualifikation der einzelnen Beschäftigten. Beide Differenzierungen werden in der folgenden Darstellung berücksichtigt. Dabei zeigt sich, dass die Chancen für die individuelle Verhandlungsautonomie der weisungsabhängigen Beschäftigten in Bezug auf die eigene Arbeitsplatzsicherheit insgesamt relativ gering ausfallen. Allerdings macht es diesbezüglich einen erheblichen Unterschied, ob die Beschäftigten nach wie vor auf einem festen Arbeitsplatz im Unternehmen beschäftigt sind, oder ob sie einen solchen bereits verloren haben und sich gerade in einer Art „Warteschleife" bis zur Vermittlung auf einen neuen regulären Arbeitsplatz innerhalb oder außerhalb des Bahnkonzerns befinden. Die damit verknüpfte Ungewissheit über die eigene berufliche und teils auch existenzielle Zukunft wirkt sich negativ auf das Ausmaß an individueller Verhandlungsautonomie aus. Am Beispiel der Beschäftigten der DB JobService GmbH wird dies sehr deutlich. Dies, sowie weitere Einzelheiten werden in der folgenden Darstellung näher erläutert.

4.2.1 Personelle Konsolidierung und kapitalmarktorientierte Rezentralisierung als Bedingungen für individuelle Verhandlungsautonomie – Der Betriebsfall KundenServiceZentrum

Das Ausmaß der Arbeitsplatzsicherheit für die Beschäftigten des KundenServiceZentrums bestimmt sich vor allem durch die spezifische Situation des Betriebsfalls. Das KundenServiceZentrum ist eine betriebliche Neugründung und entstand durch Zentralisierung der ehemals lokalen und regionalen Güterverkehrsstellen. Dies bedeutet zum einen, dass viele der jetzigen Beschäftigten des KundenServiceZentrums vormals einen Arbeitsplatz in einer der lokalen Güterverkehrsstellen innehatten, den sie durch die Zentralisierung verloren haben.

> *„Das ist natürlich (...) ein sehr großer Einschnitt gewesen. Und dadurch eben die Güterabfertigung vor Ort dann alle weggefallen sind. Das war sicherlich nicht nur für mich, (...) der von vor Ort kommt, sondern auch für jeden, der eben dann - " (734/162).*

Durch Annahme einer neuen Beschäftigung im KundenServiceZentrum haben diese Beschäftigten meist ein hohes Maß an vor allem örtlicher Mobilität unter Beweis gestellt. Dies verband sich oftmals auch mit einem Umzug sowie einer entsprechenden Verlagerung des Lebensschwerpunkts.

> *„... ich bin ja dann mitgezogen hierher sozusagen, um eben weiterhin arbeiten gehen zu können" (734/162).*

Davon wiederum waren sehr stark ostdeutsche Beschäftigte betroffen:

> *„... weil wir - viele, sag ich mal, aus dem Osten auch hier sind ..." (734/300).*

Zum anderen bedeutete die betriebliche Neugründung des KundenServiceZentrums, dass neben dem Aufbau eines neuen Gebäudes und neuer Arbeitsmittel auch ein Aufbau neuer Beschäftigung erfolgen musste. Dies wurde über umzugswillige Beschäftigte der aufgelösten Güterverkehrsstellen sowie über Neurekrutierungen erreicht. Insgesamt verband sich damit eine *positive Beschäftigungsdynamik*, die auch das Ausmaß an betrieblicher Arbeitsplatzsicherheit prägte, wie dieser Personalreferent erläutert:

„... unsere Hauptaufgabe war das Aufbauen dieses Hauses (...) Leute zu rekrutieren, Leute aus anderen Regionen für den Laden hier zu begeistern, die hierein zu holen“ (733/11).

Mittlerweile ist die positive Beschäftigungsdynamik des betrieblichen Aufbaus allerdings beendet und das KundenServiceZentrum sieht sich mit der Anforderung nach *Konsolidierung* und *Abbau* in Bezug auf seine Beschäftigung konfrontiert:

„... ging es dann halt nur noch um Abbau. (...) Also jetzt sind wir dran, (...) Personal zu sichern, zu gucken, dass wir die irgendwie unterbringen können und sind dann für jeden froh, der wieder geht, aus welchen Gründen auch immer“ (733/11).

4.2.1.1 Faktoren der Beschränkung von individueller Verhandlungsautonomie

Die veränderte betriebliche Situation wirkt sich auch auf die Arbeitsplatzsicherheit sowie die darauf bezogene individuelle Verhandlungsautonomie der Beschäftigten aus. Die Sicherheit des eigenen Arbeitsplatzes ist nicht mehr länger durch eine betriebliche Prosperität gewährleistet, sondern wird von Seiten des Unternehmens zunehmend in Frage gestellt. Dabei spielen vor allem zwei Ursachen eine Rolle, die eine betriebliche Expertin folgendermaßen erläutert:

„Der eine Grund ist der, dass wir REFA-Untersuchungen hatten, (...) dass wir in bestimmten Bereichen auf Grund der Leistungsmenge, die wir haben, zu viele Leute beschäftigen. (...) aber [es] kommen noch Forderungen der Zentrale hinzu, die also gesagt haben, ihr müsst mehr bringen. Das ist so der Standardspruch: Ihr müsst mehr bringen. Sprich noch mehr abbauen“ (701/201).

Insbesondere in der Forderung der Zentrale nach Personalabbau drücken sich weniger sachliche, als vor allem *ökonomische* Interessen aus.

„... dieses Personalabbauziel, was wir (...) von der Zentrale noch bekommen haben, das ist ja rein wirtschaftlich begründet. Also da sitzt irgendwo der Vorstand, sieht, wie viel kriegen wir in die Portokasse, wie viel haben wir an Ausgaben. Das Erste, was immer gemacht wird bei allen Unternehmen, ist, das Personal wird reduziert, weil das halt die Kosten sind, die man am ehesten irgendwie (...) runter kriegt“ (701/207).

Der von der Zentrale geforderte Personalabbau kann als Ausdruck einer „kapitalmarktorientierten Rezentralisierung“ (Nickel/Hüning/Frey 2008) im Bahnkonzern verstanden werden.[238] Die betriebliche Arbeitsplatzsicherheit im KundenServiceZentrum wird dadurch zunehmend zur abhängigen Variable einer *kapitalmarktorientierten Unternehmenspolitik*. Für die Beschäftigten geht dies mit Verunsicherung und Ängsten hinsichtlich der Zukunft und Sicherheit des eigenen Arbeitsplatzes einher.

---

[238] Vgl. dazu die Phasen betrieblicher Restrukturierung in Kapitel IV, Abschnitt 3.

> *„... da schwebt dann da so was - wie geht es weiter. Man denkt dann auch, bleibt vielleicht mal noch drei, vier Jahre so oder -. Na ja, als wir hierher gekommen sind oder als ich (...) entschieden habe, hierher zu gehen, da habe ich auch gedacht, bleibt [man] vielleicht - zumindest erst mal zwanzig Jahre beispielsweise so. Und jetzt kommt schon wieder so eine Veränderung, wo man dann unsicher wird ...“ (734/39).*

Die diesbezüglichen Bedingungen sind für die Beschäftigten kaum mehr transparent.

> *„Gerade wenn jetzt wieder irgendwelche neuen Sachen auf uns zukommen (...), dann [wird] auch nicht so informiert darüber. Manchmal ist es dann einfach so - von heute auf morgen so ungefähr“ (734/67).*

Unsichere Arbeitsplatzperspektiven sowie mangelnde Information und Transparenz darüber tragen zur Minderung der individuellen Verhandlungsautonomie diesbezüglich bei. Die Beschäftigten des KundenServiceZentrums haben zwar im Moment noch einen festen Arbeitsplatz. Bereits dafür hat ein Großteil der Beschäftigten eine hohe Veränderungsbereitschaft vor allem hinsichtlich der örtlichen Mobilität gezeigt. Dies gilt vor allem für ostdeutsche Beschäftigte, für die der Arbeitsplatz im KundenServiceZentrum entweder mit Umzug oder Wochenendpendeln verbunden ist. Dies gilt aber auch für viele westdeutsche Beschäftigte, die zum Teil erhebliche Arbeitswege täglich zurückzulegen haben. Dementsprechend groß ist die Angst vor weiteren Belastungen, die sich aus der unsicheren Arbeitsplatzperspektive ergeben können.

> *„... für mich zum Beispiel jetzt persönlich, der schon fast eine Stunde jeden Tag hier mit dem Auto hinfährt bzw. fast zwei mit dem Zug, wenn ich dann noch mal 30, 40 Kilometer weiter weg müsste, wäre es schon ein ziemlicher Schlag ins Kontor. Also ich würde gerne hier bleiben. Da ist im Moment so ein bisschen die Unsicherheit“ (733/67).*

Insbesondere für ostdeutsche Beschäftigte ist dabei die *Grenze* der zumutbaren Belastung allmählich erreicht.

> *„... also dass man eben seine Mobilität auch zeigt eben, die immer laut gepriesen wird, und [wenn man nun] sagt, man sollte schon wieder umziehen, ich meine, ich bin ja schon zweimal umgezogen mit der Bahn. Ich meine, übertreiben sollte - sollte das Unternehmen das auch nicht, sage ich mal so“ (734/186).*

4.2.1.2 Handlungsstrategien zur Realisierung von individueller Verhandlungsautonomie

Die Angst vor Arbeitsplatzverlust sowie weiteren Belastungen im Zusammenhang damit schwächen die individuelle Verhandlungsautonomie der Beschäftigten. Dies wird allerdings nicht kompensiert durch Versuche, dafür die kollektive Verhandlungsautonomie zu stärken und etwa zu einer gegenseitigen Solidarisierung zu kommen oder die institutionalisierte Interessenvertretung in Gang zu setzen. Vielmehr kommt es eher zu Misstrauen und Konkurrenz der Beschäftigten untereinander:

> *„Das ist eigentlich immer, wenn so was ansteht, dann belauert man sich so ein bisschen, (...) guckt so rechts und links, wer könnte denn derjenige sein? Wie wird es in der Sozialauswahl aussehen? Ich habe zwei Kinder, er nur ein Kind (...) Also dieses argwöhnische Beäugen ist jetzt (...) überall hier" (733/159 + 167).*

Auch darin drückt sich die Schwächung und teils sogar Lähmung der individuellen Verhandlungsautonomie der Beschäftigten aus. Letztlich bleibt den Beschäftigten nur das mehr oder minder passive Abwarten auf die Regelungen der Sozialauswahl, sowie die daran evtl. zu knüpfende Hoffnung, nicht zu den von Arbeitsplatzverlust Betroffenen gehören zu müssen.

> *„... mittlerweile steht öfter ein Mitarbeiter und flüstert: Kannst du mir mal sagen, wie ich so stehe, wenn es um die Sozialauswahl geht?" (733/159).*

Hier zeigt sich ein Rückgriff auf *formale* Regelungen, wie er in ähnlicher Weise bereits bei der auf die eigene Arbeitszeitgestaltung bezogenen individuellen Verhandlungsautonomie zu beobachten war.[239] Im Unterschied dazu aber gibt dieser Rückgriff hier nicht lediglich den formalen Rahmen ab, innerhalb dessen sich die individuelle Verhandlungsautonomie der Beschäftigten entfalten kann. Bei den Chancen zur Mitgestaltung der eigenen Arbeitszeit geschah dies vor allem auf informeller Ebene in Form von Absprachen. In Bezug auf die eigene Arbeitsplatzsicherheit lässt sich Ähnliches nicht feststellen. Zwar können die Regeln der gesetzlichen Sozialauswahl als Ausdruck der kollektiven Verhandlungsautonomie der Beschäftigten verstanden werden. Dabei sind sie ein vor allem *politisch* auf der Ebene von Gesetzen institutionalisiertes Ergebnis kollektiver Verhandlungsmacht der weisungsabhängig Beschäftigten sowie ihrer gewerkschaftlichen und politischen Interessenvertretung. Allerdings werden sie von den Beschäftigten nicht aktiv genutzt zur Entfaltung von individueller oder kollektiver Verhandlungsautonomie auf der betrieblichen Ebene. Vielmehr ist ihre individuelle Verhandlungsautonomie in Bezug auf die eigene Arbeitsplatzsicherheit geschwächt und nahezu wie gelähmt.

Das gilt zumindest für den Zeitraum der Untersuchung, in dem der voraussichtliche Arbeitsplatzabbau im KundenServiceZentrum noch in der Schwebe war und den Beschäftigten allenfalls in Form von Gerüchten bekannt war. Inwieweit bei einer Konkretisierung der diesbezüglichen Pläne und Folgen nicht auch Strategien individueller oder gar kollektiver Verhandlungsautonomie entwickelt werden, in denen aktiver gehandelt wird, muss an dieser Stelle offen bleiben. Absehbar dürfte allerdings sein, dass es dann zu einer stärkeren *Differenzierung* nach betrieblicher Position und Qualifikation als zwei entscheidenden Verhandlungsressourcen der Beschäftigten kommt. Auch Alter und Lebensweise (z.B. mit oder ohne Kinder) dürften dabei eine Rolle spielen.

---

[239] Vgl. dazu die Ausführungen in Abschnitt 4.1 dieses Kapitels.

Im Stadium der Schwebe zeigen sich solche Differenzierungen noch nicht. Hier dominieren eher das allgemeine Abwarten sowie die damit verbundene Hoffnung, selbst nicht von negativen Konsequenzen des Arbeitsplatzabbaus betroffen zu sein. Auch dies illustriert die Ängste und Unsicherheiten in Bezug auf die eigene Arbeitsplatzsicherheit. Zugleich markiert sich dadurch ein deutlicher Unterschied zur individuellen Verhandlungsautonomie der Beschäftigten in Bezug auf die Mitgestaltung der eigenen Arbeitszeit.

4.2.2 Berufsbiographische Ungewissheit als Bedingung für individuelle Verhandlungsautonomie – Der Betriebsfall DB JobService GmbH

Die Beschäftigten der DB JobService GmbH haben ihren angestammten und regulären Arbeitsplatz im Unternehmen bereits verloren. Sie warten nun als Beschäftigte der DB JobService GmbH auf die Vermittlung auf einen neuen Arbeitsplatz innerhalb oder außerhalb des Bahnkonzerns. Bis dahin können sie zum Einsatz in betriebliche Beschäftigungsprojekte verpflichtet werden. Diese betrieblichen Beschäftigungsprojekte sind zeitlich befristet und vorübergehend, werden mitunter recht kurzzeitig angesetzt und finden an unterschiedlichen Orten statt. Damit sind die wesentlichen Ausgangsbedingungen für die individuelle Verhandlungsautonomie der Beschäftigten auch in Bezug auf die eigene Stellung im internen Arbeitsmarkt benannt. Sie bestimmt sich vor allem durch die Verpflichtung zur Annahme einer Projektbeschäftigung sowie die erhoffte Vermittlung auf einen neuen regulären Arbeitsplatz. Beides ist für die Beschäftigten der DB JobService GmbH mit *berufsbiographischer Ungewissheit* und *Unsicherheit* verbunden.

Dies bezieht sich zum einen auf den möglichen *Einsatz* in einem *betrieblichen Beschäftigungsprojekt*, der für die betroffenen Beschäftigten kaum vorhersehbar ist und durch den sie zum Teil letztlich vor vollendete Tatsachen gestellt werden.

> *„... ich bin schon mal ganz kurzfristig abgestellt worden für ein anderes Projekt. Das geht von heute auf morgen, so ungefähr ...“ (737/49).*

Dies bezieht sich zum anderen auf die Chance, einen *neuen Arbeitsplatz* im Unternehmen zu bekommen. Die Beschäftigten wissen erstens nicht, *ob* und *wann* dies der Fall sein wird.

> *„... ich muss da von Zeit zu Zeit mal aufkreuzen, um dort zu gucken, was an Jobs angeboten wird, um mich darauf zu bewerben (...) zurzeit überwiegend nicht, weil kaum was da ist, und ansonsten passiert da nicht viel“ (736/121).*

Zweitens wissen sie nicht, *wo* dies der Fall sein wird. Denn ein Arbeitsplatzangebot kann den Beschäftigten der DB JobService GmbH überall im Bahnkonzern gemacht werden. Sie sind dazu verpflichtet, auch solche Arbeitsplatzangebote anzunehmen, die mit weiten Arbeitswegen oder gar einem Umzug verbunden sind.

> *„... es gibt ja das Bündnis für Arbeit bis 2010, aber es gibt auch die Möglichkeit verhaltensbedingt zu kündigt. Und das wird bei JobService doch eher gemacht als in anderen Teilen der Bahn. Zum Beispiel, wenn ich eben einen zumutbaren Job ablehne. Also einen nach Auffassung der Bahn zumutbaren Job" (736/134).*

Dies stellt hohe Anforderungen an die betroffenen Beschäftigten und widerspricht zum Teil ihren außerbetrieblichen Interessen und Lebensentwürfen.

> *„Ich will eigentlich aus der Stadt hier nicht weg. Ich habe hier meinen Lebensmittelpunkt. Ich habe meine Verwandtschaft, meinen Freundeskreis hier. Ich wüsste nicht, was ich in X-stadt oder in Y-heim sollte" (736/96).*

Zu der für das berufliche Selbstbewusstsein einschneidenden Erfahrung des Arbeitsplatzverlustes kommt so noch die Situation der beruflichen Ungewissheit sowie der damit verbundenen Unsicherheiten und Belastungen hinzu. Dazu zählen auch Einschnitte und Belastungen finanzieller Art:

> *„... ich habe jetzt - bin auf 85% Gehalt (...) gesetzt worden. (...) Mit dem Gehalt muss ich natürlich dann zusehen, dass - irgendwo muss ich natürlich dann auch was einsparen (736/216).*

4.2.2.1 Handlungsstrategien zur Realisierung von individueller Verhandlungsautonomie

Trotz dieser insgesamt sehr restriktiven Ausgangsbedingungen hinsichtlich der Chancen, die eigene Position auf dem internen Arbeitsmarkt zu beeinflussen, versuchen die Beschäftigten dennoch, zumindest ansatzweise individuelle Verhandlungsautonomie diesbezüglich geltend zu machen. Dabei lassen sich in grober Vereinfachung drei verschiedene Strategien feststellen:

- Das *aktive Agieren* zur Veränderung der gegenwärtigen Situation;
- Die *eigensinnige Verweigerung* gegenüber betrieblichen Zumutungen;
- Das *resignative Sich-fügen* in die bestehende Situation.

Diese drei Strategien bezeichnen Handlungsansätze, mit denen die von Arbeitsplatzverlust betroffenen Beschäftigten versuchen, ihre gegenwärtige Situation im Unternehmen zu bewältigen. Die Handlungsansätze beziehen sich auf die eigene Stellung auf dem internen Arbeitsmarkt, die sie zu beeinflussen versuchen. Dies ist ein Kriterium für individuelle Verhandlungsautonomie in der Arbeit. Insofern können auch die darauf bezogenen Handlungsansätze als Ausdruck individueller Verhandlungsautonomie verstanden werden. Die hierbei unterschiedenen Strategien gehen mit jeweils unterschiedlichen Chancen zur Realisierung von individueller Verhandlungsautonomie einher. Die einzelnen Strategien werden im Folgenden skizziert.

Das aktive Agieren zur Veränderung der gegenwärtigen Situation

Die aktive Veränderung der gegenwärtigen Lage auf dem internen Arbeitsmarkt erfolgt vor allem über bestehende *Kontakte* und *Netzwerke* im Unternehmen. Diese werden entweder selbst aktiviert (z.B. durch Rückgriff auf alte Kontakte), oder bestehende Kontakte (z.B. ehemalige KollegInnen) bieten von sich aus Unterstützung an. Ziel von beidem ist es, die augenblickliche Situation zu verändern und die derzeitige Stellung auf dem internen Arbeitsmarkt durch den Erhalt eines neuen und regulären Arbeitsplatzes zu verbessern.

> *„... im Februar rief mich meine Freundin, Kollegin aus X-Stadt an und sagte, die nehmen auch wieder Y-heimer und sie hat mich angefordert und deswegen bin ich jetzt seit vierzehn Tagen in X-Stadt und habe auch schon einen festen Arbeitsvertrag avisiert bekommen" (735/12).*

Die eigensinnige Verweigerung gegenüber betrieblichen Zumutungen

In der Stellung auf dem internen Arbeitsmarkt drücken sich nicht nur betriebliche, sondern ebenfalls individuelle Interessen aus. Die eigensinnige Verweigerung gegenüber betrieblichen Zumutungen zielt auf die Realisierung solch individueller Interessen. Dabei beziehen sich die individuellen Interessen auf den gesamten (d.h. außerbetrieblichen wie betrieblichen) Lebens- und Arbeitszusammenhang eines Subjekts. Soll etwa die Wahl des Lebensmittelpunktes auch im Falle eines verloren gegangenen Arbeitsplatzes nicht zur abhängigen Variable betrieblicher Interessen und Zumutungen werden, dann sind Strategien zur Realisierung der eigenen Interessen erforderlich.

Diese Strategien variieren mit der Verhandlungs- und Durchsetzungsmacht einer Person und können mal offener, mal verdeckter in Erscheinung treten. Eine Form der verdeckten Strategie ist die *eigensinnige Verweigerung* gegenüber betrieblichen Anforderungen, die den eigenen Interessen zuwiderlaufen. Dies kann z.B. der Fall sein bei einem betrieblichen Arbeitsplatzangebot, welches einen Umzug erfordert. Aufgrund der strukturellen Machtasymmetrie zwischen Kapital und Arbeit kann ein solches Angebot, welches den eigenen Interessen und Lebensvorstellungen zuwiderläuft, nicht offen abgelehnt werden. Zur Vermeidung von negativen Sanktionen ist vielmehr eine *verdeckte Strategie* erforderlich.

> *„Deswegen muss ich zusehen, dass die mich nicht wollen. Nicht ich darf derjenige sein, der ablehnt" (736/136).*

Mit einer solchen Strategie der eigensinnigen Verweigerung können individuelle Interessen in Bezug auf die eigene Position auf dem internen Arbeitsmarkt realisiert werden. Dies kann ebenfalls als Ausdruck individueller Verhandlungsautonomie diesbezüglich verstanden werden.

Das resignative Sich-fügen in die bestehende Situation

Der Verlust des angestammten Arbeitsplatzes im Unternehmen ist ein erwerbsbiographischer Einschnitt, der das berufliche Selbstwertgefühl der Betroffenen stark belastet. Das betriebliche „Beschäftigungsbündnis“ bewahrt die betroffenen Beschäftigten zwar vor einer Exklusion vom internen Arbeitsmarkt. Die mit dem Arbeitsplatzverlust einhergehende *Entwertung* des *beruflichen Selbstwertgefühls* und der *beruflichen Erfahrung* kann es allerdings nur schwer verhindern. Ganz im Gegenteil wird die Erfahrung der beruflichen Entwertung im Rahmen der Vermittlungsleistungen der DB JobService GmbH zum Teil sogar noch dadurch verstärkt, dass die Beschäftigten zu betrieblichen Beschäftigungsprojekten verpflichtet werden können, auch wenn sie weit unterhalb ihrer Qualifikation liegen. Von einem Teil der Beschäftigten wird dies als zusätzliche Entwertung ihrer beruflichen Qualifikation wahrgenommen. Dies führt – zusammen mit mangelnder Kommunikation und Transparenz beim Vermittlungsprozess – bei diesen Beschäftigten zu einer weitgehenden Lähmung der individuellen Verhandlungsautonomie. Die betroffenen Beschäftigten sehen weder Möglichkeiten, ihre gegenwärtige Lage auf dem internen Arbeitsmarkt aktiv zu beeinflussen, noch Chancen der Verweigerung gegenüber betrieblichen Zumutungen. Vielmehr sehen sie sich den betrieblichen Anforderungen und Zugriffen mehr oder weniger hilflos ausgesetzt.

Bezogen auf die gegenwärtige Position auf dem internen Arbeitsmarkt bedeutet dies, dass die Beschäftigten kaum Einfluss darauf nehmen können, in welches Beschäftigungsprojekt sie z.B. kommen, oder was die qualifikatorischen Bedingungen und Voraussetzungen dafür sind.

> *„Ich weiß auch nicht, wann und wo ich Montag sein soll. Das steht noch in den Sternen. Morgen bin ich noch mal in dem anderen Projekt unterwegs, also bin ich gar nicht zu Hause und dann werde ich mal sehen, wann ich erfahre, wo ich am Montag sein muss“ (737/19).*

Aufgrund der unterschiedlichen Orte und Zeiten dieser Beschäftigungsprojekteinsätze ist neben der arbeitsmarktbezogenen Verhandlungsautonomie zugleich auch noch diejenige in Bezug auf die Vereinbarkeit von betrieblichen und außerbetrieblichen Anforderungen (Arbeit und Leben) in Mitleidenschaft gezogen.

4.2.3 Flexibilität als Bedingung für individuelle Verhandlungsautonomie – Der Betriebsfall DB Zeitarbeit GmbH

Die Beschäftigungssituation der LeiharbeiterInnen der DB Zeitarbeit GmbH charakterisiert sich insbesondere durch die Ungewissheit und Unbestimmtheit des nächsten Arbeitseinsatzes. Dies bezieht sich nicht nur auf das „ob“ und „wann“, sondern auch auf das „wie“ – also auf die konkreten Arbeitsinhalte und -bedingungen des nächsten Leiharbeitseinsatzes. Die genannten Punkte tangieren allesamt die Stellung der Zeitarbeitsbeschäftigten auf dem internen Arbeitsmarkt des Bahnkonzerns. Am Umgang mit ihnen lässt sich daher auch die darauf bezogene individuelle Verhandlungsautonomie der Zeitarbeitsbeschäftigten festmachen.

Die Spielräume dafür sind zunächst nicht besonders groß. Sie werden vor allem bestimmt durch das Dispositionsrecht des Verleihbetriebes, der DB Zeitarbeit GmbH, die zur Leiharbeit eingestellten Beschäftigten für unterschiedlich lange und mit unterschiedlichen Inhalten verbundene Leiharbeitseinsätze an beliebige Entleihbetriebe in unterschiedlichen Orten zu verleihen.[240] Von den Leiharbeitsbeschäftigten wird in jeder dieser Hinsichten jeweils maximale *Flexibilität* gefordert. Dies gilt sowohl in zeitlicher und räumlicher, als auch in sachlich-gegenstandsbezogener und inhaltlicher Hinsicht.

Die Forderung maximaler Flexibilität wird allerdings durch betriebliche Regelungen und Verfahren eingeschränkt. So gibt es von Seiten der DB Zeitarbeit GmbH z.B. in *zeitlicher* Hinsicht den Versuch, die Beschäftigten frühzeitig über bevorstehende Leiharbeitseinsätze in Kenntnis zu setzen.

> *„... war es immer so gewesen, ich wurde halt zwei Wochen vor Einsatzende angerufen und mir wurde dann gesagt, ja, da ist eine Stelle frei oder Sie gehen einfach mal dahin, an dem Tag fangen Sie dann und dann dort an" (738/110).*

Ähnliches lässt sich in *räumlicher* Hinsicht sagen. Auch hier versucht die DB Zeitarbeit GmbH, die LeiharbeiterInnen möglichst wohnortnah einzusetzen.

> *„... wird eigentlich (...) mehr von den Regionen die Leute genommen, wo sie halt auch eingesetzt werden" (738/120).*

Dieser betriebliche Verzicht auf die Forderung maximaler Flexibilität ist auch ein Ergebnis der Verhandlungen von betrieblicher und gewerkschaftlicher Interessenvertretung der Beschäftigten. Insofern kann er auch als Ausdruck *kollektiver Verhandlungsautonomie* der Zeitarbeitsbeschäftigten gelten. Sie ist formalisiert in entsprechenden Betriebsvereinbarungen und Tarifverträgen und stellt damit den formellen Rahmen für die individuelle Verhandlungsautonomie der LeiharbeiterInnen dar.

4.2.3.1 Handlungsstrategien zur Realisierung von individueller Verhandlungsautonomie

Die individuelle Verhandlungsautonomie der LeiharbeiterInnen macht sich unterhalb der Ebene kollektiver und formeller Vereinbarungen fest. Sie zeigt sich vor allem an den Chancen zur Beeinflussung der Bedingungen und Umstände des nächsten Leiharbeitseinsatzes. Hier gelingt es den befragten Beschäftigten, mit den Mitteln der *Kommunikation* und *Absprache* ein gewisses Maß an indivi-

---

[240] Das für ein Leiharbeitsverhältnis ebenfalls wichtige Direktionsrecht des Entleihbetriebs bezieht sich hingegen auf den konkreten Leiharbeitseinsatz und bestimmt dessen Arbeitsbedingungen. Es tangiert deshalb vor allem die individuelle Verhandlungsautonomie in Bezug auf die Arbeitszeitgestaltung, welche im vorigen Abschnitt behandelt wurde (siehe Punkt 4.1.3).

dueller Verhandlungsautonomie zu entfalten. Kommunikation und Absprache bezieht sich zum einen auf die zuständigen PersonalsachbearbeiterInnen bei der *DB Zeitarbeit GmbH*:

> *„... ich hatte bis jetzt immer einen fließenden Übergang (...) Das habe ich dann abgesprochen mit meiner Arbeitsdisponentin ...“ (739/107).*

Dies bezieht sich zum anderen aber auch auf die zuständigen Pendants bei den *Entleihbetrieben* vor Ort. Zum Teil können die LeiharbeiterInnen hier zu Arrangements über die Fortsetzung von Leiharbeitseinsätzen kommen, ohne dafür zunächst die Dienste der Zeitarbeitsfirma in Anspruch zu nehmen.

> *„... bis jetzt ist es immer so abgelaufen, also vor Einsatzende, (...) da wusste ich halt immer schon als erstes, wo ich als nächstes hinkomme, noch bevor Zeitarbeit das wusste ...“ (738/110).*

Mitunter kann es hier sogar zu einer gewissen „Eigendynamik des Bedarfs“ kommen:

> *„... in X-stadt ging es ja mehr immer - wurde über mich erzählt und irgendjemand hat gesagt, na, eigentlich bräuchte ich jemanden, aber nur für eine bestimmte Zeit, und da wurde ich dann halt immer weitergegeben und so bin ich halt auch in diese Projektarbeit gekommen“ (738/150).*

Deutlich wird hier auch der *informelle Charakter* der individuellen Verhandlungsautonomie. Wie bereits bei der Mitgestaltung der eigenen täglichen Arbeitzeit nimmt auch die auf die eigene Stellung auf dem internen Arbeitsmarkt bezogene individuelle Verhandlungsautonomie eine wesentlich informelle Form an. Dies sind vor allem Kommunikation und Absprachen. Bisweilen kann dabei auch auf persönliche Kontakte und soziale Netzwerke zurückgegriffen werden (z.B. in Gestalt von ehemaligen KollegInnen).

> *„... Herrn X kenne ich nun von früher, das war mal mein Leiter. Und insofern ist das alles so ein bisschen für mich lockerer hier bei der Zeitarbeit“ (740/79).*

Umrahmt werden diese informellen Formen individueller Verhandlungsautonomie auch hier von formellen Vereinbarungen und Regelungen, die als Ausdruck kollektiver Verhandlungsautonomie verstanden werden können.

4.2.4 Fazit – Individualisierte und informalisierte Handlungsstrategien zur Bewältigung von berufsbiographischer Ungewissheit und Verunsicherung

Werden die Ergebnisse aus den drei Betriebsfällen zusammengeschaut, ergibt sich ein überraschendes Bild: Obgleich die Beschäftigten des KundenService-Zentrums über die vergleichsweise konventionellste und in diesem Sinne auch stabilste Beschäftigungssituation verfügen, werden dort am wenigsten eigene Strategien der Beschäftigten sichtbar, um der absehbaren Bedrohung der Arbeitsplatzsicherheit zu begegnen. Stattdessen zeigen sich eher Anzeichen der

Schwächung und Lähmung von individueller Verhandlungsautonomie. Dies steht im Kontrast zu den geschilderten Strategien und Praktiken der Beschäftigten von DB JobService GmbH und DB Zeitarbeit GmbH. Sie zeichnen sich größtenteils durch hohe Aktivität aus, obwohl die Beschäftigungssituation in beiden Betriebsfällen aus unterschiedlichen Gründen sehr viel ungewisser und teils auch unsicherer ist.

Den Beschäftigten von DB JobService GmbH und DB Zeitarbeit GmbH bleibt offenbar nichts anderes übrig, als selbst eigene Strategien und Praktiken zu entwickeln, um die hohen Zumutungen ihrer Beschäftigungssituation zu bewältigen. Insbesondere für die Beschäftigten der DB JobService GmbH gilt, dass sie dafür von betrieblicher Seite aus wenig Unterstützungsangebote sehen. Sie erleben sich so als weitgehend auf sich selbst zurückgeworfen und damit auch als individualisiert. Hinzu kommt, dass sie die Zuweisung zu betrieblichen Beschäftigungsprojekten größtenteils als weitere Degradierung ihres beruflichen Erfahrungswissens und Selbstbewusstseins erfahren. Dennoch bleiben die Beschäftigten nicht passiv, sondern entwickeln eigene Strategien und Handlungsansätze, um mit der Ungewissheit und teils auch Unsicherheit ihrer beruflichen Situation umzugehen.

Ähnliches lässt sich über die Beschäftigten der DB Zeitarbeit GmbH sagen. Sie greifen im Umgang mit den hohen Flexibilitätsanforderungen der Leiharbeit ebenfalls auf individuelle, und hier vor allem auf informelle Praktiken der Bewältigung zurück. Dies wird allerdings flankiert von betrieblichen Regelungen der DB Zeitarbeit GmbH, die im Ergebnis kollektiver Verhandlungen auf die Forderung maximaler Flexibilität der Leiharbeit verzichten. Damit ist ein wichtiger Unterschied zur Situation der Beschäftigten in der DB JobService GmbH markiert. Zugleich illustriert es auch die Potenziale arbeitspolitischer Gestaltung von Leiharbeit.

Im Unterschied zu den Beschäftigten von DB JobService GmbH und DB Zeitarbeit GmbH sind die Beschäftigten im KundenServiceZentrum in ein reguläres Betriebsgefüge eingebunden. Dementsprechend verfügen sie über die damit verbundenen industriellen Rechte. Dies gilt vor allem in Bezug auf eine starke betriebliche Interessenvertretung, die in dieser starken Form bei den anderen beiden Betriebsfällen nicht anzutreffen ist.[241] Zudem sind ihre Arbeitsanforderungen allenfalls traditionell flexibilisiert (vor allem zeitlich, wie z.B. beim Wechselschichtdienst), und damit ebenfalls der betrieblichen Mitbestimmung zugänglich. Die Beschäftigten im KundenServiceZentrum wissen um diese Stärke betrieblicher Interessenvertretung sowie die damit verbundenen Rechte. Sie verlassen sich darauf auch angesichts der drohenden Risiken für die eigene Arbeitsplatzsicherheit. Die bisherigen Erfahrungen mit der Stärke betrieblicher und gewerkschaftlicher Interessenvertretung in der Deutschen Bahn AG geben ihnen

[241] Dies liegt zum großen Teil auch an der starken betrieblichen Zersplitterung dieser beiden Fälle (vgl. dazu die Betriebsfallbeschreibungen in Kapitel V).

dabei Recht. Wie sich dies allerdings in Zukunft gestaltet, ist eine offene Frage.[242] Sicher ist in diesem Zusammenhang nur, dass die Beschäftigten von DB JobService GmbH und DB Zeitarbeit GmbH bereits jetzt nicht mehr in gleicher Weise auf solche regulären und starken Interessenvertretungsstrukturen zurückgreifen können und deshalb von vornherein dazu aufgefordert sind, eigene Strategien und Praktiken individueller Verhandlungsautonomie zu entwickeln. Sie zeichnen sich durch einen hohen Grad an Individualisierung und Informalisierung aus, und finden darin angesichts der strukturellen Machtasymmetrie zwischen Management und Beschäftigten auch ihre Grenzen.

[242] Auch und gerade wegen des nach wie vor angestrebten Börsengangs (vgl. Kap. IV).

VII Voraussetzungen und Grenzen für Autonomie und Aneignung in der Arbeit

Nach ersten Ergebnissen der WSI-Betriebsrätebefragung 2008 gibt es in über 80% der untersuchten Betriebe Beschäftigte, die dauerhaft unter hohem Zeit- und Leistungsdruck stehen.[243] Betroffen sind davon nicht nur einzelne Beschäftigte mit besonderen Aufgaben, sondern mit durchschnittlich 43% der Beschäftigten weite Teile der Belegschaft. Als eine der Ursachen für den hohen Zeit- und Leistungsdruck geben knapp 80% der befragten BetriebsrätInnen die hohe Eigenverantwortlichkeit von Beschäftigten an. Bestätigt sich dadurch das Verdikt von Glißmann/Peters (2001), wonach „mehr Druck durch mehr Freiheit" entsteht? Ist Autonomie in der Arbeit unter den gegenwärtigen Bedingungen der Vermarktlichung und Subjektivierung vor allem als „Anforderung und Verpflichtung für den Einzelnen" (Sichler 2006: 243) zu sehen? Und werden dadurch die noch zu früheren Zeiten so häufig mit Autonomie verbundenen Chancen für Emanzipation und Selbstverwirklichung in der Arbeit obsolet?

Es lohnt ein genauerer Blick. Autonomie in der Arbeit wurde am Beginn dieser Untersuchung als *Kontrolle über die wesentlichen betrieblichen Rahmenbedingungen der Arbeit* bestimmt. Dabei wurde differenziert zwischen *Handlungsautonomie*, die sich auf Entscheidungsfreiheiten in der unmittelbaren Arbeitsausführung bezieht, und *Verhandlungsautonomie*, die die Einflussmöglichkeiten auf die Gestaltung der betrieblichen Arbeits- und Beschäftigungsbedingungen meint. Die Differenzierung zwischen beiden Autonomiedimensionen wurde auch charakterisiert als Kontrolle *in* der Arbeit (job control) und Kontrolle *über* Arbeit (workers control). Zudem wurden im Rekurs auf Peters (2001) drei verschiedene Bedeutungen von Autonomie unterschieden:

- Autonomie als Gegenbegriff zur Heteronomie;
- Autonomie als Urteils- und Zurechnungsfähigkeit des Individuums;
- Autonomie als Selbstorganisation von Prozessen und Systemen.

Werden aus der Perspektive dieser Bestimmungen die Ergebnisse der jüngsten WSI-Betriebsrätebefragung betrachtet, dann zeigt sich eine deutliche Akzentverschiebung: Weniger die hohe Eigenverantwortlichkeit an sich ist dann das Belastende in der Arbeit für die Beschäftigten, sondern die mangelnden Einflussmöglichkeiten auf die betrieblichen Kontextbedingungen der geforderten Eigenverantwortlichkeit in der Arbeit. Deutlich wird dies an folgenden zwei Zahlen

---

[243] Zwischen September 2008 und Januar 2009 wurden 1.700 Betriebsräte und -rätinnen befragt. Die Umfrage ist repräsentativ für Betriebe mit mehr als 20 Beschäftigten und Betriebsrat (vgl. Böckler impuls 6/2009, S. 1).

der Befragung: 84% der BetriebsrätInnen geben als Ursache für hohen Zeit- und Leistungsdruck eine zu niedrige Personaldecke an, und 75% nennen die Abhängigkeit von Kundenvorgaben als Ursache. Personalknappheit und mangelnde Zeit zur Bearbeitung von Kundenaufträgen aber sind Elemente der betrieblichen Rahmenbedingungen von Arbeit. Als solche sind sie nicht selten Ergebnis einer einseitig auf Kostenreduzierung und Gewinnmaximierung zielenden Unternehmenspolitik. Gegenüber den Beschäftigten verselbstständigen sich diese betrieblich erzeugten Rahmenbedingungen häufig. Dies wird verstärkt durch neue Organisations- und Managementstrategien, die auf flache Hierarchien, Dezentralität und Ergebnisverantwortung setzen. Die Beschäftigten werden so unmittelbarer mit den Anforderungen und Ergebnissen ihrer Arbeit konfrontiert (und dafür auch verantwortlich gemacht), häufig allerdings ohne deren Rahmenbedingungen mit beeinflussen zu können. Stattdessen treten ihnen die neuen Arbeitsanforderungen als verselbstständigte Prozesse gegenüber. Sie werden somit „autonom" in der dritten von Peters (2001) unterschiedenen Bedeutung. Diese Prozessautonomie ist zu unterscheiden von der Autonomie in der ersten Bedeutung als Gegenbegriff zur Heteronomie. Diese Autonomie bezieht sich auf Individuen und zielt auf persönliche Selbstbestimmung. Dafür allerdings sind Einflussmöglichkeiten auch auf die betrieblichen Rahmenbedingungen der Arbeit nötig. Denn die betrieblichen Rahmenbedingungen entscheiden wesentlich über die Ausstattung mit Ressourcen für eine möglichst selbstbestimmte Arbeitsausführung (z.B. Personal, Zeit, Technik).

Die vorliegende Untersuchung hat gezeigt, dass die Beschäftigten oftmals auf diesbezügliche Grenzen stoßen. Zugleich wurde aber auch deutlich, dass sie dennoch einen Anspruch auf Kontrolle über die betrieblichen Rahmenbedingungen ihrer Arbeit formulieren. Theoretisch zu fassen versucht wurde dies mit der Kategorie der *Aneignung*. Sie wurde definiert als *subjektive Äußerung eines Anspruchs nach Kontrolle in der Arbeit*. Aneignung kann damit als wichtige subjektbezogene Voraussetzung für Autonomie in der Arbeit gelten. Dabei steht sie in einem engen Verhältnis wechselseitiger Beeinflussung zu den strukturellen und betrieblichen Bedingungen für Autonomie in der Arbeit. Differenziert wurden drei Ebenen der Aneignung: sinnlich-erfahrende, mental-symbolische und praktisch-handelnde Aneignung. Empirisch konzeptionalisiert wurde dies anhand von Anerkennungsbedürfnissen, Erwerbsorientierungen sowie Handlungs- und Verhandlungsautonomie in der Arbeit.

Im Folgenden werden die diesbezüglichen Untersuchungsergebnisse kurz rekapituliert. Dies geschieht zunächst für den Aspekt der Aneignung (1), sodann für die beiden Aspekte der Handlungs- und Verhandlungsautonomie (2). Als Fazit wird anschließend der Stellenwert von Kontrollchancen und Handlungsressourcen als Voraussetzungen für Autonomie und Aneignung in der Arbeit verdeutlicht (3). Abschließend werden mit formalen Rechten und individueller Selbstkompetenz zwei mögliche Gegenmittel zur Einschränkung von individuellen Autonomiechancen in der Arbeit skizziert (4).

1 Formen subjektiver Aneignung in der Arbeit

Die empirischen Ausführungen haben gezeigt, dass es auf Basis einer erweiterten Subjektivität in der Arbeit auch zu Formen der Aneignung von betrieblichen Anforderungen und Rahmenbedingungen der Arbeit durch die Beschäftigten kommt. Dies gilt für alle drei der differenzierten Aneignungsebenen:

- Auf der *sinnlich-erfahrenden Aneignungsebene* kommt es zu eigensinnigen und widersprüchlichen Formen einer Aneignung des „Unternehmerischen". Illustriert wurde dies am Beispiel des Umgangs mit dem betrieblichen „Ideenmanagement" und dem „BahnAward". Beide Instrumente stehen für Formen symbolischer Anerkennung, wie sie im Rahmen eines gewandelten, als posttayloristisch charakterisierten betrieblichen Anerkennungsmusters benutzt werden. Die Beschäftigten machen sich dieses Anerkennungsmuster auf eigensinnige Weise zueigen, indem sie es z.B. auch zur Verbesserung ihrer eigenen Arbeitsbedingungen nutzen. Zugleich zeigt sich bei den Beschäftigten ein Bedürfnis nach Transparenz und Überschaubarkeit von betrieblichen Zusammenhängen. Dies schließt gerade auch geschäfts- und produktionsbezogene Vorgänge mit ein und kann daher als Ausdruck eines Anspruchs nach Aneignung und Kontrolle von betrieblichen Rahmenbedingungen des eigenen Arbeitszusammenhangs verstanden werden.
- Auf der *mental-symbolischen Aneignungsebene* zeigt sich, dass immaterielle Aspekte der Erwerbsarbeit eine hohe Bedeutung für die Beschäftigten haben. Dies gilt zum einen für arbeitsinhaltliche und gegenstandsbezogene Sinnaspekte, zum anderen für soziale und kommunikative Sinnaspekte. Diese immateriellen Sinn- und Bedürfnisaspekte der Erwerbsarbeit lassen sich idealtypisch dem gebrauchswertorientierten Aspekt der Erwerbsorientierung zuordnen. Zugleich spielen in der Wahrnehmung der Beschäftigten aber auch die anderen beiden Aspekte der Erwerbsorientierung eine Rolle. Dies gilt in Bezug auf den tauschwertorientierten Aspekt vor allem für die Sicherheit des eigenen Arbeitsplatzes und der eigenen Beschäftigung. Damit zusammen hängen die beruflichen Entwicklungsperspektiven, die für einen Großteil der Beschäftigten ebenfalls von hoher subjektiver Bedeutung sind. In Bezug auf den „lebenswertorientierten" Aspekt der Erwerbsorientierung zeigt sich in der subjektiven Wahrnehmung der Beschäftigten sehr deutlich die hohe Bedeutung der existenziellen Funktion von Erwerbsarbeit. Gleiches lässt sich auch über den Zusammenhang von Arbeit und Leben sagen. Alle drei Aspekte der Erwerbsorientierung bilden aus der Perspektive der Beschäftigten einen integralen Bedeutungszusammenhang, der sich nicht einseitig zur einen oder anderen Seite auflösen lässt. Wird dies betrieblicherseits versucht, etwa durch zunehmende Ökonomisierung der betrieblichen Arbeits- und Sozialbeziehungen oder steigende Arbeitsverdichtung, zeigen sich auf Seiten der Beschäftigten deutliche Sperren. Sie sind zum einen Ausgangspunkt für partielle Verweigerungen gegenüber betrieblichen Anforderungen, die zum

Teil als Zumutungen erlebt werden. Sie signalisieren zum anderen einen Anspruch nach persönlicher Integrität und ganzheitlichem Sinnerleben in der Arbeit, der sich auch als Anspruch nach Aneignung und Kontrolle über die betrieblichen Rahmenbedingungen der eigenen Arbeit verstehen lässt.

- Auf der *praktisch-handelnden Aneignungsebene* zeigt sich schließlich, dass sich die Beschäftigten trotz zum Teil restriktiver Arbeits- und Beschäftigungsbedingungen dennoch eigene Handlungsmöglichkeiten bewahren. Dies gilt sowohl für die Beschäftigten im KundenServiceZentrum als auch für die Beschäftigten von DB JobService GmbH und DB Zeitarbeit GmbH. Gerade die letzten beiden Beschäftigtengruppen werden als LeiharbeiterInnen bzw. als vom Arbeitsplatzverlust Betroffene mit Bedingungen konfrontiert, die sich restriktiv auf ihre gesamte Beschäftigungssituation auswirken. Dennoch zeigen sich auch hier Handlungsstrategien, mit denen versucht wird, die eigenen Interessen zu behaupten. Dies zum einen gegenüber betrieblichen Anforderungen, die als Zumutungen erlebt werden (z.B. die geforderte örtliche Mobilität), und die eher stillschweigend und untergründig verweigert werden. Dies zum anderen hinsichtlich aktiv und eigenständig genutzter Handlungsspielräume in der Arbeit, mit denen versucht wird, das eigene Verständnis von „guter Arbeit" und „guter Leistung" zu realisieren – auch und gerade z.B. bei im Vergleich zur eigenen Qualifikation unterwertigen Tätigkeitseinsätzen.

Die genannten Formen subjektiver Aneignung in der Arbeit sind wichtige Indikatoren für Autonomiechancen in der Arbeit. Sie verdeutlichen aus der Subjektperspektive Ansprüche und Strategien der abhängig Beschäftigten nach Kontrolle in der Arbeit. Sie können damit als wichtige *subjektive Voraussetzungen* für Autonomie in der Arbeit gelten. Zudem markieren sie Anhaltspunkte zur Ausfüllung für das, was Sauer (2007: 213) die „Aneignungsperspektive" einer „eigensinnigen Arbeitspolitik" nennt. Sie ergibt sich nach Sauer „systematisch aus der betrieblichen Nutzung der Subjektpotenziale von Arbeitskraft, der neuen Selbstständigkeit und der Aufforderung zu unternehmerischem Handeln" (ebd.). Dieser erweiterte betriebliche Zugriff auf das menschliche Arbeitsvermögen verläuft für die Beschäftigten nicht widerspruchsfrei und stellt sie vor neue Herausforderungen auch in ihrem Verhältnis zu sich selbst. So kann z.B. die Aneignung des unternehmerischen Interesses durch die abhängig Beschäftigten in Konflikt geraten zu ihren Interessen als entlohnte Arbeitskraft oder als soziale Wesen mit menschlichen Bezügen auch außerhalb des Unternehmens. Für Sauer resultiert daraus die Frage, ob die Beschäftigten sich von den vorgegebenen betrieblichen Rahmenbedingungen ihrer Arbeit lediglich bestimmen lassen wollen oder ob sie in der Lage sind, zu einen selbstbestimmten Verhalten gegenüber diesen betrieblichen Rahmenbedingungen zu kommen. Dies entspricht in etwa der hier untersuchten Frage nach den individuellen Chancen für Autonomie und Aneignung in der Arbeit. Allerdings wurde hier auch nach den betrieblichen Bedingungen und Grenzen für Autonomie und Aneignung in der Arbeit gefragt. Dies ergänzt die nach Einschätzung von Sauer zunächst individuell zu führende Auseinandersetzung mit dieser Frage. Hinweise für Antworten darauf finden sich in den folgenden Abschnitten. Dabei wird zunächst auf die betrieblichen Grenzen für Autonomie und Selbstbestimmung in der Arbeit eingegangen.

2 Betriebliche Grenzen für Autonomie in der Arbeit

Die Untersuchung verdeutlichte auch Grenzen für Autonomie und Selbstbestimmung in der Arbeit. Sie betreffen vor allem die *betrieblichen Voraussetzungen* und *Bedingungen* für Autonomie in der Arbeit. Dies gilt zum einen in technischer und arbeitsorganisatorischer Hinsicht und betrifft vor allem die Chancen für Handlungsautonomie in der Arbeit. Dies gilt zum anderen in arbeits- und personalpolitischer Hinsicht und betrifft vor allem die Chancen für individuelle Verhandlungsautonomie in der Arbeit. Beide Punkte werden im Folgenden erläutert.

2.1 Technische und arbeitsorganisatorische Grenzen für Handlungsautonomie

Technische und arbeitsorganisatorische Grenzen für Handlungsautonomie in der Arbeit zeigen sich dort, wo die Arbeitstätigkeiten sich durch einen hohen Grad an Standardisierung und Informatisierung auszeichnen. Dies war z.B. der Fall bei der zentralen Auftragsbearbeitung im KundenServiceZentrum. Hier dominierten stark standardisierte und repetitive Tätigkeiten, die wenig Raum für eigene Entscheidungsmöglichkeiten ließen. Es kann hier von einem engen Zusammenhang zwischen geringer Aufgabenkomplexität, niedrigen Qualifikationsanforderungen und eingeschränkter Handlungsautonomie gesprochen werden. Dies bestätigt eine zentrale These der Handlungsregulationstheorie, die auch in der Arbeits- und Industriesoziologie Verwendung findet (z.B. Kern/Schumann 1984; Schumann u.a. 1994).

Allerdings findet Handlungsautonomie in der Arbeit selbst bei hohen Qualifikationsanforderungen und komplexen Arbeitsaufgaben dann eine Grenze, wenn die übrigen betrieblichen Arbeitsbedingungen dem zuwiderlaufen. Dies trifft vor allem bei steigendem Arbeits- und Zeitdruck durch Arbeitsverdichtung und Personalverknappung zu. Hier kommt es zu einer Entkopplung von Qualifikationsanforderungen und der Kontrolle über die Art und Weise der Arbeitsausführung. Zu einer ähnlichen Einschätzung kommt Moldaschl (1991: 376) bei qualifizierten Tätigkeiten in automatisierten Bereichen der Elektroindustrie. Die Entkopplung dort zeigt sich in Zeitdruck und widersprüchlichen Arbeitsanforderungen. Diese Faktoren spielen auch im Untersuchungsfeld dieser Arbeit eine wichtige Rolle. Durch sie kommt es zu einer Arbeitsausführung, die nicht selten gegen das Verständnis der Beschäftigten von einer guten Arbeits- und Leistungsqualität verstößt. Dies gilt gleichermaßen für die akademisch wie die betrieblich qualifizierten Beschäftigten des Samples.

Handlungsrelevante Arbeitsbedingungen wie Arbeits- und Zeitdruck sind aber auf der Ebene der unmittelbaren Arbeitsausführung – und damit über Handlungsautonomie – kaum zu beeinflussen. Als Ergebnis von arbeits- und personalpolitischen Entscheidungen des Managements sind sie vor allem Teil der betrieblichen Rahmenbedingungen von Arbeit und als solche Gegenstand von Verhandlungsautonomie in der Arbeit.

2.2 Arbeits- und personalpolitische Grenzen für individuelle Verhandlungsautonomie in der Arbeit

Die Chancen für individuelle Verhandlungsautonomie in der Arbeit wurden am Beispiel zweier Kriterien untersucht: den Möglichkeiten zur Mitgestaltung der eigenen täglichen Arbeitszeit sowie zur Beeinflussung der eigenen Stellung auf dem internen Arbeitsmarkt. Als Resultat zeigte sich insgesamt, dass sie einen stark informellen und individualisierten Charakter annehmen. Insbesondere die Chancen zur Mitgestaltung der eigenen täglichen Arbeitszeit basieren vor allem auf persönlicher Absprache und Vertrauen. Anders als z.B. reguläre betriebliche Arbeitszeitregelungen generieren sie keine formalen Rechte, sondern lediglich potentielle Möglichkeiten. Dies kann einerseits neue Handlungs- und Gestaltungschancen unterhalb der formalen Ebene eröffnen, etwa wenn restriktive Arbeitszeitmodelle (z.B. Wechselschicht) dadurch persönlich flexibler handhabbar werden. Andererseits sind diese informellen Handlungs- und Gestaltungsmöglichkeiten abhängig von der individuellen Verhandlungsmacht der Beschäftigten sowie deren jeweiliger Ausstattung mit Verhandlungsressourcen (z.B. Qualifikation, Alter und Lebensweise). Sie gelten damit nicht in gleicher Weise für alle Beschäftigten und treiben die Differenzierung des betrieblichen Personalkörpers voran. Zudem brechen sie sich gerade aufgrund ihres informellen Charakters an betrieblichen Rahmenbedingungen der Arbeit wie etwa Arbeitsdruck und Personalknappheit. Dies tangiert die Gestaltung der eigenen täglichen Arbeitszeit z.B. dahingehend, dass aufgrund von Arbeitsdruck und Personalknappheit länger gearbeitet werden muss. Zugleich werden dadurch auch die Chancen zur eigenen Zeiteinteilung in der unmittelbaren Arbeitsausführung selbst eingeschränkt.

Gerade dies verdeutlicht, wie eng Handlungs- und Verhandlungsautonomie in der Arbeit zusammenhängen. Es kommt hier zu Überschneidungen und Interdependenzen zwischen beiden Autonomiedimensionen, so dass der These von Moldaschl (2001: 136f), wonach es im Verhältnis von Handlungs- und Verhandlungsautonomie zur Entkopplung und Umkehrung komme, in dieser allgemeinen Form nicht zugestimmt werden kann. Ganz im Gegenteil verdeutlicht das Beispiel der repetitiven Auftragsbearbeitung, dass dort, wo die Handlungsautonomie in der Arbeit gering ist, zugleich auch die Verhandlungsautonomie hinsichtlich der betrieblichen Rahmenbedingungen gering ist. Die Beschäftigten werden hier sowohl mit massiven Zeitdruck in der Arbeitsausführung als auch mit ungeplanter Mehrarbeit konfrontiert, denen sie sich beiden kaum entziehen können. In Bezug auf diese zeitlichen Anforderungen ist somit sowohl ihre Handlungs- als auch Verhandlungsautonomie gering.

Der enge Bezug von Handlungs- und Verhandlungsautonomie gilt auch für die qualifizierten Tätigkeiten der akademischen ausgebildeten Beschäftigten. Hier zeigt sich allerdings die umgekehrte Wirkrichtung als bei den eher einfachen und restriktiven Tätigkeiten: Ein durch formales Qualifikationsniveau und Art der übertragenen Arbeitsaufgabe an sich hohes Maß an Handlungsautonomie in der Arbeit wird deutlich eingeschränkt durch eine geringe Verhandlungsautonomie zur Beeinflussung der betrieblichen Rahmenbedingungen der eigenen Arbeitstätigkeit. So kommt es durch steigenden Termindruck und Personalverknappung (als Ergebnis von Entscheidungen auf der Ebene der betrieblichen Rahmenbedingungen) zu einer Einschränkung von Handlungsautonomie in der unmittelbaren Arbeitsausführung. Dies zeigt sich insbesondere in Verstößen gegen das eigene Qualitätsverständnis von Arbeit und Leistung. Dadurch kommt es zu Unzufriedenheiten mit der als ungenügend empfundenen Qualität der hergestellten Produkte und Leistungen.

3 Kontrollchancen und Handlungsressourcen als Voraussetzungen für Autonomie und Aneignung in der Arbeit

Als eine wesentliche Gemeinsamkeit der beschriebenen Grenzen für Autonomie in der Arbeit kann auf Seiten der Beschäftigten ein *Mangel* an Kontrolle über handlungsrelevante betriebliche Rahmenbedingungen gelten. Angesichts dessen erweisen sich die jeweils zur Verfügung stehenden Handlungsressourcen als entscheidende Voraussetzung für Autonomie in der Arbeit. Wichtige Eckpunkte dafür sind z.B. die Verfügung über ausreichend Zeit und Mittel zur Arbeitsausführung oder ausreichend Entscheidungsmöglichkeiten zur Festlegung von eigenen Arbeitsschritten und Zeiteinteilungen. Die Bedingungen dafür werden aber jenseits der Ebene unmittelbarer Arbeitsausführung festgelegt. Entscheidend dafür sind arbeits- und personalpolitische Entscheidungen des Managements, die zum Bestandteil der (sich oftmals verselbstständigenden) betrieblichen Rahmenbedingungen der Arbeit werden. Die Frage der Handlungsressourcen in der Arbeit ist somit auch eine Frage der Kontrolle über die betrieblichen Rahmenbedingungen der Arbeit. Durch zunehmende Ökonomisierung werden betriebliche Ressourcen für Autonomie in der Arbeit zunehmend verknappt (z.B. Zeit und Personal). Auch kommt es durch indirekte Steuerungsformen häufig zu einer Verselbstständigung von betrieblichen Prozessen und damit von betrieblichen Rahmenbedingungen der Arbeit. Die Chancen für Autonomie in der Arbeit werden durch beides stark eingeschränkt.

Zudem zeigt sich, dass eine zunehmende Ökonomisierung der betrieblichen Arbeits- und Sozialbeziehungen wesentlichen Orientierungen der Beschäftigten nach guter und sinnvoller Arbeit entgegenläuft. Ein nicht unwesentlicher Teil der Beschäftigten sieht sich dabei in seinem Engagement und Verständnis für „gute Arbeit" missachtet. Dies wird insbesondere bei denjenigen Beschäftigten, die ihren regulären Arbeitsplatz im Unternehmen verloren haben, ergänzt um die Erfahrung berufsbiographischer Missachtung. Aber auch von den Beschäftigten mit regulärem Arbeitsplatz wird die Bedrohung der eigenen Arbeitsplatzsicherheit als Infragestellung des Werts der eigenen Arbeit und Leistung empfunden. Auch solche Missachtungserfahrungen können als Einschränkung individueller Autonomie in der Arbeit gelten.

4 Formale Rechte und individuelle Selbstkompetenz als Gegenmittel zur Einschränkung von Autonomie in der Arbeit

Als Gegenmittel zur Einschränkung insbesondere von Verhandlungsautonomie in der Arbeit können zum einen *formale Rechte* verstanden werden. Wie gezeigt, geben sie oftmals das Fundament ab, auf den sich informelle Handlungsstrategien und Praktiken der Beschäftigten überhaupt erst entfalten können. Im Unterschied zu diesen aber brechen sich die formalen Rechte nicht an der strukturellen Übermacht des betrieblichen Managements. Als Ergebnis kollektiver Verhandlungsmacht bilden sie im Gegenteil ein Gegengewicht zur Vereinseitigung von Managementmacht und können daher als Ausdruck kollektiver Verhandlungsautonomie verstanden werden. Durch Ausbau von „industrial rights" können die informellen Handlungsstrategien und -praktiken der Beschäftigten auf eine stabile, da allgemein einforderbare Grundlage gestellt werden. Die bislang noch starke Abhängigkeit der informellen Praktiken und Strategien von rein individuellen Verhandlungsressourcen würde dadurch gelockert, wenn nicht weitgehend aufgelöst. Durch eine solche Stärkung individueller Verhandlungsautonomie erhielte auch die zunehmende Verlagerung der Arbeits- und Leistungsregulation von der kollektiven zur individuellen Ebene eine wichtige Flankierung. Die Individualisierung und Informalisierung der Verhandlungsautonomie der Beschäftigten könnte so auf wirksame Weise eingebettet werden.

Zum anderen kann die Stärkung der *individuellen Selbstkompetenz* als Gegenmittel zur Einschränkung von Autonomie in der Arbeit verstanden werden. Dies gilt in mehrfacher Hinsicht. Zunächst ist Selbstkompetenz nach Rastetter (2008) eine grundsätzliche Voraussetzung für mikropolitisches Handeln in Organisationen.[244] In vorliegender Untersuchung zeigte sie sich z.B. als pragmatische Gelassenheit gegenüber den steigenden Anforderungen des Unternehmens.[245] Dies kann als eine wichtige subjektbezogene Voraussetzung für individuelle *Handlungsautonomie* in der Arbeit charakterisiert werden. Durch entwickelte Selbstkompetenz steigen auch die individuellen Fähigkeiten zur Selbstregulation von Arbeitstätigkeiten sowie zur Selbstorganisation von Arbeitsprozessen. Mit die-

---

[244] Als solche ist sie nach Rastetter (2008) ein Aspekt von „mikropolitischer Kompetenz". Weitere Aspekte davon sind Fachkompetenz, Methodenkompetenz und Sozialkompetenz.

[245] Vgl. Kapitel VI, Abschnitt 3.1.6, Interviewpassage 532/210.

sen beiden Anforderungen werden die Beschäftigten im Rahmen neuer „indirekter“ Steuerungsformen der Arbeits- und Betriebsorganisation zunehmend konfrontiert (Sichler 2006). Das verbindet sich – wie in den untersuchten Betriebsfällen auch deutlich wurde – häufig mit einer restriktiven Personalpolitik und einer Verdichtung von Arbeitsabläufen. Dadurch steigen die Anforderungen an die Fähigkeiten zur Selbstregulation und Selbstorganisation der Beschäftigten in der Arbeit zusätzlich.

Darüber hinaus bezieht sich individuelle Selbstkompetenz auch auf die Chancen für *Verhandlungsautonomie* in der Arbeit. Die in der Untersuchung am Beispiel der Einflussnahme auf die eigene Arbeitszeitgestaltung sowie die eigene interne Arbeitsmarktstellung verdeutlichten informellen Handlungsstrategien und Praktiken der Beschäftigten (z.B. gegenüber Vorgesetzten) können durch eine entwickelte Selbstkompetenz gestärkt werden. Dies gilt auch für die individuellen Handlungsstrategien zur Gestaltung des *Verhältnisses von Arbeit und Leben*. Die neuen betrieblichen Anforderungen wirken diesbezüglich häufig schrankenlos in Richtung einer „Arbeit ohne Ende“. Dies allerdings nicht nur aufgrund der neuen „indirekten“ Steuerungsformen (wie z.B. Ergebnisorientierung), sondern auch, weil die Beschäftigten sich die neuen betrieblichen Anforderungen häufig selbst zu Eigen machen. Sie bleiben ihnen nicht äußerlich, sondern sie identifizieren sich damit. Ein wichtiger Grund dafür sind die entwickelten inhaltlichen Bezüge der Beschäftigten zu ihrer Arbeit. Sie wurden im empirischen Teil dieser Arbeit ausführlich geschildert (vgl. Kap. VI, Abs. 2). Im Verein nun mit einer restriktiven Personalpolitik und einer gestiegenen Arbeitsverdichtung (sowie des dadurch entstehenden Termindrucks) konfrontiert die hohe Identifikation mit der eigenen Arbeit die betroffenen Beschäftigten oftmals mit der Frage nach dem „richtigen Maß“ im Verhältnis von Arbeit und Leben (bzw. von betrieblichen und außerbetrieblichen Anforderungen). Von der veränderten Struktur der betrieblichen Anforderungen her bekommen die Beschäftigten auf diese Frage keine eindeutige Antwort mehr (im Sinne einer klar vorgegebenen Grenze wie z.B. der täglichen Arbeitszeitdauer). Ganz im Gegenteil wird das Verhältnis von Arbeit und Leben sowie die darin eingelagerten außerbetrieblichen Ressourcen der Beschäftigten zunehmend selbst zum Bezugspunkt neuer betrieblicher Rationalisierungsstrategien (Kratzer 2003). Davon zeugen z.B. Phänomene wie das Mitnehmen von Arbeit nach Zuhause oder eine potenziell ständige Erreichbarkeit via Mobiltelefon und E-Mail. Es bleibt somit den Beschäftigten häufig selbst überlassen, im Verhältnis von Arbeit und Leben eigene Grenzen zu setzen. Die damit verbundenen Anforderungen und Strukturveränderungen werden unter dem Stichwort der „Entgrenzung von Arbeit und Leben“ diskutiert (Gottschall/Voß 2003). In diesem Zusammenhang wird auch für eine Stärkung der individuellen Befähigung zur eigenen Grenzziehung plädiert (Jürgens 2006). Der Vorschlag zur Stärkung der individuellen Selbstkompetenz als ein Gegenmittel zur Einschränkung von Autonomie in der Arbeit knüpft daran an und zielt in dieselbe Richtung. Er bezieht sich z.B. auf die Fähigkeit, Arbeitsaufgaben und damit zusammenhängende Anforderungen des Betriebes auch abwehren zu können (soweit die grundsätzlich eingeschränkten Dispositionsrechte der abhängig Beschäftigten dies zulassen). Die zunehmende Bedeutung der individuellen Fähigkeit zur Abgrenzung gegenüber den Anforderungen der Arbeitsaufgabe zeigte sich deshalb in den hier untersuchten Betriebsfällen vor allem auch bei den befragen Fach- und Führungskräften sowie den BetriebsrätInnen (vgl. Nickel/Hüning/Frey 2008). Im Zuge neuer Organisations- und Steuerungsformen von Arbeit (z.B. Projektarbeit) sowie einer grundsätzlich veränderten Qualifikations- und Anforderungsstruktur durch wachsende Anteile von Dienstleistungsarbeit ist jedoch davon auszugehen, dass die Abgrenzungsproblematik künftig auch für „gewöhnliche" Beschäftigte zunehmend relevant sein wird.

Eine gestärkte Selbstkompetenz ist zudem auch wichtig für die Gestaltung des eigenen *Berufs-* und *Karriereverlaufs*. Wie das Beispiel einer jüngeren Beschäftigten im KundenServiceZentrum verdeutliche, können sich die Kriterien zur Bewertung und Gestaltung des Verhältnisses von Arbeit und Leben im Verlauf der beruflichen Entwicklung verändern.[246] Legte die Beschäftigte noch während ihrer betrieblichen Ausbildung ein deutliches Schwergewicht auf den außerbetrieblichen Lebensbereich, so änderte sich dies nach Ausbildungsende und Berufseinstieg deutlich. Durch berufliche Erfolge und erfahrene Anerkennung nahm der betriebliche Lebensbereich in der persönlichen Gewichtung zu. Durch den Eintritt neuer Lebensumstände kann sich dies womöglich erneut verändern. Entscheidend ist hier, ob mittels einer entwickelten Selbstkompetenz eine möglichst *souveräne* und zugleich auch *reflexive* Entscheidung über die jeweilige Schwerpunktsetzung im individuellen Verhältnis von Arbeit und Leben gefällt werden kann. Basis dieser Entscheidung sind die jeweils lebenslaufspezifischen Orientierungen der Beschäftigten in Bezug auf die Gestaltung ihrer Arbeit und ihres Lebens.[247] Je nach individueller Berufs- und Lebensphase können sich die Voraussetzungen und Präferenzen dafür ändern. So werden etwa am Beginn eines Berufslebens häufig andere Schwerpunkte gesetzt als in der Mitte oder am Ende. Dies möglichst bewusst und selbstbestimmt tun zu können (und im vorgebenen betrieblichen Rahmen z.B. auch etwas weniger engagiert und extensiv arbeiten zu können), ist auch abhängig von einer entsprechend gestärkten Selbstkompetenz. Flankiert werden muss dies allerdings von entsprechend ausgestalteten formalen Rechten der Beschäftigten.[248] Hinzu kommt, dass sich das Verhältnis von Arbeit und Leben nach wie vor höchst ungleich zwischen Frauen und Männern gestaltet. Hier bedarf es auch entsprechender geschlechterpolitischer Ansätze vor allem im Hinblick auf eine egalitäre Verteilung von bezahlter Erwerbs- und unbezahlter Reproduktionsarbeit zwischen Frauen und Männern.

---

[246] Vgl. Kapitel VI, Abschnitt 2.3.1, Interviewpassagen 731/45, 731/53 und 731/133.

[247] Das Konzept einer „lebensphasenorientierten Arbeitszeit" basiert auf diesen sich im Lebens- und Berufsverlauf verändernden Orientierungen der Beschäftigten.

[248] Die Gewerkschaft ver.di verfolgt deshalb neben einer kollektiven Arbeitszeitverkürzung auch den Ansatz einer „biografieorientierten Arbeitszeitgestaltung".

Ein letzter Punkt ist relevant im Hinblick auf eine entwickelte Selbstkompetenz der Beschäftigten. Er betrifft die Chancen für eine *arbeitspolitische Gestaltung* im Betrieb und hängt darüber vermittelt auch mit der Frage nach der Autonomie und Aneignung in der Arbeit zusammen. Nach Sauer (2007) erfolgt die arbeitspolitische Bestimmung von Beschäftigteninteressen aufgrund der neuen „indirekten" Steuerungsformen im Betrieb künftig immer weniger durch die institutionalisierte Interessenvertretung und abseits der betroffenen Beschäftigten (etwa in Form einer sog. „Stellvertreterpolitik"). Stattdessen müssen die dadurch aufgeworfenen Fragen (etwa in Bezug auf das eigene Verhältnis von Arbeit und Leben) von den einzelnen Arbeitssubjekten zunächst jeweils selbst beantwortet werden. Dies gilt auch für die damit verbundenen inneren Auseinandersetzungen mit den eigenen Interessen (z.B. als Arbeitskraft und als Person). Die jeweils individuell zu führenden Auseinandersetzungen mit sich selbst können aber nach Sauer (2007) arbeitspolitisch produktiv gemacht werden, wenn sie eingebettet werden in kollektive Verständigungsprozesse. Den Raum für solche kollektiven Verständigungsprozesse zu organisieren, ist zum einen eine wichtige Aufgabe der betrieblichen und gewerkschaftlichen Interessenvertretung. Zum anderen kann aber auch eine entwickelte individuelle Selbstkompetenz der Beschäftigten in diese Richtung wirken. Denn die auf neue Weise erfahrenen Widersprüche und inneren Konflikte erzeugen auch auf Seiten der arbeitenden Subjekte selbst das Bedürfnis nach gegenseitigem Austausch und gemeinsamer Verständigung. Dies selbstbewusst im betrieblichen Raum artikulieren zu können, ist auch abhängig von einer entsprechend ausgeprägten Selbstkompetenz der Beschäftigten.

Deutlich wird damit insgesamt, dass eine Stärkung der individuellen Selbstkompetenz nicht im Gegensatz zum Ausbau formaler Rechte und kollektiver Organisation der Beschäftigten steht. Zwischen beiden besteht kein Verhältnis der Konkurrenz, sondern eines der Komplementarität. Dabei markieren formale Rechte und individuelle Selbstkompetenz zwei unterschiedliche Ebenen, auf denen gemeinsam anzusetzen ist, um – auch und gerade mittels kollektiver Verständigung und Organisation – die Chancen für Handlungs- und Verhandlungsautonomie in der Arbeit zu erhöhen.

VIII Konsequenzen für eine konzeptionelle Weiterentwicklung des Autonomiebegriffs

Werden die rekapitulierten Ergebnisse und insbesondere die zuletzt hervorgehobenen Punkte auf die in Kapitel II skizzierten Anforderungen von Sichler (2006) an eine konzeptionelle Weiterentwicklung des Autonomiebegriffs bezogen, dann zeigen sich Überschneidungen, die für den empirischen Gehalt dieser zunächst theoretisch formulierten Überlegungen Sichlers sprechen. Die Überschneidungen betreffen folgende Punkte:

- die Bedeutung *normativer Arbeitsbezüge* des Subjekts;
- den Stellenwert von *Anerkennung;*
- die Relevanz von *dynamischer Entwicklung*;
- die Bedeutung *personeller Kompetenzen* des Individuums.

Die genannten Punkte haben eine Relevanz sowohl für die befragten Beschäftigten als auch für eine konzeptionelle Neufassung des Autonomiebegriffs. Beides wird im Folgenden jeweils für die einzelnen Punkte erläutert.

1 Die Bedeutung normativer Arbeitsbezüge des Subjekts

In der Untersuchung zeigte sich die hohe Bedeutung von immateriellen Aspekten der Erwerbsorientierung. Dies waren zum einen arbeitsinhaltliche und gegenstandsbezogene Sinnaspekte, zum anderen soziale und kommunikative Sinnbezüge. Diese Arbeitsbezüge verbanden sich mit einem Anspruch nach persönlicher Integrität und ganzheitlichem Sinnerleben in der Arbeit. Damit einher ging ein Verständnis von „guter Arbeit" und „guter Leistung", das auf Reziprozitätserwartungen und Gerechtigkeitsvorstellungen verwies (z.B. im Hinblick auf Arbeitsplatzsicherheit und Entlohnung). Es zeigte sich damit in den individuellen Arbeitsbezügen eine *normative* Dimension, die Sichler (2006) bei einer konzeptionellen Weiterentwicklung des Autonomiebegriffs ausdrücklich berücksichtigt wissen will. Dieses (auch) normative Verständnis von Autonomie bezieht sich nach Sichler (2006: 247) auf die Gestaltung von Arbeitstätigkeiten, die Partizipation am Unternehmen und die Bewertung der eigenen Arbeit im Lichte gesellschaftlicher Diskurse. Alle drei Punkte haben eine Bedeutung auch für die befragten Beschäftigten:

- hinsichtlich der Gestaltung von Arbeitstätigkeiten zeigte sich ein Verständnis von „guter Arbeit" und „guter Leistung" mit deutlichen Kriterien, was die Qualität von Arbeit und Leistung aus Sicht der Befragten ausmacht;

- hinsichtlich der Partizipation am Unternehmen zeigte sich ein Bedürfnis der Beschäftigten nach Transparenz und Überschaubarkeit von betrieblichen Zusammenhängen;
- hinsichtlich der Bewertung der eigenen Arbeit zeigte sich ein vermittelter Zusammenhang zu gesellschaftlichen Diskursen: Zwar konnten die Beschäftigten auf die konkrete Frage nach dem künftigen Aussehen der Arbeit in der Deutschen Bahn AG meist keine klare Antwort geben. Implizit aber zeigte sich bei fast allen Befragten ein Verständnis von Arbeit und von deren Qualität, das sich auch auf aktuelle gesellschaftliche Debatten beziehen lässt. Dies gilt vor allem für die Debatte um „Gute Arbeit" sowie die dafür erforderlichen Qualitätsstandards.

Das zunächst theoretisch formulierte Plädoyer von Sichler (2006) für eine normative Auffüllung des Autonomiebegriffs findet somit eine empirische Entsprechung in den subjektiven Arbeitsbezügen der Beschäftigten.

2 Der Stellenwert von Anerkennung

Die sozial-kommunikativen Sinnbezüge zur Arbeit verweisen darauf, dass die befragten Beschäftigten ihr Arbeitshandeln auch als *soziales* Handeln verstehen. Als soziales Handeln zielt Arbeit vor allem auf *Anerkennung*. Das Bedürfnis nach Anerkennung in der Arbeit umfasst eine persönliche, betriebliche und gesellschaftliche Dimension und bezieht sich – wie gezeigt – auf unterschiedliche Formen, Modi, Logiken und Quellen der Anerkennung.[249] In seinen Überlegungen zu einer konzeptionellen Weiterentwicklung des Autonomiebegriffs plädiert Sichler (2006) für ein Verständnis von Autonomie, welches Arbeitshandeln auch als soziales Handeln wahrnimmt und sich aus dieser Perspektive des Stellenwerts von Anerkennung bewusst wird. Dabei ist Anerkennung immer auch im sozialen Beziehungszusammenhang des Individuums innerhalb und außerhalb der Arbeit zu sehen. Beides – sowohl die subjektive Relevanz von Anerkennung in der Arbeit als auch der Bezug zum Zusammenhang von Arbeit und Leben – hat sich empirisch bei den befragten Beschäftigten deutlich gezeigt.

3 Die Relevanz von dynamischer Entwicklung

In der Untersuchung zeigten sich lebensphasenbezogene Unterschiede in der Wahrnehmung des Zusammenhangs von Arbeit und Leben. So war z.B. eine jüngere Befragte zugunsten ihrer beruflichen Entwicklung auch zu Einschränkungen im privaten Lebensbereich bereit. Begründet wurde dies mit arbeitsinhaltlichen und karrierebezogenen Motiven (nicht etwa mit Druck von Vorgesetzten oder Angst um den Arbeitsplatz). Diese spezifische Schwerpunktsetzung zugunsten des betrieblichen Lebensbereichs war das Resultat eines (berufs-)bio-

[249] Vgl. Kapitel III, Abschnitt 2.1 sowie Kapitel VI, Abschnitt 1.

graphischen Wandlungsprozesses. Er führte die Beschäftigte von einer eher gegenteiligen Schwerpunktsetzung auf dem außerbetrieblichen Lebensbereich (während ihrer Ausbildungszeit) zu einer nunmehr stärkeren Betonung des betrieblichen Lebensbereichs. Dieser biographische Veränderungsprozess verweist auf das von Sichler (2006) geforderte *dynamische* Element, welches bei einer konzeptionellen Weiterentwicklung des Autonomiebegriffes mit berücksichtigt werden soll. Die Fähigkeit zur individuellen Selbstbestimmung bezeichnet dann keinen fixen Zustand mehr, sondern einen „fortwährenden Entwicklungsprozess (...), bei dem das reflexive Subjekt Handlungsmöglichkeiten und Handlungsbeschränkungen gegeneinander abwägt und auf dieser Grundlage im Einklang mit subjektiv bedeutsamen Werten, Überzeugungen und Fähigkeiten handelt" (Sichler 2006: 250). Die Voraussetzungen dafür können sich je nach biographischer Lebens- und Arbeitssituation (sowie deren jeweiliger Umstände) ändern. Damit verändern sich auch die Kriterien zur individuellen Wahrnehmung und Gestaltung der eigenen Arbeits- und Lebenssituation sowie für deren Bewertung.

Ein Beispiel für solch eine Veränderung sind biographisch variierende Arbeits- und Lebensorientierungen, wie sie sich etwa beim Eintritt in das Erwerbsleben, während der Familiengründungsphase oder der beruflichen Konsolidierungsphase zeigen. Gerade der letzte Punkt verdeutlicht aber auch, dass das von Sichler (2006) eingeforderte dynamische Element im Verständnis von Autonomie nicht allein persönliche und biographische, sondern immer auch *betriebliche* und *strukturelle* Aspekte zu berücksichtigen hat. Denn im Rahmen einer fortwährenden betrieblichen Restrukturierung bekommen immer weniger Beschäftigte überhaupt die Chance zur beruflichen Konsolidierung. Sie sind vielmehr einer potenziell stetigen Unsicherheit des Arbeitsplatzes ausgesetzt, die eine Phase beruflicher Konsolidierung kaum noch zulässt und stattdessen die anhaltende Bereitschaft zur beruflichen Neuorientierung erfordert.[250] Die Anstöße dafür aber kommen vor allem von den *unsicheren betrieblichen Rahmenbedingungen*. Diese sind also bei der Berücksichtigung eines dynamischen Elements zur Neufassung des Autonomiebegriffs in Ergänzung von Sichler (2006) mit zu beachten. Sie verweisen auf die im empirischen Teil gezeigte wichtige Rolle von Verhandlungsautonomie (definiert als Möglichkeit zur Einflussnahme auf die betrieblichen Rahmenbedingungen von Arbeit) bei der Beurteilung von Autonomie in der Arbeit.

4 Die Bedeutung personeller Kompetenzen des Individuums

Angesichts der oben rekapitulierten Befunde wurde auf die Stärkung der individuellen Selbstkompetenz als mögliches Gegenmittel zur Einschränkung von Autonomie in der Arbeit verwiesen. Dies trifft sich mit der Forderung von Sichler (2006), bei einer Weiterentwicklung des Autonomiebegriffs stärker personelle

[250] Im personalwirtschaftlichen und mittlerweile auch arbeitsmarktpolitischen Jargon wird dies als „Employability" bezeichnet.

Fähigkeiten des Einzelnen zu berücksichtigen. Dafür spricht, dass sich die Bedingungen und Anforderungen in der Arbeit verändert haben. Im Rahmen neuer Managementkonzepte gewinnen indirekte Steuerungsformen von Arbeit an Bedeutung. Sie zielen auf die Fähigkeit zur Selbstorganisation und Selbstregulation von Arbeitstätigkeiten durch die Beschäftigten selbst. Dadurch kommt es häufiger auch zur Überforderung von Beschäftigten (trotz oder gerade wegen der eingeräumten Freiräume in der Arbeitsausführung). Die damit einhergehenden Stress- und Belastungsphänomene wurden im zweiten Kapitel dieser Arbeit skizziert. An ihnen machen sich die Paradoxien der „neuen Autonomie" in der Arbeit fest und sie sind Ausgangspunkt für die Diskussion um den problematisch gewordenen Autonomiebegriff.

Dies ist der Hintergrund für die Forderung von Sichler (2006) nach einer stärker subjektbezogenen Konzeption des Autonomiebegriffs. Soweit dies die Stärkung individueller Kompetenzen zur Selbstorganisation und -regulation von Arbeitsanforderungen betrifft, ist dem vorbehaltlos zuzustimmen. Sie ist sogar noch auszuweiten auch auf die individuelle Fähigkeit zur Grenzziehung gegenüber betrieblichen Arbeitsanforderungen und zur Abwehr von „Arbeit ohne Ende" sowie zur kritischen Reflexion von betrieblichen Anweisungen. Was aber zu kurz kommt bei Sichler (2006) ist die Berücksichtigung von *betrieblichen Rahmenbedingungen*. Das der Forderung nach einer Subjektivierung des Autonomiebegriffs zugrunde liegende Argument, dass die („objektiven") betrieblichen Rahmenbedingungen bereits durch den traditionellen Autonomiebegriff der Arbeitswissenschaften erfasst seien, zieht gerade angesichts der veränderten Arbeitsbedingungen nicht. Denn der traditionelle Autonomiebegriff bezieht sich vor allem auf die Bedingungen am *unmittelbaren Arbeitsplatz*. Hier werden mittels bestimmter Konzepte und Methoden z.B. die Freiheitsgrade und Handlungsspielräume in der Arbeitsausführung untersucht. Im Rahmen neuer Steuerungsformen von Arbeit kommt es hier zu einer Ausweitung von Handlungsspielräumen. Die Faktoren für Fremdbestimmung und Belastung in der Arbeit verschwinden dadurch aber nicht einfach, sondern verlagern sich auf eine andere Ebene als die des unmittelbaren Arbeitsplatzes. In Folge indirekter Steuerungsformen kommt es zu einer Verlagerung auf die *betrieblichen Rahmenbedingungen* von Arbeit. Dies sind z.B. die Erfordernisse des Marktes und des Wettbewerbes. Sie zeigen sich in einer stärkeren Konfrontation der Beschäftigten mit betrieblichen Wettbewerbsparametern wie etwa Preisvorgaben, Gewinnzielen oder Kundenanforderungen. Im Falle des Untersuchungsfeldes Deutsche Bahn AG waren dies die betrieblichen Vorgaben der durch den Bahnvorstand angestrebten Kapitalmarktfähigkeit sowie der daraus abgeleiteten Renditeziele. Trotz zum Teil weniger gewordener Vorgaben in der unmittelbaren Arbeitsausführung kommt es durch die Vorgaben auf der Ebene der betrieblichen Rahmenbedingungen zu einer Einschränkung der Autonomiechancen in der Arbeit. Sie betreffen vor allem die Möglichkeiten zur Einflussnahme auf die betrieblichen Rahmenbedingungen der Arbeit (z.B. in Bezug auf Zeit-, Personal- und Kostenvorgaben). Diese Einflussmöglichkeiten wurden im Rahmen der Untersuchung mit dem Konzept der Verhandlungsautonomie von Moldaschl (2001) erfasst. Werden die auf die Ebene der betrieblichen Rahmenbedingungen angesiedelten Faktoren zur Einschränkung von Verhandlungsautonomie in der Arbeit nicht mit berücksichtigt, dann droht die von Sichler (2006) eingeforderte Subjektivierung des Autonomiebegriffs ins Leere zu laufen. Denn das Subjekt alleine kann gegenüber diesen systemischen Vorgaben (z.B. des Marktes bzw. des Managements) nur wenig ausrichten. Zwar ist eine Stärkung der individuellen Selbstkompetenz zur Bewältigung der partiell durch direkte Vorgaben weniger fremd regulierten Arbeitsanforderungen erforderlich. Dies muss aber durch *formale Rechte* flankiert werden, die auf eine Stärkung der individuellen Verhandlungsautonomie der Beschäftigten insgesamt zielen. Nur in dieser Kombination sowie über die Organisation von kollektiven Verständigungsprozessen und Interessenartikulationen besteht eine Chance, die auf der Ebene der betrieblichen Rahmenbedingungen verselbstständigten Vorgaben des Marktes und des Wettbewerbes (bzw. des Managements) einzufangen und damit auch zu re-regulieren. Dieser Aspekt allerdings kommt bei Sichler (2006) zu kurz und müsste entsprechend ergänzt werden.

Als Ergänzung kann auch die Kategorie der *Aneignung* verstanden werden. Denn die Aneignung von Fähigkeiten und Erfahrungen in der Arbeit ist eine wesentliche Voraussetzung für die Ausbildung von individueller Selbstkompetenz. Die Aneignung von Fähigkeiten, Kenntnissen und Erfahrungen geht über das bloß passive Lernen hinaus und bedeutet die aktive und eigenständige Durchdringung und Verarbeitung von Sachverhalten. Dies schließt ihre kritische Reflexion und ggf. Modifikation mit ein. Dieser kritische und souveräne Umgang mit betrieblichen Arbeitsanforderungen ist ein wesentliches Element von individueller Selbstkompetenz. Beides ist zugleich Teil eines Prozesses der befähigenden Persönlichkeitsentwicklung, wie er auch mit dem Begriff der Aneignung bezeichnet werden kann (Leontjew 1973, 1979). Dieser Prozess – und damit auch eine individuelle Souveränität gegenüber äußeren und inneren Anforderungen – entsteht nicht isoliert im einzelnen Subjekt, sondern bedingt die Auseinandersetzung und Verständigung mit Anderen. Dies sind im beruflichen Kontext vor allem die betrieblichen KollegInnen, aber auch BetriebsrätInnen und GewerkschaftlerInnen (u.U. auch Führungskräfte und Vorgesetzte). Dieser intersubjektive Zusammenhang verweist auf die Bedeutung kollektiver Verständigungsprozesse im Betrieb, wie sie auch von Sauer (2007) für die „Aneignungsperspektive" einer „eigensinnigen Arbeitpolitik" skizziert wurden.

Darüber hinaus darf über das Plädoyer für eine Subjektivierung des Autonomiebegriffs nicht vergessen werden, dass es – trotz aller arbeitsplatzbezogenen Veränderungen - nach wie vor Arbeitsbereiche mit sehr *restriktiven* Arbeitsanforderungen gibt. Dies war in den untersuchten Betriebsfällen z.B. der Bereich der zentralen Auftragserfassung und -codierung im KundenServiceZentrum. Die Arbeitstätigkeit hier bestimmt sich vor allem durch die Vorgaben des EDV-

Systems, so dass die SachbearbeiterInnen nur wenige Chancen zur individuellen Selbstregulation haben. Eine konzeptionelle Weiterentwicklung des Autonomiebegriffs hat auch solche, nach wie vor traditionell fremdbestimmte Arbeitsbereiche mit zu berücksichtigen.

Die vier bislang genannten Punkte von Sichlers (2006) Anforderungen für eine konzeptionelle Weiterentwicklung des Autonomiebegriffs haben somit nicht nur eine theoretische, sondern auch eine empirische Relevanz. Ergänzt um die erwähnten Punkte in Bezug auf die dynamische Entwicklung und die individuelle Selbstkompetenz kommt ihnen dabei eine hohe Evidenz zu. Die ebenfalls von Sichler (2006) formulierten Forderungen nach einer „Autonomie zweiter Ordnung" sowie einer Vermittlung von individueller und „transindividueller" Autonomie geben gleichfalls wichtige Hinweise für eine konzeptionelle Weiterentwicklung des Autonomiebegriffs. Wie bereits in Kapitel II gezeigt, haben sie das Potenzial, aus vermeintlichen Dichotomien und falschen Frontstellungen zu führen (so z.B. aus der starren Entgegensetzung von Autonomie und Heteronomie). Sie versprechen damit auch eine weiterführende Perspektive in der Debatte. Diese weiter auszuführen, bleibt anderen Arbeiten vorbehalten.

IX Aneignung als subjektive Dimension von Autonomie? Kritische Anmerkungen zur analytischen Tragfähigkeit der Aneignungskategorie

Der Begriff der Aneignung ist ein vielfältiger Begriff, der in unterschiedlichen Bezügen und Zusammenhängen verwendet werden kann (Jaeggi 2002). Im Zusammenhang mit den hier herangezogenen Aneignungskonzeptionen gewinnt er seine Stärke für die vorliegende Untersuchung aus einer spezifischen Beschreibung des Verhältnisses von Individuum und sozialer Umwelt: Darin ist das Individuum der sozialen Umwelt nicht einfach passiv ausgesetzt, sondern eignet sich deren Strukturen und Anforderungen aktiv an. Dies geschieht durch vielfältige Auseinandersetzung (sinnlich, gedanklich, tätig) mit den Vorgaben der sozialen Umwelt. In diesem Prozess der subjektiven Aneignung von Welt verändern sich beide Seiten (Individuum *und* soziale Umwelt) und gehen in neuer Qualität hervor. Es kommt dadurch auch zur Chance der Entwicklung und Transformation von sozialen Verhältnissen.

Die hier verwendeten Aneignungskonzepte lösen somit das Verhältnis von Individuum und sozialer Umwelt nicht einseitig und reduktionistisch auf, sondern fassen es als einen wechselseitigen Konstitutionsprozess.[251] Für die hier untersuchte Frage nach den Chancen für Autonomie in der Arbeit ist vor allem die damit verbundene *Subjektvorstellung* relevant. Die Möglichkeit der individuellen Aneignung impliziert eine Handlungs- und Gestaltungsmacht des Subjekts, das die soziale Umwelt, die angeeignet wird, eigensinnig prägt. Vor dem Hintergrund der skizzierten Debatte über die Vermarktlichung und Subjektivierung von Arbeit sowie den damit meist verbundenen, negativ ausfallenden Einschätzungen über die Chancen für Autonomie in der Arbeit versprach diese auf die Handlungs- und Gestaltungsmacht sowie den Eigensinn der Individuen abzielende Subjektvorstellung eine neue und weiterführende Perspektive.

Die Tragfähigkeit des dafür stehenden Aneignungsbegriffs wurde bereits in verschiedenen sozialwissenschaftlichen Disziplinen unter Beweis gestellt. Dies gilt insbesondere für sozialräumliche Ansätze der Sozialisations- und Jugendforschung (Deinet/Reutlinger 2004; Deinet 2005) und der Stadtforschung (Löw 2001; Klauser 2006) sowie für die Cultural Studies (Marchart 2008; Krönert 2009) und die Mediennutzungsforschung (Hepp 2004).[252] In dieser Arbeit wurde zur Untersuchung der individuellen Autonomie- und Aneignungschancen in der

[251] Dies gilt sowohl für die materialistische als auch für die eher interaktionistische und die eher subjekttheoretische Aneignungskonzeption.

[252] Zu erwähnen ist hier auch die Weiterführung der „klassischen“ Aneignungskonzeption der psychologischen Tätigkeitstheorie von Leontjew (1973, 1979) durch die Kritische Psychologie von Holzkamp (1973, 1983).

Arbeit vor allem auf das mehrdimensionale Aneignungskonzept von Leu (1989) zurückgegriffen. Es unterscheidet drei Formen subjektiver Aneignung:

- sinnlich-erfahrende Aneignung;
- mental-symbolische Aneignung;
- praktisch-handelnde Aneignung.

Die Stärke dieses Konzepts ist zum einen in seiner *Mehrdimensionalität* zu sehen. Aneignung wird als ein differenzierter Prozess der subjektiven Auseinandersetzung mit den Strukturen und Anforderungen der sozialen Umwelt verstanden, der auf mehreren Ebenen des Individuums (sinnlich, geistig, praktisch) erfolgt. Diese Vorstellung einer mehrdimensionalen Aneignung von sozialer Welt durch das Subjekt ist kompatibel mit Befunden der Arbeits- und Industriesoziologie, nach denen Individuen sehr vielfältige Bezüge in und zu ihrer Arbeit entwickeln, die differenziert entlang unterschiedlicher Ebenen erfasst werden können. Neben der Ebene des unmittelbar praktischen Arbeitshandelns zählt hierzu z.B. auch die Ebene der mentalen Erwerbsorientierungen (Schumann u.a. 1982; Pongratz/Voß 2003). Zum anderen liegt die Stärke des Konzepts in einem *umfassenden Verständnis von alltäglicher Praxis*. Der Prozess subjektiver Aneignung wird nicht allein auf den Bereich der Erwerbsarbeit bezogen, sondern auf alle Lebensbereiche eines Individuums. Dies ist kompatibel mit Befunden vor allem der arbeitsbezogenen Geschlechterforschung, nach denen Individuen in verschiedenen Lebensbereichen handeln und deren unterschiedliche (und zum Teil konträre) Anforderungen im Alltagshandeln verbinden müssen. Die daraus resultierenden Anforderungen (und häufig auch Probleme) der Vereinbarkeit gelten aufgrund der ungleichen geschlechtlichen Arbeitsteilung vor allem für Frauen (Becker-Schmidt u.a. 1983).

Die genannten Stärken und ihr Bezug zu arbeits- und industriesoziologischen Befunden waren ausschlaggebend für die Wahl des Aneignungskonzepts von Leu (1989) zur Untersuchung der hier verfolgten Fragestellung. Damit sollte gewissermaßen die „subjektive Seite" von Autonomie in der Arbeit erfasst werden. Dementsprechend wurde Aneignung als subjektive Äußerung eines Anspruchs nach Kontrolle in der Arbeit verstanden (vgl. Kap. II). Dies galt als wichtige subjektbezogene Voraussetzung für Autonomie in der Arbeit.

Ergänzt wurde das Konzept von Leu (1989) durch das Aneignungskonzept von Becker-Schmidt (1983). Es versteht Aneignung als eine arbeitsbezogene Bedürfnisdimension des Subjekts. Es geht somit ebenfalls unmittelbar vom Subjekt aus, fokussiert dabei aber stärker als bei Leu (1989) die Arbeit. Dabei wird Arbeit nicht allein auf den Bereich der Erwerbsarbeit bezogen, sondern auch und wesentlich auf den Bereich der Reproduktionsarbeit. Aneignung als auf Arbeit gerichtete Bedürfnisdimension wird begleitet von zwei weiteren arbeitsbezogenen Bedürfnisdimensionen des Subjekts: Tätigwerden und Anerkennung.

In theoretischer Hinsicht lagen damit zwei entwickelte Aneignungskonzepte vor, die zur Untersuchung der „subjektiven Seite“ von Autonomie in der Arbeit – also den arbeitsbezogenen Aneignungschancen und -strategien der Subjekte – geeignet schienen. Die Schwierigkeit bestand allerdings in ihrer *empirischen Operationalisierung*. Weder für die Aneignungsdimensionen von Leu (1989) noch für das Konzept von Becker-Schmidt (1983) existieren Analysekriterien. Sie zu entwickeln, erforderte zunächst einen konzeptionellen Zwischenschritt. Er knüpfte bei den Stärken der Konzepte an und stellte Bezüge zur arbeits- und industriesoziologischen Forschung her. Dabei kam es auch zur gegenseitigen Ergänzung der Konzepte von Leu (1989) und Becker-Schmidt (1983). So wurde die sinnlich-erfahrende Aneignungsdimension von Leu (1989) über die Kategorie der *Anerkennung* erfasst, die als subjektive Bedürfnisdimension von Arbeit eine zentrale Rolle bei Becker-Schmidt (1983) spielt. Die mental-symbolische Aneignungsdimension wurde über *Erwerbsorientierungen* erfasst, deren Untersuchung in der Arbeits- und Industriesoziologie eine gewisse Tradition besitzt, so dass hier an bestehende Konzepte angeknüpft werden konnte. Die Dimension der praktisch-handelnden Aneignung wurde schließlich über ein Konzept von *Autonomie* erfasst, das auf der Differenzierung zwischen Handlungs- und Verhandlungsautonomie von Moldaschl (2001) basiert.[253]

Insgesamt fiel der Zwischenschritt zur empirischen Konzeptionalisierung der drei differenzierten Aneignungsebenen sehr komplex aus. So mussten etwa für die beiden herangezogenen Analysekonzepte der Anerkennung und der Erwerbsorientierung wiederum eigene Analysekriterien entwickelt werden. Zudem kam es beim dritten Analysekonzept der Autonomie zu Abgrenzungsproblemen hinsichtlich der Untersuchungsebenen. Das Autonomiekonzept von Moldaschl (2001) wurde sowohl zur Untersuchung der strukturellen Autonomiepotenziale auf der betrieblichen Strukturebene als auch zur Untersuchung der individuellen Aneignungschancen auf der Subjektebene benutzt (vgl. Kap. III). Beides – Komplexität und Überschneidung – trug nicht zur konzeptionellen Geschlossenheit und Übersichtlichkeit der Untersuchung bei. Zudem erschwerte sich dadurch deren empirische Handhabbarkeit. Im Nachhinein stellt sich damit die Frage nach möglichen *Alternativen*.

Eine *erste* Alternative bestand in der Entwicklung eigenständiger Analysekriterien aus dem Aneignungskonzept von Leu (1989). Dies wurde verworfen, weil dann bereits beim Erhebungsdesign des empirischen Materials das Konzept hätte berücksichtigt werden müssen. Aufgrund der anders akzentuierten Fragestellung der Projektforschung, in deren Rahmen die Interviews erhoben wurden, war dies allerdings nicht der Fall. Die Herausforderung bestand im Gegenteil gerade darin, Bezüge zwischen dem aus der Sozialisations- und Jugendforschung stammenden Aneignungskonzept von Leu (1989) und den in der Projektforschung verwendeten theoretischen Voranahmen und Konzepten sowie deren

[253] Zur empirischen Konzeptionalisierung im Detail siehe Kapitel III.

empirischer Operationalisierung herzustellen.[254] Diese Verbindung gelang mittels der Kategorien *Anerkennung* und *Erwerbsorientierung*. Beide Kategorien fanden sich mit entsprechend operationalisierten Kriterien im Interviewleitfaden der Projektforschung wieder.[255] Über die Kategorie der Anerkennung gelang auch die Verbindung zum Aneignungskonzept von Becker-Schmidt (1983). Die hier als subjektive Bedürfnisdimension von Arbeit verstandene Kategorie wurde konzeptionell überführt in die sinnlich-erfahrende Aneignungsdimension von Leu (1989). Damit war gleichsam ein Synergieeffekt gegeben, der die Stärken beider Konzepte nutzte.

Eine *zweite* Alternative bestand in der ausschließlichen oder vorrangigen Verwendung des Konzepts von Becker-Schmidt (1983). Dessen von vornherein stärker gegebener Arbeitsbezug sowie die beiden zentralen Kategorien des Tätigseins und der Anerkennung gaben dafür gute Argumente. Beide Kategorien sind gut eingeführt in der arbeitsoziologischen Forschung und wären mittels der in den Interviews abgefragten Kriterien zu operationalisieren gewesen. Das Problem allerdings war, dass dabei die für diese Untersuchung zentrale Kategorie der Aneignung außen vor geblieben wäre. Damit stellte sich hier das gleiche Problem wie bereits beim Aneignungskonzept von Leu (1989) – die Suche nach geeigneten Kriterien zur empirischen Operationalisierung. Im Unterschied zu Leu (1989) gab es aber diesbezüglich bei Becker-Schmidt (1983) noch keine Anhaltspunkte für eine mögliche Operationalisierung. Während dies bei Leu (1989) die Differenzierung von drei Aneignungsebenen war, blieb der Aneignungsbegriff bei Becker-Schmidt (1983) in dieser Hinsicht offen.

Eine *dritte* Alternative schließlich bestand im Rückgriff auf das Konzept der subjektiven Autonomiedimensionen von Moldaschl (2001). Sie ergänzen die beiden objektiven Dimensionen von Autonomie (Handlungs- und Verhandlungsautonomie) und beziehen sich auf die zwei folgenden Bereiche:

- Handlungs- und Urteilsfähigkeit;
- Autonomiebedeutung und -bedürfnis.

Moldaschl (2001: 136) nennt für diese beiden subjektiven Dimensionen von Autonomie jeweils eigene Kriterien. Dies sind für die Dimension der „Handlungs- und Urteilsfähigkeit“:

- Anforderungen an selbst bestimmtes Handeln erfüllen können;
- Befehle und Spielregeln verstehen;
- falsche Befehle erkennen und den Mut haben, sie nicht auszuführen;
- soziale Kommunikation herstellen können;
- Empfänglichkeit für institutionelle Sinnangebote bzw. -konstruktionen.

[254] Zur Anlage des Forschungsprojekts vgl. Nickel/Hüning/Frey (2008).
[255] Vgl. dazu Kap. VI.

Für die Dimension der „Autonomiebedeutung und -bedürfnis“ sind dies folgende Kriterien:

- subjektive Wahrnehmung und Bewertung von Autonomie;
- Freiheitsliebe und Integrationsbedürfnis („Wie autonom will ich sein?“);
- Risikobereitschaft und Sicherheitsbedürfnis („Welche Risiken will ich eingehen?“);
- „Wirtschaftsgesinnung“;
- Prioritätsverteilung Beruf/Familie.

Im Vorfeld der Untersuchung wurden diese Kriterien als zu stark psychologisierend und damit auch individualisierend eingeschätzt.[256] Im Nachhinein relativiert sich diese Einschätzung stark. So zeigen sich etwa deutliche Überschneidungen bei den Kriterien der Dimension „Autonomiebedeutung und -bedürfnis“ und des zur empirischen Konzeptionalisierung der mental-symbolischen Aneignungsebene benutzten Konzepts der Erwerbsorientierung. Die subjektive Dimension „Autonomiebedeutung und -bedürfnis“ hätte damit möglicherweise dem Zweck der Untersuchung – die Erkundung der „subjektiven Seite“ von Autonomie – besser und einfacher Rechnung getragen als das erst umständlich zu operationalisierende Aneignungskonzept von Leu (1989).[257] Dies wäre allerdings auf Kosten des theoretisch so gehaltvollen Aneignungsbegriffs gegangen, der dann allenfalls noch begrifflich entfaltet, aber nicht mehr empirisch erprobt worden wäre. Die sich dabei in dieser Untersuchung zeigenden Schwierigkeiten geben auch Hinweise für künftige Forschungen, denen es möglicherweise besser gelingen wird, den Aneignungsbegriff empirisch zu operationalisieren. Angesichts des hohen Potenzials, das dieser Begriff vor allem im Hinblick auf eine nicht einseitige und reduktionistische Auflösung vermeintlicher Dichotomien und Entgegensetzungen auch für aktuelle Probleme und Debatten der Arbeits- und Industriesoziologie besitzt, wäre dies sehr wünschenswert. Dies gilt gleichermaßen auch für eine künftige Fruchtbarmachung der subjektiven Autonomiedimensionen von Moldaschl (2001).

[256] Vgl. Kapitel II, Abschnitt 2.5.
[257] Ähnliches gilt für die subjektive Dimension der „Handlungs- und Urteilsfähigkeit“.

Literatur

Aglietta, Michel (1976): Régulation et crises du capitalisme. L'expérience des Etats-Unis. Paris: Calmann-Lévy

Aglietta, Michel (2000): Ein neues Akkumulationsregime. Die Regulationstheorie auf dem Prüfstand. Hamburg: VSA

Asendorf-Krings, Inge/Drexel, Ingrid/Nuber, Christoph (1976): Reproduktionsvermögen und die Interessen von Kapital und Arbeit. Ein Beitrag zur theoretischen Bestimmung von Qualifikation. In: ISF München (Hg.), Betrieb, Arbeitsmarkt, Qualifikation. Frankfurt am Main: aspekte, S. 207-236

Aulenbacher, Brigitte/Funder, Maria/ Jacobsen, Heike/Völker, Susanne (Hg.) (2007): Arbeit und Geschlecht im Umbruch der modernen Gesellschaft. Wiesbaden: VS Verlag für Sozialwissenschaften

Baethge, Martin (1991): Arbeit, Vergesellschaftung, Identität - zur zunehmenden normativen Subjektivierung der Arbeit. In: Soziale Welt, 42 (1991), S. 6-20

Baratta, Giorgio/Catone, Andrea (1990): Zur Entstehung und Entwicklung eines gesellschaftstheoretischen Bedürfnisbegriffs. (Teil II des Artikels „Bedürfnis"). In: Sandkühler (Hg.), S.343-354

Baukrowitz, Andrea/Berker, Thomas/Boes, Andreas/Pfeiffer, Sabine/Schmiede, Rudi/Will, Mascha (Hg.) (2006): Informatisierung der Arbeit – Gesellschaft in Umbruch. Berlin: Edition Sigma

Bechtle, Günter/Sauer, Dieter (2003): Postfordismus als Inkubationszeit einer neuen Herrschaftsform. In: Dörre/Röttger (Hg.) (2003), S. 35-54

Beck, Ulrich (1986): Risikogesellschaft. Auf dem Weg in eine andere Moderne. Frankfurt am Main: Suhrkamp

Beckenbach, Niels (1991): Industriesoziologie. Berlin; New York: de Gruyter

Beckenbach, Niels/Treeck van, Werner (Hg.) (1994): Umbrüche gesellschaftlicher Arbeit. (Sonderband 9 der Sozialen Welt). Göttingen: Schwartz

Becker-Schmidt, Regina (1983): Entfremdete Aneignung, gestörte Anerkennung, Lernprozesse. Über die Bedeutung von Erwerbsarbeit für Frauen. In: Matthes, Joachim (Hg.), Krise der Arbeitsgesellschaft? Verhandlungen des 21. Deutschen Soziologentages in Bamberg 1982. Frankfurt/New York: Campus, S. 412-426

Becker-Schmidt, Regina (1987): Die doppelte Vergesellschaftung – die doppelte Unterdrückung. Besonderheiten der Frauenforschung in den Sozialwissenschaften. In: Unterkirchner, Lilo/Wagner, Ina (Hg.), Die andere Hälfte der Gesellschaft. Wien: Verlag des Österreichischen Gewerkschaftsbundes, S. 10-25

Beck-Gernsheim, Elisabeth (1981): Der geschlechtsspezifische Arbeitsmarkt. Frankfurt/New York: Campus

Beerhorst, Joachim (2005): Objekt und Subjekt – Von den Möglichkeiten und Schwierigkeiten gewerkschaftlicher Arbeitspolitik. In: Kurz-Scherf, Ingrid u.a. (Hg.), In Arbeit: Zukunft. Die Zukunft der Arbeit und der Arbeitsforschung liegt in ihrem Wandel. Münster: Westfälisches Dampfboot, S. 156-171

Berger, Johannes (1995): Warum arbeiten die Arbeiter? Neomarxistische und neodurkheimianische Erklärungen. In: Zeitschrift für Soziologie 24 (1995), S. 407-421

Bergmann, Joachim (1989): „Reelle Subsumtion" als arbeitssoziologische Kategorie. In: Schumm (Hg.), S. 39-48

Bispinck, Reinhard u.a. (1986): Humanisierung der Arbeit und ihre Umsetzung. Ergebnisse und Erfahrungen beim Aufbau einer gewerkschaftlichen Informationsvermittlungsstelle. Köln: Bund-Verlag

Blauner, Robert (1964): Alienation and freedom. The factory worker and his industry. Chicago: University Press

Blutner, Doris/Brose, Hanns-Georg/Holtgrewe, Ursula (2002): Telekom – wie machen die das? Die Transformation der Beschäftigungsverhältnisse bei der Deutschen Telekom AG. Konstanz: UVK

Böhm, Andreas (2004): Theoretisches Codieren: Textanalyse in der Grounded Theory. In: Flick/Kardorff v./Steinke (Hg.) (2004), S. 475-485

Boes, Andreas/Pfeiffer, Sabine (2006): Informatisierung der Arbeit – Gesellschaft im Umbruch. In: Baukrowitz u.a. (Hg.) (2006), S. 19-35

Bohnsack, Ralf (2003): Rekonstruktive Sozialforschung. Einführung in Methodologie und Praxis qualitativer Forschung (5. Aufl.). Opladen: Leske+Budrich

Bohnsack, Ralf/Marotzki, Winfried/Meuser, Michael (Hg.) (2003): Hauptbegriffe Qualitativer Sozialforschung. Ein Wörterbuch. Opladen: Leske+Budrich

Bollinger, Heinrich (2001): Neue Formen der Arbeit – neue Formen des Gesundheitsschutzes. Das Beispiel Projektarbeit. In: WSI Mitteilungen 54 (2001), S. 685691

Boltanski, Luc/Chiapello, Eve (2003): Der neue Geist des Kapitalismus. Konstanz: UVK

Brandt, Gerhard/Kündig, Bernard/Popadimitru, Zissis/Thomae, Jutta (1978): Computer und Arbeitsprozess. Eine arbeitssoziologische Untersuchung der Auswirkungen des Computereinsatzes in ausgewählten Betriebsabteilungen der Stahlindustrie und des Bankgewerbes. Frankfurt/New York: Campus

Braverman, Harry (1977): Die Arbeit im modernen Produktionsprozess. Frankfurt/New York: Campus

Brock, Ditmar/Vetter, Hans-Rolf (1982): Alltägliche Arbeiterexistenz. Soziologische Rekonstruktionen des Zusammenhangs von Lohnarbeit und Biographie. Frankfurt/New York: Campus

Brock, Ditmar/Vetter, Hans-Rolf (1984): Reproduktion als Arbeitskraft. Grundzüge eines subjektorientierten Reproduktionskonzepts. In: Brock, Ditmar u.a. (Hg.), Arbeit und Reproduktion. Umbrüche der Arbeit – Bewältigungsstrategien von Facharbeitern und Technikern. München: DJI, S. 7-80

Bröckling, Ulrich (2007): Das unternehmerische Selbst. Soziologie einer Subjektivierungsform. Frankfurt am Main: Suhrkamp

Brose, Hanns-Georg (Hg.) (2000): Die Reorganisation der Arbeitsgesellschaft. Frankfurt/New York: Campus

Büssing, Andre (1992): Organisationsstruktur, Tätigkeit und Individuum. Untersuchungen am Beispiel der Pflegetätigkeit. Bern u.a.: Huber

Büssing, Andre/Glaser, Jürgen (1996): Widersprüchliche Arbeitsanforderungen in der Arbeittätigkeit. Überprüfung eines Verfahrensbereichs im „Tätigkeits- und Arbeitsanalyseverfahren für das Krankenhaus“. In: Zeitschrift für Arbeitswissenschaft 1 (1996), S. 45-50

Bundesagentur für Arbeit (2005): Statistik zur Arbeitnehmerüberlassung. Stichtag 31.12.2005. Nürnberg

Cattero, Bruno (Hg.) (1998): Modell Deutschland – Modell Europa. Probleme, Perspektiven. Opladen: Leske + Budrich

Cotten, Jean Pierre (1983): Aneignung. In: Labica, Georges (Hg.), Kritisches Wörterbuch des Marxismus. Berlin: Argument, S. 61-65

Crozier, Michel/Friedberg, Erhard (1979): Macht und Organisation. Die Zwänge kollektiven Handelns. Königstein/Ts.: Athenäum

Deinet, Ulrich (2005): „Aneignung“ und „Raum“ – zentrale Begriffe des sozialräumlichen Konzepts. In: Deinet, Ulrich (Hg.), Sozialräumliche Jugendarbeit. Grundlagen, Methoden und Praxiskonzepte. Wiesbaden: VS Verlag für Sozialwissenschaften, S. 27ff

Deinet, Ulrich/Reutlinger, Christian (Hg.) (2004): „Aneignung“ als Bildungskonzept der Sozialpädagogik. Beiträge zur Pädagogik des Kindes- und Jugendalters in Zeiten entgrenzter Lernorte. Wiesbaden: VS Verlag für Sozialwissenschaften

Deutschmann, Christoph (1989): Reflexive Verwissenschaftlichung und kultureller Imperialismus des Managements. In: Soziale Welt 40 (1989), S. 375-396

Deutschmann, Christoph (2001): Die Gesellschaftskritik der Industriesoziologie – ein Anachronismus? In: Leviathan 29 (2001), S. 58-69

Deutschmann, Christoph (2002): Postindustrielle Industriesoziologie. Theoretische Grundlagen, Arbeitsverhältnisse und soziale Identitäten. Weinheim und München: Juventa

Didicher, Walter (1981): Die umstrittene Humanisierung der Arbeit. Gesellschaftspolitische und betriebliche Strategien von Staat, Gewerkschaft, Privatwirtschaft. Frankfurt/New York: Campus

Dörr, Gerlinde (1991): Die Lücken der Arbeitsorganisation. Neue Kontroll- und Kooperationsformen durch computergestützte Reorganisation im Maschinenbau. Berlin: Edition Sigma

Dörr, Gerlinde/Hildebrandt, Eckart/Seltz, Rüdiger (1984): Kontrolle durch Informationstechnologien in Gesellschaft und Betrieb. In: Jürgens, Ulrich/Naschold, Frieder (Hg.), Arbeitspolitik. Materialien zum Zusammenhang von politischer Macht, Kontrolle und betrieblicher Organisation der Arbeit. (Leviathan Sonderheft 5) Opladen: Westdeutscher Verlag, S. 171-197

Dörre, Klaus (2001): Gibt es ein nachfordistisches Produktionsmodell? In: Candeias, Mario/Deppe, Frank (Hg.), Ein neuer Kapitalismus? Hamburg: VSA, S. 83-107

Dörre, Klaus (2002): Kampf um Beteiligung. Arbeit, Partizipation und industrielle Beziehungen im flexiblen Kapitalismus. Wiesbaden: Westdeutscher Verlag

Dörre, Klaus (2005): Wiederkehr der Unsicherheit – Konsequenzen für die Arbeitspolitik. In: Detje, Richard/Pickshaus, Klaus/Urban, Hans-Jürgen (Hg.): Arbeitspolitik kontrovers. Zwischen Abwehrkämpfen und Offensivstrategien. Hamburg: VSA, S. 73-103

Dörre, Klaus/Neubert, Jürgen/Wolf, Harald (1993): „New Deal" im Betrieb? In: SOFI Mitteilungen Nr. 20, S. 15-36

Dörre, Klaus/Röttger, Bernd (Hg.) (2003): Das neue Marktregime. Konturen eines nachfordistischen Produktionsmodells. Hamburg: VSA

Drinkuth, Andreas (2007): Die Subjekte der Subjektivierung. Handlungslogiken bei entgrenzter Arbeit und ihre lokale Ordnung. Berlin: Edition Sigma

Dubiel, Helmut (1986): Autonomie oder Anomie. Zum Streit über den nachliberalen Sozialcharakter. In: Berger, Johannes (Hg.), Die Moderne – Kontinuitäten und Zäsuren. (Sonderband 4 Soziale Welt). Göttingen: Schwartz, S. 263-281

Dunkel, Wolfgang/Voß, G. Günter (Hg.) (2004): Dienstleistung als Interaktion. Beiträge aus einem Forschungsprojekt. Altenpflege – Deutsche Bahn – Call Center. München u. Mering: Hampp

Dunkel, Wolfgang/Sauer, Dieter (Hg.) (2006): Von der Allgegenwart der verschwindenden Arbeit. Neue Herausforderungen für die Arbeitsforschung. Berlin: Edition Sigma

Durkheim, Emile (1992): Über soziale Arbeitsteilung. Studie über die Organisation höherer Gesellschaften. Frankfurt am Main: Suhrkamp

Eckart, Christel (2004): Fürsorgliche Konflikte. Erfahrungen des Sorgens und die Zumutungen der Selbstständigkeit. In: Österreichische Zeitschrift für Soziologie 29 (2004), S. 24-40

Edwards, Richard C. (1979): Herrschaft im modernen Produktionsprozess. Frankfurt/New York: Campus

Erler, Wolfgang u.a. (2002): Die Kompetenzbilanz: Kompetenzen aus informellen Lernorten erfassen und bewerten. (Hg. vom Bundesministerium für Familie, Senioren, Frauen und Jugend). Berlin: BMFSFJ

Färber, Christiane (2001): Burnout in modernen Arbeitsverhältnissen. In: Pickshaus/Schmitthenner/Urban (Hg.), S. 101-111

Fergen, Andrea/Pickshaus, Klaus (2001): Arbeitszeit und Gesundheit. In: Pickshaus/Schmitthenner/Urban (Hg.), S. 137-154

Flick, Uwe/Kardorff v., Ernst/Steinke, Ines (Hg.) (2004): Qualitative Forschung. Ein Handbuch. Reinbek bei Hamburg: Rowohlt

Forrester, Viviane (2001): Die Diktatur des Profits. München: Deutscher Taschenbuch Verlag

Forschungsinstitut der Friedrich-Ebert-Stiftung (1982): Ein Programm und seine Wirkungen. Analyse von Zielen und Aspekten zur Forschung „Humanisierung des Arbeitslebens". Frankfurt/New York: Campus

Frerichs, Petra (1997): Klasse und Geschlecht I. Arbeit. Macht. Anerkennung. Interessen. Opladen: Leske + Budrich

Frey, Michael (2004): Ist der „Arbeitskraftunternehmer" weiblich? „Subjektivierte" Erwerbsorientierungen von Frauen in Prozessen betrieblicher Diskontinuität. In: Arbeit. Zeitschrift für Arbeitsforschung, Arbeitsgestaltung und Arbeitspolitik 13 (2004), S. 61-77

Frey, Michael (2007): Wandel betrieblicher Geschlechterpolitik durch Vermarktlichung und Subjektivierung von Arbeit – „Riskante Chancen" für Frauen. In: Aulenbacher u.a. (Hg.) (2007), S. 167-182

Frey, Michael/Hüning, Hasko/Nickel, Hildegard Maria (2001): Unternehmen Zukunft – Börsenbahn? Beschleunigte Vermarktlichung, regulierte Desintegration und betriebliche Geschlechterpolitik. In: Edeling, Thomas/Jann, Werner/Wagner, Dieter/Reichard, Christoph (Hg.), Öffentliche Unternehmen – Entstaatlichung und Privatisierung? Opladen: Leske + Budrich, S 125-155

Fox, Andrew (1974): Beyond Contract – Work, Power und Trust Relations. London

Funder, Maria (2000): Entgrenzung von Organisationen – eine Fiktion? In: Minssen (Hg.) (2000), S. 19-45

Funder, Maria/Dörhöfer, Steffen/Rauch, Christian (2006): Geschlechteregalität – mehr Schein als Sein. Geschlecht, Arbeit und Interessenvertretung in der Informations- und Telekommunikationsindustrie. Berlin: Edition Sigma

Funder, Maria/Dörhöfer, Steffen/Rauch, Christian (2005) (Hg.): Jenseits der Geschlechterdifferenz? Geschlechterverhältnisse in der Informations- und Wissensgesellschaft. München und Mering: Hampp

Garhammer, Manfred (2002): Zeitarbeit – ein Muster für die Arbeits- und Betriebsorganisation der Zukunft? In: Berliner Journal für Soziologie 12 (2002), S. 109-126

Geissler, Birgit/Oechsle, Mechthild (1994): Lebensplanung als Konstruktion. Biographische Dilemmata und Lebenslauf-Entwürfe junger Frauen. In: Beck, Ulrich/Beck-Gernsheim, Elisabeth (Hg.), Riskante Freiheiten. Individualisierung in modernen Gesellschaften. Frankfurt am Main: Suhrkamp

Geissler, Birgit/Oechsle, Mechthild (1996): Lebensplanung junger Frauen. Zur widersprüchlichen Modernisierung weiblicher Lebensläufe. Weinheim: Deutscher Studienverlag

Gerlmaier, Anja (2006): Nachhaltige Arbeitsgestaltung in der Wissensökonomie? Zum Verhältnis von Belastungen und Autonomie in neuen Arbeitsformen. In: Lehndorff, Steffen (Hg.), Das Politische in der Arbeitspolitik. Ansatzpunkte für eine nachhaltige Arbeits- und Arbeitszeitgestaltung. Berlin: Edition Sigma, S. 71-98

Gerlmaier, Anja/Latniak, Ernst (2005): Widersprüchliche Arbeitsanforderungen bei Projektarbeit – ein ressourcenorientierter Ansatz der Belastungsanalyse. In: Gesellschaft für Arbeitswissenschaft, Personalmanagement und Arbeitsgestaltung. Dortmund, S. 419-422

Glißmann, Wilfried (2000): Die neue Selbstständigkeit in der Arbeit. Maßlosigkeit und Ökonomisierung der „Ressource Ich". In: Peters (Hg.) (2000), S. 50-80

Glißmann, Wilfried (2001): Ökonomik der Maßlosigkeit und die Frage der Gesundheit. In: Pickshaus/Schmitthenner/Urban (Hg.) (2001), S. 38-50

Glißmann, Wilfried (2002): Der neue Zugriff auf das ganze Individuum. Wie kann ich mein Interesse behaupten? In: Moldaschl/Voß (Hg.) (2002), S. 241-259

Glißmann, Wilfried/Peters, Klaus (2001): Mehr Druck durch mehr Freiheit. Die neue Autonomie in der Arbeit und ihre paradoxen Folgen. Hamburg: VSA

Goldthorpe, John H./Lockwood, Davis/Bechhofer, Frank/Platt, Jennifer (1968): The affluent worker: industrial attitudes und behaviour. Cambridge: University Press

Gottschall, Karin/Voß, G. Günter (Hg.) (2003): Entgrenzung von Arbeit und Leben. Zum Wandel der Beziehung von Erwerbstätigkeit und Privatsphäre im Alltag. München u. Mering: Hampp

Gundtoft, Lars/Holtgrewe, Ursula (2000): Call-Center – Rationalisierung im Dilemma. In: Brose (Hg.) (2000), S. 173-203

Habermas, Jürgen (1973): Stichworte zu einer Theorie der Sozialisation. In: Ders., Kultur und Kritik. Frankfurt am Main: Suhrkamp

Hacker, Winfried (1986): Arbeitspsychologie. Psychische Regulation von Arbeitstätigkeiten. Bern u.a.: Huber

Halfmann, Jost (1990): „Entfremdung" in den Sozialwissenschaften des 20. Jh. (Teil II des Artikels „Entfremdung"). In: Sandkühler (Hg.), S. 701-703

Haug, Wolfgang Fritz (1994): Aneignung. In: Ders. (Hg.) (1994), Sp. 233-249

Haug, Wolfgang Fritz (Hg.) (1994): Historisch-kritisches Wörterbuch des Marxismus. (Bd. 1). Hamburg: Argument

Haug, Wolfgang Fritz (Hg.) (1997): Historisch-kritisches Wörterbuch des Marxismus. (Bd. 2). Hamburg: Argument

Hepp, Andreas (2004): Cultural Studies und Medienanalyse. Eine Einführung. Wiesbaden: VS Verlag für Sozialwissenschaften

Hildebrandt, Eckart/Seltz, Rüdiger (1989): Wandel betrieblicher Sozialverfassung durch systemische Kontrolle? Betriebspolitik und Sozialverfassung in Maschinenbau-Unternehmen mit computergestützter Fertigung. Berlin: Edition Sigma

Hildebrandt, Eckart/Seltz, Rüdiger (Hg.) (1987): Managementstrategien und Kontrolle. Eine Einführung in die Labour Process Debate. Berlin: Edition Sigma

Hillman, Karl-Heinz (Hg.) (2007): Wörterbuch der Soziologie. 5. Aufl. Stuttgart: Kröner

Hirsch, Joachim (1995): Der nationale Wettbewerbsstaat. Staat, Demokratie und Politik im globalen Kapitalismus. Berlin u.a.: Edition ID-Archiv

Hoff, Ernst (1982): Kontrollbewusstsein. Grundvorstellungen zur eigenen Person und Umwelt bei jungen Arbeitern. In: Kölner Zeitschrift für Soziologie und Sozialphilosophie 34 (1982), S, 316-339

Hoff, Ernst (1986): Arbeit, Freizeit und Persönlichkeit: Wissenschaftliche und alltägliche Vorstellungsmuster. Bern u.a.: Huber

Hoff, Ernst-H./Lempert, Wolfgang/Lappe, Lothar (1991): Persönlichkeitsentwicklung in Facharbeiterbiographien. Bern, Göttingen: Huber

Hohner, Hans-Uwe (1987): Kontrollbewusstsein und berufliches Handeln. Bern u.a.: Huber

Hollstein, Walter (1999): Männerdämmerung. Von Tätern, Opfern, Schurken und Helden. Göttingen: Vandenhoeck und Ruprecht

Holtgrewe, Ursula (2000): „Meinen Sie, da sagt jemand danke, wenn man geht?" Anerkennungs- und Missachtungsverhältnisse im Prozess organisationeller Transformation. In: Holtgrewe/Voswinkel/Wagner (Hg.) (2000), S. 63-84

Holtgrewe, Ursula (2001):Organisationsdilemma und Kommunikationsarbeit. Call-Center als informatisierte Grenzstellen. In: Matuschek/Henninger/Kleemann (Hg.) (2001), S. 55-70

Holtgrewe, Ursula (2002): Anerkennung und Arbeit in der Dienst-Leistungs-Gesellschaft. Eine identitätstheoretische Perspektive. In: Moldaschl/Voß (Hg.) (2002), S. 195-218

Holtgrewe, Ursula (2003a):Callcenterforschung: Ergebnisse und Theorien. In: Kleemann/Matuschek (Hg.) (2003), S. 49-64

Holtgrewe, Ursula (2003b): Informatisierte Arbeit und flexible Organisationen. Unterwerfung, Distanzierung, Anerkennungskämpfe? In: Schönberger, Klaus/Springer, Stefanie (Hg.), Subjektivierte Arbeit. Mensch, Organisation und Technik in einer entgrenzten Arbeitswelt. Frankfurt/New York: Campus, S. 21-43

Holtgrewe, Ursula (2006): Flexible Menschen in flexiblen Organisationen. Bedingungen und Möglichkeiten kreativen und innovativen Handelns. Berlin: Edition Sigma

Holtgrewe, Ursula/Voswinkel, Stephan/Wagner, Gabriele (2000): Für eine Anerkennungssoziologie der Arbeit. Einleitende Überlegungen. In: Dies. (Hg.) (2000), S. 9-26

Holtgrewe, Ursula/Voswinkel, Stephan/Wagner, Gabriele (Hg.) (2000): Anerkennung und Arbeit. Konstanz: UVK

Holzkamp, Klaus (1973): Sinnliche Erkenntnis. Frankfurt am Main: Fischer

Holzkamp, Klaus (1983): Grundlegung der Psychologie. Frankfurt/New York: Campus

Honneth, Axel (1992): Kampf um Anerkennung. Zur moralischen Grammatik sozialer Konflikte. Frankfurt am Main: Suhrkamp

Honneth, Axel (1993): Dezentrierte Autonomie. Moralphilosophische Konsequenzen aus der modernen Subjektkritik. In: Menke, Christoph/Seel, Martin (Hg.), Zur Verteidigung der Vernunft gegen ihre Liebhaber und Verächter. Frankfurt am Main: Suhrkamp, S. 149-163

Honneth, Axel (2005): Verdinglichung. Eine anerkennungstheoretische Studie. Frankfurt am Main: Suhrkamp

Hopf, Christel (1996): Hypothesenprüfung und qualitative Sozialforschung. In: Strobl, R./Böttger, A. (Hg.), Wahre Geschichten? Zu Theorie und Praxis qualitativer Interviews. Baden-Baden: Nomos, S. 9-21

Huchler, Norbert/Voß, G. Günter/Weihrich, Margit (2007): Soziale Mechanismen im Betrieb. Theoretische und empirische Analysen zur Entgrenzung und Subjektivierung von Arbeit. München und Mering: Hampp

Hüning, Hasko/Nickel, Hildegard Maria (Hg.) (1998): Finanzmetropole Berlin. Strategien betrieblicher Transformation. Opladen: Leske + Budrich

Hüning, Hasko/Ulrike Stodt (1999): Regulierte Desintegration. Aspekte des internen Arbeitsmarktes der Deutschen Bahn AG. In: Nickel/Völker/Hüning (Hg.) (1999), S. 175-203

Jäger, Wieland (2008): Arbeitsvermögen oder „Menschenregierung“? Der Sinn-Mythos moderner Arbeitsorganisation. In: Jäger, Wieland/Röttgers, Kurt (Hg.), Sinn von Arbeit. Soziologische und wirtschaftsphilosophische Betrachtungen. Wiesbaden: VS Verlag für Sozialwissenschaften, 111-160

Jaeggi, Rahel (2002): Aneignung braucht Fremdheit. In: Texte zur Kunst, Heft Nr. 46, „Appropriation Now“, Juni 2002

Jaeggi, Rahel (2005): Entfremdung. Zur Aktualität eines sozialphilosophischen Problems. Frankfurt/New York: Campus

Joas, Hans (1994): Kreativität und Autonomie. Die soziologische Identitätskonzeption und ihre postmoderne Herausforderung. In: Görg, Christoph (Hg.), Gesellschaft im Übergang. Perspektiven kritischer Soziologie. Darmstadt: Wissenschaftliche Buchgesellschaft, 109-119

Jürgens, Kerstin (2006): Arbeits- und Lebenskraft. Reproduktion als eigensinnige Grenzziehung. Wiesbaden: VS Verlag für Sozialwissenschaften

Jurczyk, Karin (2005): Familie – Arbeit – Entgrenzung. In: WestEnd. Neue Zeitschrift für Sozialforschung 2 (2005), S. 90-99

Jurczyk, Karin (2006): Produktion, Reproduktion, Gender. In: Dunkel/Sauer (Hg.) (2006), S. 259-263

Keiler, Peter (1990): Aneignung. In: Sandkühler (Hg.) (1990), S. 118-128

Kelle, Udo (2004): Computergestützte Analyse qualitativer Daten. In: Flick/Kardorff v./Steinke (Hg.) (2004), S. 485-502

Kern, Horst (1979): Kampf um Arbeitsbedingungen. Materialien zur „Humanisierung der Arbeit". Frankfurt am Main: Suhrkamp

Kern, Horst/Schumann, Michael (1970): Industriearbeit und Arbeiterbewusstsein. Eine empirische Untersuchung über den Einfluss der aktuellen technischen Entwicklung auf die industrielle Arbeit und das Arbeiterbewusstsein. Frankfurt am Main: Europäische Verlagsanstalt

Kern, Horst/Schumann, Michael (1984): Das Ende der Arbeitsteilung? Rationalisierung in der industriellen Produktion. München: Beck

Klauser, Francisco Reto (2006): Die Videoüberwachung öffentlicher Räume. Zur Ambivalenz eines Instruments sozialer Kontrolle. Frankfurt/New York: Campus

Kleemann, Frank (2005): Die Wirklichkeit der Teleheimarbeit. Eine arbeitssoziologische Untersuchung. Berlin: Edition Sigma

Kleemann, Frank/Matuschek, Ingo (Hg.) (2003): Immer Anschluss unter dieser Nummer. Rationalisierte Dienstleistung und subjektivierte Arbeit in Call Centern. Berlin: Edition Sigma

Kleemann, Frank/Matuschek, Ingo/Voß, G. Günter (2002): Subjektivierung von Arbeit – Ein Überblick zum Stand der soziologischen Diskussion. In: Moldaschl/Voß (Hg.) (2002), S. 53-100

Knapp, Gudrun-Axeli (1981): Industriearbeit und Instrumentalismus. Zur Geschichte eines Vor-Urteils. Bonn: Verlag Neue Gesellschaft

Knapp, Gudrun-Axeli (1987): Arbeitsteilung und Sozialisation. Konstellationen von Arbeitsvermögen und Arbeitskraft im Lebenszusammenhang von Frauen. In: Beer, Ursula (Hg.), Klasse Geschlecht. Feministische Gesellschaftsanalyse und Wissenschaftskritik. Bielefeld: AJZ, S. 236-273

Knights, David (Ed.) (1986): Gender and the labour process. Aldershot

Knights, David (Ed.) (1990): Labour process theory. Basingstoke u.a.: Macmillan

Kocyba, Hermann (2000): Der Preis der Anerkennung. Von der tayloristischen Missachtung zur strategischen Instrumentalisierung der Subjektivität der Arbeitenden. In: Holtgrewe/Voswinkel/Wagner (Hg.) (2000), S. 127-140

Kocyba, Hermann (2005): Selbstverwirklichung im Unternehmen – Chance oder Anerkennungsfalle? In: Funder/Dörhöfer/Rauch (Hg.) (2006), S. 139-154

Krappmann, Lothar (1972): Soziologische Dimensionen der Identität. Stuttgart: Enke

Kratzer, Nick (2003): Arbeitskraft in Entgrenzung. Grenzenlose Anforderungen, erweiterte Spielräume, begrenzte Ressourcen. Berlin: Edition Sigma

Kratzer, Nick/Sauer, Dieter (2003): Entgrenzung von Arbeit. Konzept, Thesen, Befunde. In: Gottschall/Voß (Hg.) (2003), S. 87-123

Kreikebaum, Hartmut/Herbert, Klaus-Jürgen (1988): Humanisierung der Arbeit. Arbeitsgestaltung im Spannungsfeld ökonomischer, technologischer und humanitärer Ziele. Wiesbaden: Gabler.

Kropf, Julia (2005): Flexibilisierung – Subjektivierung – Anerkennung. Auswirkungen von Flexibilisierungsmaßnahmen auf die Anerkennungsbeziehungen in Unternehmen. München: Biblion

Krömmelbein, Silvia (2004): Arbeitskommunikation und Identität - Ein Beitrag zur Subjektivierung von Arbeit. In: WSI Mitteilungen 57 (2004), S. 28-34

Krömmelbein, Silvia (2005): Kommunikation und abnehmende Rollendistanz. Zur Ambivalenz der aktiven Aneignung subjektivierter Arbeitswelten. In: Arbeitsgruppe SubArO (Hg.), Ökonomie der Subjektivität – Subjektivität der Ökonomie. Berlin: Edition Sigma, S. 183-201

Krönert, Veronika (2009): Michel de Certeau: Alltagsleben, Aneignung und Widerstand. In: Hepp, Andreas u.a. (Hg.), Schlüsselwerke der Cultural Studies. Wiesbaden: VS Verlag für Sozialwissenschaften, S. 47-57

Kuchler, Barbara (2005): Was ist in der Soziologie aus der Dialektik geworden? Münster: Westfälisches Dampfboot

Kuhlmann, Martin/Schumann, Michael (2000): Was bleibt von der Arbeitersolidarität? Zum Arbeits- und Betriebsverständnis bei innovativer Arbeitspolitik. In: WSI Mitteilungen 53 (2000), S. 18-27

Kuckartz, Udo (2005): Einführung in die computergestützte Analyse qualitativer Daten. Wiesbaden: Westdeutscher Verlag

Kurz, Constanze (1998): Repetitivarbeit – unbewältigt. Betriebliche und gesellschaftliche Entwicklungsperspektiven eines beharrlichen Arbeitstyps. Berlin: Edition Sigma

Lappe, Lothar (1986): Techologie, Qualifikation und Kontrolle. Die Labour-Process Debatte aus der Sicht der deutschen Industriesoziologie. In: Soziale Welt 37 (1986), S. 310-330

Lappe, Lothar (1988): Kontrolle und Kontrollbewusstsein. In: Schmiede, Rudi (Hg.), S. 77-100

Laugstien, Thomas (1994): Anerkennung. In: Haug, Wolfgang Fritz (Hg.), Historisch-kritisches Wörterbuch des Marxismus. Hamburg: Argument, Sp. 249-261

Lehndorff, Steffen (2003): Marktsteuerung von Dienstleistungsarbeit. In: Dörre/Röttger (Hg.) (2003), S. 153-171

Lehndorff, Steffen (Hg.) (2006): Das Politische in der Arbeitspolitik. Ansatzpunkte für eine nachhaltige Arbeits- und Arbeitszeitgestaltung. Berlin: Edition Sigma

Lehndorff, Steffen/Voss-Dahm, Dorothea (2006): Kunden, Kennziffern und Konkurrenz. Markt und Organisation in der Dienstleistungsarbeit. In: Lehndorff (Hg.) (2006), S. 127-153

Lenhardt, Uwe (2001): Neue Arbeitsformen zwischen Gesundheitsrisiken und -ressourcen. Herausforderungen für eine gesundheitsförderliche Arbeitspolitik. In: Pickshaus/Schmitthenner/Urban (Hg.), S. 51-68

Leontjew, Alexej N. (1973): Probleme der Entwicklung des Psychischen. Frankfurt am Main: Athenäum Fischer

Leontjew, Alexej N. (1979): Tätigkeit, Bewusstsein, Persönlichkeit. Berlin: Volk und Wissen

Leu, Hans Rudolf (1989): Wechselwirkungen. Die Einbettung von Subjektivität in die Alltagspraxis. In: Brock, Ditmar u.a. (Hg.), Subjektivität im gesellschaftlichen Wandel. Umbrüche im beruflichen Sozialisationsprozess. Weinheim u. München: DJI, S. 36-58

Littek, Wolfgang/Heisig, Ulrich (1986): Rationalisierung von Arbeit als Aushandlungsprozess. Beteiligung bei Rationalisierungsverläufen im Angestalltenbereich. In: Soziale Welt 37 (1986), S. 237-262

Löw, Martina (2001): Raumsoziologie. Frankfurt am Main: Suhrkamp

Lohr, Karin/Nickel, Hildegard Maria (2005): Subjektivierung von Arbeit – Riskante Chancen. In: Dies. (Hg.) (2005), S. 207-239

Lohr, Karin/Nickel, Hildegard Maria (Hg.) (2005): Subjektivierung von Arbeit – Riskante Chancen. Münster: Westfälisches Dampfboot

Manske, Fred (1991): Kontrolle, Rationalisierung und Arbeit – Kontinuität durch Wandel. Zur Ersetzbarkeit des Taylorismus durch moderne Kontrolltechniken. Berlin: Edition Sigma

Marchart, Oliver (2008): Cultural Studies. Konstanz: UVK

Marx, Karl (1844/1968): Ökonomisch-philosophische Manuskripte. In: Marx Engels Werke (MEW), Ergänzungsband 1. Berlin (DDR): Dietz

Marx, Karl (1847/1972): Das Elend der Philosophie. Antwort auf Proudhons „Philosophie des Elends“. In: Marx Engels Werke (MEW), Band 4. Berlin (DDR): Dietz

Marx, Karl (1857/1971): Einleitung [zur Kritik der politischen Ökonomie]. In: Marx Engels Werke (MEW), Band 13. Berlin (DDR): Dietz

Marx, Karl (1867/1962): Das Kapital. Kritik der politischen Ökonomie. Erster Band. In: Marx Engels Werke (MEW), Band 23. Berlin (DDR): Dietz

Matuschek, Ingo/Kleemann, Frank/Brinkhoff, Cornelia (2004): "Bringing Subjectivity back in." Notwendige Ergänzungen zum Konzept des Arbeitskraftunternehmers. In: Pongratz/Voß (Hg.) (2004), S. 115-138

Matuschek, Ingo/Henninger, Annette/Kleemann, Frank (Hg.) (2001): Neue Medien im Arbeitsalltag. Empirische Befunde – Gestaltungskonzepte – Theoretische Perspektiven. Wiesbaden: Westdeutscher Verlag

Mayer-Ahuja, Nicole/Wolf, Harald (Hg.) (2005): Entfesselte Arbeit – neue Bindungen. Grenzen der Entgrenzung in der Medien- und Kulturindustrie. Berlin: Edition Sigma

Mead, George Herbert (2005): Geist, Identität und Gesellschaft aus der Sicht des Sozialbehaviorismus. 14. Aufl. Frankfurt am Main: Suhrkamp

Meuser, Michael (2003): Deutungsmusteranalyse. In: Bohnsack/Marotzki/Meuser (Hg.) (2003), S. 31-33

Minssen, Heiner (Hg.) (2000): Begrenzte Entgrenzungen. Wandlungen von Organisation und Arbeit. Berlin: Edition Sigma

Moldaschl, Manfred (1991): Frauenarbeit oder Facharbeit? Montagerationalisierung in der Elektroindustrie II. Frankfurt/New York: Campus

Moldaschl, Manfred (1994): „Die werden zur Hyäne“. Erfahrungen und Belastungen in neuen Arbeitsformen. In: Ders./Schultz-Wild, Reiner (Hg.), Arbeitsorientierte Rationalisierung. Fertigungsinseln und Gruppenarbeit im Maschinenbau. Frankfurt/New York: Campus, S. 105-149

Moldaschl, Manfred (1998): Internalisierung des Marktes. Neue Unternehmensstrategien und qualifizierte Angestellte. In: ISF u.a. (Hg.), Jahrbuch sozialwissenschaftliche Technikberichterstattung 1997. Schwerpunkt: Moderne Dienstleistungswelten. Berlin: Edition Sigma, S. 197-250

Moldaschl, Manfred (2001): Herrschaft durch Autonomie - Dezentralisierung und widersprüchliche Arbeitsbeziehungen. In: Lutz, Burkart (Hg.), Entwicklungsperspektiven von Arbeit. Ergebnisse aus dem Sfb 333 der Universität München. Berlin: Akademie-Verlag, S. 132-164

Moldaschl, Manfred (2002a): Subjektivierung. Eine neue Stufe in der Entwicklung der Arbeitswissenschaften? In: Moldaschl/Voß (Hg.) (2002), S. 25-56

Moldaschl, Manfred (2002b): Ökonomie des Selbst. Subjektivität in der Unternehmergesellschaft. In: Klages, Johanna/Timpf, Siegfried (Hg.), New Economy als diskursive Konstruktion. Hamburg: VSA, S. 29-62

Moldaschl, Manfred (2003): Zehn Gebote einer zukunftsfähigen Arbeitsforschung. In: WSI Mittelungen 56 (2003), S. 571-577

Moldaschl, Manfred (2005a): Nachhaltigkeit von Arbeit und Unternehmensführung. Eine integrative potenzialorientierte Perspektive. In: Ders. (Hg.) (2005), S. 19-46

Moldaschl, Manfred (2005b): Kapitalarten, Verwertungsstrategien, Nachhaltigkeit. Grundbegriffe und ein Modell zur Analyse von Handlungsfolgen. In: Ders. (Hg.) (2005), S. 47-68

Moldaschl, Manfred (2005c):Ressourcenorientierte Analyse von Belastung und Bewältigung in der Arbeit. In: Ders. (Hg.) (2005), S. 243-279

Moldaschl, Manfred (Hg.) (2005): Immaterielle Ressourcen. Nachhaltigkeit von Unternehmensführung und Arbeit I. München und Mering: Hampp

Moldaschl, Manfred/Sauer, Dieter (2000): Internalisierung des Marktes – Zur neuen Dialektik von Kooperation und Herrschaft. In: Minssen (Hg.) (2000), S. 205-224

Moldaschl, Manfred/Schultz-Wild, Reiner (1994): Arbeitsorientierte Rationalisierung. In: Dies. (Hg.), Arbeitsorientierte Rationalisierung. Fertigungsinseln und Gruppenarbeit im Maschinenbau. Frankfurt/New York: Campus, S. 9-31

Moldaschl, Manfred/Voß, G. Günter (Hg.) (2002a): Subjektivierung von Arbeit. München und Mering: Hampp

Moldaschl, Manfred/Voß, G. Günter (2002b): Reportagen aus der subjektivierten Arbeitswelt. In: Dies. (Hg.) (2002a), S. 295-335

Neckel, Sighard (1999): Blanker Neid, blinde Wut? Sozialstruktur und kollektive Gefühle. In: Leviathan 27 (1999), S. 145-165

Neckel, Sighard (2000): Die Macht der Unterscheidung. Essays zur Kultursoziologie der modernen Gesellschaft. Frankfurt/New York: Campus

Neckel, Sighard (2001): „Leistung“ und „Erfolg“. Die symbolische Ordnung der Marktgesellschaft. In: Barlösius, Eva/Müller, Hans-Peter/Sigmund, Steffen (Hg.), Gesellschaftsbilder im Umbruch. Soziologische Perspektiven in Deutschland. Opladen: Leske+Budrich, S. 245-265

Neckel, Sighard/Dröge, Kai (2002): Die Verdienste und ihr Preis. Leistung in der Marktgesellschaft. In: Honneth, Axel (Hg.), Befreiung aus der Mündigkeit. Paradoxien des gegenwärtigen Kapitalismus. Frankfurt/New York: Campus, S.93-116

Nickel, Hildegard Maria (1999): Erosion und Persistenz. Gegen die Ausblendung des gesellschaftlichen Transformationsprozesses in der Frauen- und Geschlechterforschung. In: Nickel/Völker/Hüninig (Hg.) (1999), S. 9-33

Nickel, Hildegard Maria (2007): Tertiarisierung, (Markt-)Individualisierung, soziale Polarisierung - neue Konfliktlagen im Geschlechterverhältnis? In: Aulenbacher u.a. (Hg.) (2007), S. 27-44

Nickel, Hildegard Maria u.a. (2008): Care – Black Box der Arbeitspolitik. Schwerpunkt im Berliner Journal für Soziologie 18 (2008) 2

Nickel, Hildegard Maria/Hüning, Hasko u.a. (2006): Vermarktlichung und Subjektivierung der Arbeit? Neue Arbeitspolitik und betriebliche Geschlechterverhältnisse. Unveröffentlichter Projektbericht. Humboldt-Universität zu Berlin, Institut für Sozialwissenschaften

Nickel, Hildegard Maria/Völker, Susanne/Hüninig, Hasko (Hg.) (1999): Transformation – Unternehmensreorganisation – Geschlechterforschung. Opladen: Leske + Budrich 1999

Nickel, Hildegard Maria/Hüning, Hasko/Frey, Michael (2008): Subjektivierung, Verunsicherung, Eigensinn. Auf der Suche nach Gestaltungspotenzialen für eine neue Arbeits- und Geschlechterpolitik. Berlin: Edition Sigma

Nitschke, Christoph (1988): Autonomie in der Erwerbsarbeit. Berlin: Edition Sigma

Oechsle, Mechthild (1995): Erwerbsorientierungen und Lebensplanung junger Frauen. In: Arbeit 4 (1995), S. 7-23

Oesterreich, Rainer/Volpert, Walter (1987): Handlungstheoretisch orientierte Arbeitsanalyse. In: Kleinbeck, Uwe/Rutenfranz, Joseph (Hg.), Arbeitspsychologie. Göttingen u.a.: Hogrefe, S. 43-73

Oppolzer, Alfred (1997): Entfremdung. In: Haug (Hg.) (1997), Sp. 460-469

Ortmann, Günther/Windeler, Arnold/Becker, Albrecht/Schult, Hans-Joachim (1990): Computer und Macht in Organisationen. Mikropolitische Analysen. Opladen: Westdeutscher Verlag

Peter, Gerd u.a. (Hg.) (1982): Humanisierung der Arbeit. Probleme der Durchsetzung. Köln: Bund-Verlag

Peters, Jürgen (Hg.) (2000): Dienstleistungsarbeit in der Industrie. Ein gewerkschaftliches Gestaltungsfeld. Hamburg: VSA

Peters, Klaus (2001): Die neue Autonomie in der Arbeit. In: Glißmann/Peters (2001), S. 18-40

Peters, Klaus/Sauer, Dieter (2005): Indirekte Steuerung – eine neue Herrschaftsform. Zur revolutionären Qualität des gegenwärtigen Umbruchprozesses. In: Wagner, Hilde (Hg.) (2005), S. 23-58

Peters, Klaus/Sauer, Dieter (2006): Epochenbruch und Herrschaft – Indirekte Steuerung und die Dialektik des Übergangs. In: Scholz u.a. (Hg.) (2006), S. 98-125

Pickshaus, Klaus/Schmitthenner, Horst/Urban, Hans-Jürgen (Hg.) (2001): Arbeiten ohne Ende. Neue Arbeitsverhältnisse und gewerkschaftliche Arbeitspolitik. Hamburg: VSA

Picot, Arnold/Reichwald, Ralf/Wigand, Rolf T. (1996): Die grenzenlose Unternehmung. Information, Organisation und Management. Wiesbaden: Gabler

Pirker, Theo/Braun, Siegfried/Lutz, Burkart/Hammelrath, Fro (1955): Arbeiter, Management, Mitbestimmung. Eine industriesoziologische Untersuchung der Struktur, der Organisation und des Verhaltens der Arbeiterbelegschaften in Werken der deutschen Eisen- und Stahlindustrie, für die das Mitbestimmungsgesetz gilt. Stuttgart u. Düsseldorf: Ring-Verlag

Plath, Hans-Eberhard (2000): Arbeitsanforderungen im Wandel, Kompetenzen für die Zukunft. Eine folgenkritische Auseinandersetzung mit aktuellen Positionen. In: Mitteilungen aus der Arbeitsmarkt- und Berufsforschung 33 (2000), S. 583-593

Pohlmann, Markus/Sauer, Dieter/Trautwein-Kalms, Gudrun/Wagner, Alexandra (Hg.) (2003): Dienstleistungsarbeit: Auf dem Boden der Tatsachen. Befunde aus Handel, Industrie, Medien und IT-Branche. Berlin: Edition Sigma

Pohlmann, R. (1971): Autonomie. In: Ritter, Joachim (Hg.), Historisches Wörterbuch der Philosophie. Basel, Sp. 701-719

Pollock, Friedrich (1956): Automation. Materialien zur Beurteilung der ökonomischen und sozialen Folgen. Frankfurt am Main: Europäische Verlagsanstalt

Pongratz, Hans J./Voß, G. Günter (2000): Vom Arbeitnehmer zum Arbeitskraftunternehmer – Zur Entgrenzung der Ware Arbeitskraft. In: Minssen, Heiner (Hg.) (2000), S. 225-247

Pongratz, Hans J./Voß, G. Günter (2003): Arbeitskraftunternehmer. Erwerbsorientierungen in entgrenzten Arbeitsformen. Berlin: Edition Sigma

Pongratz, Hans J./Voß, G. Günter (2004): Arbeitskraft und Subjektivität. Einleitung und Stellungnahme aus Sicht der Arbeitskraftunternehmer-These. In: Dies. (Hg.) (2004), S. 7-31

Pongratz, Hans J./Voß, G. Günter (Hg.) (2004): Typisch Arbeitskraftunternehmer? Befunde der empirischen Forschung. Berlin: Edition Sigma

Popitz, Heinrich/Bahrdt, Hans Paul/Jüres, Ernst August/Kesting, Hanno (1957a): Technik und Industriearbeit. Soziologische Untersuchungen in der Hüttenindustrie. Tübingen: Mohr

Popitz, Heinrich/Bahrdt, Hans Paul/Jüres, Ernst August/Kesting, Hanno (1957b): Das Gesellschaftsbild des Industriearbeiters. Soziologische Untersuchungen in der Hüttenindustrie. Tübingen: Mohr

Pröll, Ulrich/Gude, Dietmar (2003): Gesundheitliche Auswirkungen flexibler Arbeitsformen. Risikoabschätzung und Gestaltungsanforderungen. Dortmund u.a.: Wirtschaftsverlag NW

Promberger, Markus (2006): Leiharbeit – Flexibilität und Prekarität in der betrieblichen Praxis. In: WSI Mitteilungen 59 (2006), S. 263-269

Rastetter, Daniela (2008): Zum Lächeln verpflichtet. Emotionsarbeit im Dienstleistungsbereich. Frankfurt/New York: Campus

Reitz, Tilmann (1997): Entäußerung. In: Haug (Hg.) (1997), Sp. 341-438

Reusch, Jürgen (2001): Mehr Arbeitsintensität, mehr Zeit- und Leistungsdruck. Forschungsergebnisse zum Belastungswandel. In: Pickshaus/Schmitthenner/Urban (Hg.), S. 69-83

Reutter, Werner (1991): Korporatismustheorien: Kritik, Vergleich, Perspektiven. Frankfurt am Main u.a.: Lang

Röhr, Werner (1979): Aneignung und Persönlichkeit. Studie über die theoretisch-methodologische Bedeutung der marxistisch-leninistischen Aneignungsauffassung für die philosophische Persönlichkeitstheorie. Berlin: Akademie-Verlag

Rosa, Hartmut (2006): Wettbewerb als Interaktionsmodus. Kulturelle und sozialstrukturelle Konsequenzen der Konkurrenzgesellschaft. In: Leviathan 34 (2006), S. 82-104

Rotter, Julian B. (1966): Generalized Expectancies of Internal versus External Control of Reinforcement. Psychological Monographs General & Applied 80 (1966), S. 1-28

Sandkühler, Hans Jörg (Hg.) (1990): Europäische Enzyklopädie zu Philosophie und Wissenschaften. Hamburg: Felix Meiner

Sauer, Dieter (2002): Kundenorientierung – ein Leitbild moderner Dienstleistungsarbeit. In: Ders. (Hg.) (2002), S. 9-20

Sauer, Dieter (2003): Arbeit, Leistung und Interessenhandeln in der „tertiären" Organisation. Dienstleistungsarbeit als Forschungsfeld. In: Pohlmann u.a. (Hg.) (2003), S. 15-25

Sauer, Dieter (2005a): Arbeit im Übergang. Zeitdiagnosen. Hamburg: VSA

Sauer, Dieter (2005b): Paradigmenwechsel in der Arbeitspolitik. Gibt es noch Spielräume für anti-tayloristische Deals? In: Detje, Richard/Pickshaus, Klaus/Urban, Hans-Jürgen (Hg.), Arbeitspolitik kontrovers. Zwischen Abwehrkämpfen und Offensivstrategien. Hamburg: VSA, S. 54-72

Sauer, Dieter (2005c): Arbeit unter (Markt-)Druck: Ist noch Raum für innovative Arbeitspolitik? In: WSI Mitteilungen 58 (2005), S. 179-185

Sauer, Dieter (2007): Vermarktlichung und Politik – Arbeitspolitik unter den Bedingungen Indirekter Steuerung. In: Gerd Peter (Hg.), Grenzkonflikte der Arbeit. Die Herausbildung einer neuen europäischen Arbeitspolitik. Hamburg: VSA, S. 202-217

Sauer, Dieter (Hg.) (2002): Dienst-Leistung(s)-Arbeit. Kundenorientierung in der tertiären Organisation. München: ISF

Sauer, Dieter/Döhl, Volker (1997): Die Auflösung des Unternehmens? Entwicklungstendenzen der Unternehmensreorganisation in den 90er Jahren. In: ISF u.a. (Hg.), Jahrbuch Sozialwissenschaftliche Technikberichterstattung 1996, Schwerpunkt: Reorganisation. Berlin: Edition Sigma, S. 19-70

Schmiede, Rudi (1980): Rationalisierung und reelle Subsumtion. Überlegungen zu den Arbeiten des Frankfurter Instituts für Sozialforschung 1970 bis 1980. In: Leviathan 8 (1980), S. 472-497

Schmiede, Rudi (Hg.) (1988): Arbeit und Subjektivität. Bonn: Informationszentrum Sozialwissenschaften

Schmiede, Rudi (Hg.) (1996): Virtuelle Arbeitswelten. Arbeit, Produktion und Subjekt in der „Informationsgesellschaft". Berlin: Edition Sigma

Scholz, Dieter u.a. (Hg.) (2006): Turnaround? Strategien für eine neue Politik der Arbeit. Herausforderungen an Gewerkschaften und Wissenschaft. Münster: Westfälisches Dampfboot

Schürmann, Volker (1990): Biotische, psychische und anthropologische Dimensionen des Bedürfnisbegriffs. (Teil I des Artikels „Bedürfnis"). In: Sandkühler (Hg.), S. 337-343

Schultheis, Franz (Hg.) (2005): Gesellschaft mit begrenzter Haftung. Zumutungen und Leiden im deutschen Alltag. Konstanz: UVK

Schumann, Michael (2006a): Ein neues Fabrikkonzept – wissenschaftlich begleitet. In: Ders. u.a. (Hg.) (2006), S. 9-18

Schumann, Michael (2006b): Abschlussbilanz: Vorreiter für arbeitspolitische Innovationen. In: Ders. u.a. (Hg.) (2006), S. 118-123

Schumann, Michael/Einemann, Edgar/Siebel-Rebell, Christa/Wittemann, Klaus Peter (1982): Rationalisierung, Krise, Arbeiter. Eine empirische Untersuchung der Industrialisierung auf der Werft. Frankfurt am Main: Europäische Verlagsanstalt

Schumann, Michael/Baethge-Kinsky, Volker/Kuhlmann, Volker/Kurz, Constanze/Neumann, Uwe (1994): Trendreport Rationalisierung. Automobilindustrie, Werkzeugmaschinenbau, Chemische Industrie. Berlin: Edition Sigma

Schumann, Michael/Kuhlmann, Martin/Sanders, Frauke/Sperling, Hans Joachim (Hg.) (2006): Auto 5000: ein neues Produktionskonzept. Die deutsche Antwort auf den Toyota-Weg? Hamburg: VSA

Schumm, Wilhelm (1988): Arbeit und Subjektivität in der jüngeren soziologischen Forschung. Einleitende Bemerkungen. In: Schmiede, Rudi (Hg.), S. 1-26

Schumm, Wilhelm (Hg.) (1989): Zur Entwicklungsdynamik des modernen Kapitalismus. Beiträge zur Gesellschaftstheorie, Industriesoziologie und Gewerkschaftsforschung. Symposium für Gerhardt Brandt. Frankfurt/New York: Campus

Seifert, Hartmut (Hg.) (2005): Flexible Zeiten in der Arbeitswelt. Frankfurt/New York: Campus

Sève, Lucien (1972): Marxismus und Theorie der Persönlichkeit. Berlin: Dietz

Sichler, Ralph (2006): Autonomie in der Arbeitswelt. Göttingen: Vandenhoeck & Ruprecht

Strauss, Anselm L./Corbin, Juliet (1996): Grounded Theory: Grundlagen Qualitativer Sozialforschung. Weinheim: Beltz Psychologie Verlags Union

Thompson, Paul (1987): Die „Labour-Process"-Debatte in Großbritannien und den USA. In: Hildebrandt/Seltz (Hg.) (1987), S. 13-25

Touraine, Alain (1955): L' évolution du travail ouvrier aux usines Renault. Paris: Centre National de la Recherche Scientifique

Touraine, Alain (1966): La conscience ouvrière. Paris: Edition du Seuil

Trautwein-Kalms, Gudrun/Gerlach, Gerhard (1980): Gewerkschaften und Humanisierung der Arbeit. Zur Bewertung des HdA-Programms. Frankfurt/New York: Campus

Ulich, Eberhard (1996): Arbeitspsychologie. Zürich: vdf

Urban, Hans-Jürgen (Hg.) (2000): Beschäftigungsbündnis oder Standortpakt? Das „Bündnis für Arbeit" auf dem Prüfstand. Hamburg: VSA

Vieth, Peter (1995): Kontrollierte Autonomie. Neue Herausforderungen für die Arbeitspsychologie. Heidelberg: Asanger

Volpert, Walter (1987): Psychische Regulation von Arbeitstätigkeiten. In: Kleinbeck, Uwe/Rutenfranz, Joseph (Hg.), Arbeitspsychologie. Göttingen u.a.: Hogrefe, S. 1-42

Voswinkel, Stephan (2002): Bewunderung ohne Würdigung? Paradoxien der Anerkennung doppelt subjektivierter Arbeit. In: Honneth, Axel (Hg.), Befreiung aus der Mündigkeit. Paradoxien des gegenwärtigen Kapitalismus. Frankfurt/New York: Campus, S. 65-92

Voß, G. Günter (1984): Bewusstsein ohne Subjekt? Eine Kritik der industriesoziologischen Bewusstseinsforschung. Großhesselohe

Voß, G. Günter/Pongratz, Hans J. (1998): Der Arbeitskraftunternehmer. Eine neue Grundform der Ware Arbeitskraft? In: Kölner Zeitschrift für Soziologie und Sozialphilosophie 50 (1998), S. 131-158

Voß, G. Günter/Weiß, Cornelia (2005): Ist der Arbeitskraftunternehmer weiblich? In: Lohr/Nickel (Hg.) (2005), S. 65-91

Wagner, Gabriele (1998): Das Geschlechterverhältnis als Anerkennungsverhältnis. In: Heinz, Marion/Kuster, Friederike (Hg.), Geschlechtertheorie – Geschlechterforschung. Ein interdisziplinäres Kolloquium. Bielefeld: Kleine, S. 235-256

Wagner, Hilde (Hg.) (2005): „Rentier ich mich noch?" Neue Steuerungskonzepte im Betrieb. Hamburg: VSA

Weltz, Friedrich (1988): Die doppelte Wirklichkeit der Unternehmen und ihre Konsequenzen für die Industriesoziologie. In: Soziale Welt 39 (1988), S. 97-103

Wohlrab-Sahr, Monika (2003): Objektive Hermeneutik. In: Bohnsack/Marotzki/Meuser (Hg.) (2003), S. 123-128

Wolf, Harald (1999): Arbeit und Autonomie. Ein Versuch über Widersprüche und Metamorphosen kapitalistischer Produktion. Münster: Westfälisches Dampfboot

Wolf, Harald (2004): Arbeit, Autonomie, Kritik. In: Beerhorst, Joachim u.a. (Hg.), Kritische Theorie im gesellschaftlichen Strukturwandel. Frankfurt am Main: Suhrkamp, S. 227-242

Wotschack, Winfried (1985): Neue Konzepte der Arbeitsgestaltung – Dispositionsspielräume und Arbeitsbelastung. In: Naschold, Frieder (Hg.), Arbeit und Politik. Gesellschaftliche Regulierung der Arbeit und soziale Sicherung. Frankfurt/New York: Campus, S. 241-266

Wotschack, Winfried (1987): Vom Taylorismus zur kontrollierten Autonomie. Über Personaleinsatzkonzepte und Arbeitsanforderungen bei neuen Technologien. WZB Discussion Paper IIVG/dp 87-205. Berlin

Zimmer, Jörg (1990): Die Genese des Entfremdungsbegriffs von Hegel bis zum frühen Marx. (Teil I des Artikels „Entfremdung). In: Sandkühler (Hg.), S. 697-701

Zukunftskommission der Friedrich-Ebert-Stiftung (1998): Wirtschaftliche Leistungsfähigkeit, sozialer Zusammenhalt, ökologische Nachhaltigkeit. Drei Ziele - ein Weg. Bonn: Dietz

Anhang

Abb. 4: Argumentationsgang und Erkenntnisinteresse

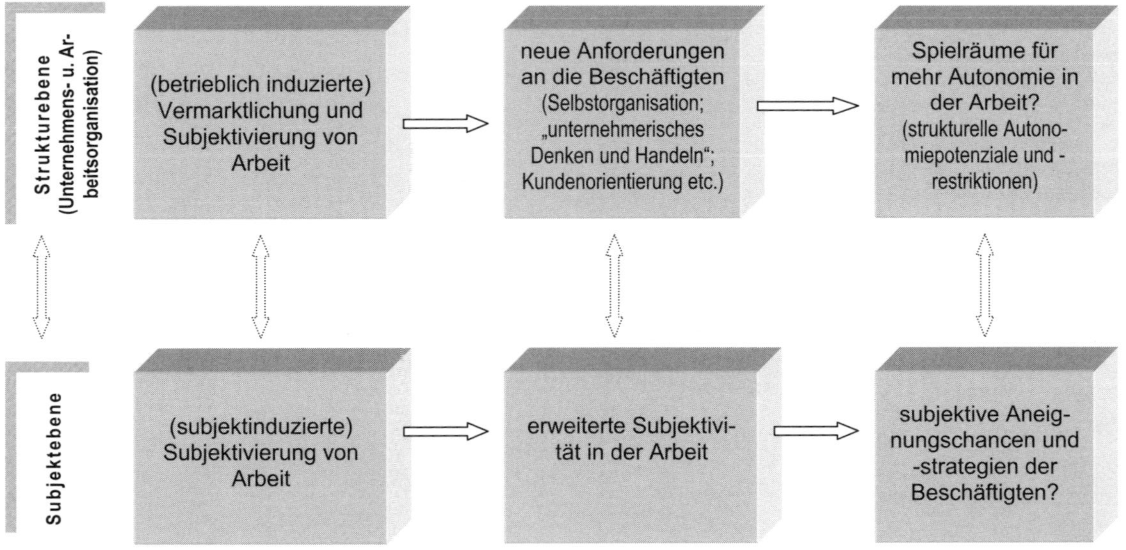

Struktur- und Subjektebene stehen in einem *interdependenten Zusammenhang*. Sie sind nur analytisch trennbar.*

* (das deuten die gestrichelten Doppelpfeile an)

Abb. 5: Analysekonzept zur Untersuchung von strukturellen Autonomiepotenzialen und -restriktionen in der Arbeit
(Strukturebene)

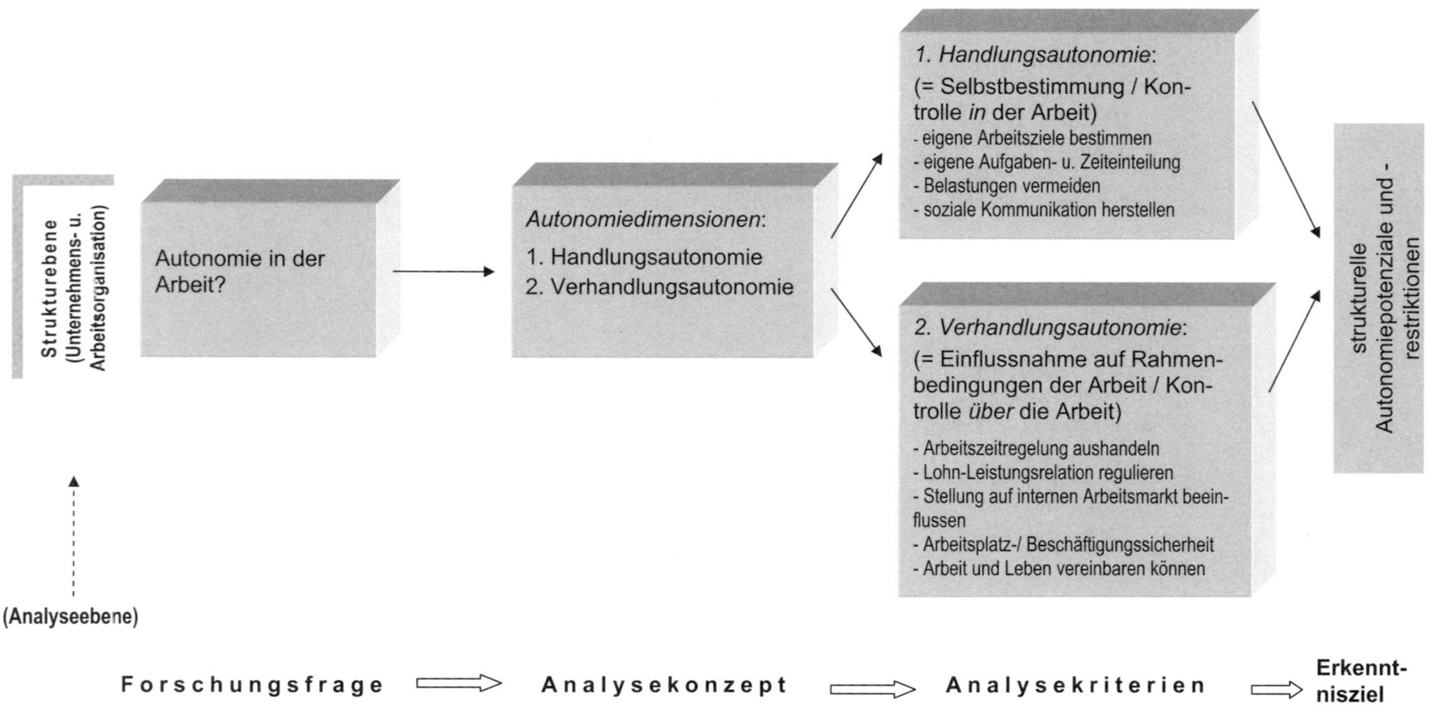

Abb. 6: Analysekonzepte zur Untersuchung subjektiver Aneignungschancen und -strategien in der Arbeit
(Subjektebene)

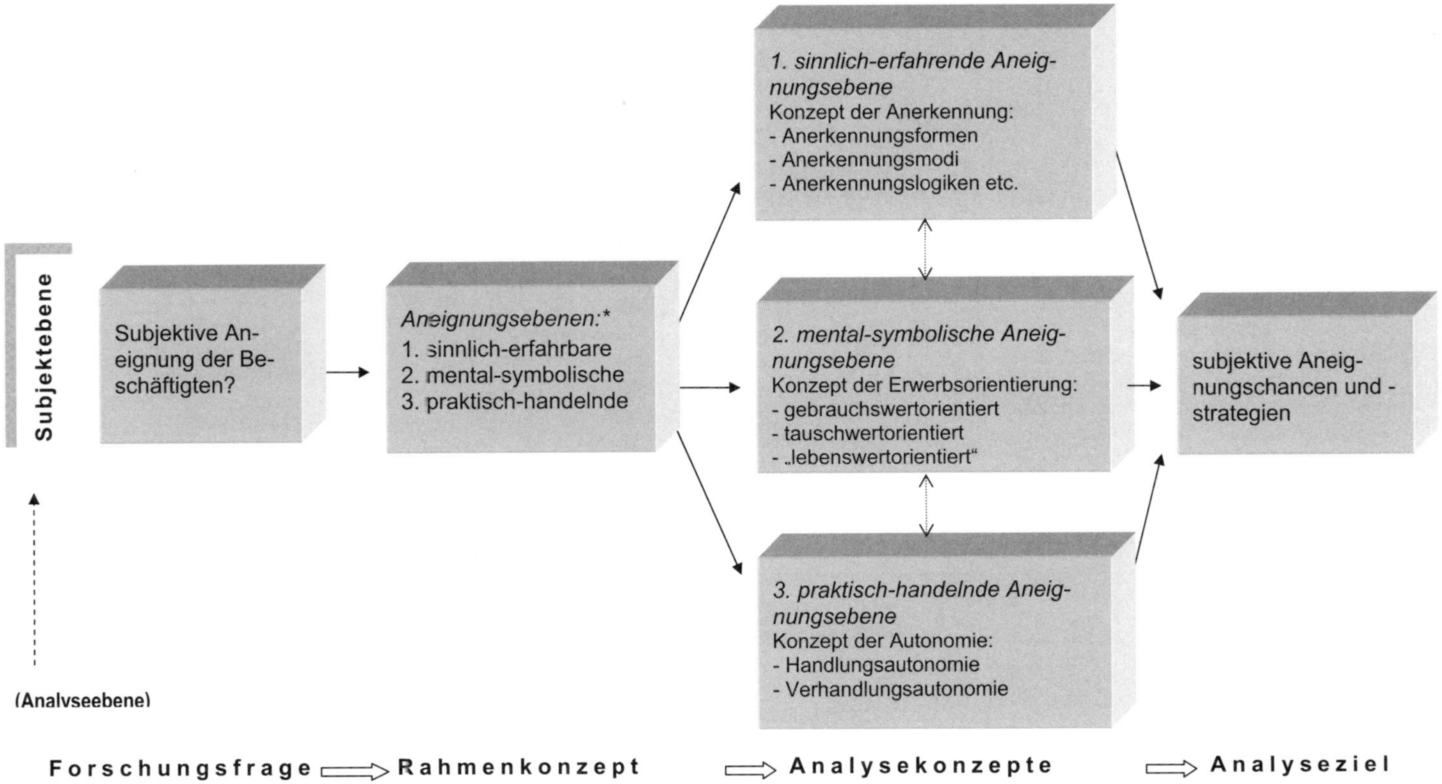

* (die Aneignungsebenen stehen in einem Interdependenzverhältnis; dies deuten die gestrichelten Doppelpfeile an)

Abb. 7: Phasen betrieblicher Restrukturierung der Deutschen Bahn AG

(mit Personalentwicklung)

bis Ende 1993	1994–1999	2000–2004	ab 2005
DB + DR als separate und selbständige Behördenbahnen	**nachholende u. beschleunigte Vermarktlichung** - Fusionierung u. formelle Privatisierung von Bundes- u. Reichsbahn - massiver Personalabbau - Dezentralisierung - „Unternehmen im Unternehmen“ - interne Konkurrenz - betrieblich-soziale Desintegration - Verselbständigung in AGs („zweite Stufe“ Bahnreform 1999)	**kapitalmarktorientierte Rezentralisierung** - durchgängige Sanierung - massive Rationalisierung und Arbeitsverdichtung - Rezentralisierung - Kapitalmarktausrichtung - Akquisition Stinnes/Schenker (Einstieg in Internationalisierung) - Differenzierung u. Individualisierung der betrieblichen Arbeits- u. Sozialbeziehungen	**partielle Expansion und verstärkte Internationalisierung** - Vorstoß in neue und profitable Geschäftsfelder - Wachstum durch internationale Akquisitionen - Ausbau des weltweiten Transport- und Logistikgeschäfts sowie des europäischen Schienengüterverkehrsgeschäfts - erste Vorstöße in europäische Schienenpersonenverkehrsmärkte - zweigeteilte Beschäftigungsentwicklung (in traditionellen Bereichen Beschäftigungsabbau, in neuen Bereichen Beschäftigungszuwächse)

Personalentwicklung

(jeweils 31.12. in VZP*)

1993	1994	1999	2000	2002	2004	2005	2008
374.000	331.000	242.000	222.000	251.000	226.000	216.000	240.000

* VZP = Vollzeitpersonen (Personen in Vollzeitzeitäquivalenten)

Quelle: Nickel/Hüning/Frey 2008: 64 (modifizierte und aktualisierte Darstellung)

Abb. 8: Betriebsfälle mit Kontrastierungsdimensionen

Kontrastierungsdimension / Betriebsfälle:	**Arbeitsorganisation** (vermarktlicht u. subjektiviert)	**Arbeitszeit** (Regulationsgrad)	**Entgelt** (Variabilisierungsgrad)	**Beschäftigungsverhältnis** (Sicherheitsgrad)	**Funktion** (operativ/strategisch)	**Qualifikationsniveau** (hoch/niedrig)	**Betriebl. Geschlechterverhältnis** (Segregationsgrad)
KundenService-Zentrum der DB Schenker Rail	mittel (mediatisiert, kundenorientiert)	regulierte Wechselschichtarbeit, trad. flexibilisiert	kollektiv reguliert; Bahntarif	relativ sicher mit temporärer Bedrohung (Personalabbau) („gesicherte Integration“)	operative Vertriebsarbeit (unternehmensbezogener Service)	mittel (oftmals tätigkeitsfremde Bahnfacharbeit, spez. weitergeschult)	gemischt (40% Frauen)
DB JobService GmbH	gering (beschäftigungspolit. „Warteschleife“; „Marktmoratorium“)	tarifliche Jahresarbeitszeit als Referenz	kollektiv reguliert; abgesenkter Bahntarif (85 resp. 80%)	unsicher („gefährdete Integration“)	überwiegend operativ	mittel / niedrig (eisenbahnspez. o. gewerbl.-techn. Facharbeit)	männlich segregiert (24% Frauen)
DB Zeitarbeit GmbH	stark (auftrags- u. marktorientiert)	flexibel je nach Einsatzerfordernis	kollektiv reguliert; Haustarif	flexibel und relativ sicher („temporäre Integration“ / Zeitarbeit als Chance)	überwiegend operativ	hoch / mittel (eisenbahnspez., kaufm. u. gewerbl.-techn. Facharbeit; Ingenieurtätigkeiten)	gemischt (35% Frauen)

Quelle: Nickel/Hüning/Frey 2008: 20 (modifizierte Darstellung)

Abb. 9: Betriebsfälle mit Kurzcharakteristik

Betrieb	Funktion	Beschäftigte	Geschlechterverhältnis	Qualifikationsniveau	Altersdurchschnitt	Beschäftigungsverhältnis
KundenSercive-Zentrum der DB Schenker Rail	- zentrale Auftragsannahme und -abwicklung im Schienengüterverkehr (vglb. mit qualifiziertem Call-Center)	ca. 1.230	ca. 40 % ♀ ca. 60 % ♂	mittel (oft tätigkeitsfremde Facharbeit mit Schulung)	ca. 40 Jahre	unbefristet
DB JobService GmbH	- Betreuung und Vermittlung von Beschäftigten, die ihren Arbeitsplatz verloren haben (vglb. mit „internem Arbeitsamt")	ca. 2.780 Beschäftigte zur Vermittlung ca. 190 Beschäftigte als Stammpersonal	ca. 23 % ♀ ca. 60 % ♀	mittel (eisenbahnspez. Facharbeit)	48,7 Jahre	bis Ende 2010 befristeter „Integrationsvertrag" mit Verpflichtung zu wechselnden „Integrationsbeschäftigungseinsätzen"
DB Zeitarbeit GmbH	- Verleihung von Beschäftigten (hauptsächlich im Bahnkonzern)	ca. 1.300 Leiharbeitskräfte ca. 60 Beschäftigte im Management	ca. 40 % ♀ ca. 60 % ♀	mittel (eisenbahnspez. Facharbeit, auch BerufsstarterInnen)	ca. 30 Jahre	- ca. 50 % unbefristet - ca. 50 % befristet

Stand: jeweils Ende 2005

Quelle: Forschungsprojekt „Vermarktlichung und Subjektivierung von Arbeit? Neue Arbeitspolitik und betriebliche Geschlechterverhältnisse" (Nickel/Hüning/Frey 2008)

Abb. 10: Interviewsample Beschäftigte Deutsche Bahn AG

(mit Nummerierung und relevanten soziodemografischen und beruflichen Merkmalen)[258]

Inter-view-nummer	Betriebsfall	derzeitige Tätigkeit	Berufsausbildung	Altersklas-se	Geschlecht	Zahl betreu. Kinder/Eltern
731	KundenServiceZentrum	Sachbearbeiterin zentrale Flottendisposition	bahnintern	< 30	♀	0/0
732	KundenServiceZentrum	Sachbearbeiterin Rechnungsreklamation	bahnintern	30 - 50	♀	1/0
733	KundenServiceZentrum	Personalreferent	bahnintern	30 - 50	♂	2/0
734	KundenServiceZentrum	Mitarbeiterin zentrale Auftragsbearbeitung	bahnintern	30 - 50	♀	2/0
735	DB JobService GmbH	Mitarbeiterin Beschäftigungsprojekt	akademisch	> 50	♀	0/0
736	DB JobService GmbH	„Automatenguide“ Beschäftigungsprojekt	akademisch	30 - 50	♂	0/0
737	DB JobService GmbH	Interviewerin Beschäftigungsprojekt	akademisch	> 50	♀	0/0
738	DB Zeitarbeit GmbH	Büroarbeit	bahnintern	< 30	♀	0/0
739	DB Zeitarbeit GmbH	Sacharbeit	bahnintern	> 50	♀	0/0
740	DB Zeitarbeit GmbH	Büroarbeit	bahnextern	30 - 50	♂	1/0

258 Quelle: Nickel/Hüning/Frey 2008: 27 (modifizierte und erweiterte Darstellung)